카지노 산업과 게임의 이해

정 두 연

Casino industry & Game's understanding

한올출판사

Preface

1960년대 경제 발전에 필요한 외화를 획득할 목적으로 정부에서는 관광 산업 육성에 많은 관심을 기울이기 시작했으며 '86년 아시안 게임 및 '88년 올림픽 성공적인 개최, 2002년 세계 월드컵을 충실히 치루어 내면서 한국 관광산업은 비약적인 발전을 거듭하여 왔다.

특히 한국의 카지노 산업은 그동안 사행행위 업으로 분류, 규제되어 오다가 1994년과 1999년 관광 진흥법의 개정으로 관광 사업의 한 업종으로 자리 매김 하였으며 2000년 10월 28일 폐광 지역의 대체 산업으로써 내국인 출입 카지노의 오픈으로 많은 국민들이 카지노 산업에 관심을 갖게 되었다.

이때 외국인 전용 카지노의 육성을 통해 관광 산업의 발전을 도모하자는 관광인들의 주장과 정부 정책이 맥락을 같이 하여 한국 관광 공사(KNTO)가 자회사인 (주)그랜드 코리아 레저에서 3개의 신규 카지노가 2006년 1월 27일 서울 강남(한무컨벤션센터), 6월 강북(힐튼호텔) · 부산 롯데호텔內 카지노가 오픈준비에 있다는 것은 매우 고무적인 일이라 볼 수 있다.

1981년 우리나라 최초 카지노인 오림포스카지노 호텔에 입사하여 관광 산업의 일선에서 몸담고 일 하다 현업을 떠나 대학에서 카지노관련 강의를 시작한지 올해로 10년이 되어 간다. 제주도를 제외한 국내 최초의 카지노 학과가 강원 관광 대학에 개설되면서 이 분야를 담당하고 있는 학자로서 많은 훌륭하신 선배님들에게 누가 될까 몇 번이고 망설이다가 카지노 관련 학문을 배우려는 후학들에게 카지노산업과 게임 및 기초 실무에 대한 책을 발간하게 되었다.

많은 부족한 점이 있지만 카지노를 배우려는 후학들에게 작은 도움이 되었으면 한다. 본서를 펴내고 보니 부족한 내용과 보완하고 싶은 내용이 한두 가지가 아니였다. 욕심 같아서는 처음부

머리말

터 다시 시작 하고 싶지만 또 차 일 피일 미루다 똑 같은 후회를 할 것만 같아 미흡한 졸작이지만 카지노 관련 서적한편 출간하지 않는다면 계속 강단에서 후학들을 어떻게 지도할 것인가 죄책감에서 출발한 것이기에 새 학기가 시작되기 전에 마무리하고 미흡한 부분은 다음기회에 수정 보완하도록 할 것이며, 그동안 본서가 출간되기까지 묵묵히 격려와 사랑으로 뒷바라지를 아끼지 않은 사랑하는 아내, 카지노에서 새롭게 딜러의 길을 걷고 있는 아들 희교, 자료정리와 그래픽으로 도움을 준 디자인을 전공하고 있는 예쁜 딸 예랑이, 워드 및 그림 작업을 도와준 딸 친구 신애에게 고마운 마음을 전한다. 또한 부족한 글임에도 본 저서의 출판을 흔쾌히 승낙해 수신 한올출판사 임순재 사장님과 권동우 과장님, 그리고 바쁜 일정속에 편집 및 교정에 열성을 다해주신 최혜숙 실장님을 비롯한 한올직원, 가족 여러분께 지면을 빌어 진심으로 감사를 드립니다.

2006년 병술년 첫달

저자씀

Contents

제1장 카지노 산업의 역사와 발전

1절 카지노 산업의 개념 및 특성 / 1

1 카지노 산업의 개념 1
1) 일반적 개념 4
2) 법률적 개념 4
3) 관광 산업적 개념 4
4) 상업적 개념 4
5) 사전적 정의 5
2 카지노 산업의 특성 5

2절 카지노 산업의 현황 / 7

1 카지노 산업의 발전과정 7
2 한국 카지노의 현황 8
1) 카지노 업체 현황 8
2) 업체별 게임기구 현황 14
3 전세계 카지노 현황 17
1) 미국의 카지노 현황 18

차례

2) 유럽의 카지노 현황 34
3) 중·남미 지역의 카지노 현황 37
4) 오세아니아의 카지노 현황 38
5) 아프리카의 카지노 현황 40
6) 카브리해 지역의 카지노 현황 40
7) 아시아의 카지노 현황 41

3절 카지노의 역사 / 56

1 카지노 도구의 발달 58
1) 카드의 유래 58
2) 카드의 발달 59
3) 주사위의 기원 60
4) 주사위의 변천 63
2 게임 산업 64
1) 복권 64
2) 슬롯머신 69
3) 경마 72
4) Sports Book 77

제 2 장 카지노 산업의 경영

1절 카지노 경영 조직 / 81

1 카지노 경영조직의 의의 81
2 카지노 경영조직 구성의 원칙 82
3 조직도 83

2절 카지노 직무 / 89

1 부서별 조직구성 89
2 구성원의 명칭 및 직무 89
1) 이사회 89
2) 카지노 총지배인 90
3) 안전 관리 부서 90
4) 출납부서 90
5) 환 전상 90
6) 전산 전문 요원 90
7) 영업부서 91

3절 카지노 경영형태 / 95

1 카지노 운영형태 95
1) 소유 직영방식 96
2) 임대방식 96
2 운영 실태로 본 Game Style 98
1) Rug Joint 98
2) Sawdust Joint 98
3) Clip Joint 99

4) Juice Joint 99
5) Right Joint 99
6) Bust-out Joint 99

제3장 카지노 산업의 사회적 영향

1절 카지노 산업의 사회적 영향 / 102
1 도박의 어원 102
2 도박의 종류 103
3 도박 중독증 103
4 재산탕진 및 가정파탄 104
5 카지노로 인한 과소비 105
6 외화 유출과 돈세탁 106
7 범죄 108
8 청소년 도박 109
9 한탕주의의 만연 109

2절 내국인 출입 카지노의 사례 / 110
1 재산탕감 110
2 치안 및 범죄 110
3 고리대금 · 사채업 등장 112
4 불법 카드매출전표 증가 113

3절 부정적 영향의 최소화 방안 / 114
1 교육과 예방 프로그램 개발 114

2 도박중독 센터운영 114
1) 도박문제를 가진 사람들의 증상 114
2) 도박중독의 진행과정 116
3) 상담프로그램 117
4) 도박중독센터 활동 118
3 부정적 영향의 최소화 방안 118
1) 의무상담제도 119
2) 도박중독 센터역할 강화 119
3) 건전한 게임 문화조성 119
4) 부정적 영향의 최소화 방안 119

제4장 카지노 산업의 경제적 영향

1절 경제적 파급 효과 / 123
1 경제적 파급 효과의 개념 123

2절 카지노 산업의 경제적 효과 분석 / 125
1 카지노 산업의 경제적 효과 분석 125
2 카지노 산업의 경제적 파급 효과 127
1) 외화 가득효과 128
2) 고용창출 129
3) 조세수입 129
4) 외화가득효과 130
5) 카지노 산업의 수출대체 효과 130
6) 도시개발효과 130

제5장 카지노 산업의 교육제도

1절 카지노 산업의 인식제고 / 133

2절 카지노 산업의 교육의 필요성 / 134

3절 한국카지노 관련학과의 현황 / 135

4절 카지노 업체의 채용기준 / 138

5절 미국의 카지노 종사원 교육사례 / 140

1 딜러양성교육	140
1) 딜러양성전문 교육기관	140
2) 카지노 업체의 사내 딜러스쿨	141
3) 간부양성교육	142
4) 위탁연수교육	142
5) 게임 교육 리서치 연구소	144
6) 평생교육원	145

6절 교육과 향후 과제 / 145

제6장 카지노 마케팅

1절 마케팅이란 / 147

2절 카지노 마케팅 특성 / 148

1 무형성	148
2 동시성	149
3 가변성	149

4 소멸성 150

3절 마케팅 믹스개념 / 150

1 Junkets 151

1) 정규정켓 151

2) 미니정켓 151

3) 업앤백 151

4) 개별정켓 152

2 특수판촉(special promotion) 152

3 초대고객(Invited Guest) 153

4 카지노 할인요금(Casino Rate) 153

5 패키지 고객(Package customer) 154

제7장 카지노 게임 종류 및 이해

1절 개요 / 157

2절 칩과 카드 / 158

1 칩스(chips) 158

1) 칩스의 정의 158

2) 칩스의 구성 158

3) 카지노 칩스의 종류 159

2 카드(playing card) 162

1) 카드의 종류 및 특징 162

2) 카드의 구성카드 164

3) 카드의 발달 166

3절 게임의 종류 및 실무 이해 / 166

1 블랙잭	166
1) 블랙잭의 역사	166
2) 블랙잭의 게임의 정의	167
3) 블랙잭 게임의 기구	168
4) 딜러 측 룰	170
5) 플레이어 측 룰	172
6) Special Rule	181
7) 칩의 베팅	182
8) 블랙잭 게임의 진행 및 규칙	183
9) 블랙잭 게임의 기초 실무	185
2 바카라	200
1) 게임의 역사	200
2) 게임의 정의	201
3) 게임의 목적과 배당	202
4) 카드의 사용 덱 수 · 점수의 계산법	202
5) 3번 카드의 룰에 옵션이 없다	203
6) 바카라 종류 및 테이블 레이아웃	203
7) 게임의 규칙	206
8) 바카라 게임의 딜링	207
9) 바카라 게임 실무	212
3 룰렛	221
1) 게임의 유래	221
2) 인사이드 벳	222
3) 아웃사이드 벳	223
4) 유럽피안 스타일 휠(싱글제로)의 세트 벳	226
5) 앙프리종과 라빠타즈	227

6) 게임방법 228
7) 게임규칙 229
8) 게임실무 229
9) 딜러의 임무 234
10) 룰렛의 공제율 '하우스 어드벤터지' 란? 236
4 다이사이 238
5 슬롯머신 240
1) 슬롯머신 종류 241
2) 게임방법 242

제8장 카지노의 인사예절

1절 인사 / 243
1 인사의 중요성 243
2 인사요령 243
1) 일반적인 인사요령 245
2) 걸을 때 인사하는 요령 245
3) 계단을 오르내릴 때 인사하는 요령 246
4) 앉아있을때 인사하는 요령 246
5) 거수경례시 인사하는 요령 247
6) 주목 경례시 인사하는 요령 247
3 적절한 인사말 247
1) 사내 직원 간 인사말 247
2) 방문객에 대한 인사말 247
3) 업무 관련 인사말 248
4) 기타 알맞은 인사말 248

5) 인사의 잘못된 표현 249

2절 몸단장 요령 / 249

1 남자의 용모 249

2 여자의 용모 251

3 화장 252

4 서비스 맨의 몸가짐 253

1) 남자 253

2) 여자 254

3절 보행 / 255

1 걸음걸이 255

2 계단을 오르내릴 때의 자세 255

3 보행시 주의사항 256

4절 카지노 영업부 근무 수칙 / 257

1 딜러의 근무수칙 257

2 카지노 바 근무수칙 258

3 뱅커 근무수칙 260

1) chips 관리 260

2) card 관리 261

3) 업장 비품관리 262

4) 기타 262

■ 부록 1 게임실무외국어 / 263

■ 부록 2 관광진흥법의 카지노업 / 287

01 장 카지노 산업의 역사와 발전

1절 카지노 산업의 개념 및 특성

1 카지노 산업의 개념

게임이란 단어의 어원은 '홍겹게 뛰다' 라는 의미를 가진 인도 · 유럽어 계통의 'ghem' 에서 파생되었다(한국첨단산업협회, 1999). 일반적으로 '게임' 이라 하면 오락, 유희, 즐거움, 흥미라는 단어가 연상될 정도로 이러한 것들과 깊은 관련을 맺고 있다. 또한, 역사적으로 게임은 사람을 모이게 하는 가장 인기 있는 활동이었다. 카이와(Callois, 1961)는 "사람, 놀이, 게임" 이라는 책에서 게임을 사회적 현상으로 정의한다. 게임은 규칙과 역할에 대해서 경기자들의 취향에 맞는 합의가 있을 경우 발생한다. 따라서 비공식 적으로 게임 할 때뿐만 아니라, 조직적이고 전문적인 스포츠 경기를 할 때에도 사교적 행사라고 할 수 있다. 또한 게임은 좀 더 고도의 구조적 조직적 규칙적인 여가활동으로서 경쟁적 갈등 상황까지도 내포하고 있다(이충기 外, 2001). 이러한 게임을 바탕으로 한 사업이 바로 게임 산업이다.

게임 산업은 크게 복권, 카지노, 그리고 경마 · 경륜 · 경견 · 경정과 같은 스포츠 게임으로 구분될 수 있다. 클라크(Clark, 1987)가 저술한 "게임사전(Dictionary of gambling & gaming)" 에서는 게임산업을 '카지노와 게임기구 및 게임장비와 같은 다양한 게임시설과 장소를 제공하고, 레스토랑, 라운지, 공연장을 포함한 유흥 시설을 제공하는 사업' 으로 정의되고 있으며, 이러한 게임 산업의 증가는 경제 소득의 증가와 주 5일제 근무로 더욱 확산 되어 가고 있는 추세이다.

즉 이러한 게임산업 중 유희와 사교적 행사의 대명사로 인식되어온 것이 카지노이다. 카지노는 라틴어 카자(casa)라는 용어에서 유래되었는데, 이탈리어로 카지노는 도박, 음악, 쇼, 댄스 등 여러 가지의 오락시설을 갖춘 연회장이라는 의미에서 르네상스 시대의 귀족이 소유하고 있었던 사교, 오락용의 별관을 뜻했으나 지금은 해변 온천 휴양지 등에 있는 게임장을 의미한다. 이러한 의미에서 카지노는 일반적으로 사교나 여가선용을 위한 공간을 뜻한다. 최근 카지노 산업은 단순히 게임만을 제공하는 차원에서 벗어나 가족 여행객을 포함한 대중 관광객을 유치하기 위해 다양한 볼거리를 제공하는 리조트 형태로 바뀌어 가고 있다. 또한 카지노는 자연 관광자원의 대체 상품으로서 또한 보완 상품으로서 여가활동이 이루어지기 힘든 야간에 주로 여흥을 돋우고 소비를 촉진시키는 중요한 야간 활동 관광시설로 이용되고 있다. 카지노 산업은 "관광객의 게임욕구와 다양한 여가 욕구를 충족시켜줄 유 · 무형의 서비스를 제공하는 사업과 이를 간접적으로 지원해 주는 카지노 관련 사업" 으로 정의될 수 있다. 이러한 카지노 산업은 관광 레저 산업에서 중요한 부분을 차지하고 있으며 특히 매출액을 살펴볼 때 단일 항목으로는 가장 많은 부분을 차지하고 있다. (이충기 外, 2001).

또한 『웹스터 사전(Webster' s College Dictionary)』에 의하면, 카지노란 회의(meeting), 춤(dancing), 특히 전문 갬블링(professional Gambling)을 위해 사용되는 건물이나 넓은 장소 또는 도박시설이 있는 오락장으로 정의되고 있다. 그리고 『브리태니커 세계대백과사전』에서는 카지노란 댄스, 음악 등의 설비가 있는 오락장 또는 도박장으로서 처음에는 음악과 댄스를 위한 대중적인 사교장으로 19세기 초반부터 설립되기 시작하였으나, 19세기 중반 이후부터는 도박시설의 밀집되어 있는 전문적인 도박장을 지칭하는 말로 통용되었다고 기록되어 있다.

또 아메리칸 헤리티지사전(The American heritage Dictionary)에 의하면 카지노란 갬블링과 그 외의 오락을 위한 공공장소나 갬블링 으로 정의되고 있으며 우리나라 국어사전에는 음악, 댄스, 쇼 등 여러 가지 오락 시설을 갖춘 실내 도박장으로 정의 하고 있다.

한편 우리나라의 카지노업은 1994년에 관광 진흥법이 새롭게 개정됨으로써 관광사업의 한 종류가 되었다. 현재 관광 진흥법에서는 카지노업을 "전용 영업장을 갖추고 주사위, 트럼프, 슬롯머신 등 특정한 기구 등을 이용하여 우연의 결과에 따라 특정인에게 재산상 이익을 주고, 다른 참가자에게 재산상의 손실을 주는 행위 등을 하는 업"으로 규정하고 있으며, 여기에 입장하는 자는 외국인(해외 이주법 제2조의 규정에 의한 해외 이주자를 포함)에 한하도록 규정되었다. 그러나 "폐광지역 개발지원에 관한 특별법"에 의해 태백 정선 지역에 설립된 강원랜드 리조트 카지노는 내국인의 출입이 가능하다.

또한 카지노는 관광사업의 발전과 크게 연관되어 있으며 특히 관광호텔 내에 위치하여 관광객에게 게임 오락 유흥을 제공하여 체재시간을 연장하고 관광객의 지출을 증대시키는 관광 산업의 주요한 사업 중의 하나로 자리매김 하고 있다. 즉, 카지노는 외래관광객을 대상으로 외화획득을 실현하여 국제수지 개선, 국가 재정수입 확대, 세수확보, 지역경제 발전, 투자자극, 고용창출 등의 효과를 가져 오는 관광산업 중 주요외화획득산업부분이라 할 수 있다. 즉, 카지노는 하나의 여가선용을 위한 건전한 위락형 게이밍(gaming)산업으로 인식되어져야 한다.

따라서 카지노의 개념은 여러 가지 시설을 갖추어 놓고 사교나 여가 선용을 위해 게임(game)을 하는 공간이라고 볼 수 있다. 게이밍이라는 용어는 과거 카지노 도박이 가진 퇴폐적이고 불법적인 개념으로부터 합법적인 위락활동으로 구별 되어지고, 게임이 가지고 있는 커다란 위험요소인 부정적인 관념을 최소화시키는 것이다. 그러나 중요한 것은 게이밍의 세계적인 산업화 추세에 따라 게임에 대한 일반 대중의 시각이 단순한 도박행위에서 삶의 기회적 요소를 개발하는 행위로 바뀌어 가고 있다는 것이다. (임경환 外, 2002)

카지노의 개념은 두 가지 측면에서 살펴볼 수 있는데, 그 하나는 공간적 측면이고, 다른 하나는 행위적 측면으로 볼 수 있을 것이다.

· 공간적 측면: 일상생활에서 벗어나 여가선용을 위한 단순한 게임을 즐길 수 있는 공간적 측면

· 행위적 측면: 재산상의 이익을 획득하기 위한 목적으로 게임을 하는 것.(경마, 경륜, 경정, 투계, 같은 도박활동의 일종으로 보는 것)

1) 일반적 개념

카지노(Casino)란 도박, 음악, 쇼, 댄스 등 여러 가지의 오락시 설을 갖춘 연회장이라는 의미의 라틴어 Casa가 어원으로 르네상스 시대에는 귀족이 소유하고 있었던 사교, 오락용의 별관을 뜻하였으나 지금은 해변, 온천, 휴양지 등에 있는 일반 실내 도박장을 의미한다.

2) 법률적 개념

카지노업은 사행행위 등 규제 및 처벌 특별법에서 사행행위 영업으로 규정되어 다가 1994년 8월 3일 관광 진흥법의 개정으로 새로이 관광 사업으로 규정되어 발전의 법적 토대를 마련하였다. 1999년 7월 1일 시행된 관광 진흥법에서는 카지노를 "전용영업장을 갖추고 주사위, 트럼프, 슬롯머신 등 특정한 기구 등을 이용하는 우연의 결과에 따라 특정인에게 재산상의 이익을 주고 다른 참가들에게 재산상의 손실을 주는 행위 등을 하는 업" 으로 규정하고 있다.

3) 관광 산업적 개념

카지노는 관광 산업의 발전과 크게 연관되어 있으며, 특히 관광호텔 내에 위치하고 있는 관광객에게 게임, 오락, 유흥을 제공하여 체제 기간을 연장하고, 관광객의 지출을 증대시키는 관광산업의 주요한 사업 중의 하나이다. 또한 카지노는 외래 관광객을 대상으로 외화획득을 실현하여 국제수지 개선, 국가 재정수입의 확대, 지역경제 발전, 투자자극, 고용창출 등의 효과를 가져오는 관광 산업 중 주요수출 부문이다.(원갑연 外, 2001)

4) 상업적 개념

상업적 게임의 대표적인 것으로 복권, 경마, 경륜, 경견, 카지노 등이 있으며 우리나라에서 카지노는 내국인 출입 카지노 강원랜드 카지노 리조트를 제외하고 외국인 전용의 위락시설로서 운영되고 있다.

5) 사전적 정의

(1) 국어사전

음악, 댄스, 쇼등 여러 가지 오락 시설을 갖춘 실내 도박장으로 정의

(2) 게임사전

카지노와 게임 기구 및 게임 장비와 같은 다양한 게임 시설과 장소를 제공하고, 레스토랑, 라운지, 공연장을 포함한 유흥 시설을 제공하는 사업

(3) 웹스터사전

회의(meeting),춤(dancing), 특히 전문 갬블링(professional Gambling)을 위해 사용되는 건물이나 넓은 장소 또는 도박시설이 있는 오락장

(4) 세계 대 백과사전

댄스, 음악 등의 설비가 있는 오락장 또는 도박장으로서 처음에는 음악과 댄스를 위한 대중적인 사교장

(5) 아메리칸 헤리티지사전

갬블링과 그 외의 오락을 위한 공공장소나 갬블링 등으로 정의 되고 있다.

2 카지노 산업의 특성

카지노업의 특성은 여러 가지로 볼 수 있다.

· 카지노업의 가장 기본적 기능의 하나로서 건전하게 게임을 하는 장소와 다채로운 오락을 즐길 수 있는 프로그램 제공이 가능하다는 점이다.

· 다른 산업에 비해 고용창출 효과가 높다. 카지노 산업은 일정한 시설을 갖추고 연중무휴로 영업하는 순수 인적 서비스 의존도가 높은 상품이다. 카지노 산업

의 고용승수를 분석해 보면, 고용효과가 수출 산업인 섬유 · 가죽 업, TV 부분, 반도체 산업, 승용차 산업에 비해 훨씬 높은 것으로 나타나 있다.

· 자연 관광 자원의 기후에 대한 한계성을 극복할 수 있는 좋은 대체 관광 산업이다. 카지노 산업은 실내 공간에서 이루어지는 여가활동이므로 악천후 시에 옥외 관광 상품의 대체 상품으로서 거의 한계가 없다고 할 수 있다. 또한 24시간 영업함으로써 야간 관광 상품으로도 이용될 수 있다는 장점이 있다.

· 카지노 산업의 경제적 파급효과는 매우 크다. 카지노로 벌어들인 외화가 우리나라 경제에 투입되어 직 · 간접적 효과 및 유발 효과로 발생시키는 경제적 효과는 매우 크다. 즉, 연관 산업에 대한 생산 및 부가 가치 창출효과, 지역 주민에 대한 소득 및 고용 창출 효과, 중앙 및 지방 자치단체에 대한 재정 수입 창출 효과 등 다양한 경제적 파급 효과를 발생시킨다.

· 카지노 산업의 외화가득효과는 매우 높다. 카지노 산업의 외화가득률(93.7%)과 수출 산업의 외화가득률(반도체: 39.3%, TV: 60.0%, 승용차: 79.5%) 을 비교하여 카지노 외화수입의 수출 가치를 평가해 볼 때 카지노외래객 1명 유치는 반도체 56개 또는 컬러 TV 3대 수출한 것과 동일한 효과를 가진다.(이충기 外, 1999)

· 카지노는 외래 관광객 1인당 소비액을 늘리고 체류기간을 연장시킨다. 카지노 이용객 1인당 소비액은 외래 관광객 1인당 소비액의 약 38%를 차지할 정도로 단일 지출 항목으로는 상당히 높은 비중을 차지한다. 또한 카지노 이용객의 1인당 소비액은 매년 증가 추세를 보이고 있어 외래 관광객의 소비지출을 증가시키는 주요한 관광 상품으로 인식된다.

· 카지노의 사회적 영향에 대해 다양한 문제가 제기되고 있다. 카지노의 사회적 영향중 부정적인 측면은 때때로 긍정적인 측면(지역사회발전, 도시건설 등)에 비해 더 크게 느껴지곤 한다. 카지노로 인한 사회적 부작용으로는 도박중독, 재산탕진, 패가망신, 과소비, 사행심 조장, 폭력조직과의 연루, 불법고리대금업, 돈세탁 등을 들 수 있다. 이 같은 카지노의 사회적 부작용을 최소화하기 위해서는 도박중독 치유 및 예방 프로그램의 개발. 카지노 공공 정책을 수행할 카지노 감독위원회의 설립이 필요하다.

2절 카지노 산업의 현황

1 카지노 산업의 발전과정

역사적으로 카지노는 중세 유럽의 귀족사회에서 사교의 한 수단으로 태동하였으며, 17~18세기에 걸쳐 유럽 각지에서 소규모 카지노가 개설된 것이 근대 카지노의 시작이었다. 19세기에는 클럽스타일(회원제)의 카지노가 유럽각국에서 출현하였고, 유럽인들의 활동이 활발해지면서 카지노가 전 세계로 확산되기 시작했다. 이처럼 20세기 초까지는 카지노의 모태인 중유럽의 지역이 카지노의 중심지였다. 그러나 1930년대 미국에 카지노가 도입되면서 네바다 주에서는 대공황을 극복하기 위한 경제대책 및 광부들의 여가 활동 수단으로 카지노를 본격적으로 육성하면서 상업적 성격의 카지노로 발전하였고, 라스베가스가 새로운 카지노의 메카로 등장하게 되었다.

카지노는 전 세계 약 125개국에 약 3,319개소가 있으며, 이러한 수지는 해마다 늘어가고 있는 실정이다. 카지노의 확산은 카지노가 국가 경제에 미치는 영향이 높아갈수록 지속적으로 늘어날 전망이다.

미국에 도입된 카지노는 유럽 지역의 소규모 클럽 형태를 과감히 탈피하여 거대한 기업형태로 발돋움했다. 네바다 주에서 시작된 카지노가 1988년 이후 미국 전역으로 확산, 2005년 현재 48개 주에서 카지노가 합법적으로 운영되고 있으며, 그밖의 주에서 카지노 산업의 합법화를 위한 입법조치가 추진 중에 있다.

1980년대 이후 카지노 산업은 세계적으로 급속히 확산되어 도박을 금기시 하는 사회주의 국가에서도 가속화되는 추세이다. 미국의 대형 카지노사인 엠지엠 그랜드(MGM Grand)사는 중국 해남(海南)에 두개의 카지노 리조트를 건설할 계획이라고 선언했으며, 내국인은 물론 일본, 대만 등의 동북아시아 카지노 고객을 유치할 것으로 알려졌다. 또한 미국 리노(Reno)에 기반을 둔 슬롯머신 제조업체인 인터내셔널 게이밍 테크놀로지(International Gaming Technology)사는 중국 해남(海南)

시와 공동으로 대규모 슬롯머신 엔터테인먼트센터 건립을 추진하고 있어, 이 슬롯머신 센터가 완공되면 중국에서는 가장 큰 규모가 될 것으로 예상된다.

1990년대 중반 이후 인터넷 통신을 이용한 '온라인 카지노(On-line Casino)' 가 급속히 확산되고 있다.

· 따라서 이젠 카지노를 즐기기 위해 라스베가스에 갈 필요 없이 집에서도 가능하게 되었다. 캐나다 토론토에서는 컴퓨터로 블랙잭 게임을 즐길 수 있는 '캐리비안 카지노' 가 개설(카리브 카이크스 섬에 컴퓨터 설치)되었으며, 게임을 원하는 사람은 인터넷상의 금전거래를 취급하는 네덜란드 E 캐쉬 사에 등록하면 된다. 인터넷 카지노는 실제 카지노에 비해 운영비가 거의 들지 않는다는 장점이 있다.

· 그리고 스위스항공, 오스트리아 라우다 항공, 싱가포르항공 등은 승객들의 무료함을 달래주기 위한 서비스의 일환으로 항공기 좌석에 스크린을 부착한 기내 전자 카지노 장치를 도입하여 이제 인터넷 카지노는 육지와 바다뿐만 아니라 하늘에서도 카지노 게임을 가능하게 하고 있다.

카지노는 먼저 내륙 형 카지노에서 선상 카지노로 확대되어 가고 있으며, 최근 정보산업의 발달과 컴퓨터 보급으로 인터넷 카지노로 발전되어 가는 추세이다. 이와 같은 카지노 산업의 확산은 카지노가 단순히 도박이라는 인식에서 벗어나 삶의 활력소를 얻기 위한 여가 활용의 측면이 강조되고 있음을 보여 주고 있다. 또한 카지노는 관광자원이 부족한 나라에서 자연관광 자원의 대체 상품으로서 중요한 위치를 차지 할뿐만 아니라 관련 산업의 활성화에도 크게 기여하고 있다.(이충기 外, 1999)

2 한국 카지노의 현황

1) 카지노 업체 현황

한국 카지노관광협회의 자료에 따르면, 2005년 12월말 현재 등록된 카지노 업체

수는 〈표 1-1〉과 같이 전국적으로 총 14개 업체가 운영 중에 있으며. 2006년 서울 2개소, 부산 1개소가 오픈 예정으로 되어있다. 이를 지역별로 구분하면 제주지역이 8개 업체로 전체의 67%를 차지하고 있으며, 강원2개 업체, 서울3개 업체(2개 업체 오픈 예정/2006년 1월 27일 강남, 2006년 6월 강북), 부산2개 업체(부산 롯데 2006년 6월 오픈예정), 인천, 경북 지역에 각각 1개 업체가 등록되어 있다. 카지노의 운영형태를 살펴보면, 호텔이 카지노를 직접 운영하는 직영형태와 호텔로부터 카지노장을 임대하여 운영하는 임대 형태로 나눌 수 있다. 현재 직영운영형태를 채택하고 있는 업장은 (주)파라다이스부산의 파라다이스카지노부산, 설악파크호텔카지노, 오리엔탈관광(주)의 제주오리엔탈호텔 카지노, 전원산업(주)의 크라운프라자호텔&카지노제주 등 전체의 29%이다. 임대 운영형태를 하고 있는 업장은 파라다이스워커힐카지노, 경주 웰리치조선호텔카지노, 청정상사(주)의 파라다이스 오림포스카지노(파라다이스 인천으로 개명), 제주칼카지노, 파라다이스그랜드카지노, 신라호텔카지노, 하얏트호텔카지노, 서귀포칼 호텔카지노, 라곤다카지노 등으로 전체의 71%를 차지하고 있다.

카지노장이 개설되어 있는 호텔의 등급을 살펴보면, 14개의 모든 업체들이 특급호텔 내에 있고, 그 중 12개의 업체가 특1급, 2개의 업체가 특2급 호텔 내에 있다.

카지노 업체의 최초 등록은 '67년 인천의 오림포스카지노를 시작으로 '68년 워커힐카지노, '71년 속리산 관광 호텔카지노(폐업), '75년 제주칼호텔카지노, '78년 파라다이스비치호텔카지노, '79년 코오롱관광호텔카지노, '80년 설악파크호텔카지노, '85년 제주하얏트호텔카지노, '90년 제주그랜드호텔카지노, 제주 홀리데이인크라운플라자카지노, 제주서귀포칼호텔카지노, 제주오리엔탈호텔카지노, '91년 제주신라호텔카지노, '95년 제주라곤다의 순으로 허가가 되었고, 최근 '97년과 '98년을 기점으로 새로운 허가권이 〈표 1-1〉의 카지노 업체 현황에서 나타난 것처럼 갱신되었다. 또한 국내 외국인 전용 카지노 업체가 특정 지역(제주도)과 특정업체(P그룹)에 편중되어 있다는 관광 사업체 및 관광 사업에 뜻있는 개인 · 단체들이 한국 카지노 산업 발전에 역행 된다는 지적에 따라 2005년에 3개 업체가 신규로 허가 되었다. 신규 허가 업체는 서울 2개소 중 강남(1) · 강북(1), 부산 1개소는 부산롯

표 1-1 카지노 이용객 및 매출액 현황

시 · 도	업소명(법인명)	허가일	운영형태(등급)	대표자	종사원수(명)	'04매출액(백만원)	'04입장객(명)	전용영업장면적(m²)
서울	파라다이스워커힐카지노 [(주) 파라다이스]	'68. 3. 5	임대 (특1)	심대민	840	237,042	374,939	3,967.8
부산	파라다이스카지노부산 [(주) 파라다이스 부산]	'78. 10. 29	직영 (특1)	유영섭	332	60,635	126,452	2,283.5
인천	파라다이스카지노인천 [(주) 파라다이스 인천]	'67. 8. 10	직영 (특2)	백운태	170	17,081	17,673	754.9
강원	호텔설악파크팔레스카지노 [(주) 청정개발]	'80. 12. 9	임대 (특2)	부양옥	19	937	1,908	547.9
경북	웰리치조선호텔카지노 [(주) 웰리치(WellLich)]	'79. 4. 11	직영 (특1)	김영은	128	6,107	21,682	1,787.4
제주	라마다프라자카지노 [제주관광 (주)]	'75. 10. 15	임대1 (특1)	정강	140	12,125	16,226	2,359.1
	파라다이스그랜드카지노 [(주) 파라다이스제주]	'90. 9. 1	임대1 (특1)	김한기	188	27,782	32,406	2,756.7
	신라호텔카지노 [(주) 콘티넨탈]	'91. 7. 31	임대1 (특1)	윤온	175	18,159	14,436	1,953.6
	제주오리엔탈호텔카지노 [(주) 광성]	'90. 11. 6	임대1 (특1)	정태경	115	8,130	12,536	1,125.5
	롯데호텔제주카지노 [(주) 두성]	'85. 4. 11	임대1 (특1)	국정주	213	30,909	37,478	1,205.4
	크라운프라자카지노 [(주) 정봉]	'90. 9. 1	임대1 (특1)	박명기	139	11,402	14,037	1,026.6
	하얏트호텔카지노 [골든타임(주)]	'90. 9. 1	임대1 (특1)	양성홍	110	2,923	2,241	803.3
	제주퍼시픽카지노 [(주) 신성개발]	'95. 12. 28	임대1 (특1)	허덕행 이권휴	100	4,359	4,649	861.7
13개 업체(외국인 대상)			**직영:3 임대:10**		**2,669**	**437,591**	**676,663**	**21,429.4**
강원	강원랜드카지노 [(주) 강원랜드](내국인대상)	'00. 10. 12	직영 (특1)	김진모	2,870	736,768	1,784,730	6,861.8
14개 업체(내 · 외국인 대상)			**직영:4 임대:10**		**5,539**	**1,174,359**	**2,461,393**	**28,291.2**

〈한국문화관광부, 2005. 3〉

◎ 표 1-2 카지노 이용객 및 매출 현황

(단위 : 백만원)

구 분	2002년			2003년			2004년	
	매출액	당기 순이익	입장객 (명)	매출액	당기 순이익	입장객 (명)	매출액	입장객 (명)
파라다이스 워커힐카지노	229,153	45,480	378,871	223,026	44,182	386,047	237,042	374,939
파라다이스 카지노부산	56,757	12,909	112,240	53,402	10,910	99,433	60,635	126,452
파라다이스 카지노인천	17,793	-2,094	21,821	14,930	-6,460	18,113	17,081	17,673
호텔설악파크 팔레스카지노	899	-126	6,664	525	-195	4,802	937	1,908
웰리치조선 호텔카지노	6,409	-6,995	22,038	4,780	-1,233	15,294	6,107	21,682
라마다프라자 카지노	13,701	-1,827	11,600	9,189	105	9,787	12,125	16,226
파라다이스 그랜드카지노	29,683	-592	33,305	22,697	-8,337	31,136	27,782	32,406
신라호텔 카지노	17,610	2,275	11,958	14,994	-2,671	10,705	18,159	14,436
제주오리엔탈 호텔카지노	7,778	-325	8,953	5,549	-1,597	9,293	8,130	12,536
롯데호텔 제주카지노	17,264	-6,502	28,293	25,282	-2,662	25,238	30,909	37,478
크라운프라자 카지노	9,764	-1,440	9,169	11,501	-1,201	13,706	11,402	14,037
하얏트호텔 카지노	2,309	-2,142	1,435	6,860	-99	2,606	2,923	2,241
제주퍼시픽 카지노	130	691	1,375	5,742	-2,425	4,314	4,359	4,649
소계	409,250	33,380	647,722	398,477	28,317	630,474	437,591	676,663
강원랜드 카지노	469,389	221,018	918,698	664,217	229,690	1,547,847	736,768	1,784,730
합계	878,639	254,398	1,566,420	1,062,694	258,007	2,178,321	1,174,359	2,461,393

2003년도 라마다프라자카지노의 경우 특별이익임(영업이익은 적자).

〈한국문화관광부, 2005. 3〉

표 1-3 연도별 외래객 대비 카지노 현황

(단위 : 명)

연 도	외래관광객	카지노이용객	점유율(%)	연평균 성장률(%)
1991	3,196,340	595,115	18.6	19.2
1992	3,231,081	680,397	21.1	14.3
1993	3,331,226	650,420	19.5	△4.4
1994	3,580,024	625,865	17.5	△3.8
1995	3,753,197	633,174	16.9	1.2
1996	3,683,779	517,672	14.1	△18.2
1997	3,908,140	518,178	13.1	0.1
1998	4,250,216	689,254	16.0	33.0
1999	4,659,785	694,899	14.9	0.8
2000	5,321,792	636,005	12.0	△8.4
2001	5,147,204	626,851	12.1	△1.4
2002	5,347,468	647,722	12.1	3.3
2003	4,753,604	630,474	13.2	△2.6
2004	5,818,298	677,145	11.6	7.4

〈한국문화관광부, 2005. 3〉

표 1-4 연도별 외래객 대비 카지노 현황

(단위 : 명)

연 도	순수관광목적 입국객	카지노 이용객	점유율(%)
1991	1,856,442	595,115	32.1
1992	1,861,655	680,397	36.5
1993	1,901,105	650,420	34.2
1994	2,040,259	625,865	30.7
1995	2,476,828	633,174	25.6
1996	2,327,722	517,672	21.8
1997	2,580,128	518,178	20.1
1998	3,064,917	689,254	22.0
1999	3,454,238	694,899	20.1
2000	3,874,481	636,005	16.4
2001	3,768,747	626,851	16.6
2002	3,843,504	647,722	16.8
2003	3,217,167	630,474	19.5
2004	4,185,069	677,145	16.1

〈한국문화관광부, 2005. 3〉

데에 2006년 오픈(Open)준비 중에 있다. 이 신규 오픈 예정인 카지노는 한국 관광공사(KNTO) 자회사를 설립 (주)그랜드 코리아 레저에서 직영 예정이다.

카지노 이용객의 수는 '91년 49만 명에서 '98년 69만 명으로 높은 성장을 기록하고 있다. '90년에서 '92년 동안 연평균 15%에서 20%의 지속적인 성장을 기록하였지만 '93년부터 '97년에는 성장률이 감소 또는 둔화 되었다. 그러나 '98년에 들어와서 약 33% 성장률을 기록했다. 2000년~2003년 또한 성장률이 감소 둔화 되었다가 2004년에 다시 7.4%로 회복세를 보이고 있다.〈표 1-3〉참조

카지노 이용객 수의 변화를 살펴보면, '90년에서 '92년은 성장을 기록한 반면, '93년에서 '94년에 들어와서는 감소를 보였는데 이는 해외교포에 대한 카지노 출입금지 조치, 엔고현상으로 인한 일본경기의 침체, 대만과의 국교단절, 미국, 호주 등 외국 카지노 업계에서의 자국 내 고객 유치를 위한 특수판촉 강화 등으로 인하였다. 특히 우리나라 카지노 이용객의 대부분은 일본, 대만, 홍콩, 싱카폴, 말레이시아 등 동남아 지역이며, 일본 및 대만 관광객에 대한 시장의존도가 높다. (이충기 "카지노 산업 육성방안" 1995) '95년에 잠시 이용객 수가 증가하였다가 다시 '96년에는 18%의 감소세를 기록하는데 이는 한국이 IMF등 경제적인 불황을 겪는 것에서 기인한 것으로 본다. '98년에는 중국 시장의 증가와 환율 등에 따른 관광객들의 증가로 인하여 69만 명이상의 이용객들이 카지노 업체를 이용하였다.

카지노업의 매출액을 살펴보면 '90년에는 '656억을 기록하다가 1994년에는 2천13억으로 급성장하였다. 따라서 '90년에서 '94년까지 25%에서 45%의 높은 성장률을 기록하고, 95년에는 10%, '96년에는 -2.6% 성장률을 기록하였다. 그러나 '98년에는 23%라는 증가를 기록하였는데 이것은 환율 상승으로 인한 것이며, 카지노 입장객의 달러화 소비액은 전년 동기대비 17.4%감소한 182,191천 달러로 나타났으며, 업체의 원화 매출액은 전년 동기대비 23%증가한 285,199백만 원이다.(한국관광연구원. 1999년 "관광산업 전망")

2004년 카지노업체별 입장객 및 매출액을 살펴보면, 파라다이스워커힐카지노가 입장객 37만4천명을 파라다이스카지노부산이 12만 6천명, 파라다이스그랜드카지노가 2만7천명으로 파라다이스계열사가 유치한 입장객은 전체 입장객의 82%에 달

표 1-5 연도별 관광외화수입 대비 카지노이용현황

연 도	관광외화수입 (천불)(A)	연평균 성장률(%)	카지노외화수입 (천불)(B)	연평균 성장률(%)	점유율(%)
1991	3,426,416	△3.7	116,544	25.1	3.4
1992	3,271,524	△4.5	136,351	17.0	4.2
1993	3,474,640	6.2	173,176	27.0	4.9
1994	3,806,051	9.5	250,763	44.8	6.6
1995	5,586,536	46.8	286,342	14.2	5.1
1996	5,430,210	△2.8	265,56	△7.2	4.9
1997	5,115,963	△5.8	243,013	△8.5	4.8
1998	6,865,400	34.2	203,877	△16.1	2.9
1999	6,801,900	△0.9	251,787	23.5	3.7
2000	6,811,300	0.1	301,153	20.0	4.4
2001	6,373,200	△6.4	296,355	△0.8	4.6
2002	5,276,900	△17.2	327,075	10.4	6.2
2003	5,343,400	△1.2	334,335	2.2	6.3
2004	5,696,900	6.6	377,521	1.3	6.6

〈문화관광부, 2005. 3〉

하고 있다. 이를 지역별로 살펴보면, 제주는 55만 1천명으로 대다수의 업체가 집결해 있음에도 불구하고 전체에 19%정도만 차지하고 있다.

카지노업의 매출액을 살펴보면 '91년에 116,544(천불) 을 기록하다가 1994년에는 250,763(천불)으로 급성장 하였으며, 1991년에서 1994년까지 25%~45%의 높은 성장률을 기록하였고 1995년에는 14.2%, 1996년에는 -7.2% 성장률을 기록하였다. 그러나 1999년에는 23.5%, 2000년에는 20%라는 증가율을 기록하였는데 〈표 1-5 참조〉 이것은 환률 상승으로 인한 것으로 나타났다.

2) 업체별 게임기구 현황

관광 진흥법 제35조 제1항과 관련된 카지노 영업 종류는 룰렛, 블랙잭, 다이스, 포커, 바카라, 다이사이, 키노, 빅휠, 빠이 까우, 판탄, 죠커 세븐, 라운드 크랩스, 트

표 1-6 2004년도 국적별 카지노입장객 현황

(단위 : 명)

국적별 / 업체별	전체 입장객	국적별							
		일본	%	중국	%	대만	%	기타	%
워커힐	374,939	134,175	35.8	66,656	17.8	57,584	15.3	116,524	31.1
부산	126,452	104,804	82.9	11,560	9.1	508	0.4	9,580	7.6
인천	17,673	8,611	48.7	1,610	9.1	1,472	8.3	5,980	33.8
설악	1,908	162	8.5	524	27.5	140	7.3	1,082	56.7
조선	21,682	10,797	49.8	1,626	7.5	396	1.8	8,863	40.9
제주칼	16,226	9,570	59.0	3,372	20.8	-	-	3,284	20.2
그랜드	32,406	27,580	85.1	4,181	12.9	-	-	645	2.0
신라	14,436	11,907	82.5	1,038	7.2	-	-	1,491	10.3
오리엔탈	12,536	6,602	52.7	3,689	29.4	815	6.5	1,430	11.4
롯데	37,478	26,150	69.8	7	0	-	-	11,321	30.2
크라운	14,037	7,280	51.9	5,615	40.0	290	2.0	852	6.1
하얏트	2,723	1,232	44.0	862	32.9	22	-	607	23.1
퍼시픽	4,649	3,520	75.7	675	14.5	10	0.2	444	9.6
계	677,145	352,390	52.0	101,415	15.0	61,237	9.0	162,103	23.9

〈문화관광부, 2005. 3〉

란타 콰란타, 프랜치 볼, 챠카락, 슬롯머신, 비디오게임, 빙고, 마작 등 19종류이다. 카지노관광협회의 1997년 자료를 살펴보면, 블랙잭, 룰렛, 바카라, 다이사이 빅휠, 다이스, 빠이 까우 등 7종 314대의 시설을 갖추고 영업을 하였지만, 1999년 8월에 슬롯머신과 비디오게임의 합법화로 인한 게임기구수가 전국적으로 7종 723대로 늘어나 약 50%의 증가추세로 나타내고 있다. 또한 다이스와 빠이 까우 게임 테이블을 대신해 슬롯머신과 비디오게임이 도입되었다.

2005년 12월 문화관광부 자료를 〈표 1-7〉살펴보면 8종 2,144대로 늘어나 약 296%의 테이블, 머신 · 비디오게임기구의 증가추세로 나타나고 있고 국내 14개의 카지노 업체가 보유하고 있는 카지노 게임기구의 현황을 살펴보면 강원랜드 카지노가 8종 1,092대 전체 50%, 파라다이스워커힐카지노가 8종 243대를 보유하고 있어 11.33%를 기록하고 있다.

다음으로는 파라다이스그랜드카지노가 8종 117대, 파라다이스카지노부산이 8

● 표 1-7 카지노업체별 게임기구 현황

지 역	업체명	종사원수	테이블 게임							머신 게임		
			블랙잭	룰렛	바카라	빅휠	다이사이	포커	소계	슬롯머신	비디오게임	총대수
서울	(주) 파라다이스 파라다이스워커힐카지노	840	24	12	36	1	4	4	81	107	55	8종243대
부산	(주) 파라다이스부산 파라다이스카지노부산	332	7	8	15	1	1	2	34	43	7	8종84대
인천	(주) 파라다이스인천 파라다이스카지노인천	170	10	1	12	1	1	-	25	26	12	7종63대
강원 속초	(주)청정개발 호텔설악파크팔레스카지노	19	3	2	7	1	1	-	14	20	-	6종34대
경북 경주	(주)웰리치 경주조선호텔카지노	128	4	3	15	1	1	-	24	38	-	6종62대
제주	제주관광(주) 라마다프라자카지노	140	8	4	24	1	1	-	38	50	21	7종109대
	(주)파라다이스제주 파라다이스그랜드카지노	188	9	4	18	1	1	1	34	63	20	8종117대
	(주)콘티넨탈 신라호텔카지노	175	3	2	20	-	1	-	26	13	2	6종41대
	(주)광성 제주오리엔탈호텔카지노	115	5	2	12	-	1	-	20	13	2	6종35대
	(주)두성 롯데호텔제주카지노	213	8	4	20	-	1	1	34	50	10	7종94대
	(주)정봉 크라운프라자카지노	139	3	1	16	-	2	-	22	44	6	6종72대
	골든타임(주) 하얏트호텔카지노	110	2	2	13	1	1	-	19	26	4	7종49대
	(주)신성개발 제주퍼시픽카지노	100	5	1	12	-	1	-	19	30	-	5종49대
소계		2,669	91	46	220	8	17	8	390	523	139	8종1,052대
강원 정선	(주)강원랜드 강원랜드카지노	2,870	50	10	62	2	4	4	132	681	279	8종1,092대
합계		5,539	141	56	282	10	21	12	522	1,204	418	8종2,144대

〈문화관광부, 2005. 3〉

종 84대를 보유하고 있어 파라다이스 계열사가 가지고 있는 게임기구수는 총 8종 2,144대 중 507대를 보유하고 있어 23.65%에 달하고 있다.

슬롯머신은 14개 업체 중 14개 업체모두가 도입을 했고, 비디오게임기구는 11개 업체가 도입을 실시하였다. 따라서 슬롯머신과 비디오게임기구의 증가가 예상된다.

3 전세계 카지노 현황

세계 카지노 산업의 현황〈표1-8 참조〉을 살펴보면 아시아가 18개 국가에 127개 카지노를 소유 하고 있어 전체의 약 3.8% 북미국가가 2개국에 1,568개의 카지노 업소가 있어 전체의 47.3% 유럽은 34개 국가에1,099카지노 업체가 있어33.1% 중남미 지역은 12개 국가에 356개 카지노 업소가 있어 전체의10.7% 오세아니아는 7개 국가에 26개 카지노가 있어 약 0.8% 아프리카 지역은 33개 국가에 143개 카지노 업소가 있어 전체의 4.3% 를 차지하고 있으며 중동 지역에는 2개 국가에 3개의 카지노 업소가 있다. 특히 북미 지역과 유럽의 가지노 업체 수는 2,667개 업소로서 전체의 80.4%를 점유 하고 있어 카지노의 발생과 역사를 갖춘 대륙으로서의 면모를 확연히 보여 주고 있으며 또한 카지노산업의 선두 주자로 자리 매김 하고 있다.

표 1-8 전 세계 카지노 현황

현 황		카지노		테이블게임		슬롯머신		호텔객실	
		수	점유율	대	점유율	대	점유율	실	점유율
대륙별	총 계	3, 319	100%	41,107	100%	911,458	100%	341,182	100%
	아시아	127	3.8%	3,795	9%	15,288	2%	22,727	7%
	북 미	1,568	47.3%	21,286	52%	736,117	81%	231,627	68%
	유 럽	1,099	33.1%	9,862	24%	72,759	8%	34,636	10%
	남 미	356	10.7%	3,453	8%	45,721	5%	32,962	10%
	오세아니아	26	0.8%	1,321	3%	16,286	2%	4.354	1%
	아프리카	143	4.3%	1,390	3%	25,287	3%	14.876	4%

※ 주) 자료출처: Worldwide Casino Guide 2005(The Casino City Press 2005년), 강원랜드 내부자료 카지노협회통계자료, 마카오게임조사 및 조정사무국, 미국게임협회 동남아카지노보고서(강원랜드,2005년 재인용)

그리고 아프리카 및 아시아 , 중남미 지역이 괄목할 만큼의 성장세가 두드러지게 나타나고 있으며 그중 마카오 ,필리핀, 한국의 성장세가 급속도로 확장세에 있다.

1) 미국의 카지노 현황

· 세계 최대의 카지노 강국인 미국의 카지노 산업은 50개주 중 48개주에서 복권, 경마, 포커룸 등 게임산업을 허가하고 있으며 상업카지노는 11개주 445개의 카지노에서 29조원의 수익을 거두었다. 이는 2003년 대비 7%증가 하였으며 35만명의 일자리를 창출, 급여로 12억달러(1조 2천억원)을 지불(2005. 최욱철) 최근 훼밀리 중심으로 테마화, 차별화를 통한 시장 수요 다변화 전략을 추진하고 있음.

☞ 고객의 세분화 및 차별화

☞ 다국적 불특정 다수의 고객 지향

☞ 카지노를 가족 단위 휴양지화

· 이는 미국의 카지노 산업이 과당경쟁 및 이에 따른 수익 저하에 직면하고 있기 때문임.

☞ 미국의 카지노업체 수는 약 1,000여개 이상으로 이중 상당수가 1990년대 이후에 설립되었음.

☞ 미국 내 카지노의 경쟁적인 증설로 카지노의 투자 수익률은 1980년대 후반 연간 25%수준에서 1990년대 말 약 15% 수준으로 하락하였음. 2004년에는 전년(2003년)대비 매출이 7% 증가 하였으며 카지노 산업은 35만 명의 일자리를 창출 하였으며 급여(급여, 인정 상여금 포함)로 1억 달러(1조 2천억원)을 지불 하였고 카지노 관련 세금으로 총 47억만 달러 (4조7천억원)을 지불 하여 전년(2003년) 대비 9.6% 증가 한 것으로 조사 되었다(최욱철,2005).

· 미국 카지노 기업들은 이러한 경쟁 환경을 극복하고 수익성을 높이기 위해 먼저 대형호텔과 테마파크, 컨벤션센터, 스포츠센터 등을 통합한 리조트 형태로 발전시켜 다국적 불특정 고객을 대상으로 마케팅 활동을 하고 있음.

· 또한 카지노 내부를 주제별로 구분하거나 고객을 매우 세분화하여 서비스를 차별화하고 있음.
· 이는 또한 카지노를 가족휴양지로 변화시켜 나가고 있으며, 이러한 이미지를 심어주기 위하여 다양한 이벤트 및 휴양 시설을 확충하고 있음.
· 라스베가스의 주요 카지노 호텔들은 이미 자체 테마파크를 갖고 있거나 건립 예정이며 여러 중소 카지노 호텔들도 다양한 휴양 시설을 갖추고 있음. 라스베가스의 카지노 호텔들은 보통 중급 규모만 되어도 객실 수가 3,000개를 넘고 있음.

(1) 네바다

현재 라스베가스에는 190여 개의 카지노가 있으며 세계에서는 가장 큰 초대형 호텔 및 카지노 시설을 갖추고 있다. 또한 고액 베팅 자에서 저액 베팅 자에 이르기까지 다양한 고객층을 유치하기 위한 각종 연예, 쇼, 놀이시설, 테마파크, 어린이 놀이시설을 제공하고 있다. 이처럼 라스베이거스는 단순한 게임장소가 아니라 다양한 볼거리와 저렴한 먹거리 및 휴식 공간, 오락게임 등을 제공하는 종합 엔터테인먼트 리조트로 인식되고 있다. 따라서 대부분의 미국인들은 카지노를 도박의 개념에서 벗어나 게임뿐만 아니라 각종 명성 있는 쇼 및 유흥을 즐기기 위한 합법적인 여가 활동의 일환으로 인식한다. 특히 어린이들이 즐길 수 있는 각종 놀이시설, 테마파크, 값싼 식·음료 및 숙박 시설은 가족 동반객들을 유치하는 중요한 매력 포인트로 부상하고 있다. 라스베가스의 카지노에서는 입장료, 신분증이나 여권을 요구하지 않으며, 21세 이상이어야 게임 자격이 주어진다.

① **라스베가스 카지노 호텔**

· **베네치안 카지노 호텔**(The venetian): 99년 5월 1일, 40년 전통의 유서 깊은 The Sands자리에 새롭게 등장한 베네치안 호텔은 스트립 중심지역에 고전적 낭만과 현대적 건축미의 완벽한 조화를 이루는 객실 수 6,036를 갖춘 호텔이다. 베네치안은 라스베가스 및 세계 최고의 호텔이 되려는 야심찬 계획에 의거 2조 7,600억원에 달하는 천문학적 투자를 한 호텔이다. 베네치안은 인공으로

만들어진 운하를 따라 곤돌라를 타고 돌게 되면 낭만의 도시 베니스를 그대로 옮겨놓은 듯한 잊지 못할 장관을 연출하고 있다.

〈http://blog.naver.com/hi-yoon〉

· **벨라지오 카지노 호텔**(Bellagio hotel): 미라지 리조트 그룹. 스티브 윈 회장의 야심찬 계획으로 세워진 벨라지오 호텔은 98년 10월 그랜드 오픈 하였으며 총 공사비 16억불을 투자한 객실 3,000개의 매머드 호텔이다. 벨라지오 호텔은 피카소, 모네, 드가, 반고흐, 르노와르, 세잔느, 고갱, 마티스, 모딜리아니등 유명화가 20 여명의 오리지날 작품을 직접 볼 수 있다. 인공호수에서 30층높이까지 치솟는 1000여개의 물기둥 분수 쇼가 장관을 이룬다. 그 외 CHANEL, GUCCI, PRADA, GIORGIO ARMANI등 세계 유명 브랜드 쇼핑몰과 다양한 메

〈벨라지오호텔의 분수쇼〉

뉴를 선보이고 있는 고급 레스토랑이 있다. 특히 우리나라 젊은이들에게 카지노 드라마 올인의 촬영지로 잘 알려진 카지노 호텔이다.

· **카지노 호텔 뉴욕 뉴욕**(New york-New york htel): 97년 초에 오픈한 뉴욕 뉴욕 호텔은 자유 여신상을 중심으로 실제 뉴욕의 다운 타운 모습을 1/10로 축소해 놓은 것이다. 특히 개장한지 얼마 안 되서 1200만 달러의 잭팟이 터진 곳으로, 또 골프신동인 타이거 우즈가 즐겨 찾는 곳으로 유명하다.

〈뉴욕뉴욕 카지노 호텔〉

· **미라지 카지노 호텔**(Mirage hotel): 열대림을 컨셉으로 한 객실 수 3,054개의 미라지 호텔을 89년 오픈하였고 미라지 호텔은 열대 화산 폭발, 인공열대림과 라스베가스의 최고의 쇼로 손꼽히는 "지그프리드와 로이스"의 마술쇼로 유명하며, 특히 호텔 앞에서 매일 밤 15분에 한 번씩 펼쳐지는 화산 폭발의 장면은 장관이며 관광객들의 발걸음을 멈추게 한다.

〈미라지 카지노 호텔〉

〈럭소 카지노 호텔〉

· **럭소 카지노 호텔**(Luxor hotel): 이집트 피라미드를 테마로 한 럭소 호텔은 외관부터가 다른 호텔과 확실히 구분된다. 반짝이는 유리창 외벽으로 둘러쌓인 피라미드형 호텔은 라스베가스에서 가장 개성이 두들어진 건축물이다. 럭소 호텔 꼭대기 즉 피라미드 꼭대기에서는 밤만 되면 강열한 레이져 광선을 하늘로 쏘는데 이에 관해서 우주왕복선을 타고 달나라에 간 우주인이 밤에 지구를 바라보았더니 유일하게 하나의 불빛이 보였는데 그것이 바로 럭소호텔에서 비추는 레이져 광선이었다는 이야기가 있을 정도다.

· **시저스 팰리스 카지노 호텔**(Caesars palace hotel): 로마시대를 컨셉으로 한 시저스팰리스 호텔은 헤비급 복싱 타이틀 매치가 자주 열리며 호텔로비에 들어서면 로마 시대의 병사와 하녀복장을 한 종업원들을 볼 수 있다. 5만 갤런의

〈시저스 팰리스 카지노 호텔〉

수족관과 둥근 천정조명으로 하늘을 연상시키게 만든 인테리어로 유명한 포럼 숍(Forum Shop)이 있으며 최근 소유주가 힐튼그룹으로 변경되었다.

· **트레저 아일랜드 카지노 호텔**(Treasure Island hotel): 미라지 호텔 바로 옆에 그룹의 회장인 스티브 윈은 93년 4억 7,000만 불을 투자하여 보물섬을 주제로 한 2,900개의 객실을 갖춘 트레저 아일랜드 호텔을 오픈했다. 이 호텔의 테마는 18세기 해변 도시 풍경을 재현한 호텔 앞 호수에서 영국군과 해적선의 실감나는 전투장면이 1시간 30분마다 펼쳐진다.

· **엠지엠 그랜드 카지노 호텔**(MGM grand hotel): 세계 최고의 카지노 호텔이며, 30층짜리 건물로 총 5,005개의 객실을 보유하고 있다. 스위트룸이 751개이

〈트레저 아일랜드〉

〈엠지엠 그랜드 카지노 호텔〉

며, 스트위 룸 평균면적은 약 164평이다. 그리고 4만평 규모의 카지노장과 2만 명을 수용할 수 있는 실내 극장 겸 특설 링, 5,000대 이상을 수용할 수 있는 주차장을 보유하고 있다. 엘리베이터가 93대, 종업원 수는 약1만 명에 육박하며 저녁이 되면 건물 전체가 초록색의 환상적인 분위기로 변하며 입구에 있는 엄청난 크기의 사자상은 고객들의 시선을 끌기에 충분하다.

② **스트립의 카지노 호텔들**

· **데저트인**(Desert inn hotel): 라스베가스 스트립 중심에 위치하고 있으며 호텔 내에 18개 홀의 골프코스가 있고 특히 데저트인은 하이롤러를 중심으로 카지노가 운영되고 있다. 호텔건물은 14층으로 715개의 룸을 가지고 있으며, 딜러들의 팁은 높은 수입을 올리고 있어 라스베가스 딜러들 사이에 최고의 인기 있는 직장으로 각광받고 있다.

〈데저트인 호텔〉

〈몬테카를로 호텔〉

· 몬테 카를로(Monte carlo hotel): 르네상스 스타일의 고급스러운 유럽풍 호텔로 3,014의 객실과 259의 스위트룸이 있으며, 여성 전용 스파(Spa)가 유명하다.

· 리비에라(Rivirera hotel): 1955년에 오픈하였으며 총 5개의 건물과 2,200개의 객실과 168개의 스위트룸이 있고 한국 단체 관광객이 많이 투숙하는 호텔이다. 특히 스플레쉬 쇼와 크레이지 걸 쇼가 유명하며, 대형 컨벤션이 자주 열린다.

〈리비에라 호텔〉

· 엑스칼리버(Excalibur hotel): MGM 그랜드와 뉴욕뉴욕 호텔과 럭소 호텔 바로 옆에 있으며, 중세 성을 그대로 옮겨놓은 호텔로 동화 속 풍경을 자아내고 있다. 만달레이 베이와 럭소 호텔을 잇는 무료 트램카가 운행되고 있으며 총 4,032객실을 보유하고 있다.

〈엑스칼리버 호텔〉

· **플라밍고 힐튼**(Flamingo hilton hotel): 전설적인 갱 벅시시걸이 만든 전통 있는 호텔로 쇼와 함께 분홍빛 플라밍고 네온사인은 사진촬영장소로 많은 관광객이 찾고 라스베가스 힐튼, 파리, 발리스, 시져스팰리스 등 힐튼 그룹 소유의 호텔 본부역할을 하는 곳이다.

〈플라밍코 힐튼 호텔〉

· **발리스**(Bally' s hotel): 라스베가스의 현존하는 전설적 인물 세 명중의 하나인 커크커코리언이 1974년에 세운 호텔로 지금은 힐튼그룹의 소유이다 호텔 분위기는 편안하며 '쥬블리쇼' 가 공연된다. 2,814의 객실과 265개의 스위트룸이 있다.

〈발리스 호텔〉

· 서커스 서커스(Circus Circus hotel): 라스베가스가 불황의 늪에 빠져 있을 때 윌리엄 베넷이 가족 레저 이벤트 타운을 캣치플레이즈로 만든 객실 수 4,000개의 호텔로 매시간 서커스 쇼가 펼쳐지며 분홍색 돔 형태로 된 테마파크 '그랜드 슬램캐넌' 이 있다.

〈서커스 서커스 호텔〉

· 스타더스트(Stardust hotel): 1958년 오픈한 스타더스트 호텔은 1990년에 증축하였으며, 라스베가스에서 리도쇼를 처음 도입하였고 영화 '카지노' 배경무대로 잘 알려져 있다.

〈스타더스트 호텔〉

③ 라스베가스의 다운타운 카지노 호텔들

· 프레몬트(Fremont hotel): 올드타운의 대표적인 카지노 호텔로 452개의 객실이 있으며 1956년에 오픈하였다.

〈프레몬트 호텔〉

· 골든너겟(Golden nugget hotel): 세계 최대의 금덩어리 원석(약 28kg)이 전시되어 있는 것이 특징이며 다운타운의 고급 호텔로서 1,917개의 객실과 다양한 편의 시설을 갖추고 있다.

〈골든 너겟 호텔〉

〈비니온 호슈 호텔〉

· 비니온 호슈(Binion' s Horseshoe hotel): 객실 수 380개의 호텔로 특히 카지노에는 하이롤러가 많이 찾는 카지노 호텔로 포커 월드시리즈를 개최하며, 희소가치가 높은 만 불짜리 지폐 백장을 전시해 놓고 기념촬영을 할 수 있도록 배려하고 있다.

· 플라자(Jackie Gaughan' s plaza hotel): 그레이 하운드 터미널 옆에 위치하고 있으며, 이호텔은 1,037개의 객실과 136개의 스위트룸이 있다. 테마는 플레몬트 스트릿의 전자쇼를 볼수있다.

〈플라자 호텔〉

〈포퀸즈 호텔〉

· 포퀸즈(Four Queens hotel): 1966년에 오픈한 포퀸즈는 플레몬트 스트립중간에 위치하고 있으며 720개의 객실과 세계에서 가장 큰 슬롯머신을 즐길 수 있는 특징을 가지고 있다.

④ 미국적 분위기 호텔

· 하드락(Hard rock hotel): 하드락 호텔은 록큰롤을 테마로 한 하드락 카페와 호텔입구에 엄청난 크기에 기타가 상징적이다. 호텔에 들어서면 홍겨운 음악

〈하드락 호텔〉

〈라스베가스 힐튼 호텔〉

과 엘비스 프레슬리의 점퍼, 엘튼존의 피아노등 유명 뮤지션의 악기들이 전시되어있다. 특히 콘서트 홀에서는 이글스, 밥딜런 등 유명 뮤지션이 공연되며, 계속해서 미국 최고의 팝 뮤지션의 공연이 이어지고 있다.

· **라스베가스 힐튼**(Las Vegas Hilton hotel): 라스베가스 힐튼의 라스베가스 컨벤션 센타 옆에 위치해있으며 1969년 오픈하였으며, 1971년 힐튼 그룹에서 인수 하였다. 주 고객층은 비즈니스맨이다.

· **리오**(Rio hotel): 리오 호텔은 파란색과 빨간색이 조화를 이루는 색유리의 외

〈리오 호텔〉

관과 함께 야경이 예쁜 호텔이다. 특히 리오호텔의 카니발 뷔페와 댄스클럽 리오는 라스베가스의 색다른 명소 중에 하나이다.

· 또한 애틀랜틱 카지노 호텔들도 다양한 유흥 오락 시설들을 확대하기 위해 공격적으로 투자하고 있음.

· 미국의 카지노들이 이처럼 엄청난 규모로 발전하고 있는 것은 막대한 자금력을 확보하여 적극적으로 투자하고 자국 투자를 확대함과 동시에 경쟁력과 수익 저하의 문제 해결책으로서 아시아 진출에 적극적인 자세를 보이고 있다.

(2) 캘리포니아

캘리포니아에서는 카지노시설과 유사한 카드 룸(card room)을 운영하고 있으며, 캘리포니아 법에 의해 합법화 되었다. 그러나 게임 운영자는 카드 게임으로부터 직접 수익을 올릴 수 없다. 다시 말하면, 고객이 칩(chip)을 구입하여 카지노를 상대로 게임을 하는 것은 불법이며, 대신 게임을 즐기는 것에 대한 일정 요금을 부과한다. 그러나 '98년 11월에 실시된 미국 중간 선거에서 캘리포니아 주민들은 주정부의 허가 없이 인디언 보호구역에서 카지노를 신설하고 칩을 사용하여 실제 게임을 할 수 있도록 법안을 통과 시켜 캘리포니아 주에서도 조만간 정식 카지노가 들어설 전망이다.

(3) 콜로라도

콜로라도에서는 옛 탄광촌의 경제를 회복하기 위한 목적으로 카지노 게임을 허용했다. 1990년 11월 9일 콜로라도에서는 주(州)헌법을 수정하여 블랙확, 센트럴시티, 크리플크릭에 제한된 게임을 승인했다. 1991년 7월 1일 콜로라도 게임 위원회가 설립되었고 같은 해 10월 게임운영이 본격적으로 시작되었다. 게임에 관한 법률은 블랙잭, 포커, 슬롯머신만을 허용하고 있으며, 각 게임당 최고 베팅 액은 5달러로 제한하고 있다. 게임자격은 21세 이상으로 제한하고 있으며 출입시 신분증을 제시해야 한다. 게임 장소는 현재 상업 지역이나 제 1차 세계 대전 이전에 유행했던 (위의 세 지역과 유사한) 건축양식(빅토리아 양식)의 건물에 한정하고 있다. 콜로라도에서는 총 순매출액(고객으로부터의 총 수입액-총 지출액)의 40%를 세금으로 부과한다. 콜로라도에서는 게임세(gaming tax)중 0.2%는 관광 진흥 기금, 48.8%는 주정부의 일반기금, 22%는 카지노지역의 보조금, 28%는 사적지 보존기금으로 할당하고 있다.

(4) 루이지애나

1991년 7월 31일, 루이지애나 입법부에서는 선상 카지노에 관한 법안을 통과 시켰다. 1993년 6월 28일 현재 15개 선상 카지노가 선상 게임밍 위원회로부터 허가를 받았다. 베팅 액수에 대한 제한은 없으며, 선상에서 판매된 주류의 25%는 루이지애나에서 생산된 것이어야 한다. 주정부는 게임 수입의 15%를 가맹료로 받고, 경찰청은 게임 감사에 대해 3.5%의 치안 세를 부과하며, 지방정부는 선박 정박에 대해 승객당 2.5달러를 부과한다. 루이지애나 법에 의하면 모든 선박은 새로 건조되어야 하고, 3~8시간동안 크루즈 여행을 제공해야 하는데 '93년 9월에 최초의 선박이 영업을 시작했다. 1992년 루이지애나 입법부에서는 뉴올리언즈에 내륙카지노를 승인했는데, 게임만 제공할 수 있고 쇼를 제공하거나 레스토랑을 설치하지 못하도록 했다.

(5) 미시시피

미시시피 게임법이 효력을 발휘한 것은 1990년 4월이며, 미시시피 강이나 해협에 있는 항구도시에만 이 법이 적용된다. 게임을 할 수 있는 선박은 길이가 최소 150피트 이상이어야 하고, 적어도 250명의 승객을 태울 수 있어야 하며, 선박이 이동할 필요는 없지만 항해가 가능해야한다. 게임자격은 21세 이상으로 제한한다. 세금은 게임 수입의 최고 8%를 부과하는데 세율은 다른 주에 비해 비교적 낮은 편이다.

(6) 애리조나

애리조나는 많은 인디언 부족(적어도 8개 부족)과 카지노 계약을 체결해 왔으며 이것이 유일하게 합법화된 카지노이다. 이들 카지노에서는 슬롯머신과 포커를 제공한다.

(7) 뉴저지

1976년 뉴저지 주에서는 쇠퇴하고 있는 애틀란틱 시티의 재건과 고용증대를 목적으로 카지노를 승인했다. 그 결과 조그마한 해안 리조트와 낚시 마을이었던 이곳이 현재는 동부 연안의 가장 큰 카지노 관광지가 되었다. 이곳에는 현재 12개의 카지노가 영업 중이며, 카지노 호텔에서는 객실은 물론 레스토랑, 유명 연예인 쇼, 프로카지노 게임대회를 열기 때문에 뉴욕과 필라델피아 등지에서 매년 3천만 명 이상이 카지노를 방문하고 있다. 카지노에선 도박하는 사람들의 전통적이 사고방식이 라스베가스 뿐만 아니라, 애틀란틱 시티에서도 급격히 변화하고 있다. 즉 5천 달러 이상의 고액 베팅자는 전체의 10%정도로 감소하고 있으며, 당일 관광객들이 전체 수입의 60%를 차지할 정도로 급증하는 추세이다. 이들은 당일 또는 주말에 관광버스를 이용해 기분전환을 목적으로 카지노를 이용하는 계층이며, 복잡한 테이블 게임보다는 단순한 슬롯 머신을 선호하는 소액 베팅자 들이다.

2) 유럽의 카지노 현황

(1) 영국

오랜 역사와 전통을 가지고 있는 영국의 카지노는 프랑스, 독일과 더불어 유럽 카지노의 주요 국가이다. 영국은 1960년대에 들어와서 카지노가 합법화되어 2000년 현재 약 116개의 카지노가 운영 중에 있으며, 다음의 〈표 1-8 참조〉에서 설명된 것과 같이 6개의 그룹에서 카지노를 운영하고 있다. 영국의 카지노는 영국의 카지노법의 근간이 되어온 1968년에 제정한 게임법안에 의하여 지난 30년간 운영되어 왔다. 그러나 주변 국가들과 경쟁이 생기기 시작하면서 1996년에 게임법안을 개정 새로운 형태의 법 체제 아래 카지노를 발전시켜왔다. 특히 카지노 발전에 걸림돌이 되어온 슬롯머신 규제, 주류 판매, 48시간 법칙, 직불카드 사용 금지 등에 관한 법률 삭제 혹 수정하고 있어 카지노의 발전이 기대된다.

2000년 현재 영국의 모든 카지노 클럽은 반드시 회원제로 운영하도록 법에서 규정하고 있다. 회원이 되기 위해서는 먼저 가고자 하는 카지노 클럽을 방문하거나,

우편신청, 팩스신청, 전자우편 등을 이용하여 게임을 하기 24시간 전에 회원신청서를 제출하고 이때에는 반드시 성명, 서명, 주소 그리고 18세 이상임을 증명할 수 있어야 한다. 또한 2개의 신분증을 반드시 제출 해야만 한다. 홍보 수단으로는 신문, 스포츠, 이벤트 프로그램, 호텔, 소개책자, 전화번호부 등에 한해서 할 수 있다. 클럽에서는 신용카드의 허용을 금하고, 이용 가능한 화폐로는 현금, 여행자 수표, 개인수표, 그리고 카지노 경영진에 의해 승인을 받은 직불카드를 사용 할 수 있다.

2004년 9개사가 13개의 카지노를 운영 하고 있으며 테이블 1,629대 슬롯머신 1,896대 고용인원 약 13,000명(빙고홀, 포커룸, 슬롯게임장 제외)이 카지노업체에서 근무하고 있다.

(2) 프랑스

카드의 발달이 프랑스에서 유래되었을 정도로 오랜 역사를 가지고 있다. 2000년 현재 프랑스에는 140여 곳의 카지노장이 개설되어있지만 비교적 규모가 작어 국제적인 형태를 취하고 있지는 않다. 프랑스는 현재 12개의 업소에서 전체수익의 60%를 자지하고 있으며 수년간 카지노 산업은 짐체기를 맞고 있다.

1907년 카지노는 합법화되었지만 온천 혹은 리조트 타운에 한해서만 영업을 허가했다. 카지노를 이용하려면 21세 이상 정장 차림을 요구하였으며, 지역 주민들의 출입을 불허했고 메인 카지노를 이용하기 위해서는 80프랑의 입장료를 지불하는 등 법규의 엄격함으로 발전하지 못하다가 1987년 카지노 법을 제정하여 카지노의 이용연령 제한을 18세 이상으로 완화하고 영국식 룰렛(English Roulette), 푼토 방코(punto banco), 미니 푼토 방코(mini-punto banco) 슬롯머신 등 카지노 게임을 새로 도입하여 카지노의 발전을 도모했다. 특히 슬롯머신의 도입은 프랑스 카지노 산업을 현대화로 이끈 계기가 되었지만 프랑스 정부는 슬롯머신을 16개의 업소에서만 사용할 수 있도록 규제했다.

(3) 오스트리아

현재 12개의 카지노가 온천이나 휴양지에서 운영되고 있으며, 국제 수준의 테이블 게임 시설을 갖추고 있다. '카지노 오스트리아' 라는 주식회사에서 독점권을 갖고 운영하고 있는데, 이 회사 주식의 2/3는 오스트리아 연방공화국이 직 · 간접으로 소유하고 있다. 이 회사는 50년 이상의 카지노 경험을 갖고 있다.

(4) 독일

독일의 카지노는 220년 이상의 역사를 자랑한다. 일찍이 바덴바덴의 비스바덴은 18세기 중엽부터 카지노 게임시설이 설치된 도시이기도 하다. 1820년에는 20개의 카지노가 있었으나, 1850~1900년과 제 2차 세계대전 동안에는 모두 문을 닫았다. 현재 16개 주중 14개 주에 38개의 카지노가 있으며 소유권은 완전 주정부 소유로부터 개인소유에 이르기까지 다양하다. 독일 연방정부의 헌법이 카지노 허가권을 개별주에 위임함에 따라 카지노 허가권은 각주의 내무부에서 담당한다. 주정부에서 회계 감사관은 카지노 운영에 어떤 변칙이 있는지를 감시하기 위해 카지노 영업 시작에서 마감까지 상주한다. 카지노는 매일 주정부에 세금을 납부해야 하는데, 만일 세금을 납부하지 않을 경우에는 납부할 때까지 영업을 할 수 없다. 1997년 매출이익 14.5억 마르크 중 10억 마르크가 세금을 부과될 정도로 세율(80~91%)이 매우 높기 때문에 카지노업체들은 적은 이익으로 운영하고 있다. 다른 유럽 국가들과 같이 독일과 카지노도 주요 관광지인 온천 지역에 위치하고 있다. 바덴바덴, 비스바덴, 바르아첸과 같은 오래된 카지노는 우아한 디자인과 분위기로 유명하다. 특히 바덴바덴 훌륭한 온천 도시로 세계적인 명성을 얻고 있으며, 여기에 있는 궁전 스타일의 카지노는 유럽에서 가장 아름다운 카지노의 하나로 손꼽힌다. 1973년 개정된 독일 법은 전통 적인 휴양지 이외의 지역에도 카지노를 설립할 수 있도록 했으며, 1993년에는 마그데부르크에 있는 엘베 강에 선상카지노의 영업을 승인했다.

(5) 스페인

스페인에서 카지노가 처음으로 합법화된 것은 1977년이다. 그 후 스페인의 카지노 산업은 성장과 발전을 계속하여 현재는 25개의 카지노가 있으며, 내륙에 17개,

카나리아 제도에 6개, 발레아리스 제도에 2개가 있다. 스페인 법에 따르면 인구 30만 명 도시에는 카지노 설립이 금지되어있다. 따라서 마드리드나 바르셀로나와 같이 게임 참가자들을 유도 할 수 있는 대도시 외곽 지역 또는 휴양지나 옛 귀족의 성과 같은 곳에 설립되었다. 카지노 게임의 당첨금은 그에 상응하는 세금을 지불한 후 합법적으로 가지고 나갈 수 있다.

3) 중, 남미지역의 카지노 현황

중남미 지역은 전체적으로 356개의 카지노가 운영되고 있으며 정치적 불안정으로 인해 카지노가 승인과 폐쇄를 반복하는 변화를 겪었다. 그러나 정치적 안정을 되찾은 국가들은 세수확보와 고용증대를 목적으로 카지노를 합법화하는 추세이다. 콜롬비아는 정치적 안정을 회복함에 따라 관광객 감소로 문을 닫았던 몇몇 카지노를 다시 개장했으며, 페루도 정치적 안정을 회복함에 따라 특급 및 1등급 호텔에 새로운 카지노를 허가했다. 또한 볼리비아는 합법화된 카지노를 승인했다.

브라질에서는 빙고게임이 유행하고 있으나 전통적인 카지노의 승인은 아직 법률로 통과되지 못하고 있다. 그러나 IMF의 원조를 상환해야 하는 실정이며, 최근 주식시장의 폭락과 경제 불황이 겹쳐 카지노에 대한 승인이 유력해지고 있다. 아르헨티나에서는 현재 24개 카지노가 있으며 두개 업소를 제외하고는 모두 중앙 및 지방정부에서 소유 운영하고 있다. 정부 소유의 카지노 운영은 국립 복권부에서 감독하고 있고 개별 지방정부에서 규제 및 감시하고 있으며, 카지노 이익금은 중앙 또는 지방 복지부로 돌아간다. 즉 카지노 수입금은 사회복지 보건 위생 프로그램에 쓰이고 있으며, 학교, 지역정부, 관광 프로그램, 병원설립 등에 쓰여 진다. 그 외에도 카지노 산업은 지역 주민의 고용 창출에도 많은 기여를 하고 있다.

특히, 센트럴카지노(Central Casino)는 남미에서 가장 크며 9천명을 동시에 수용할 수 있는데 하루 매출액만도 미화 20만 달러에 이를 정도로 아르헨티나에서 가장 고급스런 곳이다. 게임 시설로는 테이블 게임이 163대이며, 입장료로 미화 23달러를 받고 있다. 네코치아 카지노(Necochea Casino)는 아르헨티나에서 두 번째로 크며 44대의 게임테이블을 보유하고 있는데 주로 여름에만 영업한다. 피시스 호텔카지노(Piscis Hotel & Casino, Las Lenas)는 해발 2,200m에 위치해 있는 세계에서 가장 고지대에 있는 카지노로, 블랙잭, 룰렛, 슬롯머신 등을 갖추고 있다.

4) 오세아니아의 카지노 현황

(1) 호주

· 호주는 1990년대에 들어와 관광수입 확대와 실업문제 완화를 목적으로 대도시와 관광지를 중심으로 대형 카지노의 영업을 허용하였음. 13개 카지노에서 연간 약 2조4천억원의 수익을 내고 있으며 테이블 1,129대 슬롯머신 11,625대 카지노 고용 인원 19,439명(2003년 6월 기준)이 카지노 업체에서 근무하고 있는 것으로 나타났다.

· 그러나 호주 정부는 카지노의 난립과 과당 경쟁을 미연에 방지하기 위하여 1지역에 1개 업체만 허가하는 원칙을 통해 허가 업체의 독점 영업권을 보장하면서 카지노의 대형화, 리조트 화를 유도하고 있음.

· 호주의 카지노는 이처럼 건실한 내수시장을 확보하고 있으며 동시에 아시아 · 화교 등을 주 대상으로 하여 적극적인 마케팅 활동을 펼치고 있음.

· 동 카지노는 총 15만평에 달하는 대규모 시설로 라스베가스의 테마파크 식 호텔이 자랑하는 판타지 요소는 배제하고 있지만 카지노, 오락, 쇼핑, 문화의 직접화, 종합화라는 큰 흐름은 그대로 벤치마킹을 하고 있음.

호주는 인구의 90%가 어떤 형태로든 게임을 즐기고 있을 정도로 카지노게임의 호주문화의 일부로 발전되어 왔다. 카지노는 유흥 및 관광 산업의 발전에 기여하고 있을 뿐만 아니라, 일명 '고통 없는' 세금 징수의 수단으로 국가 재정에도 기여하고 있다. 1997년 카지노 입장객 수는 무료 2,100만 명에 이르렀으며, 카지노 수입은 약 12억 달러, 세입은 2억 달러에 달했다. 호주에서는 카지노가 사회에 미치는 효과에 관한 교육이 강화되고 있으며, 이에 따라 정부, 사업자, 민간단체에서는 사회적 부작용을 최소화하기 위한 프로그램을 개발하기 위해 자금을 지원하고 있다. 호주에는 현재 14개의 카지노가 있으며 주 및 지방정부에 의하여 감독 되고 있다. 퀸

〈크라운 카지노〉

〈출처: 네이버 블로그 이미지〉

스랜드(Queensland) 주에서는 1982년 카지노를 감독 및 규제하기 위해 카지노 규제법안을 통과 시켰다. 타스마니아(Tasmania)섬에서 카지노 게임은 1968년에 시작되었으며, 타스마니아 게임 위원회에서 카지노에 대한 감독과 규제를 담당하고 있다. 현재 캔버라(Canberra), 멜버른, 시드니, 케언스(Cairns), 브리스번(Brisbane)에서 새로운 카지노가 승인되어 운영 중이다. 빅토리아에서는 1994년 6월 임시 승인 받은 갤러리아(Galleria) 카지노가 영업을 시작했으며, 영속적 영업승인을 받은 크라운(Crown)카지노가 1996년 8월에 개장했다. 크라운 카지노는 남반구에서 최대 규모로 슬롯머신 1,300대 테이블 게임 350대를 갖추고 있다. (이충기 外,1999)

(2) 뉴질랜드

관광산업을 활성화하고, 고용증대 및 경제 개발을 목적으로 1990년 8월 '카지노 규정법안' 을 통과 시켜 카지노 게임을 승인했다. 티니안(Tinian)에서도 경제 개발을 수단으로 1989년 '카지노게임법안' 을 통과 시켜 1998년 다이너스티 호텔 카지노(Dynasty Hotel, Casino)가 개장했으며 추가적으로 3개의 카지노가 운영될 예정이다. 바누아트(Vanuat)에서도 현재 한 개의 카지노가 운영 중에 있다.

〈티니안 다이너스티 호텔 카지노〉

5) 아프리카의 카지노 현황

아프리카 지역의 국가들은 정치적 안정도와 경제발전이 정도에 따라서 남아프리카 공화국, 케냐 등을 중심으로 카지노가 활성화되어 있으며, 다른 지역 국가 중에서 정치 경제가 발달된 나라를 중심으로 카지노가 확산되고 있다. 현재 130개 카지노 업체가 운영 중에 있다.

6) 카리브해 지역의 카지노 현황

카리브해 지역의 국가들은 천연 관광 자원이 빈약하여 특별한 관광대체 산업이 없었던 것을 1920년대 이후 카지노들이 난립되고 있고, 또한 미국의 대형 카지노 회사들과 합작하므로 본격적으로 카지노산업을 육성하고 있다. 현재 푸에르토리코와 도미니카 국가를 중심으로 95개 카지노 업체를 운영하고 있다.

7) 아시아의 카지노 현황

(1) 아시아 국가 내 카지노의 확산 추세

· 아시아 지역 내 국가들이 카지노의 신규 설립을 적극 추진하고 있으며 미국 라스베가스의 대규모 카지노 자본도 아시아 시장에 적극 진출하는 등 아시아 국가 내 카지노가 확산되는 추세를 보이고 있으며, 특히 마카오, 필리핀 등의 카지노 성장이 눈에 띄게 두드러진다.

· 먼저 그 동안 카지노의 도박성을 이유로 정식 카지노를 허용하지 않고 있던 일본이 동경과 나고야 등 각 지방 자치 단체에서 카지노 도입을 적극 추진하고 있음.

· 특히 동경의 경우 이시하라 도지사가 도의 재정난 해소를 위해 카지노 설립을 공약한바 있으며 카지노 설립을 위한 전담 부서를 설치하고 입지조건, 장 · 단점 등을 검토하고 있으며, 약 40여명의 전담 위원들이 국내의 설악파크카지노와 강원랜드 리조트를 2년 전에 답사를 완료하였음. 현재 구상중인 카지노는 호텔과 쇼핑센터 등을 포함한 라스베가스 식 대형 복합 카지노로 알려지고 있음.

· 이밖에도 다음과 같은 지역에서 카지노 립을 추진하고 있음.

☞ 아이치(Aichi): 이토추(Itochu)상사가 국제공항 중심으로 카지노 추진.

☞ 마카오 카지노 산업의 이러한 구조변화 및 대형화는 중국을 비롯하여 전 아시아 고객을 대상으로 하며, 또한 VIP고객뿐 아니라 라스베가스식 가족 지향적 리조트로 발전을 목표로 한 것임. 특히 마카오는 카지노와 엔터테인먼트에 문화를 결합하는 동시에 약10억 달러를 투자해 2008년 까지 "꿈의 도시" 프로젝트라 불리는 해저카지노와 호텔을 조성하는 계획을 추진중에 있다.

· 중국도 해남도의 경제 개발을 목적으로 해남 시와 삼아 시에 카지노 설치 허용을 논의 중에 있음. 이밖에 천진, 청도 등 외국인 관광객과 기업인들의 출입이 잦은 지역에도 카지노설치가 거론되고 있으며, 일부 지방정부에서는 관광객 유치를 이유로 카지노 설치에 매우 적극적임.

☞ 특히 미국의 대형 카지노사임 엠지엠 그랜드(MGM Grand)중국 해남에 2개의 카지노 리조트를 건설한 계획이라고 선언했으며, 내국인은 물론 일본, 대만 등의 동북아시아 카지노고객을 유치할 것으로 알려짐. 또한 미국의 인터내셔널 게임 테크놀러지(International Game Technology)는 중국 해남시와 공동으로 대규모 슬롯머신 엔터테인먼트센터 건립을 추진하고 있음.

· 이밖에도 대만, 태국, 괌 등 여타 아시아 국가들도 카지노 도입을 적극 추진하고 있음.

☞ 대만의 경우 팽호현에 카지노 설립이 공론화 되고 있음.

☞ 태국도 관광지인 파타야에 카지노 설립 움직임을 보이고 있음.

☞ 싱가폴은 2008년 카지노 운영이 제도적, 법적으로 완료된 상황임.

· 아시아 국가들이 이처럼 카지노 도입을 적극 추진하는 것은 카지노 산업의 경우 그 산업의 특성상 도미노처럼 확상되는 현상을 보이는데 기인함.

· 아시아 역내 카지노 강국 마카오에 미국의 2개 대형 라스베가스 카지노 자본(스티브 윈과 셀던 아델슨)이 진출하기로 결정되었음.

· 카지노가 이같이 도미노처럼 확산되는 현상을 보이는 것은 인접국 혹은 인접지역과의 경쟁관계가 형성되기 때문임.

· 이러한 현상을 경제이론으로 설명한다면 다음과 같은, 즉 인접한 A국과 B국이 있을 경우, 양국 국민의 상대국의 카지노 이용이 용이하다고 가정하고 양국이 모두 카지노 산업을 불법화 할 경우 양국 모두에게 손실도 이익도 없음.

· 그러나 어느 한나라만 카지노 산업을 도입한다면 도입한 나라의 소득 증가 및 외화 획득의 효과를 누리며 상대국은 경제적 손실을 반드시 입게 되므로 인접국도 카지노를 도입할 가능성이 높아짐.

(2) 아시아 국가 카지노 산업의 경쟁 심화

· 아시아 국가경쟁적인 카지노 증설로 인하여 카지노 산업의 경쟁이 심화되고 있음.

· 강원랜드리조트 카지노가 개장된 이후 아시아 지역 내 카지노 업체들이 한국

인을 포함한 외국인 카지노 고객을 대상으로 마케팅을 강화하고 있음. 특히 필리핀, 마카오, 말레이시아등의 해외 카지노업체에서는 한국 고객을 대상으로 마케팅 활동이 대폭 강화되고 있는 실정을 감안 한다면, 한국 국내 카지노 업체도 해외 카지노 고객 유치를 위한 마케팅 활동에 주력을 해야 할 것이다.

· 현재 아시아 지역 내 카지노는 마카오 17개,(향후 2008년까지 11개 추가 Open예정), 말레이시아 1개, 필리핀 21개, 캄보디아 14개, 사이판 1개, 호주 13개, 한국 14개(2006년 3개 카지노 오픈 예정까지 총 17개)로 필리핀이 가장 많은 카지노를 설치하고 있음. 이 가운데 마카오 호주 말레이시아 3개국이 전체 외국인 총 이용객수의 대부분을 수용하고 있으며, 2008년 이후에는 마카오가 가장 많은 카지노를 보유하고 매출액면에서 미국 라스베가스를 추월할 것으로 추정됨.

· 이처럼 아시아 국가 간 카지노 경쟁이 심화됨에 따라 대형화, 테마화, 차별화를 통한 국가 경쟁력 강화가 가장 심각한 문제로 대두되고 있음.

(3) 카지노의 대형 리조트화 가속

· 카지노간 경쟁이 심화됨에 따라 아시아 국가들의 카지노도 라스베가스 형태의 테마화, 차별화를 통한 대형 리조트 형태의 카지노로 변화를 추진하고 있음.

☞ **호주**: 주요 지역별로 1개 업체만 허가하여 대형화 리조트 화를 유도하고 있음. 예컨대 크라운 카지노의 경우 15만평 규모에 24억 호주 달러를 투자하여 호텔, 카지노, 테마파크, 쇼핑몰, 온천장, 극장식당, 극장, 레스토랑, 각종 테마의 카페와 바 등으로 구성된 대규모 복합 리조트임.

☞ **말레이시아**: 대형 카지노 시설을 바탕으로 대형 리조트 화를 추진하고 있음. 말레이시아의 최초 수상이있던 툰쿠 압둘라만에 의해 관광산업을 국가의 주요 산업으로 하고자 허가한 겐팅하이랜드 카지노 리조트는 우리나라 워커힐 카지노가 카지노 운영 및 일부 프로젝트에 참여하였으며 말레이시아는 처음부터 카지노를 사행산업이 아닌 관광산업으로 인식 도입되었으며 1972년 카지노가 처음개장한 이후 40년간 정부의 적극적인 지원 및 규제완

〈호주 크라운 카지노 호텔〉

〈말레이시아 겐팅 하일랜드 카지노〉

화로 세계에서 가장 큰 리조트와 게임산업을 운영하는 회사로 성장하였다. (2005. 동남아 카지노 조사보고서) 해발 1,800m에 위치한 동남아 국가 중 천혜의 피서지인 겐팅하이랜드 리조트는 14만평의 면적에 5개의 호텔(총 객실 수 3,000개), 카지노, 테마파크, 컨벤션센터, 골프장을 비롯한 스포츠 시설 극장식당 등으로 구성되어 있음.

☞ **마카오**: 2년 내에 라스베가스 스타일의 대형 리조트 카지노를 개장할 예정임.〈표 1-9 참조〉 마카오에서 카지노 신규허가를 받은 라스베가스 카지노

◎ 표 1-9 아시아 지역의 각국 게임 산업 현황

국 명	특 성	비 고
홍콩	· 모든 도박업은 Royal Hong Kong Jokey Club(비영리회)에서 운영권을 가지고 있다. · 2000년 수입 110억 달러	경마허용
인디아	· 서부 고아(Goa)지역에서 선상카지노 영업	경마와 복권허용
일본	· 18,000개의 빠징코가 있다. · 카지노바에서 소규모 테이블 게임만 제공(블랙잭, 룰렛, 바카라) · 2000년 수입 1,800억 달러	· 준카지노 허용 · 2007년경에 카지노 허가 예상
라오스	· 카지노 리조트 지역이 메코강 주변에 생겨났다.	
마카오	· 아시아의 라스베가스라 불린다. · 현재 17개의 카지노 영업장이 있다. (스탠리 호가 모든 카지노장을 소유하고 있다.) · 스탠리호_피셔맨와프(Fisherman' s Wharf) 그랜드 리스보아(Grand Lisboa) 뽄떼(Ponte) 파크 하이야트(Park Hyatt) 오셔너스(Oceanus) 엠지엠 그랜드마카오 (MGM Grand Macau) 해저카지노(Underwater Casino) · 갤럭시카지노_갤럭시 왈도 카지노 &호텔 (Galaxy WALDO Casino & Hotel) 갤럭시 스타월드(GAlaxy StarWorld) 갤럭시 코타이 메가리조트 (Galaxy Cotai Mega Resort) 센즈 마카오(The Sands Macau) · 원리조트(마카오)_베네치안마카오 (Venetian Macau) 원마카오(wynn Macau)	 '05년 10월 오픈/ 센즈맞은편 '06년 오픈예정/리스보아맞은편 '07년 오픈예정/코타이매립지 '07년 오픈예정/코타이매립지 '08년 오픈예정/코타이매립지 '08년 오픈예정/코타이매립지 '08년 오픈예정/코타이매립지 '06년 오픈예정/마카오반도 '06년 오픈예정/코타이섬 '08년 오픈예정/코타이(1단계사업) '개장완료/마카오반도 '06년 오픈예정/코타이매립지 '06~07년 오픈예정/마카오반도, 코타이섬
말레이지아	· 겐팅하이랜드 리조트 1곳에 영업 · 겐팅하이랜드 리조트의 영업장에 35개의 테이블과 1,600개의 슬럿머신이 있다.	경마와 복권허용/ 이슬람 교인들의 허용 불가

네팔	· 카트만두 지역의 카지노는 아시아 지역에서 가장 오래된 카지노장이다.(1968년에 시작) · 네팔 레크레이셔 센터에서 운영하는 3개의 카지노장이 추가로 있다. 이 지경느 인디아 사람들이 주고객이다.	경마와 복권 허용
필리핀	· 21개의 카지노장 운영 · 국영기업인 Philippine Amusement and Gaming Corporation(PAGCOR)사에서 12개의 카지노장을 운영, 그 중 3개소는 외국인이 운영 · 2004년 민영화예정	경마, 복권, 닭싸움, 농구 및 jai alai 허용
싱가포르	· 육상에서의 카지노는 금지, 선상카지노는 주말에만 허용	경마와 복권허용
스리랑카	· 카지노장이 폐쇄됨	
대만	· 도박업금지(불법영업이 성행) · '95년 팽호현 지방정부에서는 카지노 설치 추진	마태도(Matsu) 및 근면도(Kinmen)에 카지노 허가연구(1997)
태국	· 카지노업 금지	경마, 복권, 닭싸움 허용 긍정적 검토
베트남	· 하이풍지역에 외국인 전용 카지노장 개설 (Stanley Ho 소용)	
중국	· 미국 MGM사와 협약중, 중국의 Hainan지역	
북한	· 외국인 전용 카지노 · 마카오 STDM사 소유(Stanley Ho)	나진 · 선봉지역 2000년 10월 18일 오픈
인도네시아	· 카지노가 법적으로 금지는 아니나 회교 주의자들이 반대	
캄보디아	· 캄보디아 수도인 프놈펜에 1개소 · 태국, 캄보디아 국경인 뽀이빼이 지역에 다이아몬드 카지노외 7개소가 있으며, 여기에 대한 자본은 태국왕족, 훈센정권과 합작 운영중 · 그 외에 4개의 카지노장 운영중	경마와 복권 불법 아리스톤(Ariston)사가 수도 프로펜(Phnom Pehn)에 1억 달러 규모의 카지노 건설
미얀마	· 1개의 카지노장이 있다.	경마와 복권불법

〈원갑연 外, 2001, 논자 재작성〉

자본가 스티브 윈은 마카오의 호텔 카지노 리조트 건설에 5억 달러를 투자할 계획이며, 또 다른 라스베가스 카지노 자본가 셀던 아델슨은 마카오에 베니스 스타일의 카지노 리조트 건설하기 위해 10억 달러를 투자하기로 확약하였음. 마카오 카지노 산업의 이러한 변화 모색은 중국은 물론 전 아시아 고객을 대상으로 하며, 또한 VIP고객뿐 아니라 라스베가스 식 가족 지향적 리조트로의 발전을 목표로 한 것임.

· 카지노의 이러한 메가 리조트화 추세는 다국적 불특정 다수의 고객 지향, 가족단위 휴양지 지향을 통해 카지노의 확산과 대중화를 유도하고자 하는 것임.
  ☞ 카지노 시설의 대형화
  ☞ 테마화, 차별화를 통한 시장수요의 다변화
  ☞ 호텔, 테마파크, 컨벤션 등을 연계한 시설의 복합화 다양화
· 많은 지역에 소규모 클럽 형태로 카지노 산업 정책을 유지해 온 대표적인 국가인 영국의 경우에도 최근 특정 지역에 카지노를 밀집 시키면서 대형화, 복합 리조트화로 정책을 변경 시키고 있음.
· 이처럼 카지노 산업이 테마화, 차별화, 대형 리조트화로 변화하고 있는 것은 카지노가 더 이상 공급자와 시장이 아니라 대형화, 테마화, 대형 리조트 화를 통해 차별화 함으로써 대규모 관광객을 유지해야만 국제 경쟁력을 확보할 수 있으며 아울러 특정 지역에 밀집 시켜야만 국민들에 대한 카지노의 폐해를 최소화할 수 있다는 인식의 전환에 기이하고 있음.

① 마카오

· 1934년부터 카지노를 개설한 마카오의 카지노 산업은 최근 큰 변화의 와중에 있음 즉 미국의 2개 라스베가스 카지노 자본이 신규허가를 받음으로써 마카오의 카지노 산업은 경쟁체제의 도입과 라스베가스 형태의 테마파크 형 카지노로 변화해 나갈 것으로 보이며 2008년 이후는 매출액이 라스베가스를 추월 하고 규모면에서도 많은 카지노업체의 신규건설과 더불어 마카오 관광청에서는 한국의 관광객을 유인 하고자 마카오 항공과 더불어 인천 마카오 직항을 개설하고 매우 저렴한 항공료를 제시 하고 있음.
· 마카오의 카지노 산업은 그 동안 스탠리 호가 소유한 지주회사인 STDM사가 11개의 모든 카지노와 특급 호텔들, 대형 은행, 경마장, 경견장 등을 운영해 왔음.

〈미라지 호텔 카지노//화산쇼〉

· 마카오에서 카지노 신규 허가를 받은 2개 라스베가스 카지노 자본가는 스티브 윈과 셀던 아델슨임.

☞ 총 3개의 신규 허가 중 또 하나는 스탠리 호가 얻었음.

· 스티브 윈은 미라지 리조트 그룹의 창업자이자 회장으로 라스베가스의 살아있는 전설로 알려짐 그는 뛰어난 마케팅 능력과 사람들의 심리를 파악하는 직관을 통해 카지노 왕국을 건설하였으며 이 과정에서 그는 라스베가스의 이미지를 범죄의 도시에서 고급스러운 가족적 도시로 바꾸는데 크게 기여하였음.

· 셀던 아델슨은 마카오에 베니스의 수로처럼 곤돌라가 떠다니는 이탈리아 스타일의 카지노 리조트를 건설하기 위하여 10억 달러를 투자하기로 하였음.

· 이에 대응하여 스탠리 호도 6억 달러 규모의 초호화 호텔과 VIP고객을 위한 회원제 클럽을 건설할 계획임.

· 마카오 카지노 산업의 이러한 변화 모색은 중국을 위시하여 전 아시아 고객을 대상으로 하며 또한 VIP 고객뿐 아니라 라스베가스 식 가족 지향적 리조트로 발전을 목표로 한 것임.

· 마카오는 이러한 카지노산업의 확충과 더불어 "Ficherman's Wharf"라는 관광 단지 건설을 계획하고 있음 동 관광단지를 통해 아프리카 식 요새화 화산 폭발을 재현할 계획임.

· 스텐리호는 최근 항공사까지 인수, 저가형 항공 정책을 표방하여 중국 내륙관광객을 적극유치하려는 마케팅 정책을 수립 완료하였다.

〈마카오의 신규 건설 중인 카지노〉

② 일본

· 일본은 그 동안 카지노를 불법화해 왔으나 최근 국회와 지방 정부 등을 중심으로 카지노 합법화 움직임이 활발히 전개되고 있음.

· 일본의 경우 카지노가 불법화되어 있기는 하지만 1990년 초부터 카지노 바로 불리는 소규모 불법 카지노 바가 도쿄 오사카 등대 도시를 중심으로 설립도기 시작하여 현재 선국석으로 5000 여 개소가 영업 중임.

· 이런 가운데 최근 카지노 합법화 움직임이 일어나고 있는 대표적인 곳은 동경, 나고야 등이다.

☞ 현재까지 알려진 바에 의하면 동경도가 구상중인 카지노는 호텔과 쇼핑센터 등을 포함한 라스베가스 식 대형 복합 카지노임.

· 이와 관련하여 지난 10월에는 동경 도청에 카지노가 한개 설치되었는데 동경도청 45층 전망대에 설치된 카지노는 슬롯머신 39대와 룰렛 3대 등 4종 게임기로 물론 돈을 걸지 않은 가상 카지노 체험이었음.

· 동경도 이외에도 일본의 여러 지방정부에서 카지노 설립이 추진되고 있음.

☞ 아이치(Aichi): 이토추상사가 국제공항 중심으로 카지노 추진.

☞ 시즈오카(Shizuoka): 이시카와 지사가 적극적으로 카지노 설치 추진.

☞ 노토 이시카와(Noto Ishikawa): 1차 산업 중심의 산업구조와 인구감소 문제를 해결하기 위해 주민들이 적극적으로 카지노 설치 추진.

③ 말레이시아

· 말레이시아는 1972년 처음으로 겐팅(Genting) 하이랜드 리조트에 카지노 사업을 허가한 이후 지금까지 1개 사업체의 독점 영업만을 허용하고 있음.
· 겐팅 하이랜드 리조트는 해발 1,800m에 위치한 세계에서 가장 높은 곳에 위치한 리조트로 14만평의 면적에 추가로 호텔을 인수해 5개의 호텔을 내부 연결 통로를 설치하여 카지노 이용객들의 편의를 도모하고 호텔(총객실수 3,000여 개), 카지노, 테마파크, 컨벤션센터, 골프장을 비롯한 스포츠시설, 극장식당 등의 운영으로 단일 리조트 카지노로서는 세계 최고의 리조트이다.
· 겐팅 하이랜드 리조트의 카지노는 말레이시아 유일의 카지노로서 라스베가스 카지노에 버금가는 대규모 원형 카지노장이 있으며 인터내셔널 카지노 룸은 회원제로 운영되고 있음. 1,600대가 넘는 슬롯머신과 비디오 스크린이 부착된 비디오 포커 및 블랙잭이 있음.
· 겐팅 하이랜드의 이용자 수는 연간 1,500만 명을 넘고 있음 외국인 관광객 유인을 주된 목적으로 하고 있지만 이슬람교도가 아닌 내국인도 자유롭게 카지노에 출입할 수 있음. 겐팅하이랜드 리조트는 일반 국민을 대상으로 대대적인 홍보 전략을 추진하는 등 공격적인 마켓팅을 밑바탕으로 경영을 시도하고 있음.

※ 말레이시아 카지노 규제현황

· 카지노업허가: 매 분기마다 갱신
· 카지노 관리감독기구: 특별한 기구는 없으며, 재무부직원이 겐팅하이랜드 카지노에 상주, 일(日) 단위로 카지노의 운영과 세금징수 등에 대한 감사 시행.
· 신규카지노: 정부 관계자는 카지노 신규허가가 없을 것이라 하지만, 수도 쿠알라룸프르에 외국인 전용카지노 2개소가 신규 검토중에 있다.

④ 필리핀

· 외국인 투자가가 운영하는 카지노는 수빅 경제특구 내에서 리젠드 카지노, 다이아 몬드 카지노가 운영되고 있음. 이중 마닐라 파빌리온 카지노는 이곳에서

가장 큰 체인으로 게임 구역만 10만㎡가 넘으며 고액 겜블러와 상용 여행자가 주 고객임.

- 대부분의 필리핀 카지노는 레스토랑을 겸하고 있고 라이브 콘서트를 제공하고 있으며 특히 마닐라 파빌리온 카지노는 대형 쇼 공연을 제공하고 있음.
- PAGCOR(Philippine Amusement and Gaming Corporation)이 직영하고 있는 카지노 사업장 중 파빌리온 카지노와 실라히스 카지노가 전체 수입의 약 40%와 34% 정도를 차지하고 있음.
- 카지노 이용개의 80%는 내국인이며 나머지 20%의 외국인은 주로 홍콩, 대만, 일본, 한국 등의 여행객들이 차지하고 있음. 2004년 오픈한 뉴하얏트 카지노는 기존 필리핀 카지노와는 색다른 유럽식 경영방법을 도입한 것이 특징이다. 필리핀의 주요 카지노 업체를 살펴보면 다음과 같다.

☞ Apo View Hotel
☞ Casino Filipino
☞ Casino Filipino Cebu (Nivel Hills, Lahug)
☞ Casino Filipino Cebu (Resort MEPZ)
☞ Casino Filipino Cebu Water Front Mactan
☞ Casino Filipino Angels
☞ Casino Filipino Davao
☞ Casino Filipino Laoag
☞ Casino Filipino Olongapo
☞ Casino Filipino Pavillion
☞ Casino Filipino Silahis
☞ Casino Filipino Tagatay
☞ Hotel Sofitel Grand Boulevard
☞ Hyatt Terrances Baguio
☞ Insular Hotel Davao
☞ Leganda Hotel and Casino
☞ Mimosa Regency Casino Holiday Inn
☞ Sarabia Manor Hotel Corp
☞ Sugarland Hotel
☞ Taal Vista Hotel
☞ The Heritage Hotel Manilla

- 아시아 카지노 국가 중 현재 필리핀이 21개의 카지노업체를 운영하고 있어 최다 보유국이다. 하지만, 2007년 이후에는 마카오가 아시아 최고의 카지노 대국으로 자리매김할 것으로 추정된다.

⑤ 중국, 대만, 태국

· 중국 정보는 해남도의 경제개발을 목적으로 해남 시와 삼아 시에 카지노 시설 허용을 논의 중에 있으며, 천진, 청도 등 외국인 관광객과 기업인들의 출입이 잦은 지역도 카지노 설치가 거론되고 있음. 특히 일부 지방 정부에서는 관광객 유치를 이유로 카지노 설치에 매우 적극 적임.

· 특히 미국의 대형 카지노사인 엠지엠 그랜드(MGM Grand)는 중국 해남에 2개의 카지노 리조트를 건설할 계획이라고 밝혔으며, 내국인은 물론 일본, 대만 등의 동북아시아 카지노 고객을 유치할 것으로 알려짐. 또한 미국의 인터내셔널 게임 테크놀러지는 중국 해남시와 공동을 대규모 슬롯머신 엔터테인먼트 센터 건립을 추진하고 있음.

· 대만의 카지노 산업 합법화는 1995년 3월 대만 정부 팽호현(澎湖縣) 현 정부의 협의에서 팽호현에 카지노와 오락실 등을 포함한 관광 특구를 건설하기 위한 토의를 통하여 공식화 되었음. 팽호현은 64개의 크고 작은 섬으로 이루어진 지역으로 수산 가공업이 주력 산업이지만 지방 정부는 지역 경제의 활성화, 세수 확대, 지역 주민의 소득 증진 등을 목적으로 카지노를 포함하는 관광 특구 계획을 추진해 왔음 이어 같은 해 10월 카지노 산업 합법화를 위한 1차 보고서를 공표한 이후 꾸준히 논의가 전개되고 있음. 카지노 금지법이 있으면서도 선상(船上) 카지노는 허용하는 이중적인 정책을 펴고 있다.

· 태국도 휴양 관광지인 파타야에 카지노 설립을 추진하고 있음. 태국의 경우 카

〈태국 국경 지역 캄보디아 뽀이빼이 카지노〉

지노 등 도박이 불법화되어 있으나 인접국가인 캄보디아와 라오스 미얀마 국경에 있는 카지노장에 많은 태국인들이 출입하고 있어 거액의 돈이 불법 유출되고 있는 것을 방지하기 위하여 카지노 설치가 불가피 하다는 입장임.

· 특히 싱가포르 정부의 2005년 카지노 허가 발표에 태국과 타이완 일본등 그동안 카지노 사업 허용을 검토하던 나라에 자극제가 될것으로 보고있다.

· **싱가포르**: 리셴룽(李顯龍, 53)총리는 지난 2005년 3월 18일에 카지노 설립을 허가 하였으며 대형 카지노 리조트를 센토사이섬에 건설할 계획을 발표하였다. 특히 시내중심가인 마리나베이와 싱가포르최고 명소인 센토사이 섬에 각

표 1-10 아시아 국가 카지노 규모

구 분	카지노		테이블게임		슬롯머신		호텔객실	
	수	점유율	수	점유율	수	점유율	수	점유율
총 계	127	100.0%	3,752	100.0%	14,024	100.0%	23564	100%
보스니아	1	0.7%	6	0.2%	80	100.0%	0	0%
캄보디아	14	11.%	699	17.5%	1,546	10.3%	1,893	8%
그루지아	7	5.5%	34	0.9%	108	0.7%	0	0%
인도	1	0.7%	12	0.3%	8	7.4%	854	4%
북한	1	0.7%	16	0.4%	52	0.3%	0	0%
라오스	1	0.7%	60	1.5%	150	1.0%	185	1%
한국	14	11%	522	13.1%	1,622	10.8%	4,804	20%
마카오	17	13.4%	1,092	27.4%	2,254	15.1%	4,295	18%
말레이시아	1	0.7%	426	10.7%	3,140	21.0%	7,000	30%
미얀마	4	3%	75	1.9%	293	9.3%	142	2%
네팔	4	3%	86	2.2%	321	2.1%	620	3%
북마리아나	1	0.7%	33	0.8%	250	1.7%	400	2%
필리핀	21	16%	620	15.6%	4,371	29.2%	3,371	14%
스리랑카	4	3%	33	0.8%	0	0.0%	0	0%
트리니데드	2	1.5%	21	0.5%	200	1.3%	0	0%
투르크메니스탄	2	1.5%	24	0.6%	180	1.2%	0	0%
우크라이나	33	26%	200	5.0%	220	1.5%	0	0%
베트남	2	1.5%	25	0.6%	170	1.1%	0	0%

※ 주) 자료출처: Worldwide Casino Guide2005 (The Casino City Press 2005년)

각 건설되는 카지노 리조트는 라스베가스 거대 카지노 기업인 MGM외 19개 업체가 입찰 제안서를 냈으며 2009년 개장을 목표로 하고 있다.

(4) 아시아 국가별 카지노 규모

아시아 지역에서는 마카오. 필리핀. 한국. 캄보디아 국가의 카지노가 업소, 시설, 매출 면에서도 타 아시아국가 보다 비교 우위에 있다〈표 1-10 참조〉.

(5) 한국V 주요 카지노 국가의 카지노 규모

한국의 카지노와 세계 주요 카지노 국가의 게임 테이블, 슬롯머신 수입장객 카지노매출을 비교하여 보면〈표 1-11 참조〉미국이 단연 선두이고 다음이 마카오, 호주, 영국, 한국 순이지만 2006년 이후 마카오카지노 매출은 미국 라스베가스 지역 카지노 매출을 추월 할 것이라는 것이 대다수 전문가들의 의견이고 2005년 일부 언론에서도 마카오카지노 매출이 라스베가스 카지노매출에 근접하였다는 보도가 있었다.

표 1-11 한국 VS 주요 카지노 국가 카지노 규모

※ 2004년 기준

구 분	한 국	미 국	마카오	호주 2003년	영 국
카지노 매출	11,823억원	290,000억원	52,645억원[주2)]	24,506억원	12,630억원
	₩11,823억	$29 bil(US)[주2)]	MOP 40,187mil	AUD 3.145bil	£674mil
입장객	2,457,000명	54,100,000명	-	40,000,000명	11,900,000명
테이블	552대	19,302대	1,092대	1,129대	1,629대
슬롯머신	1,622대	686,929대	2,254대	11,652대	1,896대

※ 주 1) 환율기준 :

· 미국달러 USD 1$ = ₩1,000

· 호주달러 AUD 1$ = ₩777

· 마 카 오 MOP=HKD 1$ = ₩131

· 영 국 GBP 1£ = ₩1,874

2) 자료출처 :

· 미국게임협회(The American Gaming Association) 2004년, 2005년 정기보고서

· 마카오 게임조사 및 조정 사무국 (Macau Gaming Inspection& Coordination Bureau) 게임 산업의 총규모 중 일부

· 호주 주류 및 게이밍 위원회 보고서 (Office of the Liquor and Gamebling Commissioner, Gov of South Australia)

· 영국 게임 위원회 보고서 (Report of the Gaming Board for Great Britain 2003~4)

· 동남아 카지노 조사보고서 (강원랜드, 2005) 재인용

(6) 세계 카지노 TOP 20

전 세계의 유명한 카지노의게임테이블, 슬롯머신, 호텔객실, 게임종합 순위 등을 살펴보면〈표 1-12 참조〉 단일 카지노로서게임테이블 수에서는 말레이시아의 겐팅 하이랜드 카지노가 선두이고 슬롯머신 수에서는미국의 폭스우드 카지노가 랭킹 1위를 고수 하고 게임 종합 순위에서도 역시 1위에 올라와 있다.

표 1-12 세계카지노 TOP 20

순 위	테이블게임		슬롯머신		호텔객실		게임종합 순위	
	수	Company	수	Company	수	Company	수	Company
1	426	겐팅	7,37	폭스우드	7,000	겐팅 하이랜드	9,240	폭스우드
2	350	크라운 엔터테인먼트	6,300	모히간 선	5,049	베네시안	7,812	모히간 선
3	311	폭스우드	4,800	트럼프 타지마할	5,034	엠지엠 그랜드	5,696	겐팅 하이랜드
4	277	샌즈 마카오	4,704	소아링 이글 카지노	4,460	만달레이베이	5,658	트럼프 타지마할
5	252	모히간 선	4,495	트로피카나 카지노&리조트	4,407	룩소	5,293	트로피카나 카지노&리조트
6	200	스타 씨티	4,200	하라스 아틀랜틱	4,299	서커스 서커스	5,178	소아링 이글 카지노&리조트
7	200	윈라스베가스 135	3,970	쇼 보트 아틀랜틱	3,991	엑스 컬리버	4,600	크라운 엔터테인먼트 컴플렉스
8	171	윈햄 엘 콘퀴스타도르	3,700	미스틱 레이크 카지노	3,565	플라밍고 라스베가스	4,536	하라스 아틸란틱
9	164	엠지엠 그랜드	3,640	보고타 호텔 카지노	3,408	벨라지오	4,510	보고타
10	150	나이아가라 폴스 뷰	3,600	하라스 체로키 카지노	3,211	파리스	4,300	쇼보트 아틀랜틱
11	148	벨라지오	3,500	찰스타운 레이스&슬롯	3,044	미라지	4,228	미스틱 래이크 카지노 호텔
12	146	카지노 리스보아	3,301	시저스 아틀랜틱	3,002	몬테 카를로	4,184	엠지엠 그랜드
13	145	보고타 호텔 카지노&스파	3,300	카지노 윈저	2,956	라스베가스 힐튼	4,093	시저스 아틀랜틱

14	143	시저스 인디애나	3,247	아메리스타 카지노 · 세인트 찰스	2,885	트레져 아일랜드	3,900	나이아가라 폴스 뷰
15	138	트럼프 타지마할	3,240	리조트 카지노 호텔	2,814	발리 라스베가스	3,708	카지노 윈저
16	138	카지노 센트럴 마 델 플레이타	3,200	그랜드 카지노 코사타	2,743	하라스 라스베가스	3,785	카지노 드 몬트리올
17	133	트로피카나 카지노&리조트	3,200	엠지엠 그랜드 호텔	2,700	임페리얼	3,782	세네카 나이아가라 카지노
18	132	시저스 아틸란틱	3,200	마운티너 레이스트랙& 게이밍 리조트	2,700	윈 라스베가스	3,769	아메리스타 카지노 세인트 찰스
19	132	만달레이 베이 리조트	3,200	세네카 나이아가라 카지노	2,567	알라딘	3,744	하라스 · 체로키
20	130	베네시안 리조트	3,150	샘스타운 호텔&겜블링홀	2,548	리오 올 수위트	3,692	그랜드 카지노 · 코샤타
21	132	강원랜드(21위) 카지노 리조트	980	세계랭킹 296위	673	세계랭킹 104위	1,904	세계랭킹 141위
2010	270	랭킹 8위 예상	1,160	랭킹 247위 예상	1,076	랭킹 60위 예상	3,050	랭킹 44위 예상

※주) 자료출처: Casino City Press Worldwide Casino Guide 2005, 통계 중 2005년 마카오 샌즈, 뉴센추리 등 일부 카지노의 증가는 조사에서 제외 추후 순위변동 있음.

3절 카지노의 역사

고대 문명의 발상지인 이집트의 나일강, 인도의 겐지스강, 메소포타미아의 유프라테스강, 중국의 황하강 유역에서 도박의 흔적을 찾아 볼 수 있고 기원전 3,000년경 이집트 고분에서 주사위가 발굴된 데서 찾을 수 있고 고대 아테네의 아크로폴리스 광장의 계단에 새겨진 게이밍 보드에서 찾아 볼 수 있다.

그리고 이밖에 로마제국시대에는 로마의 병사들이 십자가에 매달린 예수를 지키면서 죽은 사람의 뼈를 던지면서 도박을 했다는 기록도 전해지고 있다.

오늘날 카지노의 기원을 17~18세기 유럽에서 찾아볼 수 있다, 19세기에 들어와서 시민혁명을 계기로 유럽인들의 전 세계를 무대로 경제적 활동이 활발해지면서 유럽지역의 소규모카지노 형태가 아프리카, 호주, 아시아, 미주지역으로 확산하기 시작하였다. 20세기 초까지는 유럽지역이 소규모의 카지노를 중심으로 한 카지노의 중심지였으나 앵글로색슨족에 의한 신대륙 발견으로 서유럽의 갬블링이 도입된 미국의 카지노는 1930년대에 네바다 주에서 대공황을 극복하기 위한 경제정책의 일환으로 카지노가 육성하기 시작하면서 전형적인 카지노 산업으로 발전하면서 미국이 카지노의 중심지역으로 등장하였다. 일찍이 1800년대 초 미국의 증기선(Steam Boat) 갬블링은 미국전역으로 확산되었고 황금의 유용성으로 인한 광산 도시, 미시시피강 유역의 증기선에 설치한 게임기구들이 카지노 게임기구의 시초였다고 볼 수있으며 그중 리버필드(River Field)는 아주 유명하다. 미국의 첫 호화스러운 카지노는 1927년 올리안즈 극장을 소유하고 있는 존 다비스에 의해 뉴올리안즈에 모습을 드러냈다. 이후 네바다의 갬블링은 1931년 법제화되었지만 그 오래 전부터 미국의 다른 주처럼 갬블링이 존재하여 왔으며 동부 연안에 있는 다른 카지노와는 비교가 되지 않았다.

1946년 크리스마스 직후 벅시 시걸(Bugsy sigel)이라는 호화스러운 카지노가 문을 열었으며 1999년대에 들어와 라스베가스를 중심으로 다양한 건축, 테마, 오락, 쇼 등 엔터테인먼트를 제공하는 대규모 카지노 호텔이 중심을 이루고 있다. 네바다 주에서 활성화된 카지노는 미국전역으로 확산되어 1990년대에 하와이를 제외한 모든 주에서 카지노의 합법화를 위한 입법조치가 완료되었거나 상정중이다.(고택운 外, 2003) 특히 미국의 라스베가스 지역의 카지노는 미 동부 지역의 카지노 업체의 증가로 1980년대부터 많은 카지노 고객을 동부지역으로 잃고 라스베가스의 위기를 맞게 됨. 이때 스티브 윈, 커크 코리안, 하워드 슈즈 등, 라스베가스 전설적 실존 인물들 중심으로 라스베가스 카지노를 가족 중심의 테마파크 형으로 전환하고 윤락과 매춘은 라스베가스 시 외곽 지역으로 추방하여 새로운 건전 오락형 게임 도시로 자리매김하여 오늘날 세계의 많은 관광객 들이 찾는 관광 도시가 되었다.

1 카지노 도구의 발달

1) 카드의 유래

카드의 기원에 관해서는 여러 가지 설이 있으나, 동양에서 발생하여 유럽으로 전해졌다는 점에서 일치하고 있다. 카드의 기원설은 3가지가 있는데, 그 설을 설명하면 다음과 같다.

첫째, 중국 기원설은 중국에서 점을 칠 때 쓰던 화살이 놀이나 점을 치는 데 사용되는 막대기로 변했고, 중국에서 종이가 발명됨에 따라 카드로 된 것으로 B.C 2세기에서 A.D 2세기 사이에 초기의 형태가 만들어진 것으로 추정되며, 이것이 실크로드를 통해서 서양으로 전해졌다는 설.

둘째, 인도 기원설은 카드와 장기가 유사점이 많으며, 장기가 인도에서 발명되었다고 하는 설이 거의 확실하므로 카드도 인도에서 발생했다고 하는 설.

셋째, 이집트 기원설은 18세기에 쿠르드 제블랭이 제창한 것으로, 서양에서 카드의 옛날 형태인 타록 22장의 트럼프는 일종의 상형문자(象形文字)이며, 우의화(寓意畵)로 캄플라지 하고 있지만 이집트의 고대 서적의 변형이라는 설.

19세기에 나폴레옹이 세계 정복 을 꿈꾸며 여러 나라들과 전쟁할 때, 그 당시 유명한 점술가 르노르만 부인의 카드 점 이었다. 나폴레옹에게 있어서 카드는 가장 좋은 친구이며, 가장 사랑하는 애인과 같았다. 그리고 신처럼 나폴레옹의 운명을 계시해 주었다. 또한 제2차 세계 대전에 참가했던 병사들 배낭 속에는 반드시 카드 1벌씩 들어 있었다고 한다. 물론 카드 뒷면에는 젊은 여성 누드사진이 인쇄되어 있었다고 한다. 전투하는 사이사이에 싸움에 지친 병사들을 위로하고 격려해준 것이 카드놀이였고, 또 내일 전투의 승리를 예고하고 병사들의 힘을 복 돋워 준 것도 카드를 이용한 점이었다. 원래 카드는 동양류의 것으로 점을 치는 것이 목적이었는데, 세월 흐름에 따라 게임의 도구로 쓰이게 되었다.

2) 카드의 발달

카드는 14세기까지는 손으로 그렸기 때문에 값이 비쌌으나, 인쇄술이 발달함에 따라 독일에서 카드를 목판으로 인쇄하기 시작하여 카드가 일반인들에게 공급됨. 프랑스에서 처음으로 빨강과 검정으로 나누었다. 19세기 말에 영국에서 네 귀를 둥글게 하였고 인덱스를 붙였으며, 그림 카드로 상하에 같은 그림을 대칭으로 넣었고, 1벌 52장에 조커를 가해서 오늘날 일반적으로 사용하는 카드의 형태가 완성되었다.

카드가 유럽에 전해진 것은 11~13세기 사이로 추정되는데, 13세기에는 유럽에 분명히 존재하고 있었으며, 14세기에는 상당히 많은 나라에 퍼져있었다. 카드가 유럽으로 전래된 설은 3가지가 있는데, 그 설을 설명하면 다음과 같다.

· 7~8세기경 중국 당나라에 있었던 "엽자(葉子)"라는 카드에 전설사의 인물, 숫자를 그려 넣었던 카드를 사라센인이 문예 오락과 함께 전했다고 하는 설.
· 인도인이 종교적인 카드로서 취급하고 있었던 것이, 집시에 의해 7세기경 유럽으로 전해졌다는 설.
· 11세기에 십자군 병사들이 예루살렘을 공격했을 때 가져왔다는 설.

유럽에서의 오래된 형태의 카드는 타록(독일: Tarok), 타로(프랑스: Atout), 타로키(이탈리아: Tarocchi)이다. 이것은 22장의 아투(프랑스: Atout)라고 불리는 트럼프(21장 딸린 패1장)와 56장 합계 78장으로 1벌이 되어있다. 22장의 트럼프는 1부터 21까지의 번호가 붙어 있는 우의화가 그려진 패와 광대를 그린 딸린 패1장으로 이루어져 있으며, 우의화는 연대에 따라서 다르지만 일반적인 것은 마술사 · 여자교황 · 여자황제 · 황제 · 교황 · 애인 · 전차 · 재판의 여신 · 은둔자 · 운명의 수레바퀴 · 여자씨름군단 · 형사자(刑死者) · 사자(死者) · 절제 · 악마, 낙뢰의 탑 · 군성(群星) · 달 · 태양 · 심판 세계이다. 이것은 인간의 갖가지 욕망과 활동을 나타낸 인생의 축도(縮圖)이다. 딸린 패에는 괴상한 복장을 입은 광대가 곡예와 악덕이 가득 찬 자루를 짊어지고 걸어가는 모습이 그려져 있는데, 이것이 오늘날의 조커가 된 것이다.

다른 56장의 카드의 검 곤봉 성패 화폐의 4가지 슈우트(Suits)로 나뉘어 있으며, 각 슈우트는 1부터 10까지의 수가 있는 패와 왕 · 여왕 · 기사(騎士) · 병사(兵士)의 그림 패로 되어있다. 검은 황후 · 귀족, 곤봉은 농부 , 성배(聖杯)는 승려, 화폐는 상인의 상징인데, 이것은 중세의 사회계급을 나타낸 것이다.

또, 다른 우의화를 말하면 한조가 78장, 1부터 10까지의 숫자 칸 외에도, 왕, 여왕, 기사, 시조의 4장으로 된 궁정카드가 있었다. 예전에 슈우트 모양은 심장, 방울, 잎새, 떡갈나무 열매로 된 4종류와 칼, 컵, 막대, 금화와 같은 4종류의 기호였다. 그러던 것이 프랑스에서 심장, 세잎 클로우버(떡갈나무열매 변형), 칼, 마름모형으로 변해 오늘날 하트, 클럽, 스페이스, 다이아몬드이다.

14세기말부터 15세기 초에 걸쳐 프랑스에서 타록 으로 부터 22장의 으뜸패가 사라지고 56장 1벌이되었다. 또 그림 카드 중에서 기사가 없어지고 각 슈우트가 13장씩 합계 52장으로 현대의 카드와 같은 구성이 되었다.(오수철, 1998)

14세기까지 손으로 그렸기 때문에 값이 비쌌으나 인쇄술이 발달함에 따라서 독일에서 카드를 목판을 인쇄하기 시작하여 아름다운 카드가 일반인들에게 공급되었고 게임도 일반인들 사이에서 성행하게 되었다.

프랑스에서 처음으로 빨강과 검정으로 나누었다.

영국의 페길라 카드회사에서 오늘날 같은 물기에도 견디고 오랜 기간 사용할 수 있는 두꺼운 종이로 된 카드를 만들었다. 프랑스 드랄루우사가 처음으로 네모난 카드의 네 군데 모서리를 잘라 사용하였고 19세기말에 영국에서 네 귀를 둥글게 하였고 인덱스를 붙였으며 그림카드로 상하에 같은 그림을 대칭으로 넣었고 1별 52장 조커를 가해서 오늘날 일반적으로 사용되는 카드의 형태가 완성되었다.

다음은 그림으로 카드의 변천사를 보도록 하자.〈표 1-13 참조〉

3) 주사위의 기원

B.C.3400-B.C.1150 사이 왕조시대에 현재의 것과 똑 같은 것이 있었고 이것이 그리스, 로마, 지중해 연안지방으로 전래되었다. B.C.49년에 카에사르가 "주사위

표 1-13 카드의 변천사

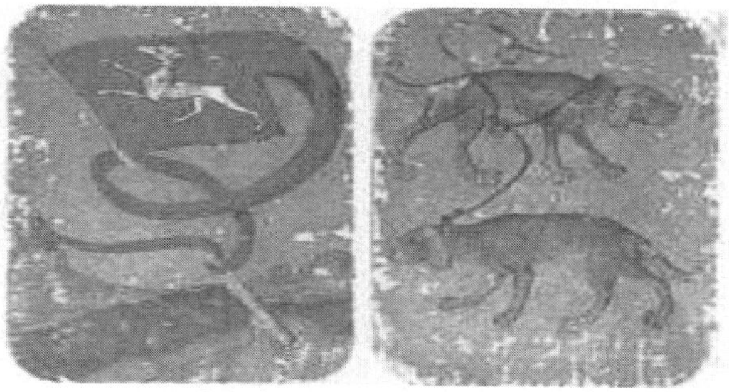

15세기 슈투트카르트의 플레잉 카드

⇩

15세기 프랑스 플레잉 카드

⇩

19세기 독일 사대륙 카드

⇩

19세기 미국 싱글헤드카드

19세기 영국 싱글헤드카드

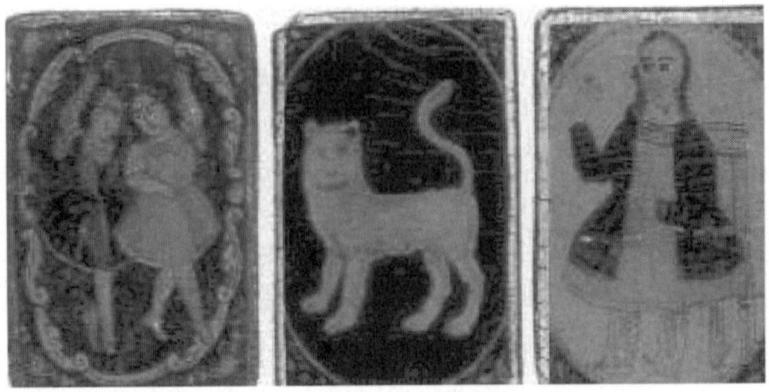

19세기 이란 아스나스카드

⇩

19세기 포르투갈 드래곤카드

⇩

오늘날 각종 카드 종류

는 던져졌다" 고 선언하고서 루비콩 강을 건너 로마로 진격했다는 고사가 알려진 설이다.

인도에도 인더스 문명기의 것으로 추정되는 주사위가 발견되었는데, 1의 대면이 2, 3의 대면이 4, 5의 대면이 6으로 되어 있는 것이 발견되었다.

중국에서는 육각주상의 나무 조각의 각 면에 문자를 새겨 이것을 굴려 신의를 점쳤고, 수 · 당 때에는 현재의 것과 같은 주사위를 사용한 쌍륙 이라는 놀이가 있었다. 17세기경부터 유럽에서는 다이스(주사위)게임이 성행 및 보급되었으며, 이어 미국을 비롯한 세계 각국으로 펴졌다.

주사위의 기원은 세계 각국에서 옛날부터 사용되었던 것만은 확실하다. 따라서 주사위기원은 확실하지 않지만 몇 가지 기원설에 대해 설명하였다.

- 이집트 기원설은 B.C 3400~B.C 1150 사이 왕조시대에 현재의 것과 똑같은 것(상아, 골제)이 있었고 이것이 그리스, 로마, 지중해 연안 지방으로 전래되었다.
- B.C 49년에 카에사르가 "주사위를 던져졌다"고 선언하고서 루비콩강을 건너 로마로 진격했다는 고사가 현재까지 알려진 설이다.
- 인도에도 인더스 문명기의 것으로 추정되는 주사위가 발견되었는데, 1의 대면(對面)이 2, 3의 대면이 4, 5의 대면이 6으로 되어있는 것이 발견되었다.
- 중국에서는 육각주상(六角株狀)의 나무 조각에 각 면에 문자를 새겨 이것을 굴려 신의(神意)를 점쳤고, 수(隨) 당(唐) 때에는 현재의 것과 같은 주사위를 사용한 쌍륙(雙六)이라는 놀이가 있었다.
- 우리나라에서는 고려시대에 주사위 게임유희가 있었다고는 하나 놀이방식은 알 수가 없고 조선조 초기에 와서 부녀자들이 주사위를 던져 숫자 맞히기 등 놀이를 하였다고 전해지고 있다. 중종 20년(1525) 형조판서를 지낸 조계상(曺繼商)이 승지를 지낸 이세정(李世貞)과 친교를 맺어 자주 만났는데, 이들이 가끔씩 주사위 쌍륙(雙六)을 즐겼다고 한다.(오수철, 전게서)

17세기경 유럽에서는 다이스(주사위) 게임이 성행 및 보급되었으며, 이어 미국을 비롯한 세계 각국으로 펴졌다.

앞에서 설명한 다섯 가지의 기원설을 보면 주사위 기원은 카드기원과 똑같이 동양에서 서양으로 전해진 것으로 볼 수 있다.

4) 주사위의 변천

주사위는 짐승의 뿔, 뼈, 이빨이나 단단한 나무로 만들었으나, 오늘날 이용되는 주사위는 짐승의 뿔, 뼈, 플라스틱으로 만든 것을 이용하고 있다. 1의 대면이 6, 2의 대면이 5, 3의 대면이 4이며, 대면끼리의 합계가 7이 되도록 되어있다. 주사위 게임은 나무, 유리, 플라스틱, 금속 등으로 만든 주사위 컵 (일명 흔들개)속에 넣어 흔들어서 굴리는 방법과 던지는 방법 두 가지를 사용하고 있다.

주사위는 중국에서는 사이쯔(골자)라고 하고 구미에서는 다이스(Dice)라고 부르고 있으며 6면 입방체로서 각 면에는 1~6까지의 구멍점이 있으며 한 면의 가로 세로는 각 1cm가 보통이나 여러 가지 크기가 있다. 재료는 상아를 최고로 여기고, 그 다음이 사슴뿔로 만든 것이다. 카지노에서는 상아로 만든 것을 이용하고 있으며 일반인들이 사용하는 것은 플라스틱이 대부분이다.

오늘날 주사위는 1의 대면이 6, 2의 대면이 5, 3의 대면은 4이며 대면끼리의 합계가 7이 되도록 되어있다. 주사위 게임은 세계 각주에서 수많은 종류가 고안되었는데, 주사위 게임이 이와 같이 널리 애호되고 있는 원인은 그 우연성과 즉결성이 도박이라는 것과 직결되어 있기 때문이며 내기를 제외한 주사위 게임은 그 흥미를 잃기 때문이다.

주사위 게임은 맨손으로 굴리는 방법도 있고 가죽으로 만든 주사위 컵 속에 넣어 흔들어서 굴리는 방법도 있으나 오늘날에 와서는 가죽대신 나무 · 유리 · 플라스틱 · 금속 등으로 만든 주사위 컵 속에 넣어 흔들어서 굴리는 방법과 던지는 방법 두 가지로 주사위 게임을 즐기고 있다.

2 게임 산업

1) 복권

· 해외 복권사업

세계적인 복권수입은 지난 5년간 50%정도 증가해 1천억 달러에 육박하고 있다. 적어도 카지노업장이 개설된 정부입장에서 카지노보다는 복권사업이 더 유회하다고 생각하는 것은 복권사업은 투자가 극히 소액이거나 현저히 필요없기 때문이다.

(1) 미국

독립 후 도로와 교량 건설에 필요한 재원충당을 목적으로 발행되던 복권이 도박수단으로 전락해 사회적 물의가 발생하자 1820년 대부분 주(state)에서 금지하였으나, 1963년에 다시 주(State)정부에 발행권한을 주었다.

미국은 현재 각주마다 설립된 주(州)복권기관(State Lottery Agency)이 복권발행을 엄격히 규제해 발행 규모나 조건, 자금운용 등에 철저한 감시 장치를 마련하고 별도의 계정을 만들어 자금의 사용용도를 제한하고 있다. 복권자금 운용은 주로 노인 복지나 장애자 복지 등 주로 복지국가를 구현하는데 운용되고 있다. 그러나 미국 내의 20개 주에서는 복권발행을 주정부 법으로 금지하고 있다. 그 이유는 사회복지를 목적으로 발행되는 복권이지만 도박수단으로 이용되는 등 과열 현상이 일어나 사회적으로 악영향을 미치기 때문이다.

(2) 일본

현재 6종류의 복권이 발행되고 있으며 대부분 각 현들이 연합해 전국을 상대로 발행하는 자치 복권이며, 노인복지 기금을 마련을 위한 "무지개 복권"도 있다.

(3) 대만

대만의 경우 복권이 불법화돼 있지만, 범죄 단체들은 교묘한 수법으로 복권사업을 벌여 매년 1백억~5백억 달러를 벌어들이고 있다고 한다.

(4) 영국

선진국 가운데서 마지막까지 복권을 불법화했던 것을 1994년 11월 전 세계적인 추세에 굴복하여 복권을 합법화하였다. 영국 성인 3명중 2명이 매주 복권을 구입해 복권수입은 1년 만에 50억 파운드(약 79억 달러)에 달하며 전체 영국인이 책이나 빵 구입에 지출한 돈보다는 많은 액수가 되었다. 영국에서 복권사업에 운영하는 캐멀롯 회사는 복권수입을 오페라라든가 서기 2000년 기념행사 구상 등과 같이 세금으로 재정지원을 해주지 않는 곳에 쓰기로 하였다.

(5) 캐나다

노바 스코샤 주에서는 작은 상점에 VLT(Video Lottery Terminal) 설치를 금지시켰는데, 그 이유는 어린이들은 학교에 가지 않고 그 앞에서 시간을 보내고 있었으며, 가정주부들은 시장 볼 돈으로 VLT기계에 매달려 있다는 것이다. 갑자기 등장해 94년 한해 세입은 전년에 비해 41% 감소한 1천만 달러에 불과했는데 이는 복권자들 중 상당수가 세금을 제대로 내지 않았기 때문이다. 1997년 1월 아이다호 주에 사는 인디언 쿠르델거느 족은 미국 최초로 수신자 부담 전화를 이용한 전국적인 복권을 선보였다. 아이다 호 인디언들이 전국적인 복권판매에 성공하게 되면 그 다음에는 전 세계로 확대될 것이다. 정부가 복권사업에 뛰어드는 이유는 재정이 쪼들리면서도 세금을 올릴 용기가 없기 때문이다.

(6) 헝가리

헝가리는 세금포탈 여부에 관계없이 모든 외국계 즉석 복권을 머지않아 폐지할 계획이다.

복권은 현재 전 세계적으로 1천억 달러 규모의 큰 시장을 형성하고 있으며 그 시장 규모만큼이나 발행 목적과 규제 방식도 다양하다. 그러나 복권의 본질은 혹시나 하는 인간의 사행심에 의지해 손쉽게 재원을 마련하는 수단이라는 비판에 직면해 있다. 복권은 현재 세계 1백여 개국 1백 80여개 기관에서 발행되고 있다.

(7) 기타

리투아니아와 중국의 경우 복권수입은 올림픽 선수단에 지원하고 있으며, 아르헨티나는 복권수입의 일부가 장기이식에 쓰이고 있다.

우크라이나와 폴란드에서는 한번 사용된 즉석복권이 회수돼 재사용 되고, 헝가리에서는 91년 복권 관련법이 통과되어 부다페스트 시에 30종류 이상의 복권이 스웨덴에서 토요일 저녁마다 TV로 방영되고 2시간반짜리 복권 추첨 쇼는 그 나라에서 가장 인기 있는 TV 프로다.

(8) 우리나라

우리나라 복권은 19세기 후반 중국과 일본의 상인들이 갖고 들어온 산통계나 작 백계 에서 유래되었다. 작 백계는 상인이 번호를 붙인 표를 1백 명 이나 1천명 단위로 팔고 추첨해 총매출의 80%를 당첨금으로 주었다. 우리나라에서 복권의 처음으로 나타난 것은 해방 뒤 처음으로 참가하는 1948년 영국 런던에서 열리는 16회 올림픽 참가비용을 마련하기 위해 1947년 12월 1일 한국 올림픽 후원회가(최초로 현대식 복권을 발행한 것) "올림픽 후원 권" 1백 원짜리 복권 140 만장을 발행하여 서울 지역에만 팔았다. 정부수립 이후에 1949년 10월부터 1950년 6월까지 세 차례에 걸쳐 대한민국 사회부에서 이재민 구호자금 마련을 목적으로 "후생복표"를 발행하였다. 1950년 6월 25일 한국전쟁이 끝나고 처음으로 복권이라는 이름을 붙이기 시작하였다. 1956년 2월 산업 부흥 자금과 사회복지 기금을 위한 애국복권 등이 발행되었고, 이 복권은 액면가 1백 환짜리 추첨식과 2백 환짜리 개봉식 두 종류였다. 1960년대에는 특수행사의 경비 마련을 위해 복권을 발행하였다. 63년 산업 박람회복권 68년 · 82년 · 84년 무역 박람회 등과 같이 특정행사 재원을 마련하기 위해 특수복권이 있었으나, 본격적인 복권 시대는 1969년 9월 15일 한국 은행법에 따라 발행한 주택복권이 처음이다. 당초 발행 목적은 군경 유가족 국가 유공자 파월 장병들에게 내 집 마련의 꿈을 실현해 주기 위한 기금 조성이었다. 1원 짜리로, 1등 당첨금은 3백만 원이었다. 주택복권은 그 뒤 1972년 12월 30일 "주택 건설 촉진법"이 제정 공포되면서 지금처럼 광범위한 국민 주택 자금 조성 방법의 하나로 주택 복권을 발행하였다. 80년대까지만 해도 국민들은 복권하면 주택 복권을 떠올릴 정도였다. 69~73년 사이 연간 판매된 주택 복권규모 37억 5천 8백만 원어치였다. 95년도에는 1천 6백 41억 원어치가 팔렸고 20년 사이에 44배로 증가하였다.

주택 복권은 당시만 해도 일확천금을 위한 수단 보다 집 없는 서민들을 위한 복의 이미지가 강했다. 현재 우리나라의 복권은 주택, 체육, 기숙 등 총 일곱 종류로 연간 총 6천 6백 20억 원어치의 복권이 발행되고 있으며, 이중 기업, 자치, 관광 등 3개 복권(총 1천 1백 50억원)은 95년도 생겼다. 주택복권의 경우 지난 92년까지만 해도 매년 90%이상의 복권이 팔렸으나, 93년에는 84.1%로 낮아지고 94년에는 75.8%로 뚝 떨어졌다.

아직 지명도가 낮은 신생복권들은 60%정도만 팔리고 있다.

복권 발행에 관한 업무를 총괄하는 국무총리실의 복권 발행 조정위원회가 정한 발행 규칙에 따라 발행순간부터 50%는 정부 몫이 되도록 제도적으로 보장돼 있는 것이다. 이 규칙에는 "전체 당첨금은 발행액의 50%을 넘을 수 없다.", "최고 당첨금은 추첨식이 1억 5천만, 즉석식이 1천만 원을 넘을 수 없다."고 규정하고 있다.

또한 1만원을 넘는 당첨금은 모두 불로소득으로 인정하여 당첨금의 25% 소득세, 소득세의 7.5%에 이르는 금액을 주민세로 내도록 돼있어 당첨금의 26.875%를 세금으로 내고 있다 .

따라서 복권 발행금액에서 당첨금은 50%에 불과하고 나머지 50%복권이 발행된 목적이 기금으로 26%(체육복권), 34%(주택복권), 13%(체육, 복지, 기업복권)씩 쓰이고 있어 발행 비용 보다 판매수수료가 훨씬 많다.(주택은행, 오수철, 1998. 재인용)

복권은 오늘날 외형적인 규모만 커진 것이 아니라 복권추첨방식도 투기성이 강해졌고, 복권이 늘어나면서 기존 발행기관들이 1등 당첨자가 없으면 다음 회로 넘기는 방식을 도입해 최고의 당첨금을 늘려 일확천금을 기대하는 고객 등이 늘어나고 있어 도박성이 강하게 나타나고 있다.

95년부터 지방자치 시대가 본격적으로 열리면서 15개 지방자치단체협의회가 자치 복권을 공동 발행하고 있지만 많은 지방 자치 단체들이 재정확보를 위해 독자발행을 시도하고 있는 등 복권발행 희망자들이 많아지고 있어 우리나라 복권시장은 앞으로 대규모 도박시장이 될 것으로 전망된다.

북한에서도 복권은 "낡은 사회에서 제비를 뽑아 상금을 지급하는 표"로 규정해 발행을 금지해왔다. 그러나 한국전쟁이 한창이던 1950년 말이다. 모자라는 군수물자 마련을 위해 "조국보위복권"이란 이름으로 발행하였다. 그 뒤 41년만인 1991년 11월부터 1992년 1월까지 액면가 50원짜리 "인민복권"을 발행했다. 당시 북한 노동자의 한 달 평균 임금이 1백원 수준이었으니 아주 비싼 복권이었다. 이 복권 역시 장롱 속에 사장된 돈을 유인해 내기 위해 발행한 것으로 추정된다. 따라서 전시 군수 자금 조달과 장롱 속에 파묻혀 둔 돈을 회수할 목적으로 지금까지 두 차례 발행했다.

2) 슬롯머신

(1) 역사

슬롯머신은 1895년 미국의 C. 페이가 고안했으며 그 후 개량되어 미국 내 시카고, 캘리포니아 주 등지에서 유행되면서 미국 전 지역에 퍼졌다.

최초의 슬롯머신은 동전을 넣고 기계를 조작하여 소정의 짝을 맞추면 상금을 타는 상자형의 대중 자동 도박기기였다.

처음에는 일반적으로 동전을 투입하여 사용하는 자동판매기의 의미를 가지고 있었으나 현재는 벤딩(Vending Machine) 머신이라는 말이 자동판매기를 가리키고 있다.

슬롯은 동전 투입구를 말하며 동전 투입구에 동전을 넣고 작은 창을 보면, 창 속에 몇 개의 짝지어진 그림이 그려져 있는 실린더가 보인다. 손잡이로 이것을 회전시키다가 멈추었을 때, 이 그림이 소정의 짝으로 맞으면 동진이 나오게 되어있다. 슬롯머신은 투자금이 적은 대신에 손쉽게 다액의 상금을 탈 수 있다는 점과 상금이 밑의 동전 받이에 금방 나오는 점 등의 장점으로서 미국에서 인기가 가장 높았고 지금도 가장 인기 있는 게임으로 인정을 받고 있다.

우리나라 1961년 사행행위등 규제법에 의해 “외국인 상대로 하는 오락시설로서 외화획득에 필요하다고 인정되는 경우와 관광 진흥과 관광객의 유치 촉진을 위하여 필요하다고 인정되는 경우”에 한하여 처음으로 도입되어 호텔 등지에서 영업을 하였다 그러나 슬롯머신 업자들의 법규위배와 외국인 아닌 내국인들의 출입이 95%이상을 차지하고, 또 슬롯기계를 조작하여 당첨금을 올리는 대신에 당첨될 확률은 아주 줄였으며, 또한 슬롯머신에 의해 가정파탄, 세금포탈, 주먹세계의 이권다툼 등으로 사회적인 문제가 계속 되어 오다가 1994년 정모씨의 사건으로 슬롯머신에 대한 법규가 없어지면서 1996년 5월 31일부로 우리나라 슬롯머신 업체는 없어졌다.

그러나 1997년 11월 1일부터 카지노 내 슬롯머신을 설치할 수 있도록 되었다. 일반 국민들은 슬롯머신을 빠찡코로 불러왔는데 이는 국내에 슬롯머신 수입자들이 빠찡꼬로 잘못 불렀기 때문이다. 슬롯머신 기계는 해외에서 사용하는 것은 릴이 3개로 만들어 졌고 국내에서 사용한 기계는 릴이 4개로 만들어 졌다.

빠찡꼬는 일본에서 시작된 게임으로서 1980년대 말 수입되어 일면 "구슬치기"라고도 하였으며 구슬을 기계로 튀겨 구멍에 넣는 등의 게임에서 딴 구슬을 마지막에 다시 돈으로 환전 받는 것을 말한다. 현재는 우리나라 카지노의 도입된 슬롯머신의 릴이 3개, 4개짜리를 병용하고 있는 실태다.

(2) 게임 방식

게임 방식은 슬롯머신의 상부에 고정되어 있는 동전 투입기에 동전을 넣음으로 작동이 가능하도록 되어있으며, 동전은 100원짜리를 사용하고 1회의 핸들을 당기기 위해선 1개부터 3개까지 동전투입이 가능하다. 슬롯머신 기계에 따라 약간의 차이는 있으나 대체로 1개의 동전을 넣을 경우는 상단 라인만이 짹팟이 되고 2개를 투입하면 상단라인과 중앙라인 3개를 투입하면 상단 중앙 하단 전 라인에 짹팟이 된다. 동전 투입 수에 따라 짹팟이 당첨 되는 라인이 기계마다 표시되어 있는데 1라인 2라인 3라인으로 구분되어있으며 동전 투입 후 핸들을 잡아당기면 핸들과 연결된 제어장치가 풀리면서 3개 또는 4개 릴이 각각 돌리게 되며, 2~3초 동안 회전한 후, 좌측부터 차례로 정지한다. 정면으로 바라볼 때 좌측으로 부터 제 1번 제2번 제3번 제4번으로 릴의 순서를 정할 수 있으며 3 또는 4개의 릴이 정지하면 저마다 각각 3개 또는 4개의 그림을 보여준다.

슬롯머신의 릴은 각각 22개의 그림을 보유하고 있으며 기계에 따라 그림의 순번이 바뀌어져 있는 경우는 있으나 슬롯머신 모든 기계가 보유하고 있는 그림의 숫자는 법률에 의하여 엄격히 규제되어 있으므로 모두 같다.

(3) 시상 방법

동전을 투입한 후 핸들을 당기게 되면 회전하던 릴이 정지하면 전면에 나타난 그림들은 일정한 조합을 형성하게 되는데 기본적으로 똑같은 그림이 한 라인에 3개 이상 일치되어야 그림 조합의 결과에 따라 시상이 나오게 되며 그 시상의 방식은 3가지로 분류할 수 있다.

① 중앙시상

쨱팟이 아닌 중앙라인에서만 시상이 형성되고 상단이나 하단에의 조합형성은 시상이 없다.

중앙시상은 쨱팟의 기분이 되는 반면에 일시에 큰 금액의 시상이 형성되지 않으므로 고객들이 별로 기대를 걸지는 않지만 전체의 시상의 90%이상을 차지하기 때문에 결코 무시할 수는 없는 종목이다.

중앙 시상이 형성되면 슬롯머신의 기계에 설치되어있는 득점 란에 합산 누적되며 이 득점란의 숫자는 100원 단위로서 언제라도 현금이나 동전으로 교환할 수 있다.

중도에 현금(코인)시상이 끝남과 동시, 수동 조작으로 득점판을 제로(0)로 원위치로 된다.

② 쨱팟(Jack pot)

쨱팟은 6개 그림만의 조합이 3개 이상 형성되면 "부-우"하는 부저 소리가 나면서 시상 액수가 득점판에 자동 합산되는데, 본 시상은 일시에 높은 배수의 금액을 따게 되므로 슬롯머신의 가장 큰 매력이라고 할 수 있다. 쨱팟은 동전의 베팅 수에 따라 상단, 중앙, 하단 3개 라인을 모두 사용할 수 있다.

즉, 1개의 코인을 베팅할 경우, 상단 1라인만 사용이 가능하다.

③ 특별시상

슬롯머신 업체 측은 이미 설명한 중앙 시상, 쨱팟 시상 외에 고객을 유인하기 위하여 업소 특유의 갖가지 특별 시상을 책정하여 높고 있다. 예를 들어 Tree Bar가 중앙에 형성되면 250배가 아닌 500배를 시상하기도 하고, Four BAR의 경우는 5,000배까지도 특별시상을 지급하고 있다.

국내 슬롯머신 업체의 대부분들은 Four BAR경우 30만원에서 50만원까지 책정하여 놓고 시상하는 경우도 있고 또 일정시간대에 더블타임을 정하여 50만 원짜리의 잭팟을 맞으면 100만원까지 시상하는 경우도 있다. 슬롯머신을 찾는 사람들은 이처럼 매력 있는 특별시상에 눈독을 들이고 자주 찾게 된다.

3) 경마

경마(horse racing)란 말을 타거나 말에게 수레를 끌게 하여 빨리 달리기를 내기하는 경기를 말한다. 경주하는 말의 번호를 기입한 마권을 판매하고 적중한 사람에게 레이스마다 환급금을 지급하는데 절대 공신력이 있어야 하므로 경마를 시행하는 나라에는 특별법에 의하여 정부나 지방 공공 단체의 지휘 감독을 받게 하고 있다.

(1) 경마의 역사

경마의 기원은 인간의 말을 가축화한 시기와 거의 같을 만큼 오래 되었다고 한다. 호메로스의〈일리아드〉에 전차 경마의 기록이 되어있고 또 고대 그리스 올림픽 경기에도 기마 경기의 기록이 남아있다. 그러나 오늘날과 같은 형태의 경마는 중세기 영국에서 등장한 엽기(hunting)를 모체로 하여 발전한 것으로 생각된다. 말을 타고 들로 나가 여우나 토끼를 사냥하는 용장하였던 이 스포츠는 절대주의 왕조 확립 후의 왕후귀족들 사이에서 점차 인기를 모았으며, 그것을 곧 각자가 가지고 있는 말의 능력을 겨루게 하였고 또 자기의 기마 기술을 과시하는 방법이 되기도 하였다. 1950년에는 전용시설로서의 경마장이 체스터에 출현하였으며, 또 국왕 찰즈 2세(1630~85)는 뉴마켓과 에프솜엣 개최된 경마를 가끔 참관하여 상금을 하사하였을 뿐 아니라 스스로 말을 타고 달릴 정도로 경마에 열중하여〈경마의 아버지〉로 불렸다. 그 후 1750년경에는 뉴마켓을 본거지로 하는 조카 클럽이 유력한 경마 관계자들에 의하여 조직되었고, 그 단체는 영국의 경마계에서 유일한 통할기관으로서의 지위를 점차로 굳혀 갔다.

한편 18세기말까지에는 공식 경마 성적서와 서러브렛(thorough-bred) 혈통등록서가 잇달아 창간되는 동시에 직업으로서의 조교사(助教師)와 기수가 등장하였으며, 또 더비(derby)등의 이른바 클래식 경기도 차례로 창설되어, 19세기 초에는 거의 오늘날과 같은 형태로 정비되었다. 이리하여 영국에서 태어나 발전 한 경마는 18세기말부터 19세기 초 사이에 프랑스 중심으로 한 유럽 여러 나라를 거쳐 호주와 남아프리카 그리고 독립 전의 미국 등 각지에 전해져서 나라마다 약간의 차이는 있을지언정 하나같이 순조로운 발전을 이룩하였다.

오늘날에 와서는 중국 이스라엘과 같은 일부나라를 제외하고는 거의 대부분의 나라에서 경마가 개최되고 있고 게다가 매우 국제성이 강한 스포츠 또는 오락으로서의 자리매김을 하고 있다.

처음에는 왕후 귀족이나 부호 등 일부 특권계급을 위한 취미로서 또 말의 품종 개량을 위한다는 대의명분 하에 이루어 졌으나, 규모와 확대에 따라 점차 대중화되었고, 현재는 오히려 일반 시민을 위한 건전한 오락으로서의 요소가 강조되고 있다. 또한 국가 또는 지방 자치 단체의 중요한 재원으로서의 한몫을 차지하고 있는 실정이다.

(2) 한국의 경마

1916년 5월 일본인에 의하여 최조의 경마가 용산연병장에서 마권의 발행 없이 시행되었다. 그 후 여의도로 옮겨진 후부터 제대로 경마를 하게 되었는데 이때부터 우리나라기수가 처음 출전하였으며 한강 백사장 장충단 공원 등지를 전전하면서 개최되었다. 이 무렵의 마주는 모두 일본인이었다. 1923년 군산을 비롯한 11개 지방에도 임시로 경기장을 가설하여 경기를 한 적이 있다. 1926년에는 경성경마장이 동대문 밖 신설동에 개설되어 본격적인 경기가 시작되었으며, 점차 내용이 발전되고 기구가 확장됨에 따라 1932년 조선 경마 령 및 시행 규칙이 제정 공포되었으며 조선 총독부가 이를 지휘 감독하게 되었다 1934년 경성을 비롯한 9개 지방 경마 구락부를 통합한 〈조선 경마회〉가 설립되었다.1939년 7월에 일어나 중일전쟁과 41년 태평양전쟁 발발 이후는 동남아 각지에서 일본의 전쟁 수행 상 필요한 마필 자원의 증산 확보를 위하여 조선 총독부에서 1942년 조선경마회 해체하고 조선 마사회를 발족시켰다.

1945년 해방과 더불어, 그해 11월 조선마사회를 한국 마사회로 신설동에 있는 경성 경마장을 서울 경마장으로 개칭하였다. 1947년 한국 마사회는 마필의 개량 ·

증식과 경주용 마필의 육성을 위하여 경주에 종마목장을 개설하였다.

1950년 6.25전쟁으로 경마는 중지되고 종사원과 마필은 분산되었으며 경마장은 폐허화하였다. 1954년에서야 당국의 협조와 관계자들의 노력으로 성수동(뚝섬)에 새로이 경마장을 마련하고, 마필을 사 모았다. 그러나 그 수가 부족하여 제주도산 조랑말로 경주를 한 적도 있었다. 1962년에는 조선 마사회법이 폐기되고 한국 마사회법이 재정 공포(법률 1012호)되었으며, 1963년 11대 회장인 김덕승이 민간 자본을 도입하여 시설을 확장하고 마필을 수입하였으며, 이후 한국 마사회는 경마 시행만을 전담하게 되었다.

경마일수는 주 3일, 연 140일 내외로 계속 실시되어왔으나 1981년부터 주2일 연 110일 내외의 경기를 하고 있고 또 조교사(調教師)·기수(騎手)의 임용과 자격수여 등을 주관하고 있다.

오늘날 서울 과천 경마장은 하루 경마 게임 금액이 100억 원을 넘고 있으며 제주 경마장으로 하루 경마 게임 금액이 10억에 달하고 1997년도부터 서울에 있는 장외 매표소에서의 게임 금액은 25억에 달했다.

(3) 경마 경주의 종류

경마 경주의 종류는 여러 가지 방법으로 분류 할 수 있지만, 평지경주, 장애물 경주, 속보경주의 세 가지로 대별된다. 우리나라에서는 평지경주만을 시행하고 있으나, 유럽에서는 장애물 경주, 속보경주 그리고 계가를 끌고 달리는 계가경주(수레를 달고 달리고 있는 경주)도 상당히 비중을 차지하고 있다. 상금에 의한 분류로는 특별 경주와 일반 경주가 있다.

① 특별경주

마주가 자기 말의 출주를 신청할 때에 등록료를 내며 이 돈을 전부 1착 2착 3착에 주는 상금에 포함시키는 경주이다.

② 일반경주

등록료를 시행 체의 수입으로 하는 경주이다. 따라서 특별경주의 상금은 일반 경주의 상금보다 많다. 출주 마에 과해지는 부담 중량(기수의 체중에 안장 등의 무게를 가한 것)에 의한 분류도 중요하다.

· 마령중량 경주: 말의 연령, 성별, 경주거리등에 따라 미리 부담 중량이 정해져 있는 것을 뜻한다.

· 별정중량경주: 개개의 경주를 위하여 정해진 것을 뜻한다.

· 핸디캡경주: 말의 과거의 성적, 최고타임, 각질 등을 참작하여 모든 말의 승기가 균등해지도록 부담 중량을 불균등하게 정하는 것을 뜻한다.

유럽 쪽에서 행하여지는 주요 경주의 대부분이 마령중량경주 또는 별정 중량 경주인데 대하여 미국이나 호주 등지에서는 핸디캡경주에 따른 경주도 적지 않다.

③ 말의 능력에 의한 경주 분류

· 신마 경주

· 미승리마 경주

· 우승마 우승 경주

등이 있고 이에 의하여 경주의 격이 고하가 판별된다.

끝으로는 평지경주에 있어서의 분류를 보면 경주 거리의 장단에 의하여 구분되는 경우가 있다.

④ 평지경주

· 단거리 경주: 보통 1,400m이내

· 중거리 경주: 1,600m 전후

· 장거리 경주: 1,600m 이상

(4) 마권의 종류

우승 예상 마에 돈을 걸고 마권을 사는 것을 투표한다고 표현한다. 따라서 마권을 승마투표권이라고 한다. 본디 경마를 대상으로 한 내기는, 영국에서 경마의 발생과 더불어 마주 사이에서 생겨났으며 그것이 곧 관람자 사이에까지 보급되자 이윽고 직업으로서 상습적으로 내기를 하는 사람들이 나타났다. 그들을 북 메이커

(book maker, 마권 영업자)라고 하는데, 그들은 각 출주 마에 대하여 승산 율을 표시하고 그에 따라 관람객을 상대로 내기를 하였다.

그러나 19세기 후반에는 프랑스 사람 모레가 파리 뮤튀엘 방식을 창안해 내어 이 방식이 곧 세계 각국에 보급되었다. 이것은 각 경주마다 각기 출주마의 승마 투표권(마권)을 발매하고, 매상액을 집계하여 그 합계액에서 일정 비율에 의한 금액을 공제하고 잔액을 승마의 적중 자에게 분배한다.

이방식이 도입되고 나서부터 한동안 각국에서는 북 메이커와 파리 뮤튀엘 방식이 병존하였으나, 현재 미국, 프랑스, 일본등 대다수의 나라에서는 북 메이커를 금지하고, 특정단체(거의가 경마주최자)가 독점적으로 마권을 발매하는 파리 뮤튀엘 방식을 채용하고 있다.

영국, 독일, 이탈리아 등지에서는 아직까지도 두 가지가 병존하고 있으며, 특히 영국에서는 북 메이커가 압도적으로 우위를 차지하여 전 매상액의 95%이상을 차지하고 있다.

우리나라의 경마는 파리 뮤튀엘 방식을 채용하고 있으며, 발매되고 있는 마권의 종류는 단승식, 연승식, 복승식의 3가지이다.

· 단승식: 1착마를 적중시키는 방식
· 연승식: 출주마가 8두 이상일때, 3 착까지의 상위마중 어느 하나를 적중시키는 방식(다만 7두 이하의 출주시는 2착까지)
· 복승식: 1착마 와 2착마를 순서에 구애됨이 없이 적중시키는 방식

또 경마장 밖에서 발매하는 장외 매표소도 있다. 경마의 발전과 경마 인구의 증대에 따라 한국 마사회 서울 경기장에서는 본장(本場)외에 장외 매표소를 동대문 미아리 영등포의 3개소에 두고 운영을 대행시키고 있다. 또 이렇게 함으로써 시행체도 마권의 매상 증가를 기대할 수 있어서 유리하다. 장외에서 마권을 판매하면 승 식별(勝 式別) 매상액수 등이 즉시 본 장분(本 場分)에 합산되어 환급도 본장과 동시에 진행된다.

최근 각국의 경향은 본장 매상에 비하여 장외매상이 보다 높아지고 있다. 일본의 경우는 전화로 마권을 살 수 있는 전화 투표 방법도 병행하고 있다.

은행 예금 계좌를 토하여 출금, 입금을 하게 되는데 앞으로는 이러한 방법이 대부분 차지할 것으로 생각된다.

(5) 경마장

경마장(race track)은 경마를 하는 경기장을 뜻하며, 경마장내에 구사, 관란용 스탠드, 마권판매소, 예시장〈豫示場〉(경마장에서 경주가 시작되기 전에 말들을 미리 보여주는 장소)등의 설비가 있다.

역사 오랜 영국의 경마장의 경우, 자연의 지형을 살린 독특한 모양의 주로가 많으나 우리나라의 경우 타원형으로 보통 1주 1,600~1,800m의 길이이며, 일본, 미국의 주로는 1,600~2,000m정도의 타원형으로 되어있다.

주로에는 3종류가 있으며 아래와 같다.

① 잔디주로　　② 모래주로　　③ 흙모래주로

영국에서는 잔디코스, 미국에서는 국제 레이스의 주로 이외는 대부분의 흙모래코스식이다. 우리나라 경마장은 모래주로로 되어있다.(오수철, 1998)

4) Sports Book

아마츄어나 프로의 운동경기결과를 예상하여 카지노에서 제공되는 포인트 스프레드(Point Spread)나 머니라인(Money Line)에 베팅한 후 게임 결과에 따라 배당금을 받는 게임의 하나로, 넓은 의미에서는 경마 경주에 베팅하는 레이스북(Race book)도 포함된다.

스포츠베팅을 합법화한 네바다 중의 경우(애틀란틱시티는 불법) 1997년 베팅 규모가 전체 카지노 매출액의 25%를 차지할 정도로 급성장하고 있다.

그러나 모든 운동 경기에 베팅할 수 있는 것은 아니다. 네바다 주 게임규정에 따르면 네바다 주에서 개최되는 아마츄어 게임, 네바다 주 소속의 아마츄어와 프로팀의 게임, 그리고 운동경기 외의 이벤트(예: 선거, 아카데미영화상 시상식 등)와 같은 일반인의 주관에 따라 결과가 결정되는 행사에 대한 베팅은 금지하고 있다. 1997년 통계에 의하면 가장 많은 돈이 베팅 된 경기는 미식축구, 경마, 농구,

야구 순이며, 단일 경기로는 프로미식축구의 왕을 가리는 슈퍼볼(Super bowl)이다.

◐ 표 1-14 베팅라인표

Betting Line
COURTESY OF SPORTSFAX

MAJOR LEAGUE BASEBALL/TODAY

AMERICAN LAEGUE

FAVORITE			UNDERDOG
OAK(R-OQUIST)	-130	+120	Min(L-Milton)
TOR(R-CLEMENS)	-135	+125	Nyy(L-Pettitte)
Bos(R-Martinez)	-170	+160	DET(L-TPSN)
TEX(R-HELLING)	-170	+160	Tam(L-Saunders)

NATIONAL LEAGUE

PHI(R-GREEN)	-125	+115	Cin(R-Weathers)
NYM(R-MLICKI)	-125	+115	HOU(L-Halama)
ATL(R-SMOLTZ)	-200	+190	Arz(R-Benes)
MIL(R-ELDRED)	-130	+120	Los(R-Park)

NBA PLAYOFFS/THURSDAY

	LINE	TOTAL	
INDIANA	7	176	Cleveland
UTAH	12 1/2	195	Houston
PHOENIX	4	180 1/2	San Antonio

NBA PLAYOFFS/FRIDAY

	LINE	TOTAL	
MIAMI	7 1/2	17 1/2	New York
CHICAGO	ⓑ 12 1/2	196 ⓒ	New Jersey
SEATTLE	12 1/2	199	Minnesota
L.A LAKERS	8	ⓓ 200	Protland

자료: 〈이충기 外, 1999〉

(1) 베팅의 종류

① **스트레이트업**(Straight Up)

포인트스프레드를 커버할 한 개의 팀이나 머니라인에서 한 명의 팀 또는 선수만을 택하여 베팅하는 것

- 합계(이상/이하): 게임의 승부와는 관계없이 두 팀의 점수합계가 정해진 점수 이상, 이하를 택하여 베팅하는 것으로 베팅 라인 표에서 ⓒ와 같이 표시된다. 〈표 1-14 참조〉 게임의 결과가 96 : 93, 즉 두 팀의 점수 합이 189점이므로 이하 (Under)에 베팅한 고객이 포인트 스프레드와 같은 비율로 배당금을 받는다.

② **파레이**(Parlay)

두 팀 이상에 베팅하여 베팅한 모든 팀이 포인트 스프레드를 커버해야 배당금을 받게 되는 방법으로 베팅라인 표 ⓓ와 같이 표시된다. 베팅 가운데 한 개라도 커버를 못할 경우에는 베팅금을 잃게 된다. 만일 고객이 언더독인 포트랜드(Portland)와 합계 200점 이상으로 베팅 했다면, 결과가 104 : 102 LA의 승리임에도 불구하고 고객은 포트랜드가 8점 이하로 졌고, 두 팀의 점수 합이 206으로 200을 초과하여 배당금을 받게 된다.(이충기 外, 1999)

※ 유럽과 미국의 카지노 운영 형태를 비교하여 보면 다음 〈표 1-15〉와 같다.

표 1-15 유럽과 미국 카지노의 비교현황

	미 국	유 럽
1. 최종목표	· 수입은 사유재산을 위한 것 · 고용의 창출 · 관광객을 창출	· 지역의 발전 · 관광위락 시설
2. 소유주	· 사유	· 정부와 개인의 혼합
3. 위치	· 대도시 밀집형	· 소규모 단지를 중심으로 사재함 · 독점권
4. 세금	· 최소화 · 6.25%~35%	· 과다 · 50%~90%

5. 접근율	· 개방 및 자유 · 복장의 자유 · 신원의 자유 · 배제인원 명단을 최소화	· 제한 및 입장료 징수 · 복장 엄격 · 여권을 통한 신원확인 · 지역주민 입장 불허 · 제한된 직업 · 임의의 배제 인원명단 작성
6. 개방시간	· 24시간 운영형태	· 시간제한-저녁시간 · 휴일은 휴업
7. 고객	· 국내인/외국인 · 대량	· 지역적/지방적 · 소량
8. 광고	· 다양함 · 광고 · 정킷관광 · 복합적	· 한정적 · 無광고 · 無정킷광고 · 無약간 복합적
9. 신용거래	· 신용운영 · 수표환전	· 신용거래 불가 · 한정된 수표 환전
10. 지역참여도	· 복합	· 필수적
11. 장식	· 시끄러움/광대함/현란함 · 밝음/붉은 조명/창문이 없음	· 조용함/작음/우아함/평온함 · 파랑색 조명/창문이 있음
12. 알코올	· 개방/자유 판매	· 한정/한정된 판매
13. 게임의 종류	· 슬럿/테이블/블랙잭 중심 · 크랩/포커/바카라/룰렛	· 테이블 중심/슬럿은 없거나 따로 떨어짐 · 룰렛/바카라/블랙잭
14. 노동시장	· 높은 이직률 · 사외교육 · 급여 및 팁	· 평생직장 · 채용기준이 시작부터 되어 있음 · 승진기회 사내에서 시작 · 급여가 아님 · 팁은 카지노업장에서 관리함
15. 도박중독자	· 무관	· 제한
16. 조직범죄	· 퍼져있는 양상 · 지속적인 문제로 제기	· 염려 수준이 아님

〈원갑연 外, 2001〉

02장 카지노 산업의 경영

1절 카지노 경영 조직

카지노의 경영조직은 다른 기업 조직과 달리 경영자에 의해 카지노 기업 운영 전반에 걸쳐 잘 수립된 사업 계획이 성공의 성패를 좌우 할 수 있는 것이다. 경영자는 운영과 조직 전체를 비교하고 타 카지노 기업 조직을 분석하여 그것을 바탕으로 한 체계적인 조직 편성만이 카지노 기업의 안정을 확실히 보장하는 근원이 된다.

1 카지노 경영조직의 의의

카지노 경영기구조직은 운영목적을 합리적으로 달성하기 위해 인사 관리를 해야 하므로 기구 조직의 원칙은 조직의 다양한 환경 적 요소를 고려한 효율적인 구조적 기능을 가진 모형이어야 하고 카지노 영업 준칙 제 4조에 의하면 카지노 운영자는 원활한 사업 활동 및 내부통제를 위하여 이사회, 카지노총지배인, 영업부서, 안전관리부서, 출납부서, 환전상, 전산전문 요원이외의 조직 및 인력을 갖추어야 한다.

카지노의 특수성을 감안하여 다음과 같은 3가지 사항을 고려하여 편성한다.

· 카지노가 가지고 있는 기능의 구상과 규모, 경영방침 등에 의해 달라질 수 있다.

· 전문화, 분업화를 촉진시키기 위해 업무 수행 상 필요에 의해서 결정되어야 한다.

· 카지노의 소유권이 직영 방식 또는 임대방식에 따라 조직이 달라질 수 있다.

2 카지노 경영조직 구성의 원칙

카지노 경영 조직 목표를 효율적으로 달성하기 위해 조직화 과정에서 지켜야 할 일정한 원칙을 경영 조직 구성의 원칙(principle of organization)이라 한다.

① **명령일원화의 원칙**(principle of unity of command)

카지노경영조직 구성원에게 주어진 업무가 경영 조직의 공동 목표와 일치되고 동시에 관리적 질서를 유지하기 위해 명령권의 행사나 지휘 감독의 관계는 완전한 질서 체계를 확립해야 한다.

이 원칙은 명령 계통의 단일화를 통해서 관리의 능률성과 목표의 통일성을 확보하는데 목적이 있고, 명령은 일원적인 체계에 의해 내려져야 하고 또 수령되어야 한다는 점이다.

② **권한위양의 원칙**(principle of delegation of authority)

카지노는 점차 대규모화되고 복잡해져 가는 현대 카지노 경영에 있어서 권한을 가지고 있는 상급자가 하급자에게 직무를 수행하도록 위임할 경우 그 직무를 효과적으로 수행할 수 있도록 직무에 수반되는 권한도 동시에 위임해야 한다는 원칙이다.

③ **기능화의 원칙**(principle of functionalzation)

카지노 경영 목적의 효율적 달성을 위해서 물적 요소 및 인적 요소가 유기적 관계를 갖고 직무와 직위를 바탕으로 경영 조직을 편성하는 원칙이다.

카지노 기업이 성장함에 따라 카지노 기업 조직의 규모도 커지고 그 내용도 복잡하게 되므로 합리적인 기능 중심 주의적 업무 할당을 통해 경영 목표의 달성을 위해 직무 성격과 조직 구성원의 능력 및 지식이 일치 될 수 있도록 직계 제도가 정립되어야 한다.

④ **감독 범위의 원칙**(principle of span of control)

카지노 경영 조직의 효율적인 관리를 수행하기 위해서 한사람의 상사가 부하를 직접 지휘 통제 할 수 있는 능력의 범위에 한계가있다는 원칙이다.

한사람의 상사가 개인적인 능력과 직무의 성질로 몇 사람의 부하를 통제 내지 통솔하는 것에 조금씩 달라질 수 있다.

⑤ **조정의 원칙**(principle of coordination)

카지노경영 조직의 목표 달성을 위해 부문별 또는 기능별로 수행되는 업무를 목표 지향적으로 행동하고 관리 할 수 있도록 부서 간 및 직원 간에 질서와 통일성을 위해 조정하는 것을 말한다.

⑥ **전문화의 원칙**(principle of specialization)

카지노의 경영조직의 업무는 다양한 종류로 구성되어 있어 업무의 성질과 종업원의 전문적인 기술 및 지식이 상응하는 상태에서 수행하도록 기능적인 면에서 생각해야 하는 원칙이다.

이 원칙에 따라 조직의 부문화가 이루어지며 일반적으로 업무의 전문화는 게임별, 지역별, 직능별, 개인의 정신적 육체적 요건별로 분류된다.

3 조직도

조직(The Organization)은 책임과 권위를 도표 상에서 선으로 나타낸다. 그런 기능에 있어서 조직도는 커뮤니케이션 라인(communication line)을 세우고 직원들이 갖춰야 할 능력(staffing requirement)을 발전시키는데 가치 있는 수단으로 이용된다.

조직은 공동 목표를 달성하기 위해 조직 구성원 및 모든 자원이 서로 연관되어 있는 집합체라고 할 수 있다.

따라서 카지노 경영 조직의 본질은 첫째, 경영목적 달성에 필요한 각 구성원의 직무를 결정하는 것이며, 둘째, 결정된 직무에 일정한 권한과 책임을 배분함으로써 각 직무 간의 상호관계를 합리적으로 편성하는데 있다.

카지노는 경영의 효율성을 위해 자사 실정에 맞는 합리적이며 독창적인 조직을 구성해야 한다.

카지노의 경영 조직은 일반 경영조직과는 달리 카지노의 특수성을 감안하여 편성하여야 한다.

- 카지노 조직은 카지노가 갖고 있는 기능의 구성과 규모 경영 방침 등에 따라 달라질 수 있다.
- 분업화 전문화를 촉진하기 위해 업무 수행상 겸직이 좋은가를 판단하여 결정해야 한다.
- 근무시간이 긴 영업 부서에서는 시간대별 고객 집중도를 고려해야 한다. 카지노 영업 준칙 제 4조에서는 카지노를 운영함에 있어 카지노 사업자는 원활한 영업 활동 및 효율적인 내부 통제를 위해 이사회 카지노 총지배인, 영업부서, 안전 관리부서, 출납부서, 환전상, 전산 · 전문요원 등의 조직 및 인력을 갖추도록 하고 있다.

국내의 대표적인 파라다이스 워커힐 카지노 조직을 살펴보면, 〈표 2-1 참조〉 대표 이사 및 부사장이 있고 그 밑에 총지배인과 관리이사를 두고 있다.

총지배인 밑에는 세 명의 이사인 영업 이사, 판촉이사, 섭외이사가 있으며, 관리이사는 부사장의 직접적인 통제를 받는다. 영업 이사는 영업 식 · 음료 영업 기획을 담당하고, 판촉 이사는 국내 · 일본 · 동남아를 담당하며 섭외 이사는 안전 관리 부서를 담당한다. 부사장의 직접통제를 받는 관리 이사는 관리 경리 회계 부서를 담당하여 부사장 직속으로 경영 지원실이 있다.〈표 2-2〉

부산 파라다이스 카지노의 조직도를 살펴보면, 워커힐 카지노와 유사하나, 다른 점은 총지배인이 판촉 임원을 겸하고 안전관리부가 총지배인의 직접통제를 받는다는 점이다. 이와 같이 어떤 조직이든 똑같은 조직 구조는 없으며, 경영진의 철학, 게임종류, 카지노 소유권 형태(직영 또는 임대)등의 변수를 고려하여 최적의 조직을 구성하게 된다.

한편 미국의 카지노 경영 조직은 카지노의 규모, 운영 형태 등에 따라 크게 다르다. 하지만 일반적인 카지노 호텔의 조직 구조를 살펴보면 우리나라 조직보다 매우 복잡하고 세분화되어 있다는 것을 알 수 있다.

대형, 카지노의 경영 조직을 살펴보면, 사장 밑에 카지노 호텔 행정 판촉 채무 안

표 2-1 파라다이스 워커힐 카지노 조직도

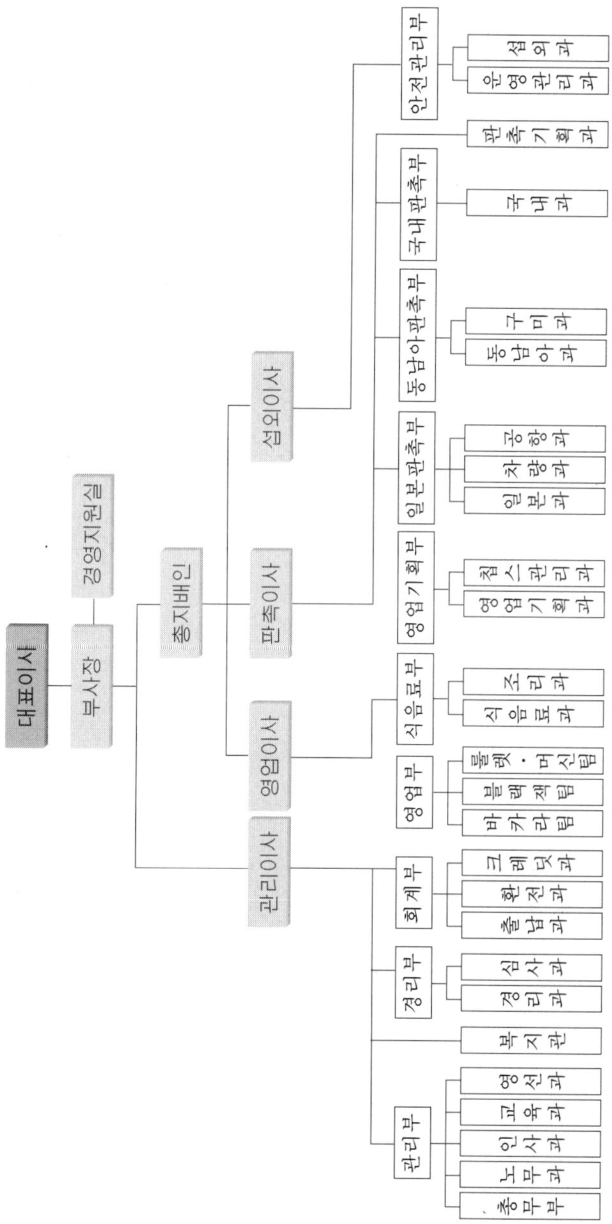

〈이충기 카지노 산업 육성 방안, 한국 카지노 산업 관광협회, 1995재인용〉

◎ 표 2-2 P호텔 카지노 조직도

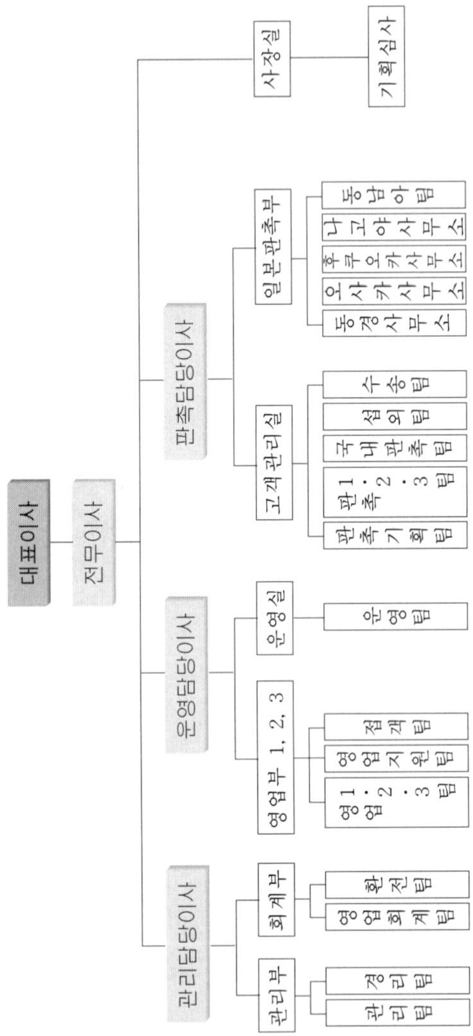

◉ 표 2-3 미국 카지노 호텔 조직도

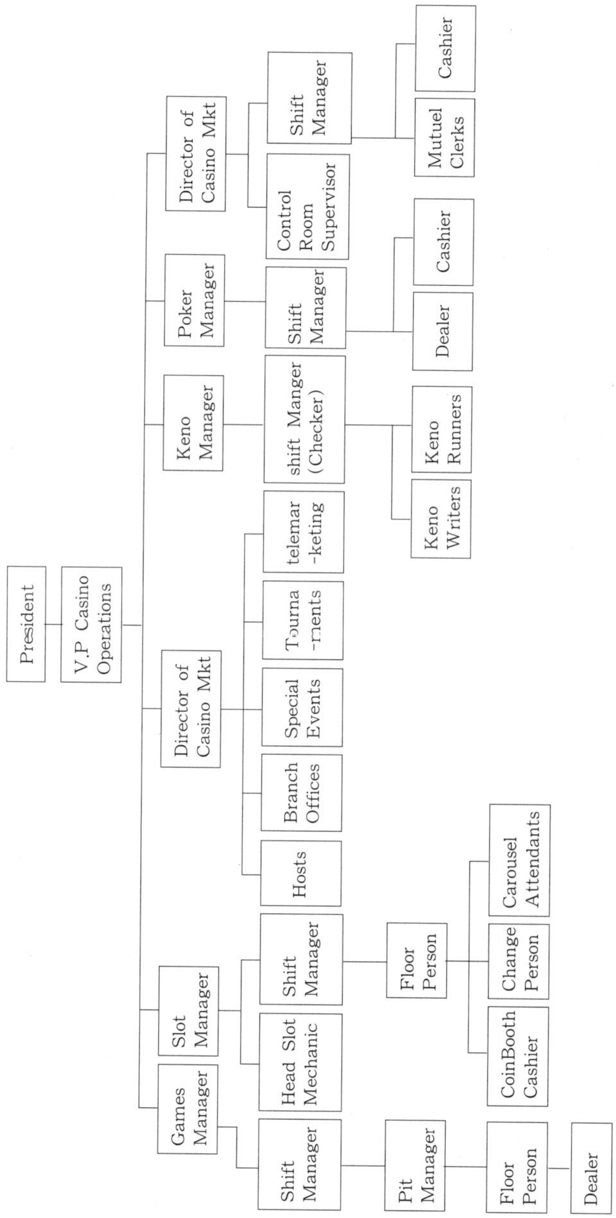

〈자료: Kilby, Jl Fox, J. 1998, 이충기 재인용〉

◎ 표 2-4 강원랜드 카지노 리조트 조직도

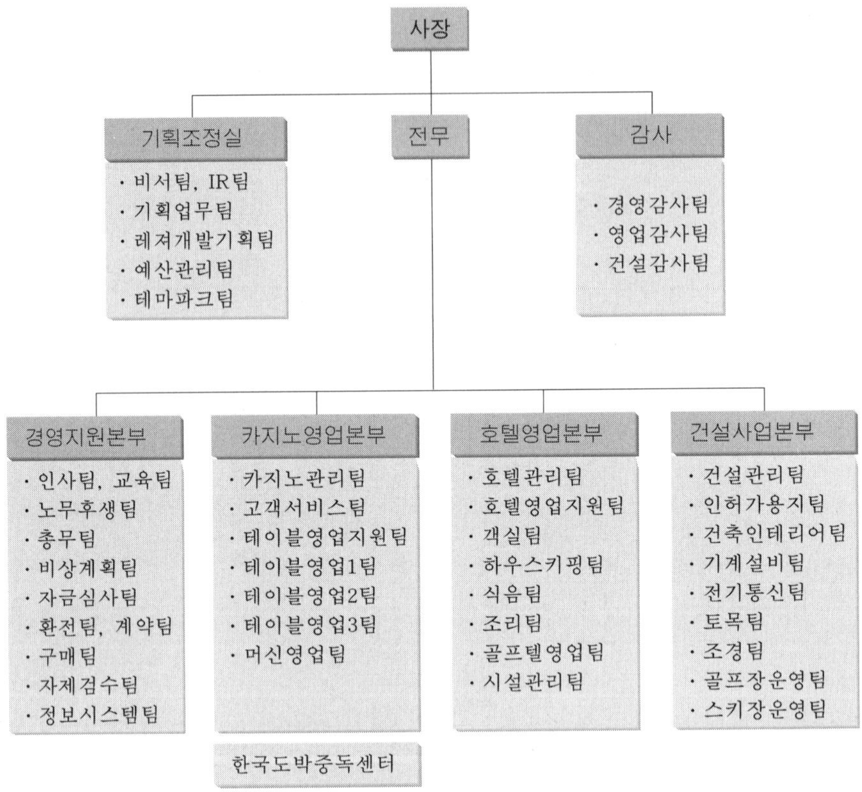

〈강원랜드 홈페이지〉

전 관리 담당의 부사장이 있으며, 그 밑에 부서에 따라 이사급 또는 부장급 임원 또는 지배인이 있다.

카지노 담당 부사장 밑에는 테이블 게임 · 슬롯 · 카지노마케팅 · 키노 · 포커 · 레이스&스포츠 담당 이사 또는 지배인이 일반직원들을 관리 한다.(이충기 外, 1999)

강원랜드의 경우, 〈표 2-4 참조〉 타 외국인 카지노와 다른 점은 판촉 이사 제도가 없는 것이 특이하다. 성격상 고객의 대부분이 내국인이고 국내법상 담배와 카지노는 광고를 할 수 없는 상황을 고려하면 쉽게 이해할 수 있으며, 또한 계속 사업의 확장 추세에 있어 건설 사업 본부의 조직이 타 카지노 기업보다 비중이 크고, 공기업 성격의 카지노 기업이기에 감사실의 조직과 기능이 확대되어 있다.

2절 카지노 직무

1 부서별 조직구성

우리나라 카지노업의 조직은 영업 준칙 상 관리부서, 판촉부서, 영업부서, 출납부서, 안전관리 부서, 환전상, 전산 전문 요원 등으로 구성된다.

관리부서는 일반회사의 관리와 동일한 개념으로 인사, 경리, 총무 노무, 기획 등을 포함하여 영업장 지원업무와 외부에서 발생하는 모든 사항을 관장한다. 즉 신규딜러 모집과 교육을 포함하여 회사 규정의 작성, 물품조달, 예산 결산서 작성 등 일반 기업의 관리부서와 동일한 업무를 수행한다. 또한 업무협조를 통해 영업 및 판촉 부문이 원활한 기능을 수행하도록 보조하는 역할도 한다.

영업본부장(General Manager/Operation Manager)은 카지노의 총지배인으로 전무와 사장에게 보고하며, 카지노 호텔 영업의 전반적인 임무와 책임이 있다. 영업 정채을 수립하고, 그 책임을 각 부서장들에게 권한을 위임하여 전반적인 운영의 효과와 이익을 안전하게 한다.

또한 수입 보고서와 재정 상태를 보고 받고, 종사원들의 채용과 해고의 권한이 있으며, 직접 관리 아래에 있는 운영체 들의 재검토와 필요한 조치의 경영충고 책임이 있으며 영업 분야에 관한 재산 관리와 보존의 책임이 있다.

2 구성원의 명칭 및 직무

1) 이사회

이사회는 카지노업의 건전한 발전을 위하여 카지노업 근무경력이 10년 이상인 자나 공무원 경력 15년 이상인 자로서 카지노 정책을 2년 이상 담당한자 중에서 해당자격을 갖춘 이사를 1인 이상 포함하여야 하며, 카지노 영업 활동과 내부통제에 대한 최종적인 권한과 책임을 진다.

2) 카지노 총지배인

카지노 사업자는 카지노업 근무 경력이 10년 이상에 해당하는 경력이 있는 자를 카지노 총지배인으로 임명하여야 하며, 영업장내의 게임운영 총괄, 카지노 영업장내의 시설 및 기구 관리 감동, 영업세칙 준수 지도, 감독 · 콤프 · 크레딧 알선 수수료 및 계약 게임의 기준 설정, 카지노 고객 유치 및 관리를 주요업무 내용으로 하고 있다.

3) 안전 관리 부서

안전관리부서는 카지노 영업장의 질서 및 안전과 관련된 업무를 수행하며, 중요한 업무로는 내국인의 출입 통제와 영업장의 질서유지, 고객 및 종사원의 안전, 폐쇄회로 시설 운영 및 관리 등을 담당한다.

4) 출납부서

출납부서는 영업 및 회계와 관련된 사항을 처리하며 카운트 룸의 운영 및 관리, 영업과 관련된 현금, 수표, 유가 증권의 거래 및 보관, 기타 출납 운영과 관련된 업무를 한다.

5) 환전상

환전상은 카지노 게임과 관련된 편의를 제공하며, 주요 업무내용으로는 고객이 제시하는 외화를 원화로 환전하고 고객이 게임 종료 후 남아있는 원화 또는 게임의 결과로 획득한 원화를 외화를 재환전하며 기타 외국환 거래법령에서 인정되는 제반 업무를 담당한다.

6) 전산 전문 요원

전산 전문 요원은 카지노 전산 시설을 관리 운영한다.

7) 영업부서

카지노 사업자는 또한 원활한 영업 활동을 위하여 딜러 · 플러어퍼슨 · 핏보스 · 쉬프트매니저 등의 종사원을 갖추어야 한다.

(1) 딜러(Dealer)

카지노 업장 내에 테이블에서 이루어지는 각종 게임을 수행하는 카지노 종사원으로 칩스를 게임자에게 팔고, 웨이저를 가져오거나 지불하여 정당한 게임 룰에 충실하면서 게임의 운영을 전담한다. 해당 근무 테이블에 칩스(대체 통화)가 입 · 출금 될 때에는 칩필(Chip Fill)/크레딧(Credit) 슬립을 확인하고 서명한다. 핏보스/플로어퍼슨의 지시에 따라 근무배치를 받으며, 모든 보고는 풀로어퍼슨 또는 핏보스에게 한다. 딜러의 호칭은 게임의 종류 및 행위에 따라 그 호칭을 달리 하며 그 호칭은 다음과 같다.

· 룰렛(Roulette) - 그루피어(croupier), 머커(Mueker), 스피너(Spinner)
· 블랙잭(Blackfaek) - 트웬티원딜러(Twenty-One Dealer)
· 바카라(Baccarat) - 콜맨(Callman), 페이맨(Payman), 스쿠퍼(Scooper)
· 크랩스(Craps) - 스틱퍼슨(Stickperson), 박스맨(Boxman), 페이맨(payman), 래더맨(Ladderman)
· 포커(Poker) - 브래쉬퍼슨(Brushperson)

(2) 플로어맨(Floorman)

주임, 계장, 대리급 까지 카지노의 규모에 따라 적용하고 핏매니저(Pit Manager)의 지시에 따라 배치 받아 게임테이블을 운영, 관리, 감독할 책임이 있다. 또한 자신의 테이블딜러의 관리, 근무배치, 교육 등을 담당하고 고객 접대 담당 테이블 상황을 핏-매니저에게 보고한다. 딜러의 채용과 해고를 추천하고 쉬프트 딜러의 근무스케쥴에 관해서 핏-매니저를 도우며 딜러의 1차 근무 평가를 하기도 한다. 보통 테이블(Table) 4~6개를 관장한다.

(3) 핏-보스(Pit boss/Pit manager)

계장, 대리, 과장급까지 카지노의 규모에 따라 직급이 적용되고 쉬프트 매니저에게 보고하고 담당 피트 게임의 감독 책임이 있고 플로어맨에게 테이블 배치하며 책임과 권한을 위임시키고 사용하지 않는 카드를 포함하여 핏트 내의 자산의 안전관리에 관한 책임이 있다.

플러어 맨의 채용과 해고를 추천하고 인력 관리에 관하여 플로어맨과 의논하여 수행하며 해당 쉬프트의 담당 피트 플로어맨과 딜러의 근무 시간표를 편성한다. 쉬프트의 필/크레딧에 대하여 서명 권한이 있으며 쉬프트 매니저와 매일/매월마다 운영 자료를 검토하고 필요한 조치를 추천한다. 제한 구역은 접근의 피트 지역으로 한다.

딜러의 1차 근무 평가를 하기도 한다.

(4) 쉬프트 매니저(Shift Manager)

과장, 차장 부장급 까지 카지노의 규모에 다라 직급의 차등이 있고, 쉬프트의 책임자로서 해당 쉬프트에 대한 인사관리, 카지노 시설 등 8시간동안의 모든 Pit를 운영 감독한다. 게임 매니저와 총지배인에게 직접 보고하고 사용된 카드와 주사위 보호, 게임 룰에 따른 게임 절차와 지도와 세부 규정의 운영을 포함한 자산의 안전 보장에 관한 책임이 있다.

그의 지휘 아래에 있는 사원을 해고하거나 채용, 승진시킬 수 있는 권한이 있으며, 쉬프트의 인력관리로 플로어맨과 딜러의 근무 스캐쥴을 작성하는 것은 핏-보스와 협의한다. 매일/매월마다 게임 운영과 회계정보를 게임 매니저와핏-보스들과 검토하고 필요한 운영조치를 지시한다. 또한 무료 음식과 음료를 제공하는 서명권한이 있으며 Credit(신용대여)의 승인과 발행, 수표를 현금화하는 특권이 일정한 금액이하로 승인 할 수 있는 서명 권한이 있다. 그리고 Pit 지역과 케이지(Cage)의 제한 구역 접근이 가능하다.

(5) 게임 매니저(Gaming Manager)

차장, 부장 이사급 까지 다양하게 카지노의 규모에 따라 직급의 차등이 있고 카지노 게임 영업에 있어서의 최고 책임자이다. 담당 부서의 부서장으로서, 인력 관리, 시설관리, 일일 운영에 대하 책임을 진다. 또한 총 지배인이나 전무에게 보고하고 시설물의 모든 제한구역의 출입이 가능하며 담당 부서의 종사원들에 대한 해고 채용의 권한이 있고, 무료 콤프 (Comp' s/Complimentary Service)을 줄 수 있는 서명 권한이 있으며 쉬프트 매니저를 관리 감독한다.

(6) 박스맨(Boxman)

쉬프트(Shift)의 플러어맨이나 핏-보스에게 직접 보고하며, 크랩스(Craps)게임의 뱅크롤에 관한 책임이 있다. 담당 테이블에 현금이나 칩스가 들어오고 나갈 때 필(Fill)/크레딧(Credit) 슬립의 확인과 서명을 한다. 마커(Marker) 활동의 확인을 위하여 마커에 서명을 한다. 플로어 맨과 핏-보스의 지시 아래 어떠한 테이블 이동이 가능하며 위에서 제시한 것 외에는 어떠한 감독 권한이나 책임, 서명 권한이 없다.

(7) 슬롯 매니저(Slot Manager)

게임 매니저와 총지배인에게 보고하며, 슬롯 부서의 운영에 책임이 있고 부서 안에서의 인사관리 책임이 있다 슬롯머신의 보수와 유지의 책임, 기계의 제거와 교환에 관한 모든 문서의 유지, 모든 기계 설치와 지불계획의 기획 책임 및 잭팟 지불 전표의 제한과 발행의 책임이 있다.

계속적으로 슬롯머신의 움직임을 관찰하고 불법적으로 장치나 동전이 사용되는지에 관하여 슬롯의 통계적 데이터를 계속 검토해야 한다. 해고와 채용 등 슬롯 부서의 인사 스케쥴에 관하여 카지노 매니저와 협의하여 조정한다. 크레딧(Credit) 서명 권한은 없으나 잭팟 지불이나 필(Fill)의 권한이 있다.

(8) 체인지 퍼슨(Change Persons)

슬롯 매니저에게 보고하며, 카지노 손님의 편의를 위하여 지폐와 큰 단위의 코인을 작은 단위로 교환해 준다. 잭팟 당첨의 지불을 보조하며, 호퍼-필(Hopper fill)을 참관한다. 잭팟과 필(Fill)문서에 서명하고 어떠한 감독, 책임이나 권한이 없다.

(9) 슬롯 메카닉스(Slot Mechanics)

슬롯 매니저에게 보고하며, 슬롯머신의 감독과 수리, 유지의 책임이 있다. 호퍼-필과 잭팟 상금 지급의 참관, 불법적 장치나 동전을 사용하는지 등의 여부를 감시한다. 슬롯 매니저를 보조하여 슬롯 기술자들의 인력 관리를 하며 슬롯머신 메카니즘(Mechanism) 또는 호퍼에 접근을 위하여 열쇠로 로고에 서명한다. 육체적 노동을 제공하여 슬롯드롭에 참가한다.

(10) 케이지(Cage)

영업장내의 현금 출납을 관장하는 곳으로 종사원의 호칭을 Cashier라고 하며, 직급별로 호칭을 달리하며, Cage는 Accounting 부서 또는 관리 부서에 속한다. 고객의 현금이나 귀중품을 보관한다.

(11) 뱅크(Bank)

영업장내의 Chips, 게임용 Card 출납을 관장하는 곳으로, 게임 테이블의 Chips를 Fill 또는 Credit하는 업무를 담당한다. Bank는 영업부에 속하며, Bank가 없는 부서는 Cage에서 업무를 수행한다.

(12) 세큐리티(Security)

보안 또는 섭외라는 명칭으로 불리며, 영업장내의 안전유지 및 외부인(영업장 출입을 할 수 없는 자)의 통제 및 고객과 카지노 재산보호에 그 임무가 있다.

(13) 서벨란스 룸(Surveillance Room)

Monitor room이라고 불리며, 전 영업장을 감시 보호 녹화하여 어떤 분쟁이 발생하였을 때 자료를 제공하고, 종사원(Employee), 고객(Customer), 게임 테이블(Game Table)등의 상황을 심사 분석할 수 있는 기능의 역할을 한다.

(14) 그리터(Greeter)

판촉부 소속으로, 고객을 접대일체를 담당하는 직원으로 신용 대출(C.R), 무료 접대 권한은 없다.

(15) 호스트(Host)

판촉부 소속으로 VIP고객(High Roller)을 초청하여 게임을 즐길 수 있도록 접대 일체를 담당하는 직원으로 신용 대출(C.R), 무료접대 권한도 갖고 있다.

(16) 카지노 바(Casino Bar)

카지노에 입장한 고객에게는 주류, 음료, 식사 등을 무료로 제공하며, 이곳에 종사하는 직원도 Casino Employee로 Bartender, Cook, Waitress등이 있다.

(17) 인포메이션 데스크(Information Desk/Check Room)

카지노에 입장하는 고객에게 입장권 발권 및 카지노 안내, 게임 설명 및 귀중품 보관 등의 업무를 대행한다. 그 밖의 명칭으로 해외 카지노에는 Lugger, Pugger, Collector로 불리는 직원들도 있다. 이외에 직원으로는 일반 사무직과 같은 관리부 직원으로 총무, 경리, 인사, 자재, 기획, 비서, 전산, 서무직 등이 있으며, 영선, 기사(Driver), 미화원 등의 직원도 있다.

3절 카지노 경영형태

1 카지노 운영형태

우리나라의 카지노 경형 형태는 크게 두 가지 경영 방식<표 2-5 참조>으로 설명할 수 있는데, 첫째는 소유 직영방식 (Ownership Management), 둘째는 임대(Lease Management)방식으로 나눈다.

1) 소유 직영방식(Ownership Management)

소유 직영방식은 호텔이 카지노를 직접소유하고 경영하는 형태로서 국내에서는 호텔과 카지노가 법인과 대표이사가 같으나 경영은 서로 다른 조직과 총지배인을 두고 운영하는 경우를 말하며, 현재 국내에서는 부산 파라다이스 비치호텔 카지노, 제주 홀리데이인 호텔 카지노, 오리엔탈 호텔카지노가 이에 해당된다.

소유 직영방식의 매출액을 살펴보면 부산 파라다이스 비치호텔 카지노 제주 홀리데이인 호텔 카지노 경우는 호텔과 카지노 전체 매출액 중에서 약 60%를 차지하고, 강원랜드 카지노 리조트의 경우는 2005년 말 90%이상을 카지노의 입장수입과 게임수입이 차지하였다. 따라서 앞으로 카지노는 소유 직영 방식이면서 호텔과 카지노 조직이 통합된 소유 직영 방식인 카지노 호텔 경영자에게 신규허가를 하는 것이 카지노의 어려운 경영난을 극복할 수 있고, 호텔 및 카지노 중복된 부서를 통합함으로서 불필요 인력 및 경비를 최소화 하여 마케팅 전략을 극대화 할 수 있다.

2) 임대방식(Lease Management)

임대방식 토지 및 건물의 투자에 대해 직접적으로 참여하지 않고, 제 3자의 건물에 의하여 임차하여 카지노 사업을 경영하는 형태이며, 국내에서는 카지노 사업자가 호텔 건물의 일부분을 임대하여 일정액의 임대료를 호텔 사장에게 지불하는 것을 말한다.

임대 방식으로 운영하는 카지노 업체는 워커힐 카지노, 그랜드 카지노, 제주신라 카지노, 경주 웰리치 조선호텔 카지노 외에 5개 업체가 있다.(파라다이스 인천카지노의 경우, 2005년 9월 인천 공항 옆 하얏트 호텔에 임대 방식으로 전환하여 운영하고 있다.)

임대 방식의 매출액을 살펴보면 카지노는 60%, 호텔은 40%를 차지하고 있으나, 객실 문제 및 객실 요금과 식 · 음료 비용 할인율이 높지 않아서 카지노의 경비는 증가하면서 경영난을 어렵게 하는 반면, 호텔 수입은 증가해 호텔 경영에 많은 도움이 되고 있다. 2006년 1월과 6월에 오픈예정인 한국 관광 공사 자회사에서 운영하는 3개의 카지노도 임대 방식으로 운영할 예정이다.

표 2-5 국내 카지노 운영형태

시 · 도	업소명(법인명)	허가일	운영형태(등급)
서울	파라다이스워커힐카지노 【(주)파라다이스】	`68. 3.5	임대 (특1)
부산	파라다이스카지노부산 【(주)파라다이스부산】	`78.10.29	직영 (특1)
인천	파라다이스카지노인천 【(주)파라다이스인천】	`67.8.10	임대 (특2)
강원	호텔설악파크팔레스카지노 【(주)청정개발】	`80.12.9	직영 (특2)
경북	웰리치조선호텔카지노 【(주)웰리치(WellLich)】	`79.4.11	직영 (특1)
제주	라마다프라자카지노 【제주관광(주)】	`75.10.15	임대 (특1)
	파라다이스그랜드카지노 【(주)파라다이스제주】	`90. 9.1	임대 (특1)
	신라호텔카지노 【(주)콘티넨탈】	`91.7.31	임대 (특1)
	제주오리엔탈호텔카지노 【(주)광성】	`90.11.6	임대 (특1)
	롯데호텔제주카지노 【(주)두성】	`85.4.11	임대 (특1)
	크라운프라자카지노 【(주)정봉】	`90. 9.1	임대 (특1)
	하얏트호텔카지노 【골든타임(주)】	`90. 9.1	임대 (특1)
	제주퍼시픽카지노 【(주)신성개발】	`95.12.28	임대 (특1)
	13개 업체(외국인대상)		**직영:3** **임대:10**
강원	강원랜드카지노【(주)강원랜드】**(내국인대상)**	`00.10.12	직영 (특1)
	14개 업체(내 · 외국인대상)		**직영:4** **임대:10**

〈문화관광부, 2005. 3. 논자재작성〉

· 파라다이스 인천의 경우, 2005년 9월, 인천 공항 부근의 하얏트 호텔내로카지노를 이전, 임대 운영형태를 하고 있다.

· 설악 파크 팔레스 카지노는 제원산업(주)에서 (주)청정개발로 인수되면서 직영체재로 전환되었으며 아직은 영업을 하지 않고 있다. 영업을 시작할 때쯤이면 그 위치는 평창 지역의 B 호텔이나 Y호텔로 이전 영업을 할 예정으로 알려져 있다.

2 운영 실태로 본 Game Style

카지노 사업에서 운영정책을 업소별 재무구조 및 지역적 환경적 영향에 따라 게임 운영 스타일에 변화를 줄 것이며, 또한 이용자 형태 및 그 운영 실태는 스타일(Style)구성에 중요한 요소가 되는데, 그것은 대략 아래와 같은 Gambling Style로 구분되어 진다.

1) Rug Joint

융단을 깔듯이 화려하게 꾸민 부대시설, 특색 있고 다양한 게임 및 게임 장비, 이에 걸맞은 격조 높고 품위 있는 방(Room), 그리고 연회장은 물론 Events 및 여흥(Entertainment) 프로그램까지 완벽하게 갖춘 카지노이나, 많은 경비 부담을 지니고 있다. 또는 Carpet Joint라고도 한다.

미국 라스베가스에 있는 일부분의 카지노와 해외 몇 업체가 이 스타일에 해당된다.

2) Sawdust Joint

규모가 작고 품이 없는 Gambling 시설로 카지노 운영 형태는 주로 작은 금액으로 Play하는 고객을 유치, 그들이 단골로 애호하는 Gaming Style로 시설 투자 및 제경비 부담을 경감하는 효과가 있으나, 삼류라는 이미지를 벗어나기 힘들다.

3) Clip Joint

속임수(Cheat)등으로 Player를 기만하거나 바가지를 씌우는 등의 카지노를 일컫는다. 이곳은 또한 Cheater 들을 허용하는 불법(Illegal) Gaming Style을 가졌다. 고객이 적은 일부 카지노와 사설(불법)카지노에서 이 방법을 채택하기도 한다.

4) Juice Joint(Wire Joint)

Wager를 걸어 들이기 위해, Player를 속이기 위해 특별히 고안된 전자기(Electro magnetic)로 게임 하는 스타일을 가진다. 불법 사설 카지노에서 택함.

5) Right Joint

Cheater들을 철저히 다루어 접근을 허용하지 않으며, 공정하고 신뢰할 수 있는 Gambling 시설과 System을 갖춘 공인된 카지노 이다.

국내 카지노 업체와 해외에 있는 모든 카지노 업체가 이 스타일에 해당된다.

6) Bust-out Joint

위의 용어는 미국의 속어로써, Joint 는 Store를 뜻하고, Store는 House를 뜻하며 House는 곧 Casino를 뜻함. 크게 사기 칠 수 있도록 게임시설을 갖춘 곳. (오수철 外, 2001)

우리나라의 카지노 대부분은 Right Joint라고 볼 수 있다.

M · E · M · O

03 장 카지노 산업의 사회적 영향

1980년도 이후부터 카지노는 레크레이션 및 오락, 종합엔터테인먼트로써 재인식되어지고 있다. 세계 각국의 카지노가 창출하는 부가적인 조세수입과 지역경제에 미치는 영향을 고려해 카지노를 긍정적인 측면에서 보는 시각이 증가추세에 있으며 미국의 여러 주, 일본, 태국, 싱가폴, 중국, 북한, 베트남, CIS(구소비에트 연방공화국의 자유독립국가) 등에서 카지노를 합법화하려는 움직임이 활발히 진행되고 있음을 고려해 볼 때 우리나라도 카지노를 부정적 이미지에서 배척하기보다는 긍정적인 측면에서의 인식 제고가 필요하며, 카지노의 중요성을 재조명해야할 필요성이 요구되고 있다.

지금까지 우리나라 카지노는 외국인 전용으로써 내국인 출입이 금지 되어있었기 때문에 사회적 부작용이 거의 나타나지 않았다. 그러나 우리나라에도 강원랜드 스몰카지노가 2000년 10월28일 개장됨으로써(2003년 3월 28일 메인카지노 개장) 사회적 문제점이 대두되기 시작했다. 한때 우리나라 카지노 도입 초기인 1967년부터 1968년까지 약 2년간 내국인을 출입시킨 적이 있으나 이 시대에도 사회적 문제점이 하나둘 나타나면서 1969년부터 완전 출입 금지를 시켰다.

여기서는 주로 외국인 카지노와 내국인 출입 카지노인 강원랜드 리조트를 중심으로 사회적 문제점을 살펴보기로 한다.

1절 카지노 산업의 사회적 영향

1 도박의 어원

도박(賭博)이라는 말은 원래 중국에서 왔으며, 당(唐)나라 이상은(李商隱)이 찬(纂)했다고 전하는 ㅁㅁ의 산잡찬(義山雜纂)ㅁㅁ에는 도박에 대한 내용이 기록되어 있다. 박〈博〉은 육박(六博)이라고도 하는데 네모난 반(盤)을 사이에 놓고 마주 앉은 두 사람이 저(箸: 주사위 구실을 하는 네모난 막대)를 번갈아 던져 말을 나아가게 하는 놀이이다.

도(賭) 자는 '돈을 걸다' 의 뜻이므로 조개(돈) 패(貝) 자가 부수로 쓰였다. 거기에 사람 자(者) 자가 붙었으니 '돈 내기 하는 사람' 또한 도(睹) 자는 '재다, 가늠하다' 는 뜻으로 쓰여서 '길고 짧음을 재어보다, 우열을 가늠하다' 라는 말을 도장교단(睹長較短)이라한다.

박(博) 자는 '많다, 전부' 라는 뜻의 십(十) 자와 '펴다, 깔다' 라는 뜻의 부(尃) 자가 합쳐진 것이니, '매우 넓고 크다' 라는 의미가 된다. 그런데 쌍륙 노름을 뜻하는 박(尃)이 같은 음이기 때문에 博으로 쓰이는 예가 많다 보니 놀음을 뜻하기도 하였다.

내기(도박, 노름)의 역사는 아주 오래 되었는데 BC 3천~2천년 경에는 이집트와 인도 등 고대 문명을 창조한 민족 사이에서 각각 정형화된 내기가 있었다는 것이 유적이나 출토품을 통해 입증되었다. 우리나라의 내기 또는 도박이 문헌에 나타난 경우는 ㅁㅁ삼국사기(三國史記)ㅁㅁ중 ㅁㅁ백제본기(百濟本紀)ㅁㅁ 개로왕 21년 초에 나오는 박혁(博奕: 장기와 바둑)에 대한 기록으로 박혁에 미치면 나라를 망치며 개인적으로는 집안을 망친다는 내용이 기록되어있다. 조선시대에는 투전이 성행 했는데, 투전은 중국 원나라 때 처음 시작된 것으로 조선 중기 숙종 때 당상역관이였던 장현이 전했다고 한다. 세계 각국의 도박의 역사도 우리나라의 경우와 궤를 같이 하고 있다. 19세기 중엽부터 공공사업을 위한 자금조달을 목적으로 경마, 개

경주(Dog race), 복권(Lottery)등이 있었고, 20세기에 들어와서 토토칼치오(Totocalcio: 프로축구경기를 대상으로 하는 도박)를 공인하는 나라가 급격히 증가했다.(최수홍, 2000)

2 도박의 종류

· 주사위를 이용하는 도박: 크랩스(Craps)
· 패(牌)를 사용하는 도박: 블랙잭(Blackjack), 포커(Porker), 바카라(Baccarat), 골패, 빠이까오(Pai-Gaw), 도미노 게임(Dominoes)
· 기계를 사용하는 도박: 룰렛(Roulette), 슬롯머신(Slot machine)
· 스포츠를 이용하는 도박: 경륜, 개 경주(Dog race), 토토칼치오(Totocalcio: 프로 축구경기를 대상으로 하는 도박), 보트 레이스(Boat race)
· 추첨에 의한 도박: 복권(Lottery), 토토(Toto), 우리나라의 주택복권, 로또복권
· 그 밖의 도박: 투우, 투견, 투계, 체스(Chess)

3 도박중독증

카지노를 이용하는 많은 사람들은 카지노를 오락의 한 형태로써 이용하고 있지만 또 다른 부류의 사람들은 갬블링을 스스로 통제할 수 없는 경우가 생기는 데 이들을 일컬어 강압적 갬블러(Compulsive Gamblers)라고 한다. 카지노의 부정적 영향 중에서 가장 큰 문제는 도박중독증이다. 현재 미국의 비롯한 대다수 카지노를 합법화한 국가에서는 도박 중독증에 대한 연구와 치유센터 등이 활발하게 활동하고 있다. 또한 내국인 출입 카지노인 강원랜드 카지노 리조트에도 도박 중독을 예방하고 치유하는 프로그램을 운영하는 도박 중독센터가 부속조직으로 설치되어 있으며, 강원랜드 카지노 리조트에서는 도박중독에 대한 예방과 치료에 많은 예산과 인력을 지원하고 있다.

도박중세는 정도에 따라 문제성 갬블링(Problem Gambling), 탐닉적 갬블링

(Addicted Gambling), 강압적 갬블링(compulsice Gambling), 중독성 갬블링(Pathological Gambling)으로 나뉘어 진다.(원갑연 外, 2001)

① 문제성 갬블링이란 도박 행위가 개인 생활에 극단 적일 정도는 아니지만 어느 정도의 영향을 미칠 때 나타나는 초기의 도박 증세이다.

② 탐닉적 갬블링은 초기의 도박 증세에서 발전하여 중독 증상을 나타내며 금액을 많고 적음을 떠나 매일 도박을 해야 하는 중기의 도박 증세로 통제가 어려워지기 시작한다.

③ 강압적 갬블링은 도박하고 싶은 충동을 통제 할 수 없는 중독 병으로 개임의 소중한 인생을 해치고 심지어는 망가지게 하는 말기의 도박 증세이다.

④ 중독성 갬블링에 대해서는 미국 정신 병리학회가 정신 질환인 '충동 조절질환' 으로 분류하고 있을 정도로 일종의 병이다.

· 점점 많은 시간을 도박에 소비한다.
· 배팅액수가 점점 커지고 횟수가 늘어난다.
· 도박 빚이 점점 불어난다.
· 잃은 돈을 만회하기 위해 돈을 따기를 기대하며 베팅 액수는 더욱 커진다.
· 도박을 줄이겠다고 약속하지만 헛수고다.
· 자신의 행동에 대해 설명하기를 거부하며, 직장에서는 자주 자리를 비운다.
· 도박의 스릴을 그리워하는 등 감정의 기복이 매우 심하다.
· 당첨금에 대해 자랑을 늘어놓으며, 전화를 비정상적으로 많이 한다.
· 집 가까이나 멀리서 도박할 수 있는 새로운 장소를 늘 찾는다.

4 재산탕진 및 가정 파탄

도박 중독의 결과로 재산 탕진, 도산 및 가정 파탄이 일어나고 있다. 다음의 사례를 통해 살펴볼 수 있다.

콜라라도의 블랙확(Black Hawk)지역에 카지노가 들어선 후 덴버(Denver)에 살고 있던 데비(Debbei)라는 여성이 남편을 졸라 카지노를 방문했다. 그들은 첫 방문을 즐겼고, 또 다시 며칠 후 다시 카지노를 방문하게 되었다. 데비의 남편은 계속 해서 카지노를 찾았고 급기야 일주일에 4번 혹은 5번 정도를 방문하기 시작했다. 첫 방문 이후 3개월 만에 데비 와 그녀의 남편은 파산 신고를 하였다.

그 이유는 두 사람의 월 평균 총수입은 3천 달러인 반면에 그녀의 남편은 3개월 동안 약 4만 달러의 빚을 졌기 때문이다. 그렇지만 데비의 남편은 계속 해서 도박을 하였고 급기야 데비는 이혼을 신청하게 되었다.

그렇게 해서 그들의 17년 결혼 생활은 막을 내리게 되었다. 그의 도박 중독증이 있기 이전에는 그녀의 결혼 생활은 행복했다고 서술했다. 도박에 중독되면서 그녀의 남편은 점차 거짓말을 하기 시작했고, 법을 어기는 사례가 생기기 시작했다고 한다.

5 카지노로 인한 과소비

카지노가 도입되면서 발생할 수 있는 사회적 문제 중의 하나는 과소비이다. 카지노 게임을 단순히 오락이나 여가 활동으로 인식하지 못하고 경제적 부를 획득하는 수단 즉, '횡재' 의 기회로 간주하여 도박 화하는 경우가 여기에 해당된다.

미시시피 주 주립 대학의 연구 결과에 따르면, 소득이 적은 층일수록 수입의 많은 부분을 도박에 지출하는 것으로 나타났다. 카지노 부근에 사는 미시시피 주민 중 연소득 1만 달러 이하인 사람의 경우 도박에 소비하는 비중은 소득의 10%, 1만~2만 달러인 사람의 경우는 4%, 4만 달러 이상인 경우에는 소득 중 1%만을 도박에 소비하는 것으로 나타났다. 뉴저지 주 도박 중독 위원회의 전무이사인 에드워드 루니(Edward Looney)에 따르면 1997년 도박 중독자들의 평균 도박 빚은 36,185달러로 나타났다. 어떤 고등학생의 경우는 2,800달러, 한 주부의 경우는 24,000달러, 한 기업 이사의 경우는 117,000달러의 도박 빚을 졌다고 보고한 것으로 나타났다.

카지노는 도박 성향이 매우 강한 게임이기 때문에 아주 순식간에 많은 돈을 잃게 될 수 있으며, 잃은 돈을 만회하기 위해 더 많은 돈을 과다하게 지출하거나, 자신이 경제적으로 감당할 수 없을 정도로 지출할 가능성이 높다. 이 같은 카지노에서의 과소비는 원만한 가정생활을 해칠 뿐만 아니라, 사회 전체적으로도 심각한 문제를 야기 시킬 수 있다. 이러한 과소비로 인해 한탕주의는 물론 근로자의 노동의욕을 저하시키는 문제점 등이 생길 수 있다.

6 외화 유출과 돈세탁

해외 카지노로 귀중한 외화가 유출되는 경우가 많다. 한 비공식 자료에 의하면 내국인의 주한 미 군영 내 카지노와 해와 카지노에 낭비한 달러는 연간 약 6억 7천만 달러(약 7천 3백억 원)에 이르는 것으로 추정된다.

또한 해외 카지노 원정과 국내 불법 도박에 낭비하는 돈은 연간 14억 달러(1조 9,600억 원)에 이르는 것으로 추정된다.

일본 정부는 일본 관광객들이 해외 카지노에서 낭비하는 외화가 엄청나다는 사실을 간파하고 '90년대에 들어와 외화 유출 방지 차원에서 자국민이 출입할 수 있는 카지노 바를 허가했다. '98년에는 출국 시 엔화지참 한도액을 5백만 엔에서 1백만 엔으로 하향 조정하여 자국민의 외화 유출을 방지하고 있다. 또한 카지노로 인한 부정적 영향중에 하나는 탈세, 매출액 축소의혹, 카지노를 통한 돈세탁 등을 들 수 있으며 우리나라 내국인 출입 카지노에서도 이러한 일들은 가끔 일어나는 것을 뉴스보도를 통해 알 수 있다.

과거 미국의 경우 카지노가 부정한 자금의 세탁장소로 이용된 사례가 있었다.

카지노 산업 발전 초기에 조직범죄 집단이 당시 금주 법으로 판매가 금지되었던 주류를 판매하고, 그 이익금을 합법적인 자금으로 세탁하기 위해 카지노를 이용한 사례가 있다.

최근에는 마약 판매 자금, 정치 자금, 뇌물 등 출처가 불분명 하거나 부정한 자금이 카지노를 돈세탁 장소로 이용하는 경우도 있다.

해외에서 도박으로 인한 유출 및 탈세는 국내 카지노와 직접적인 관련이 있는 문제는 아니다. 그러나 해외여행 자유화 이후 우리나라의 여행 수지 적자가 계속 커지고 있고, 내국인 해외여행자들의 도박을 위한 외화의 유출은 매우 심각한 사회

사례

필리핀 카지노 원정도박 르포(하)지난 2001년 10월 강원랜드를 찾았던 김 모(51,무역업, 서울 강남구 삼성동)씨는 바카라게임을 하던 중 "여기서 카드하다 누가 알아보면 어떻게 하느냐? 필리핀으로 가자"는 제의를 받았다. 그 후 김씨는 2~3개월에 1번씩 필리핀으로 도박여행을 다녀왔다.

지난 1년 6개월 동안 김씨가 잃은 돈은 10억여 원. 김씨는 "담배와 술은 끊었지만 바카라 얘기만 나오면 아직도 가슴이 뛰고 흥분된다."고 토로했다.

한국인들의 필리핀 원정도박이 끊이지 않는 것은 실타래처럼 얽히고설킨 '어둠의 세력'의 은밀한 유혹이 집요하고 강하기 때문이다.

한국인이 자주 찾는 필리핀 H호텔과 S호텔 카지노의 경우, 한국인 사업가 Y(58)씨와 K(53)씨가 지분투자를 했다.

K씨는 사위가 경영하는 W여행사를 통해 관광객을 모집해 도박장으로 인도하고 있고, Y씨는 강원랜드와 강남 일대 사우나 등에 사람을 보내 필리핀 도박 관광을 알선하는 것으로 알려졌다. //중략//

카지노에서 돈을 다 잃을 경우에는 일명 '꽁지'들이 뒷돈을 대준다.

이들은 고객의 여권을 담보로 잡고 10%의 선이자를 뗀 뒤 돈을 빌려주거나 도박판 옆에 앉아 매게임 딸 때마다 10%의 이자를 받는다.

이런 꽁지의 돈을 갚지 않을 경우에는 필리핀 현지에 진출한 조직 폭력배 등의 협박이 뒤따른다.

이들은 호텔 방에 함께 거주하면서 화장실까지 따라가 빚 독촉을 한다.

일부는 국내 조폭에게 연락, 가족들을 협박하는 것으로 알려졌다.

H호텔 카지노엣 일하는 필리핀인 딜러(33)는 "VIP카지노에 오는 한국 사람들은 '갱스터'와 같아 딜러들도 무서워한다."고 말했다.

꽁지에게 빌린 도박 자금은 대부분 현지 환전상의 계좌를 통해 송금된다.

국내 계좌와 필리핀 계좌 등 이중계좌를 운영하는 이들 환전상들은 인터넷을 통해 국내 계좌에 입금 여부를 확인한 뒤 필리핀 계좌를 통해 꽁지에게 도박 빚을 전달해 준다.

이러한 30여개에 달하는 환전상들은 필리핀 교민 신문 K신문과 M신문에 광고를 내며 성업 중인 것으로 알려졌다.

이에, 대해 필리핀 마카티 시에서 o환전소를 운영하는 한 교민(K씨50)은 "한화를 달러로, 다시 페소로 바꾸는 과정의 번거로움과 수수료 때문에 많은 수출입업자가 환전상을 즐겨 찾는다."며 "도박 자금을 회전시켜주는 환전상은 서너 개 업체에 불과하다"고 주장했다.

[문화일보, 2003. 6. 7]

문제라고 할 수 있다. 일단 현재 상황에서 해외 도박으로 외화 유출하여 거액을 탕진하고 탈세의혹을 받고 있는 사람들은 사회의 일부 부유층에 한정되어 있다. 그러나 현재의 경기 침체로 인한 해외여행은 큰 폭으로 줄어들었으나 다시 경기 호전시 국민의 해외여행의 보편화되어 외국 카지노에서의 도박이 일반화 될 가능성도 크다. 이러한 문제는 내국인 출입 카지노를 좀 더 개방해야 하는 쪽으로 정책 결정을 하도록 동기를 부여하는 것으로 생각할 수도 있는 것이다.

7 범죄

대부분의 미국인들은 도박과 범죄 증가 간에는 서로 관련이 있다고 말한다. 카지노 산업에서는 이를 반박하고 있지만 카지노 지역의 자료를 살펴보면 도박이 정말로 범죄 증가를 촉진하고 있다는 사실이 입증된다.

US뉴스 & 월드 리포트 지에 따르면 카지노 지역의 범죄율은 그렇지 않은 지역에 비하여 84%나 높은 것으로 나타났다.

1970년대 카지노를 허가한 애틀란틱 시티의 1인당 범죄율은 50개주 에서 첫 번째이다. 1989년 제한된 카지노를 합법화한 사우스다코타 주는 3년 뒤 범죄율이 60%나 증가하였으며, 그 결과 경찰인력은 2배로 증가하였다. 콜로라도 센트럴시티는 카지노가 소개된 후 2년 사이에 살인과 도둑이 400%나 증가하였다. 또한 카지노가 소개된 이후 9년간 애틀란틱 시티의 반경 30마일에서 발생한 총 범죄 건수는 107%나 증가하였다.

캘리포니아 산호세 경찰청에 따르면, 카드 룸 개장 이후 그 주변 지역의 범죄가 현저히 증가한 것으로 나타났다. 한해에 마약(복용)범죄가 200%나 증가하였고 강도 및 절도가 83%, 좀도둑이 56%, 차량 도둑이 21%, 교통사고가 55% 증가하였다. 여러 명이 카지노 관련 사고로 살해되었다. 한 카지노에서 4천 달러를 딴 젊은 부인이 이를 지켜보고 있던 괴한에 추적되어 카지노를 떠난 후 그녀는 살해되고 말았다. 은퇴한 노부부가 카지노 엘리베이터에서 살해되었으며, 그들의 크레딧 카드도 함께 도난당했다. 한 텍사스 출신 남자가 카지노 주차장에서 살해되었다.

8 청소년 도박

일반적으로 중독성 갬블링 이라고 하면 성인들의 문제라고 할 수 있지만 조사에 따르면 많은 청소년들이 갬블링을 즐기는 것으로 나타났다. 미국, 캐나다, 뉴질랜드, 유럽 및 호주에서 청소년 갬블링에 대한 조사가 실시되었고 청소년들이 합법적 혹은 불법 갬블링을 하고 있는 것으로 나타났다. 약 4~8%의 청소년들이 중독성 갬블러들 이고, 10~14%의 청소년들은 위험 상태(at-risk)의 그룹으로 나타났다.

캐나다의 맥길 대학(McGill University) 청소년 갬블링 조사 및 치료 클리닉의 연구결과에 따르면, 약 55%의 청소년들이 오락의 형태로써 갬블링을 하는 갬블러들로 조사되었고 13%는 갬블링과 관련된 문제점을 가지고 있고 4~6%는 도박 중독성이 있다고 한다.

많은 청소년들이 도박의 유혹에 빠져들고 있음이 증명되었다. 따라서 미국에서는 청소년들을 위한 프로그램을 도박에 대한 팜플렛을 제작하여 학생들에게 배포하고 있다.

9 한탕주의의 만연

도박을 하면 한탕주의에 빠져드는 사람이 많이 생기게 된다. 일상적인 생활을 하지 않고 대박만을 노리는 사람들이 점차 많아지는 것이다.

다음은 중앙일보에 나와 있는 경마와 경륜에 관련된 사례를 소개하고 태백 지역의 사례를 살펴보겠다. 지난 10월 한 달 간 전국 경륜장 매출액은 1천 4백 38억원으로 지난해 같은 기간(8백 38억 원)에 비해 71% 늘었다. 또 전국 경마장의 매출액 역시 지난해 같은 기간에 비해 32% 증가했다. 경마 경륜장은 사회적으로 불가피한 시설이기는 하나 이상 열기가 문제다.(원갑연 外, 2001)

내국인 출입 카지노가 오픈한 이래 많은 방문객들이 다녀가고 또 많은 이용자들이 오랫동안 카지노에 머물면서 게임을 하고 지역주민 역시, 주소를 이전하여 게임에 너무 몰입하여 자신이 운영하던 사업을 접거나 소유 건물을 매각, 불법카드깡을 하고 있다는 보도가 사회적 이슈로 떠올랐다.

사회 전반에 걸친 한탕주의가 만연하고 있음을 나타내주는 사례라고 할 수 있다.

2절 내국인 출입 카지노의 사례

1 재산탕감

전문가들은 그 어떤 도박보다도 중독성이 강한 것이 카지노라고 한다. 이러한 실정을 감안할 때 하룻밤에도 수백만 원을 잃을 수 있는 카지노에 출입을 엄격히 제한하지 않으면 1~2년 후엔 재산탕진, 가정파탄, 도박중독자 증가 등 그에 따른 부작용이 상당할 것이다.

폐광 카지노는 지역 경제 회생을 위해 특별법까지 제정하여 추진한 사업이다.

지역 경제 활성화 효과가 아무리 크다 하더라도 시간이 지날수록 주민의 상당수가 카지노 출입으로 재산 탕진 가정 파탄의 결과로 나타났을 때 우리는 과연 폐광 카지노 사업 추진을 잘했다고 자신 있게 말할 수 있겠는가? 주민 출입을 제한하는(월 하루: 매월 두 번째 주 화요일 출입가능)것이지 완전 금지 시킬 수 없는 실정임을 감안할 때, 배팅 상한액이 높다 면 지역 주민 역시 그만큼 부작용이 클 수밖에 없다.

물론 베팅에 출입횟수 제한도 중요하지만 카지노 게임 즐기기와 도박에 대한 정확한 인식의 전환이 필요하며 카지노 운영 업체와 지역 단체에서는 지속적인 프로그램개발과 교육이 병행실시 되어야 할 것이다.

2 치안 및 범죄

카지노에는 일반적으로 승율 조작, 탈세, 도박중독, 폭력 등 부정적 이미지가 짙

사례

사례

■ 도박중독 및 자살 ■

· 강원랜드 카지노 중독현상 심화

지난 15일 50대 중소기업 김모(서울)대표가 도박중독에 빠져 강원랜드 호텔 객실에서 자살한 사건은 도박중독예방을 위한 사회적 노력이 얼마나 중요한지를 다시 한 번 일깨워 주는 사례로 지적되고 있다.

경찰 수사결과 김씨는 지난 2003년 3월부터 카지노장을 출입했으며 지난해 12월에는 VIP 회원에 가입한 뒤 1년간 116회에 걸쳐 21억 원을 배팅한 것으로 알려졌다.

경찰은 자수성가한 김씨가 카지노 출입 후 수 십억 원을 잃었으며 죽기 전날까지도 채권자들로부터 빚 독촉에 시달려 왔다고 밝혔다.

강원랜드가 올해 국회에 제출한 국정감사자료에 따르면 지난 2000년 10월 카지노가 개장한 이후 자살사건은 2001년 2건, 2002년 4건, 2003년 4건, 2004년 5건 등으로 나타났다.

본인 스스로 카지노 입장을 막아달라고 요청한 사람만 올 들어 지난 8월까지 432명에 이르고 있다.

그러나 카지노 개장이후 죽음까지 부르는 도박중독 현상은 더욱 심화되고 있으나 이를 예방하고 치료하기 위한 대책은 미비한 실정이다.

강원랜드가 운영하는 한국도박중독센터의 경우 상담자수는 지난 2002년 360여명에서 2004년에는 1,600여명으로 5배 가까이 늘었으나 전문상담원은 3명, 운영비는 전체예산의 0.1%에 불과하다.

이에 따라 주민들은 도박 산업의 속성상 발생하는 부작용을 최소화하기 위해서는 정부 및 강원랜드에서 도박중독 예방과 치유를 위한 노력을 전 방위로 확대해야 한다는 지적이다.

김주영 정선군부의장은 □□강원랜드에서 발생하는 카지노 도박 피해를 최소화하기 위해서는 전문성을 갖춘 상담원을 늘리고 예방 프로그램도 다양화해야 한다. □□며 □□자살 재산탕진 등 도박으로 발생하는 문제를 개인문제로 치부할 경우 강원랜드의 설립취지도 크게 훼손될 것□□이라고 했다.

[강원일보 2005. 12. 17]

다. "도박이다"라는 점은 언제나 조직폭력배 등이 이권개입을 할 것이기 때문에 이런 문제점을 안고 있다. 카지노란 성향이 이런 문제를 안고 시작하는 것이기 때문에 어느 정도 감수를 해야 한다.

사례

■ 재산탕진 및 자살 ■

〈8뉴스〉〈앵커〉 강원도 정선의 카지노에서 21억원의 재산을 탕진한 50대 중소기업 대표가 스스로 목숨을 끊었습니다.

카지노가 문을 연 뒤 지금까지 16번이나 이런 일이 있었습니다.

강원민방, 박동환 기자입니다.

〈기자〉 서울에 사는 중소기업 대표 51살 김모씨가 정선의 강원랜드 카지노 호텔 객실에서 목을 매 숨진 채 발견된 것은 어제(15일) 오후 4시쯤. 객실에선 부모와 가족들에게 남긴 5장의 유서가 발견됐습니다.

김씨는 유서에서 도박에 빠져 모두에게 상처만 남겼다는 말을 남겼습니다.

[경찰관계자 : 12월 14일부터 그 전해 12월까지. 딱 1년 동안 116회에 21억원을 베팅했습니다.] 경찰은 거액의 사채까지 손을 댄 김씨가 도박 빚으로 고민하다 자살한 것으로 보고 경위를 조사하고 있습니다.

문제는 도박중독으로 인한 자살이 끊이지 않는다는 겁니다.

지난 2000년 강원랜드 카지노가 개장한 이후 도박으로 자살한 사건은 모두 16건. 하지만 도박 중독을 예방하는 뾰족한 대책은 없습니다.

[이우갑 대표/도박산업 규제와 개선을 위한 네트워크 : 적극적인 대비책을 가지고 예방 치유책이 있을 때 그 때 비로소 지역사회도 건강하게 발전할 수 있는 것이고요...] 도박으로 인한 사회적 부작용을 최소화하는데 이제 강원랜드가 적극 나서야 할 때입니다.

[SBS TV 2005. 12. 16]

3 고리대금업 · 사채업자 등장

강원랜드 카지노가 개장 이후 이루어낸 성과는 비교적 긍정적으로 평가받고 있다. 그 내용으로는 지역 주민 고용 창출로 소득증대, 용역 사업 참여 및 지역 산물 우선 구매를 통한 지역경제 활성화, 지역 건설 경기 활기, 접객 업종 매출 신장, 외국 카지노 원정 감소로 외화 유출 방지 및 외화 획득 효과, 사회 기반 시설 확대 등을 들 수 있다. 그러나 강원랜드 개장과 함께 당초 우려했던 부작용들이 나타나고 있는 것이 현실이다. 일대에 사채꾼들이 생겨나고 전당포가 한때 67개나 난립하는 등 홍청망청하는 유흥 문화가 확산되고 있어 문제점으로 지적되고 있다. 이에 강원랜드 측에서는 이러한 사채업자들의 순수하지 못한 영업활동을 감시 색출하기 위하여 평상복(유니폼을 착용하지 않음) 차림의 보안팀을 별도로 근무시켜 운영하고 있다.

4 불법 카드매출전표 증가

사례

사 례

강원도 정선 경찰서는 26일 오전 6시 20분쯤 정선군 고한읍 강원랜드 카지노 주차장 옆 골프장 건설 현장에서 포크레인에 목을 매 숨져 있는 고모(22.공군 ㅇㅇ전투 비행단소속 대위)씨를 발견, 자살 동기 등 정확한 사고원인을 조사 중이다.

경찰에 따르면 전투기 조종사인 고씨는 지난 15일 부대에 휴가를 내고 카지노를 찾은 뒤 귀대일인 24일 넘겨 26일까지 카지노에서 게임을 했으나 이날 새벽 5시쯤 자살한 것으로 추정된다.

경찰은 "숨진 고씨의 소지품에서 1,310만원상당의 전당포 매출 전표가 발견됐다"며 "고씨의 시신에 별다른 외상이 없는 점으로 미뤄 고씨가 10일 넘게 카지노에 머물며 자신이 갖고 온 돈과 카드깡을 통해 빌린 돈 등 상당액을 잃은 뒤 자살한 것으로 추정 된다"고 밝혔다.

한편 지난 2000년 10월 28일 스몰카지노가 개장된 뒤 카지노와 관련돼 자살한 사건은 고씨를 포함 모두 3건으로 자살 동기 대부분이 돈을 탕진했거나 사업 실패로 인한 손실을 카지노에서 만회하려다 뜻대로 되지 않자 막다른 길을 선택한 것으로 분석되고 있다.

[문화일보/2002-03-28]

3절 부정적 영향의 최소화 방안

1 교육과 예방프로그램 개발

· 남의 나라 일로만 여겨졌던 카지노의 역기능(도박중독증)이 내국인 출입 카지노의 영업시작으로 우리 사회에서도 부정적 파급효과인 도박중독, 재산탕진, 가정파탄, 범죄, 자살 등 사회문제로 나타나기 시작하였다. 이런 문제를 해결하기 위해서는 지방자치 단체나 카지노를 운영하는 기업체에서도 올바른 카지노 게임 산업의 이해와 흥미와 오락으로 즐길 수 있는 지속적인 홍보가 필요하다. 또한, 카지노 기업의 운영은 가족중심의 테마파크와 주변 연계 순환형 관광지 개발과 더불어 종합리조트로 지향해야할 것이다.

· 카지노 게임에 대한 올바른 인식을 갖도록 홍보책자나 비디오테이프를 제작 배포하고 도박중독은 정상적인 게임을 하는 사람보다 훨씬 많은 시간과 돈을 허비하며, 과도한 부채발생, 직장문제, 불법적 행동, 결혼생활문제, 자신의 생활전체에 현저한 부정적 영향을 끼칠 수 있다는 모든 측면도 정확히 인식 시켜야 한다. 또한 도박 예방프로그램과 교육을 통해 카지노게임이 도박이 아닌 여가선용의 한 형태로 일상생활의 스트레스를 해소 하고 삶을 재충전 하는 수단의 하나로 인식 시켜야 할 것이다.

2 도박중독 센터 운영

1) 도박문제를 가진 사람들의 증상

(1) 도박에 많은 시간을 보낸다.

가족 친구 또는 여가 활동에는 거의 시간을 투자하지 않고, 게임에 몰입하는 시간이 길어진다.

(2) 배팅금액이 커진다.

과거와 같은 흥분과 스릴을 얻기 위해 더 많은 금액을 배팅하게 된다.

(3) 부채가 늘어난다.

중독자들은 돈에 대하여 숨기고 방어적이며, 친구나 친지로부터 돈을 자주 빌린다.

(4) '크게 한탕' 을 꿈꾼다.

중독자들은 도박행태를 바꾸기 보다는 재정적 또는 다른 문제 해결을 위해 일확천금을 노리는 한탕주의를 할 수 있다고 신봉한다.

(5) 도박을 끊겠다고 약속한다.

중독자들은 도박을 줄이거나 끊겠다고 자주 약속을 하지만, 쉬운 일이 아니다.

(6) 자신의 행동에 대해 설명을 회피하거나 거짓말을 자주한다.

도박문제가 있는 사람들은 오랫동안 가정이나 집을 멀리하고, 비정상적으로 전화 통화횟수가 많아지거나 길어진다.

(7) 감정의 기복이 크고 자주 바뀐다.

중독자는 도박을 할 수 없게 되면 기분이 우울해지고 소외감을 느끼며, 초조해진다.

(8) 특별한 가족행사보다 도박을 좋아한다.

중독자들은 생일, 친목회활동, 가정모임등과 같은 가족행사에 늦게 나타나 거나 아예 참여하지 않는다.

(9) 집에서나 밖에 나가서도 새로운 도박장소를 물색한다.

저녁외출이나 가족 휴가 시에도 장소를 선택함에 있어 도박이 가능한곳을 고집하기도 한다.

2) 도박중독의 진행과정

도박의 진행경로는 매우 다향하며, 갑작스럽게 발병하여 급속히 병적도박으로 진행되는 경우도 있다. 반면에 서서히 수년간, 수십 년에 걸쳐 정신적으로 악화되기도 한다. 이러한 중독자들의 진행과정을 살펴보면 4단계의 과정을 겪는다.

(1) 1단계 승리단계

· 우연히 도박을 하게 됨
· 승리 하였을 때 흥분을 맛봄
· 베팅 액 증가
· 커다란 승리
· 승리의 빈도가 높아짐
· 도박에 대한 환상에 빠짐

(2) 2단계 패배단계

· 승리에 대한 과장
· 실패를 숨기고 거짓말을 함
· 도박을 멈출 수 없음
· 가정생활이 불행해짐
· 실패가 계속됨
· 직장에 소홀 (지각)
· 부채 상환이 늦어짐
· 부채 상환 능력이 상실
· 초조 · 불안 · 허탈감에 빠지며 성격 변화
· 불법 · 합법적으로 빚을 짐
· 혼자 도박하고 오직 도박만을 생각

(3) 3단계 절망단계

· 도박에 투자하는 시간증가
· 후회, 경악
· 명성(신용)에 먹칠을 함
· 가족과 친구로부터 멀어짐
· 타인을 탓함
· 법적 소송에 연루됨

(4) 4단계 절망단계

· 절망, 이혼
· 자살에 대한 생각, 시도, 실패
· 약물남용
· 감정파괴
· 금단현상
· 법적 구속

3) 상담프로그램

(1) 도박중독 상태 평가

· 도박중독 상태 진단 및 평가
· 전반적인 심리 · 정서 상태 평가

(2) 가족치료

· 가족 관계 평가
· 도박으로 인해 파생된 가족문제 및 대처방안 논의
· 가족 관계 개선을 위한 부부 및 가족치료 실시

(3) 인지 및 행동 치료

· 도박중독의 촉발인자 및 도박에 대한 비합리적인 사고 확인
· 비합리적인 사고를 재구성
· 도박추구 행동을 멈추는데 도움이 되는 행동의 학습

(4) 재발방지 및 스트레스 관리

· 재발의 고위험 상황 및 내적촉진 요인파악
· 고위험 상황에 대한 대처요령 파악
· 스트레스대처 방안 학습
· 새로운 여가 활동 탐색

(5) 심리검사

· 도박중독 평가, 인성검사, 지능검사, 기타정서, 행동능력 평가 등.

4) 도박중독센터 활동

· 도박중독예방 및 홍보활동
· 지역주민 및 청소년 예방교육
· 치료지원 사업
· 도박중독문제 연구
(한국도박중독센터: Korea Problem Gambling Center)

3 부정적 영향의 최소화 방안

강원랜드는 2006년 2월1일부터 카지노 게임의 부작용을 최소화 하고자 카지노 장기 출입고객을 대상으로 의무상담 제도를 마련했다(여행정보 2006. 2. 10) 강원랜드 산하에 있는 도박 중독센터의 역할 강화일환으로 시행 되었으며 그 시행제도와 방법은 다음과 같다.

1) 의무상담제도

강원랜드는 지난 2월1일부터 도박의 부작용을 최소화 하고자 장기출입고객을 대상으로 의무상담 제도를 마련하여 도입했다.

2) 도박중독 센터 역할 강화

강원랜드는 2005년 12월 28일 게임 부작용 최소화 대책 방안 중 카지노 출입시스템을 이용 의무상담 제도를 의무화 했다. 그 내용은 아래와 같다.

① 2개월 연속 20일 출입고객에게는 1시간 의무상담

② 3개월 연속 20일 출입 하거나 4개월 출입률이 90%이상(72일) 이면 상담 후 가족에게 통보

③ 6개월 동안 출입률이 80%이상(96일)이면 가족에게 통보하고 잠재적 도박중독성이 인정되면 도박중독치료를 유도

3) 건전한 게임 문화조성

강원랜드는 건전한 카지노 게임문화 조성을 위해

① 외상게임 및 계약게임 제한

② 카지노 출입제한

- 회원 15일
- 일반 20일
- 지역주민 1일 (매월 두 번째 주 화요일)

등 카지노 출입제한 제도를 통하여 건전한 카지노 게임문화와 폐광지역 경제 살리기라는 폐광지역 특별법 입법취지에 맞는 공익적 기업으로 거듭나기 위한 노력을 아끼지 않고 있다.

4) 부정적 영향의 최소화 방안

Gambling 산업은 미국 내에서 가장 급성장하는 산업이며, 미국 국방부(Pentagon)의 연간 예산과 맞먹는 산업이다. 이는 카지노가 단순한 도박이라는 개념을 벗어나 여가 선용을 목적으로 유치된 외래 관광객에는 필수적인 관광 상품임을 시사해주고 있다. 특히 테마파크나 Night life 시설들이 제대로 갖추어져 있지 않은 우리나라 카지노는 테마파크형 카지노를 건설할 수 있는 외국인 합작 투자나 컨소시엄을 구성하여 대규모 테마파크형 카지노 리조트를 건설하고 정부에서 정책적으로 차별화된 경영으로 가족 단위의 관광객을 유치하여야한다.

또한 내국인 출입 카지노가 사회에 미치는 부정적 영향을 최소화 할 수 있는 방안은 내국인에게 신용대출과 Complimentary Service를 금지시키며, 카지노 영업시간을 축소, 베팅 리미트 금액을 낮게 재조정 할 필요성이 있다. 이는 폐광 지역 주민의 고용창출, 소득증대와 지역 경제 침체를 회생 시킬 수 있는 방법이 될 것이다. 영업 시간의 조정으로 카지노를 찾는 고객은 숙박업소와 식음료 업소에 많은 매출 증대를 기대할 수 있게 되고 이는 지역 주민의 직접적인 소득 증대로 이어질 수 있기 때문이다.

카지노가 지역 사회와 경제적 발전을 가져오는 긍정적인 면과 온갖 부정적인 사회문제를 유발시키는 산업이 될 것인지는 폐광지역 카지노를 이용하는 고객, 즉 우리 자신에게 달려 있다.

카지노로 인해 발생할 수 있는 긍정적인 면과 부정적인 면을 비교 분석하여 부정적인 인식을 홍보와 교육을 통하여 재조명하고, 카지노 산업의 순기능인 관광외화 획득과 사회적 경제적 공익적 효용을 극대화 시킬 수 있도록 다음과 같은 제언을 하고자 한다.

첫째, 최소한 폐광지역 카지노가 손익 분기점에 도달하여 정상적인 운영이 될 때까지 정부와 관련부처의 지속적이고 확고한 지원정책이 필요하다.

둘째, 폐광지역 카지노의 운영으로 발생된 수익금을 지역사회와 지역 주민들에게 환원될 수 있는 제도적 장치를 보완해야 한다.

셋째, 폐광 지역 카지노의 경제적 파급효과보다 부정적 파급효과인 사회적 부작용인 도박중독, 재산탕진, 범죄, 패가망신 등 사회문제가 극에 달하고 있다는 일방적인 언론보도는 자제되어야 하며, 보다 건전하고 진보적인 카지노의 순기능측면을 다뤄야 할 것이다.

넷째, 폐광지역 카지노의 발전을 위해서는 지역의 특화 된 관광 상품 개발, 체재형 순환관광지 및 코스 개발, 다양한 테마파크를 조성하여 인근 관광지와 루트화시켜 재방문고객(Repeat Guest)창출시켜야 할 것이다.

다섯째, 폐광지역 카지노의 부정적 효과를 최소화하고 긍정적인 효과를 극대화하기 위해 카지노 운영주체는 많은 홍보와 그와 관련된 프로그램 개발에 더 많은 노력을 기울여야 한다.

여섯째, 카지노 운영주체는 C.S(Customer Satisfaction)와 재방문을 위하여 종사원의 지속적이고 차별화 된 서비스 교육이 필요하다.

마지막으로 카지노에 대한 인식의 전환과 그로 인한 지역 주민에 미치는 긍정적인 효과를 부각시키고, 지역 경제를 회생시키며, 새로운 여가 문화를 창출하는 카지노 중심 도시로서 그 역할을 다할 수 있는 자치 단체의 노력이 요구되며, (정두연, 2001) 지역 주민 스스로가 잦은 카지노 출입을 자제하며 폐광카지노의 긍정적인 효과를 가져 올 수 있는 방안을 지방 정부 지역단체 지역 주민과 함께 모색토록 해야 할 것이다.

M·E·M·O

04 장 카지노 산업의 경제적 영향

관광객이 카지노호텔 내에서 객실료, 식 · 음료 또는 카지노에서 게임을 위한 칩스구입등 관광경비로 지출한 돈은 그 카지노호텔의 수입이 되고 이것을 직접 효과라고 하며 그 카지노 호텔 수입의 일부는 다른 산업으로부터 식자재나 전자제품 · 공산품, 각종 소모품 등 구입비용을 지출하게 되므로 타 산업의 파급되는 효과를 간접 효과라고 한다. 따라서 카지노 산업은 경제 · 사회 · 문화 등 여러 분야에 영향을 미친다. 이장에서는 경제적인 측면의 직 · 간접적인 효과 및 영향을 중심으로 살펴보고자 한다.

1절 경제적 파급 효과

1 경제적 파급 효과의 개념

카지노 기업을 설립하여 운영하게 되면 새로운 일자리와 가계소득의 증가를 가져오고 지방정부의 세원을 확보하며 지역경제를 활성화시키는데 기여한다.

이러한 긍정적인 경제적 효과 때문에 외화 획득을 필요로 하는 개발도상국은 물론 대부분의 선진 관광 대국에서도 카지노 산업을 적극 육성하고 있는 추세이다.(싱가폴은 2005년 3월 카지노 법안 통과를 시켜 2009년 카지노 오픈 예정)

카지노 수입으로 인한 경제적 효과는 카지노 산업 자체에만 영향을 주는 것이 아니라, 다른 연관 산업에 경제적 파급 효과를 발생시킨다.

이러한 연쇄 효과를 예를 들어 설명해 보자.

첫째, 외래 관광객이 한 호텔 카지노를 이용하면서 지출한 비용은 우선 그 호텔 카지노의 수입이 되는데, 이를 직접 효과 또는 1차 효과라고 한다.

둘째, 이 호텔 카지노는 그 수입의 일부를 다른 산업으로부터 식 · 자재나 공산품 등을 구입하는데 지출하며, 그 결과 이들 산업에 생산 효과를 가져오게 되는데 이를 간접 효과라고 한다. 또한 이 돈을 받은 산업은 다른 산업으로부터 원재료를 구입하기 위해 지출함에 따라 연쇄 파급 효과가 발생하게 된다. 이러한 연쇄 파급 효과는 그 돈이 수입이나 세금 등으로 인해 경제 내를 완전히 빠져 나갈 때까지 계속된다.

셋째, 카지노 수입의 지출은 여기에서 끝나지 않는다. 즉, 호텔 카지노 수입의 일부는 종업원의 급료로 지출될 것이고, 그 종업원은 급료의 일부를 타 산업으로부터 식자재, 일상생활용품, 가전제품, 의료비, 교통비, 기타 등을 구입하는데 사용할 것이다. 즉, 종업원 소득의 증가로 인해 소비가 증가되고, 소비의 증가는 다시 제조업 등 다른 산업의 생산 활동을 증가시키게 되는데 이를 유발 효과라고 한다. 여기서 간접 효과와 유발 효과를 합쳐서 2차 효과라고 한다.

직 · 간접 및 유발 효과를 통한 카지노 산업의 경제적 효과를 매우 클 것으로 예상된다. 따라서 카지노 산업의 경제적 파급 효과를 산업연관 모델을 이용하여 좀 더 논리적이고 체계적으로 평가하는 작업은 매우 중요한 의미를 갖는다.

① 1차 효과

직접효과: 카지노 업체가 카지노 이용객으로부터 받아들인 수입금을 말한다.

이는 다른 산업의 파급 효과를 발생시키기 전 단계이므로 1차 또는 직접효과라고 부른다.

② 2차 효과

간접효과: 카지노 업체가 수입금의 일부를 식자재나 공산품 구입을 위해 다른 산

업에 지출함에 따라 나타나는 경제적 효과를 말한다. 이러한 효과는 산업과 산업간의 연속적으로 나타난다.

예를 들면, 농업, 전기, 수도, 가스업, 건설업, 제조업, 서비스업 등 카지노 관련 산업에 경제적 효과를 발생시킨다.

유발효과: 카지노산업 종사원에게 지출한 급료를 통해 발생한 재생산 효과를 말한다. 즉, 카지노 종사원의 소득향상 → 가계 소득증대 → 소비증가 → 일반 산업의 생산활동(매출액)증대라는 일련의 과정을 통해 지역 경제가 활성화되는 효과를 말한다.(이충기 · 박창규, 1996)

2절 카지노 산업의 경제적 효과 분석

1 카지노 산업의 경제적 효과분석

카지노 산업의 경제적 효과를 산출하기 위해선 레온티프(Leontiff)가 개발한 산업연관(Input-Output)모델은 산업연관에 기초하고 있으며, 이 표는(405부문) 산업간의 재화와 용역의 흐름을 기록한 경제 표다.〈표 4-1 참조〉 카지노 산업이 속해 있는 '기타 문화 오락 서비스' 부문을 따로 분리하여 이 부문에 대한 각종 승수(생산, 소득, 고용, 부가가치, 순간접세, 수입)를 도출해야 한다. 관광 산업의 파급효과를 분석할 때에는 관광부문별 외래 관광수입을 알아야 하기 때문에 관광 산업을 분류함에 있어서 관광 법규상의 분류를 따르지 않고 (카지노업은 예외임) 산업 연관표의 분류를 따르는 것이 통례이다.

〈표 4-2〉의 기타 문화 오락 서비스에는 유원지, 오락장, 도박장(카지노)등의 서비스 활동과 오락장비 임대를 포함하고 있으며, 도박장(카지노)운영의 산출액추계는 국세청세표준액을 기초로 하고 있다.

카지노산업의 경제효과는 지대하다. 카지노 외화수입이 우리나라 경제에 유

◐ 표 4-1 산업 연관표

번호	구분	산업부문	생산		소득		고용	
			승수	순위	승수	순위	승수	순위
01	일반산업	농림수산업	2.058	22	0.259	24	1.038	23
02		광업	2.509	17	0.513	05	0.065	11
03		종이나무제품업	.0769	11	0.465	12	0.066	09
04		석유화학제품업	2.320	19	0.304	21	0.041	21
05		제1차금속제품업	2.874	06	0.311	20	0.040	22
06		금속제품업	3.071	01	0.466	11	0.065	10
07		일반기계제품업	2.860	07	0.457	13	0.061	13
08		전지전자제품업	2.805	09	0.431	15	0.061	12
09		정밀기기제품업	2.780	10	0.468	10	0.070	8
10		수송기계제풉업	2.985	04	0.445	14	0.057	14
11		전력가스제품업	2.049	23	0.270	23	0.030	24
12		건설업	3.065	02	0.609	03	0.073	07
13		도매업	2.209	21	0.374	17	0.056	16
14		수송보관 통신업	2.880	05	0.664	02	0.089	05
15	주요수출산업	섬유가죽업	3.045	03	0.4480	09	0.090	04
16		TV	2.625	13	0.358	18	0.053	18
17		반도체	1.927	24	0.283	22	0.042	20
18		승용차	2.600	14	0.338	19	0.044	19
19	관광산업	소매업(쇼핑업)	2.228	20	0.386	16	0.056	15
20		음식점업	2.825	08	0.664	01	0.223	01
21		숙박업	2.510	16	0.509	06	0.080	06
22		교통 · 통신업	2.362	18	0.499	07	0.055	17
23		문화오락서비스업	2.710	12	0.600	04	0.102	02
24		카지노업	2.532	15	0.484	08	0.098	03
전산업평균			2.608		0.443		0.069	

〈한국카지노관광협회, 카지노육성방안, 1995〉

입되어 연관 산업에 대한 생산 및 부가가치 창출 효과, 지역주민에 대한 소득 및 고용창출 효과 중앙 및 지방자치단체를 위한 재정 수입 창출 효과 등 다양한 경제적 파급효과를 발생시킨다. 또 카지노 산업의 고용, 소득, 부가가치 창출 효과

◎ 표 4-2 산업연관분류표

관광법규분류	산업연관표분류		
	산업분문	163 통합부문	405 기본부문
여행업	기타 운수관련서비스	141	358
관광숙박업	숙박	133	345
관광객이용시설업	문화 및 오락 서비스	159	394~398
국제회의용역업	기타산업(전문) 서비스	150	375
카지노업	기타 문화오락 서비스	159	398
관광편의시설업	음식점, 운수보조서비스, 기타 개인서비스 및 가사서비스	132, 138, 160	344

자료: 〈이충기 外, 1999〉

는 타 수출 산업에 비해 매우 높으며, 반면에 수입의 의존도는 낮은 것으로 나타났다.

2 카지노 산업의 경제적 파급효과

카지노산업의 경제적 파급 효과를 산출하기 위해 카지노업이 속해 있는 기타 문화 오락 서비스 부문을 따로 분리하였고, 또 경제 효과를 분석을 위해서 생산승수, 소득승수, 수입승수, 외화 가득 효과 등을 도출하여 카지노 산업과 주요 관광 산업과의 경제적 효과를 비교하여 설명하였다.

여기서 승수란 최종적으로 필요에 의해 얻고자 하여(최종수요, 카지노수입) 1단위가 발생할 때 각 산업 부문이 이를 충족시키기 위하여 전 산업에 파급시킨 직·간접 및 유발 효과를 뜻한다.

생산승수는 관광 산업 중 음식점 업 및 문화 오락 서비스보다는 비교적 낮으나 숙박 업 교통 통신업 쇼핑 업 보다 비교적 높고 소득은 지역 주민에게 직접 지출되는 개인 소득을 나타내기 때문에 매우 중요한 의미를 갖고 있다.

카지노업의 소득 승수는 전체 사업 중 상위권에 속하며, 카지노 산업은 주요 수출 산업에 비하여 소득 효과가 매우 높은 업종이다.

카지노 산업의 소득 효과는 관광 산업 중 쇼핑 업보다는 비교적 높으며, 음식점 업, 문화오락 서비스업, 숙박업, 교통통신업보다는 비교적 낮다.

고용승수는 지역 주민의 고용 기회 증대에 중요한 정책 과제이기 때문에 중요한 의미를 갖는다.

카지노업의 고용 승수는 모든 산업 평균치를 훨씬 상회하고 있으며, 매우 높은 고용 효과를 창출하는 노동 집약적 산업이다.

카지노 산업의 고용 효과는 관광 산업 중 숙박업, 쇼핑 업, 교통 통신업보다는 비교적 높고 음식점 업, 문화오락 서비스업보다는 비교적 낮다.

카지노업의 수입승수는 모든 산업 평균치보다 훨씬 작으며, 관광 산업 중 쇼핑업에 비해 수입 의존도가 다소 높고 숙박업, 음식점 업, 문화오락 서비스업, 교통통신업보다 낮다.

1) 외화가득효과

외화 가득 효과는 수출 산업인 승용차산업, 섬유 가죽 업, TV 부문, 반도체 산업과 관광산업 중 숙박업, 음식점 업, 문화오락서비스업에 비하여 높은 업종이다. 〈표 4-3 참조〉

우리나라 전체 경제에 직 · 간접 및 유발 효과로 파급시킨 총경제적 효과를 평가하면, 카지노 산업의 총 외화 획득 액은 우리나라 전체 경제에 발생시킨 총생산 파

표 4-3 외화가득효과로 본 카지노 산업의 위치

수출산업		관광산업	
섬유가죽업	64.3	쇼핑업(소매업)	93.9
		음식점업	90.5
TV부문	60.0	숙박업	92.5
		교통통신업	87.2
반도체산업	39.3	문화오락서비스업	91.7
		카지노업	93.7
승용차산업	79.5		

자료: 〈이충기 外, 1999〉

급 액이 약 5,509억원(6억 9천만 달러), 그리고 총소득 파급 액은 1,053억원(1억 3천만 달러)에 달하며, 우리나라 전체경제에 창출시킨 총 고용파급 지수는 2만 1353명에 이른다.(한국 카지노 관광협회, 카지노 육성방안, 1995)

지구상의 모든 국가들은 라스베가스와 같은 도시를 건설하려 하고 있다. 이는 도박을 아편이라 하던 대만정부는 도박 금지법을 개정하고, 도박을 매춘 마약 부정부패와 함께 최대 사회악으로 규정하고 있는 중국, 도박을 죄악시하는 회교국가 말레이시아, 그리고 공산국가인 북한도 나진 · 선봉지구에도 이미 지난 2000년 10월18일에 카지노장을 개관하였다.

이처럼 세계 각국이 카지노 산업 육성에 경제적으로 나서는 것은 카지노산업이 고부가가치 산업으로서 단순도박이 아니라 호텔 · 쇼핑 · 항공 등 연관 산업의 상승효과가 크고 타 관광사업 전반에 파급되는 시너지 효과가 매우 큰 환경친화적 무공해 산업이라는 점이다.

2) 고용창출

카지노 산업은 인적 서비스 의존도가 타 산업에 비해 높은 노동집약적 산업으로써 주민들의 일자리를 제공하며 지역 경제를 활성화 시켜 실업율을 낮추고 가계 소득의 증대를 가져오게 된다. 한 연구보고서에 의하면 외래 관광객 10명이 입국하면 1개의 새로운 일자리가 창출된다고 한다.

3) 조세수입

카지노 산업에서 거두어들이는 세금은 다시 기간산업에 투자되어 국가와 지방정부의 발전에 많은 도움을 준다. 실 예로 38국도의 포장, 터널공사, 겨울철 제설작업을 위한 현대화된 제설장비, 오폐수 처리시설 등 이러한 곳에 재투자는 고객을 다시 방문하도록 유인력을 제공하며, 또한 카지노 기업의 매출 증대에 일익을 담당한다고 볼 수 있을 것이다. 이 세금이 과다한 경우 카지노 사업자들에게 경영의 악재로 작용할 수 있다.

4) 외화가득효과

카지노 산업은 외국인 관광객을 유치하여 외화가득률을 높이고, 특히 관광산업 중 카지노 산업이 차지하는 외화 가득 효과는 약 94%로서 쇼핑액 94%와 함께 외화가득효과가 가장 높은 산업 중에 하나이다.

5) 카지노산업의 수출대체 효과

카지노 산업의 외화 획득 액을 수출 가치로 비교하면 수출대체 효과는 상당히 크다. 외래 관광객1명이 카지노를 이용할 경우, 반도체 76개, 컬러 TV 4대를 수출한 효과가 있으며, 카지노 이용 외국인 11명 유치는 승용차 1대를 수출한 것과 동일한 효과를 갖는다.

6) 도시개발효과

석탄 산업이 사양화되고 실업률이 증가함에 따라 지역주민이 다른 일자리를 찾아 떠나는 이목현상이 일어나고 있다. 이러한 변화된 정치 경제적 환경 속에서 중앙 및 지방정부는 투자를 유도하고 소득과 고용의 기회를 창출한다. 한 도시를 활성화시키고 폐허가 된 폐광 지역의 경제를 회생시키는 수단으로 이용될 수 있다.

05 장 카지노 산업의 교육제도

카지노 산업이 안고 있는 문제 중 하나가 바로 전문성을 지닌 인력의 부족이지만 다행히도 최근에는 많은 카지노 관련 학과가 개설되는 것을 볼 수 있다.

하지만 카지노와 관련된 학과는 아직도 미비한 상태로 너무나 열악하여 카지노 산업의 미래를 전망하기 어렵게 만들고 있다. 점차 학생들은 카지노관련 학과에서의 교육 또는 교육 이수 후 카지노 업체에 근무하기를 선호하는 경향이 증가하고 있으나 부모들은 아직 부정적 선입견이 내재되어 있어 우수한 학생들이 카지노학과지원에 걸림돌이 되고 있다. 카지노의 성공은 관계자들이 얼마나 많은 전문적인 지식을 가지고 있는 가에 따라 성패가 좌우된다고 할 수 있으며, 양적 · 질적으로 우수한 인력을 배출하기 위해서는 교육 프로그램과 기관의 관심과 체계 있는 교육정책이 요구된다. 특히 우리가 가지고 있는 문제점들을 보완하고 외국의 사례를 비교 분석하여 지속적인 관심을 가지고 교육을 통한 국제 경쟁력을 배양하는 것이 시급하다고 하겠다.

우리나라도 '96년부터 관광 종사원교육 계획에 의해 비로소 한국 카지노업 관광협회에서 카지노 종사원을 대상으로 보수 교육을 실시하게 되었다. 문화 관광부의 연도별 교육계획에 의한 카지노업 종사원 교육은 연수 교육 과정이 있으며, 카지노업 종사자를 전문 인력으로 양성하는 것은 각 사업체가 담당한다.〈표 5-1 참조〉

● 표 5-1 업체별 주요 교육 실시 현황

구분	업체명	교육프로그래명	교육기간 및 교육대상	주요교육내용
	워커힐 호텔 카지노	· 신입딜러보수교육 · 관리자훈련과정 · 해외연수	6일, 1년차 딜러 05일, 신임과장 17일, 전직원	· 서비스예절 및 딜링의 반복숙달 · 관리자의 자질 및 업무능력 함양 · 일본 및 미국카지노의 현장 체험
	파라다이스 비치호텔 카지노	· 교양교육 · 외국어교육	01일, 전사원 90일, 신청자	· 교양강좌 · 일본어회화(사내 유선 TV) · 의식혁신 및 경영관리 교육
	설악파크 호텔카지노	· 일본어교육 · 사무교육 · 원가관리교육	06일, 영업직 06일, 관리직 03일, 회계직	· 회사소개 게임방법소개에 대한 숙달 · 공문작성요령, 회계관리 · 원가개념 고취, 캐셔업무숙지
	코오롱관광 호텔카지노	· 사무교육(외부행정) · 원가관리교육 · 회사소개	03일, 관리직 01일, 관리직 01일, 전산직	· 정부지침 및 외부자료 작성 · 원가절감방법 · 회사 규정 및 규칙
	제주그랜드 호텔카지노	· 성취의욕개발교육 · 직원교양교육 · 국제화교육	04일, 전직원 02일, 전직원 10일, 고급간부	· 성취의욕배가 및 질적 서비스 개선 · 서비스인의 자세 및 미용예절 교육 · 국제화에 따른 기본자질의 함양
	제주신라 호텔카지노	· IMAGE 교육	01일, 영업직 판촉직 관리직	· 일반 예절과 에티켓 교육 · 바른 자세와 좋은 인상 · WORK SHOP
	제주 오리엔탈 호텔 카지노	· 실무교육 · 간부 교육 · 판촉 교육	01일, 영업직 12일, 전간부 주1회, 판촉직	· DEALING교육, MANNER교육 · 근무자세 및 TABLE PROTECTION · 정신 교육 및 실무교육
	제주하얏트 호텔카지노	· 전직원 연수교육 · 해외연수 · 임금교섭실무교육	02일, 전지원 08일, 전직원 03일, 노사대표	· 정신교육, 극기훈련, 서비스 교육 · 카지노 견학 및 관광 · 바람직한 노사관계 및 임금현상
	제주 남서울 호텔카지노	· 서비스향상교육 · 관광종사원교육 · 인사, 총무실무교육	12일, 전직원 01일, 전직원 01일, 관리직	· 고객서비스 예절 및 입장준수사항 · 관광종사원의 자세등 · 인사, 총무, 노무실무
	제주 서귀포 칼 호텔카지노	· 일본어교육 · 해외카지노견학	02일, 업업직 05일, 전직원	· 게임 설명 및 예절교육에 대한 숙달 · 견학 및 관리 운영 습득

	강원랜드 카지노	· 신입딜러 교육 · 외국어 교육 · 서비스 교육	3개월, 신입딜러 04일, 전직원	· 서비스 예절 및 딜링 교육 · 외국어 교육 · 인성 교육 · 정신 교육 및 실무 교육 · 관리자 업무 능력 향상

〈논자 재작성〉

1절 카지노 산업의 인식제고

한국의 경우 새로운 정부가 들어선 후 관광 산업을 21C형 산업으로 간주하고, 관련 법령의 개정과 지속적인 관심으로 또한 내국인 출입 카지노에 대한 기사가 언론매체에 자주 언급된 것이 카지노 산업에 대한 관심을 유발하는 촉매 역할을 한 것임에는 틀림없는 사실이다.

지난 1999년 개성된 카지노의 법규에서는 카지노의 허가가 보다 용이하노록 개정되었다. 이러한 법 개정으로 강원도 폐광 지역에 스몰카지노가 2000년 10월 28일 개관, 2003년 3월 28일 강원랜드 메인 카지노 개관, 한국관광공사 자회사인 그랜드코리아레저(주), 강남, 강북, 부산의 세 개의 카지노가 2006년 1월 27일(서울 강남) 2006년(서울 강북)에 개관 준비에 있으며, 외국인 카지노 사업 투자 자유화, 1억불 이상 외자를 유치하는 관광 사업자에게는 카지노를 인가해 주는 특별법 제정 등 제도적 장치를 마련해 놓고 있다. 또한 카지노 산업의 허가를 국제회의업이 있는 곳에 오픈할 수 있도록 하였다.

이러한 제도적 변화는 카지노 산업에 대한 진출이 더욱 활발해 질 것이라는 전망을 할 수 있게 한다. 여기에 카지노 바의 지속적인 신규오픈은 한층 더 딜러수요를 촉진하는 요인으로 작용할 것이다.

그러나 전문 경영인 및 전문 인력은 턱없이 부족한 현실이며, 이러한 변화에 따른 카지노에 대한 전문 인력의 요구가 업체 전반에 걸쳐 퍼져있다. 따라서 카지노

교육은 학생들에게 폭넓은 취업의 기회를 줄뿐만 아니라 게이밍 산업의 인식 전화에 이바지 할 것이다.

2절 카지노 산업의 교육의 필요성

그 동안 카지노업 종사자의 양성 및 기존 종사원에 대한 교육 훈련은 제도적으로 운영되지 못하고 각 사업체에 맡겨져 왔다.

관광 기본법 11조를 살펴보면 '정부는 관광 종사자의 자질을 향상하기 위하여 교육 훈련 기타 필요한 시책을 강구하여야 한다.' 라고 되어있다. 이는 관광산업의 특성중 하나인 노동 집약적이며 인적 중심이라는 사실을 다시금 상기시킨다. 따라서 카지노 산업의 발전과 인적 서비스의 질적 향상을 위해서는 보다 전문적인 교육을 통해서 국가 관광 경쟁력을 제고 하여야 할 것이다.

한국 카지노 산업의 성공을 위해서는 그들의 전문성과 종사원으로서 갖추어야 할 기본적인 매너 및 언어 등이 중요한 요소가 될 것이라고 여겨진다.

특히 대부분의 카지노 산업이 외국인 전용인 점을 감안한다면 외국어의 중요성은 매우 크다고 할 것이다.

2006년, 1월과 6월에 오픈예정인 한국 관광 공사의 자회사인 그랜드 코리아레저(주)에서는 신입사원 선발 시 외국어에 대한 비중을 가산점으로 채택했으며, 특히 면접에서 외국어와 딜링 스킬(dealling skill)에 큰 비중을 둔 것만으로도 카지노 산업의 주요한 교육목표는 전문성을 갖춘 우수한 전문기술인을 양성하고 미래의 수요에 대비하여야 할 것이다.

3절 한국카지노 관련학과의 현황

카지노의 전문 인력 양성을 위한 정규 교육기관으로는 현재 강원관광대학 카지노 경영과, 전남 성화대학, 제주관광대학, 부산여자대학, 경북 외국어 테크노대학, 서라벌대학, 경남정보대학 등이 있으며, 관련 사설 교육 기관으로는 세종호텔학교, 한국 특수 관광 아카데미(학원)로 나눌 수 있으며 노동부에서 운영하는 정선 직업학교에 게이밍과가 있다.

강원관광대학은 '1997년에는 사회 통념상 "카지노=도박" 이라는 등식관계로 인식되어 '특수관광산업과' 라는 명칭을 사용하였지만, 2000년 내국인 출입 카지노 강원랜드 스몰카지노의 오픈에 따라 학과 명을 '카지노 경영과' 로 개명하여 카지노 교육 〈표 5-2 참조〉을 시키고 있다.

99년 첫 졸업생 27명 가운데 카자흐스탄 5명, 중국해남에 3명, 미국에 1명, 영국에 1명, 국내 부산 파라다이스 3명, 설악 파크카지노 3명, 워커힐 카지노 2명 총 18명이 딜러로 근무하고 있으며, 2000년 10월 28일 강원랜드 스몰 카지노 개장, 2003년 3월 28일 메인카지노(강원랜드 리조트)개장, 한국관광공사 자회사 그랜드 코리아 레저(주)개장준비로 많은 졸업생들이(약 400 여명) 현직 딜러로 활동하고 있다.

또 다른 정규기관으로 전남 성화대학, 제주관광대학, 부산여자대학, 경북 외국어 테크노대학, 서라벌대학, 경남정보대학에서 관련학과가 신설되었다. 이 외에도 여러 대학 관광 관련학과에서 카지노 과목〈표 5-3 참조〉을 개설하여 카지노에 대한 교육을 실시하고 있는 것은 우리나라 카지노 산업에 대한 관심도가 높아가고 있다는 바람직한 현상이다.

가능하면 학교 교육 기관에서는 카지노 업체와 산학 협력을 통하여 공동 교과과정을 편성하고 프로그램을 개발해야 하며 학교의 부족한 실습실을 산학 협력을 통해 현장 실습을 확대함으로서 학교 측은 실습실 설치 운용비용을 절감하고 학생들은 직접 현장 적응 실무 능력을 배양시키며 카지노 업체는 교육비 절감이라는 3자 모두가 Win Win 할 수 있는 제도적 장치가 시급하다. 경우에 따라 실습 과목은

학교 교과과정에 일부를 산업체가(카지노) 맡아 실습을 지도하는 것도 바람직할 것이다.

● 표 5-2 강원관광대학 카지노 경영교과과정표 2006학년도

구분	교과명	1학년								2학년								소계			
		1학기				2학기				1학기				2학기							
		학점	시수			학점	시수			학점	시수			학점	시수			학점	시수		
			이론	실습	계		이론	실습	계		이론	실습	계		이론	실습	계		이론	실습	계
전공필수	호텔서비스TOEIC	2	2	0	2	2	2	0	2									4	4	0	4
	관광자원답사	1	2	0	2	1	2	0	2									2	4	0	4
소계		3	4	0	4	3	4	0	4	0	0	0	0	0	0	0	0	6	8	0	8
전공필수	카지노산업론	2	2	0	2													2	2	0	2
	이벤트학원론	2	2	0	2													2	2	0	2
	호텔경영론	2	2	0	2													2	2	0	2
	여행사경영론	2	2	0	2													2	2	0	2
	관광영어 (1)	2	1	1	2													2	1	1	2
	관광영어 (2)					2	1	1	2									2	1	1	2
	호텔케이터링 (1)	2	1	1	2													2	1	1	2
	호텔케이터링 (2)					2	1	1	2									2	1	1	2
	국제매너	2	2	0	2				0									2	2	0	2
	관광사업론					2	2	0	2									2	2	0	2
	관광법규					2	2	0	2									2	2	0	2
	관광마켓팅									2	2	0	2					2	2	0	2
	국제관광론									2	2	0	2					2	2	0	2
	관광지리자원론									2	2	0	2					2	2	0	2
	현장실습													3	0	6	6	3	0	6	6
소계		14	12	2	14	8	6	2	8	6	6	0	6	3	0	6	6	31	24	10	34
전공선택(공통)	관광중국어(1,2,3,4)	2	1	1	2	2	1	1	2	2	1	1	2	2	1	1	2	8	4	4	8
	TOPAS(1,2)	2	1	1	2	2	1	1	2									2	2	0	2
	관광영어 (3)									2	1	1	2					2	1	1	2
	관광영어 (4)													2	1	1	2	2	1	1	2
	관광일어 (1,2)	1	2	0	2	1	2	0	2									4	4	0	4
	관광일어 (3,4)									1	2	0	2	1	2	0	2	2	4	0	4
	호텔실무					2	0	2	2									2	0	2	2
	컨벤션산업론									2	0	2	2					2	0	2	2
	블랙잭게임이론					2	2	0	2									2	2	0	2
	리조트경영													2	2	0	2	2	2	0	2
	T/C 업무													2	2	0	2	2	2	0	2
	룰렛게임실무									2	0	2	2					2	0	2	2
	바카라게임실무													2	0	2	2	2	0	2	2
전공선택	룰렛게임이론					2	2	0	2									2	2	0	2
	바카라게임이론									2	0	2	2					2	0	2	2
	블랙잭게임실무									2	0	2	2					2	0	2	2
	Table Game의이해					2	0	2	2									2	0	2	2
	Non Table Game									2	2	0	2					2	2	0	2
	카지노 실습(1,2)									2	0	2	2	2	2	0	2	2	2	0	2
	카지노 진행													2	0	2	2	2	0	2	2
	카드카운팅실무													2	1	1	2	2	1	1	2
	카지노게임관리													2	0	2	2	2	0	2	2
소계		5	4	2	6	13	8	6	14	17	6	12	18	19	11	9	20	52	29	25	54
총 소 계		22	20	4	24	24	18	8	26	23	12	12	24	22	11	15	26	91	61	35	100

〈강원 관광 대학 관광 계열 카지노 전공〉

● 표 5-3 국내 교육 기관의 교과과정

		구성과목
강원관광대학	전공	바카라게임실무, 영어/일어회화(1, 2), cage업무, 카지노 게임관리, 호텔객실업무, 관광개발론, 서비스산업실무론, 국제관광론, 인간관계론
	전 · 필	룰렛게임이론, 카지노산업이론, 블랙잭게임이론, 확률이론, 이벤트기획, 관광법규, 관광학원론, 관광사업론, 전공영어, 관광지리자원론, 호텔경영론, 여행업경영론, 현장실습, 카지노 실습 Ⅰ, 카지노 실습Ⅱ
	전 · 선	여행실무, 카지노마케팅, 바카라게임이론, 카지노진행, 국제매너, 룰렛게임실무, 카드카운팅실무, 블랙잭게임 실무, 카지노 진행, 호텔 SVC토익, 관광일 · 중국어
제주관광대학	교양	생활외국어, 컴퓨터활용, 직업윤리, 생활법률, 생활한문, 예술의 이해, 사회봉사
	전공	카지노경영론, 카지노마케팅, 카지노인사관리, 블랙잭게임이론, 블랙잭게임실무, Ⅰ, Ⅱ, 바카라게임이론, 바카라게임실무, 테이블게임실무, 논테이블게임실무, 카지노게임실무, 카지노진행실무, 카지노회계실무, Suveilance Room실무, 여가와 레크레이션론, 호텔경영론, 호텔객실실무, 호테릭음료실무, 관광법규, 관광학원론, 여행업실무, 서비스산업론, 외국어 회화 Ⅰ, Ⅱ, Ⅲ(영어회화 · 일어회화)
서라벌대학	전공	카지노경영론, 블랙잭게임실무, 블랙잭게임이론, 호텔객실관리실무, 고나광법규, 룰렛게임이론, 테이블게임실무, 카지노실무영어회화, 카지노마케팅, 카지노전산실무, 블랙잭게임실무, 바카라 게임이론, 테이블게임실무, Surveillanc Room실무, 서비스산업론, 호텔 식음료관리실무, 카지노실무중국어회화, 카지노인사관리, 룰렛게임실무, 바카라게임실무, 카지노게임관리실무, 카지노영업회계실무, 카드카운팅실무, 카지노정책 및 프로젝트, 이미지메이킹, 카지노실무영어히화, 카지노실무일어회화, 카지노경영세미나투어
부산여자대학		카지노정보시스템, 카지노경영학, 카지노일어, 블랙잭 이론, 호텔경영론, 관광사업개론, 영어회화, 일어회화, 인간관계론, 직업윤리, 관광법규, 다도
경북외국어 테크노대학		룰렛게임론, 블랙잭게임론, 바카라게임론, 카지노원론, 카지노관리론, 카지노서비스, 카지노경영세미나, 카지노진행실무, 카드카운팅실무, 크루즈산업론, 국내매너실무, 현장실습
한국특수관광 아카데미		카지노게임딜링실습, 카지노전문일어, 게이밍영어 · 중국어 및 매너, 카지노게임실무이론

세종호텔스쿨	카지노 실무 I -IV, 카지노 영어 · 일어회화(I, II)	
정선직업전문학교 (관광게이밍과)	공통과목	직업생활, 체육, 컴퓨터
	전공이론	카지노사업론, 실무회화, 카지노실무이론
	전공실기	카지노기초딜링, 블랙잭딜링, 바카라딜링, 룰렛과 슬럿머신, 영어회화, Surveilance실무, 카지노예절

〈각 교육기관 홈페이지 참조하여 논자 작성〉

4절 카지노 업체의 채용기준

일반적으로 카지노 업체에서 달러의 채용기준으로 정하고 있는 몇 가지 사항들을 살펴보면 다음과 같다.

1. 신장: 남자(172cm이상), 여자(162cm이상)
2. 학력: 수도권지역 초대 졸이상, 수도권외 지역 고졸이상 50%(초대 졸 이상 50%)
3. 시력: 1.0이상(교정시력포함)
   색약, 색맹이 아닌 자.
4. 건강: 신체검사에 이상이 없는 자.(B형 간염-비 활동성 제외)
   해외여행에 결격사유가 없는 자.

※ 중국어 HSK 7급 이상, 일본어 JPT C등급, 영어 TOEIC 500점 이상인자 우대.

· 서울 쉐라톤 워커힐 카지노/(02)450-9861
☞여자: 초대 졸, 만 24세 이하, 용모단정한자.
☞남자: 초대 졸, 만 27세 이하, 병역필, 신체 건강한자.

· (주)파라다이스부산/(051)479-2507
☞여자: 초대 졸, 만 24세 이하, 용모단정한자.
☞남자: 초대 졸, 만 27세 이하, 병역필, 신체 건강한자.

· 인천 파라다이스 오림포스 호텔 카지노/(032)762-5180

☞여자: 초대 졸, 만 24세 이하, 용모단정한자.

☞남자: 초대 졸, 만 27세 이하, 병역필, 신체 건강한자.

· 경주 웰리치 조선 호텔 카지노/(054)771-2121

☞여자: 초대 졸, 만 24세 이하, 용모단정한 자.

☞남자: 초대 졸, 만 27세 이하, 병역필, 신체 건강한자.

· 제주 파라다이스 그랜드 호텔 카지노/(064)743-2121

☞여자: 초대 졸, 만 24세 이하, 용모단정한 자.

☞남자: 초대 졸, 만 27세 이하, 병역필, 신체 건강한자.

· 제주 칼 호텔 카지노/(064)724-2001

☞여자: 초대 졸, 만 24세 이하, 용모단정한자, 외국어 가능자.

☞남자: 초대 졸, 만 27세 이하, 병역필, 신체 건강한자.

· 제주 크라운 프라자 호텔 카지노/(064)-741-8000

☞여자: 고졸, 만 24세 이하, 용모단정한자.

☞남자: 초대 졸, 만 27세 이하, 병역필, 신체 건강한자.

· 제주신라호텔 카지노/(064)738-8822

☞여자: 고졸, 만 24세 이하, 용모단정한자.

☞남자: 초대 졸, 만 27세 이하, 병역필, 신체 건강한자.

· 제주롯데 호텔카지노/(064)731-2121

☞여자: 초대 졸, 만 24세 이하, 용모단정한자.

☞남자: 초대 졸, 만 27세 이하, 병역필, 신체 건강한자.

· 강원랜드 카지노/(033)590-7606

☞여자: 초대 졸, 용모단정한자, 158cm이상, 지역주민우대.

☞남자: 초대 졸, 병역필, 158cm이상, 신체 건강한자, 지역주민우대.

· 한국관광공사(그랜드 코리아 레저(주))/7299-600
☞여자: 용모단정한자, TOEIC, JPT 500점 이상우대.
☞남자: 병역필, 용모단정한자, TOEIC, JPT 500점 이상 우대.

5절 미국의 카지노 종사원 교육사례

1 딜러양성교육

1) 딜러양성전문 교육기관

네바다 주의 딜러스쿨은 70년대 말에서 80년대 초에 20여개에 달했으나, 현재는 취업의 어려움으로 인해 다섯 군데 정도만 남아 있다. 딜러 스쿨의 프로그램을 이수하면 수료증을 받지만 이것이 딜러 자격증은 아니다. 카지노딜러 아카데미의 교육 프로그램을 살펴보면 〈표 5-4〉와 같다.

또한 아틀란타 커뮤니티 대학의 교과과정〈표 5-5〉를 보면 Table Game(교육시간 40~80시간) 슬롯정비 · 전산 · 모니터 요원(100~500시간) 정도로 편성되어 있으

표 5-4 The acadeny of casino careers 교육과정

교과목	기간	교육비용(US$)
블랙잭	75시간	499
크랩	150시간	799
룰렛	90시간	599
빠이까우포커	30시간	349
미니바카라	30시간	349
포커	80시간	699
슬러머신 정비사	10주/200시간	3.495
전산실 정비사	10주/400시간	6.295

〈The academy of casino careers, 2000〉

표 5-5 미국 아틀란타 커뮤티니 대학 교과과정

교과목	기간	교육비용(US$)
카지노 개요	2주/40시간	200
블랙잭	4주/80시간	400
크랩	8주/160시간	800
포커	4주/80시간	400
룰렛	4주/80시간	400
바카라	4주/80시간	400
빠이까우포커	3주/60시간	300
빠이까우타일	4주/80시간	400
슬럿 담당자	3주/60시간	360
슬럿 정비사	24주/475시간	2,575
카지노안전요원	5주/100시간	600
모니터요원	8주/240시간	1,000
전체 게임 프로그램	15주/600시간	3,000

〈Atlantic Community college, casino career institute, 2000〉(원갑연 外, 2001)재인용

며, 교육비용은 시간에 따라 별도로 책정 되어 있는 것이 우리나라 교육 기관과 다른 점이다.

2) 카지노 업체의 사내 딜러스쿨

현재 네바다 주에는 약 200개 이상의 카지노가 있으나, MGM 그랜드만이 자체 딜러스쿨을 운영하고 있다. MGM 그랜드의 경우는 테이블 게임이 165개이고 딜러 수가 800명에 이르기 때문에 수시로 딜러가 필요하여 자체적으로 딜러스쿨을 운영하고 있다.

사내 딜러스쿨의 입학 자격조건은 MGM에 근무하는 직원으로 카지노 딜러를 희망하는 사람은 누구든지 등록할 수 있도록 개방되어 있다.

MGM 그랜드 딜러스쿨의 수강료는 무료이고, 게임의 종류에 따라 하루에 2시간씩 1~3개월 정도 수강한다. 수강 후 자격이 인정되면 딜러 대기자 명부에 등록되고 결원이 생기면 순서에 따라 딜러로 채용된다.

3) 간부양성교육

객실 2,500개 이상인 대규모 카지노에서는 자체적으로 간부를 양성할 수 있는 교육 프로그램이 있으며 간부의 지금은 크게 플로어 퍼슨(Floor Person), 핏 보스(Pit Boss), 쉬프트 매니저(Shift Manager)로 구분된다.

간부의 수입은 연봉제 또는 일당제이고 간부의 책임이 매우 큰 것도 사실이지만 딜러의 수입이 많은 카지노에서는 간부로 일하기보다는 딜러를 선호하고 있는 것으로 나타났다. 간부가 되기 위한 특별한 자격 요건은 명시된 것이 없으나 대체로 5년 이상 딜러 경험이 있는 사람으로서 본인이 원하거나 간부직의 추천이 있는 경우는 교육을 이수한 후 간부로 채용된다.

교육 내용은 딜러의 감독과 손님 파악 등의 기본적인 사항에서부터 문제발생시 해결방법까지 광범위하며, 강사진은 외부 초청강사와 기업체 내의 간부들로 구성되어 있다.

교육 기간은 1주일에 1회 3시간씩 8주간 계속되며 매주 시험과 마지막 주에 최종 시험을 치르게 되며, 이때 일정한 점수를 취득해야 간부로 취업할 수 있다. 그리고 교육을 마치면 간부교육 수료증(Certificate)을 받게 된다. 게임시간과 게임결과에 따라 간부들의 보수가 정해지기 때문에 성적이 우수하다고 승진이 빠르거나 보수나 보너스를 더 받는 것은 아니다.

4) 위탁연수교육

(1) 국제게임연구소(IGI: International Gaming Institute)

국제 게임연구소(IGI)는 라스베가스에 있는 네바다 주립대학교(UNLV: University of Nevada, Las vegas)의 부속 연구 기관이며, 이 연구소에는 특정 단체나 회사의 요구가 있을 때 프로그램을 협의하여 교육을 실시하고 있다.

교육은 대체로 세미나를 통한 간부의 재교육 프로그램에 집중되어 있으며, 카지노 업체의 특정 연구나 딜러 양성 교육 프로그램 등은 아니다. 교육비용은 프로그램 내용, 교육 인원, 교육 시간에 따라 결정되지만 일반적으로 비싼 편이며 교육 프로그램은 다음의 〈표 5-6〉과 같다.

표 5-6 UNLV 부설 국제 게임 연구소(IGI)의 코스내용

코스명	주요내용
· Introduction to the Casino	· 카지노개론: 게임별, 카지노 조직
· Casino Operations & Management I	· 카지노 운영 · 관리: 직원 및 안전관리
· Protection of Casino Table Games	· 테이블게임 속임수의 방지법
· Gaming Device Management	· 슬롯머신의 운영 및 관리
· Accounting for the Casino Hotel	· 회계시스템
· Casino Operations & Management II	· 카지노 운영 관리의 확대 과목
· Mathematics of Casino Games	· 확률, 기대치, 하우스 승률계산 방법
· Gaming Regulations and Control	· 네바다 게임규정 및 관리 시스템
· Seminar in Casino Management	· 카지노 운영 · 관리에 관련된 세미나
· Sociology of Gaming	· 게임이 지역 사회에 미치는 영향 분석
· Gamin Internship	· 카지노 현장 실습

〈한국 카지노 관광협회 카지노제도 발전 및 활성화 방안, 1996〉

표 5-7 Gaming Management Seminar Program

세미나 분야	대영역	세부내용
카지노 운영	테이블게임, 슬롯 레이스&스포츠북 키노 운영	· 테이블 게임 운영: 게임분석, 게임믹스, 이윤극대화방법, 감독훈련 · 슬롯운영: 슬롯승률 계산추학, 슬롯분석 및 플레이어 트랙킹 시스템, 비디오 게임분석 · 레이스&스포츠북 운영: 수학적 분석, 경영컨셉트 · 키노: 경영훈련, 기술응용
카지노재무 분석	회계, 게임규정 및 감독, 케이지 운영	· 회계: 테이블게임 및 슬롯, 내부회계관리, 일일 및 월별 보고, 재무제표, 수입예측 · 게임규정 및 감독: 게임규정훈련, 네바다 재무관련 규정집 분석, 규정절차 설정, 속임수탐지법을 통한 게임보호, 감독기법 · 케이지 운영: 크레딧/수금원칙, 캐셔훈련, 현금취급절차, 감독훈련
카지노행정	타당성 조사와 경영개발	· 타당성조사: 경제적 영향분석, 프로젝트 제안서, 공중 정책 이슈 · 경영개발: 조직구조 및 경영전략, 생산성향상을 위한 인적자원 관리 고객만족 훈련, TQM전략, 카지노마케팅전략, 경영정보시스템 개발, 품질보장, 종업원 동기부여

〈한국 카지노 관광협회 카지노제도 발전 및 활성화 방안, 1996〉

또한 국제 게임 연구소에서는 Gaming Management Seminar를 개최하고 있으며, 세미나는 〈표 5-7〉과 같이 크게 카지노 운영(Casino Operations), 카지노 재무분석(Casino Finanacial Analysis), 카지노 행정(Casino Administration)등의 3부문으로 구성되어 있다.

5) 게임 교육 리서치 연구소(GERI)

게임 교육 리서치 연구소는 휴스턴 주립대학교 부속연구기관으로 최근에 설립되었으며, 이 연구소는 게임 정책에 관한 연구를 수행함은 물론 게임 경영을 위한 평생 교육을 실시하며 국제적인 게임리서치 시설을 제공하고 있다.

교육 분야는 세미나를 통하여 이루어지는데 3개 코스에 각각 6일간씩 진행되는데 이것이 딜러전문 양성프로그램은 아니며, 참가비는 1인당 2,250달러, 2인 이상인 경우는 100달러 정도 할인되며, 세부적인 교육 프로그램을 살펴보면 다음 〈표 5-8〉과 같다.

표 5-8 UOH 부설 게임 · 교육리서치연구소의 교육 프로그램

코스 I	코스 II	코스 III
Marketing aCasino Hotel to Increase Market Shere	Table Game Management	Slot Management for Revenue Improvement
· Overview of Casino Marketing · maketing Plan · Casino Advertising · Data Base Marketing · Marketing Research · Related prodcts · integration of Marketing	· Building Customer · Relationships · Game Protection · Dynamics of Credits & Collection · Mathematics of Table Games · Complimentaries & Player Rating Philosophy · Table Game Marketing · Change Your Thinking	· Floor lay-out & Design · Machine Mix · Machine Price · Reel Strip Design · Player TRacking · On Floor Promotion

〈한국 카지노 관광협회 카지노제도 발전 및 활성화 방안, 1996〉

6) 평생교육원(DCE: Division of Continuing Education)

평생 교육원은 리노에 위치한 네바다 주립대학교의 부속 연구기관이고, 이 연구소에서는 '카지노경영에 관한 전문경영자 양성 프로그램'을 개발하여 교육 자문위원회의 지침을 따르고 있다. 수료증을 받기 위해서는 2개의 필수과목과 3개의 전공 필수과목 및 3개의 선택과목에 대한 이수 및 총 93시간의 이수시간이 필요하며 주요 과목은 다음〈표 5-9〉와 같다.

표 5-9 UOH 부설 평생교육원의 교육 프로그램

과목명	강의시간	강의료
Legal Aspects of Gaming Indusry	15시간	$175
Protection	6시간	$95
Management Skills for Gaming Supervision	15시간	$175
National & International Gaming Trends	6시간	$95
Food & Beverage Operations in a Casino	15시간	$175
Career path Starategies for Gaming Industry	6시간	$95

〈한국 카지노 관광협회 카지노제도 발전 및 활성화 방안, 1996〉

6절 교육과 향후 과제

관광 산업 경영 카지노 산업 경영의 기획자 들은 장기적 및 단기적인 일에 적응할 수 있도록 학생들을 준비시켜야 할 책임이 있다.

따라서 업체들의 기업이념과 부서 또는 프로그램의 목적, 책임수준을 이해시키는 가이드 역할을 해야 한다. 카지노 교육과정의 경우 다음의 두 가지 질문에 역점을 두어야 한다.

· 프로그램을 수료한 후 그들의 진로에 프로그램이 어떤 영향을 미쳤는가?

· 카지노 업체에서 이 프로그램을 인정하고 있는가?

이러한 질문에 대한 대답은 카지노 법 내의 법규에 의존한다. 예를 들면, 네바다 주중에 있는 모든 카지노는 호텔 룸을 반드시 갖추어야만 한다.

그러므로 카지노 과정의 의미를 호텔과정뿐만 아니라 카지노 과정 전반에 걸쳐 중점을 두는 것은 당연하다. 다른 프로그램은 규범과 필요에 의해 혼합되어져 있을 것이다. 더욱이 프로그램은 제한된 재정, 능력, 재원을 제공 받을 수 있는 과정을 고려하는 어려운 선택에 직면할 것이다.

교육은 투자이다. 카지노 교육을 포함한 서비스산업의 교육도 예외는 아니다. 이 교육은 학생들의 많은 시간과 돈, 열성, 기회비용, 그리고 미래에 대한 불확실성 등을 감수해야만 한다.

카지노에 대한 교육은 성공에 꼭 필요한 지식(Knowledge), 기술(Skill), 능력(Abilities)을 더욱 발전시킴으로써 성공에 한 걸음 더 나아갈 수 있는 밑거름이 된다. 게임 용어와 게임 산업의 문제점과 같은 현안에 대한 지식을 주고(Knowledge), 게임기구와 규칙에 대한 능숙함을 발달시키고(Skill), 타고난 소질 가령 게임 관련 문제들을 해결하는 능력을 다듬는다(Abilities). 또한 교육은 게임 산업의 잠재적인 힘의 근원이다. 이것은 더 높은 직위, 비젼, 도전, 급여로 발전해 나갈 수 있는 근본 해결책이 될 수 있다.

카지노를 운영하는 국 · 내외 사업자는 기존 직원들에 대한 교육의 재투자는 물론 이와 관련된 교육기관에 미래지향적으로 교육투자에 비용을 아끼지 말아야 할 것이다. 카지노 산업의 질적 서비스 향상을 위해 카지노 딜러 자격증 제도의 필요성을 느낄 수 있을 것이다. 자격증 제도의 도입은 카지노 업체의 신규 딜러의 교육비용을 절감하고 교육비용의 절감은 특히 소규모 카지노 기업 운영에 긍정적 효과를 줄 것이며, 이러한 것들이 카지노 산업 발전에 궁극적으로 일익을 담당할 것으로 사료된다.

06 장 카지노 마케팅

마케팅이란 고객의 구매 욕구를 일으키게 만드는 일련의 행위를 말한다. 마케팅 활동의 목적은 시간에서 경쟁상의 우위를 유지하면서 교환을 창출해 내는 데 있으며, 이러한 교환행위를 지속적으로 관리함으로써 고객의 욕구 만족이 실현되도록 노력하는 기업 활동이다. 또한 기업은 마케팅활동을 통해 고객의 욕구 만족 내지 가치창출 활동을 적절히 수행함으로써 기업의 목적인 이윤을 극대화할 수 있게 되고 그 결과 기업의 생존과 성장이 가능해 지게 된다.

1절 마케팅이란

카지노 산업의 마케팅 담당자들이 제일먼저 해야 할 일은 고객들 중에서 카지노 기업의 목표를 충족시킬 고객들을 선정하는 것이다.

고객을 선정하기 위해서는 여러 방법들이 있겠지만, 고객 데이터베이스를 통하여 고액 벳팅자(high roller)들을 표적 시장으로 하는 방법이 있다.

고객을 선정한 후 카지노의 마케터들은 고객들을 위한 마케팅 믹스(marketing mix)를 개발하여 고객들이 카지노 기업을 방문하도록 유도해야 한다.

오늘날의 마케팅은 단순히 조직의 일부가 아닌 경영을 어떻게 할 것인가? 하는 근본적인 경영 목표라고 할 수 있다. 마케팅은 새로운 광고 홍보나 특별판촉만이 아니며 마케팅 부서원들만의 일이 아니다. 마케팅은 딜러에게서부터 총지배인에 이르기까지 모든 사원들이 함께 해야 하는 것이다.

마케팅부서의 직무는 절대 고객들을 속이거나 회사 이미지를 흐리는 일을 해서는 안 되며, 표적 시장으로 하여금 카지노를 이용하도록 특별한 동기를 부여해야 한다.

기업의 목표는 이윤추구에 있으며, 수익성이 있는 고객을 개발하고 유치하는 것이다.

고객들은 그들의 욕구와 필요를 채워주는 곳에 방문하게 될 것이므로 고객들의 욕구와 필요를 충족시켜서, 카지노 마케팅의 목표인 수익을 창출해야 할 것이다.

2절 카지노 마케팅 특성

1 무형성(Intangibility)

자동차 회사와 같이 유형상품을 생산하는 기업에서는 자동차와 같은 유형의 제품을 제공한다. 하지만 카지노기업은 서비스와 경험이라는 무형의 상품을 제공하는데 이것은 그 대가를 지불하기 전에는 볼 수도, 느낄 수도, 만질 수도, 들을 수도, 맛볼 수도 그리고 냄새를 맡을 수도 없다.

예를 들면 자동차는 먼저 시승해 본 후 구입 할 수 있다. 그렇지만 카지노는 고객이 직접 카지노에서 게임을 하기 전에는 그 상품의 질을 알지 못한다. 고객이 카지노를 이용한 후 돌아갈 때에는 카지노에서 사용한 영수증 혹은 운이 좋아서 현금을 가져가는 경우를 제외하고는 서비스를 구매한 사실을 보여줄 수 없다.

다만 위에서 언급한 것과 같이 카지노의 고객은 무형의 서비스를 제공받은 후 경험 혹은 기억들만 가지고 돌아갈 뿐이다.

카지노기업들은 서비스의 질에 대한 정보와 무형성, 불확실성을 줄이기 위해서 카지노기업들은 그들이 제공하는 서비스의 질에 대한 정보와 확실성을 제시해 주어야 한다. 예를 들어 종사원의 친절, 타 경쟁 카지노 보다 고객들에게 유리한 룰(Rule), 카지노사의 청결 상태 등은 고객들로 하여금 좋은 서비스를 제공받았다는 인식을 심어줄 것이다. 또한 여러 가지 유형의 것(실내 디자인, 다양한 부대시설 등)들은 무형의 서비스 질에 대한 표시가 될 수 있으며, 애사심을 바탕으로 한 환대성(Hospitality)이 몸에 익숙해져 있어야 할 것이다.

2 동시성(Inseparability)

동시성이란 상품에 대한 구매와 소비가 동시에 일어나는 것을 의미한다. 카지노에서 고객과 접촉하는 종사원들은 상품의 일부이다.

만약 딜러가 불친절하다면 고객은 다른 곳으로 가 버릴 것이다. 레스토랑의 음식이 아무리 맛이 있다고 하더라도 종사원의 태도가 불손하다면 그 레스토랑에 대한 전반적인 평가는 좋지 않을 것이다. 평가가 낮게 나타났다는 것은 고객이 만족하지 않았다는 사실이고 재방문을 하지 않을 뿐더러 다른 구매자들에게도 영향을 미칠 수 있다는 것이다.

또한 동시성이란 고객도 상품의 일부이다. 예를 들어 테이블게임을 처음 하는 사람들은 블랙잭 게임에 참여하지 않는다. 그 이유는 자신이 힛(hit) 해야 할 때와 스테이(stay) 할 때를 잘 몰라서 다른 사람에게 피해를 줄 수 있기 때문이다. 따라서 경영자들은 이런 점들을 감안하여 초보 플레이어들에게 먼저 게임에 대한 자신감을 심어준 후 게임에 참여하게끔 하는 프로그램을 준비하여 제공하는 것이 다른 고객에게는 피해가 가지 않고 고객들에게는 만족감을 느낄 수 있게 하는 것이다.

3 가변성(Variability)

카지노 상품은 많은 변수를 가지고 있다. 상품의 질은 누가, 언제, 어디서, 어떻게 상품을 제공하느냐에 따라 달라진다. 카지노의 상품은 생산과 소비가 동시에 이루어진다. 특히, 딜러와 플레이어의 접촉이 많은 카지노에서는 상품의 질이 딜러의 셔플(Shuffle)과 게임운영수단에 좌우되므로 지속적으로 같은 서비스를 제공하기가 힘이 든다. 예를 들어 고객이 많은 돈을 따고 있다가 딜러가 바뀌어 돈을 잃어버릴 수 있다.

모든 카지노의 종사원들은 고객의 경험이 긍정적이 될 수 있도록 해야 한다. 카지노의 서비스가 가변적이고 지속성이 약하다는 것은 고객들이 카지노에서 실망할 수 있는 주요 원인이 된다. 따라서 경쟁카지노의 룰(rule)을 분석하여 고객들에게 자사(自社)만의 메리트를 제공하여 고객의 유인력을 갖도록 해야 한다.

4 소멸성(Perishability)

카지노기업은 그들의 상품을 저장할 수 없다. 만약 3개의 블랙잭 테이블이 월요일에 사용되지 못했다면 그 다음날 고객들이 많아서 테이블을 기다려도 그 전날 사용된 테이블은 운영할 수가 없는 것이다. 따라서 월요일의 운영하지 않은 3개의 블랙잭 테이블에 대한 수입은 완전히 소멸되어진 것이다.

경영자들이 수익을 극대화하기 위해서는 반드시 수용 능력과 수요를 예측할 수 있어야 한다.(원갑연 外, 2001) 따라서 주중과 주말에는 리미트(베팅 상한선과 하한선)를 탄력적으로 운영하여 게임 테이블을 최대한 가동시켜야 한다.

3절 마케팅 믹스개념

카지노의 마케팅믹스(Marketing Mix)는 표적 시장을 겨냥한 마케팅목표를 효율적으로 달성하기 위해 전략적인 결정을 거쳐 선정한 마케팅 수단들을 상대적인 중요성에 따라 결합한 것이다. 카지노의 마케팅 믹스는 일반적인 마케팅 믹스인 4P' s °상품(Product), °가격(Price), °판매촉진(Promotion), °경로(Place)로 설명될 수 있다.

1 Junkets

정켓은 오로지 게임을 목적으로 카지노를 방문하는 사람들로, 적게는 2~3명에서 많게는 10내외의 팀 위 고객으로 전문 모집인에 의해 모객이다. 전문 모집인은 고객들을 모집하고 그들로부터 프론트 머니(Front Money)를 받아 카지노에 입금 시킨 후 고객들이 게임할 수 있도록 도와준다. 경우에 따라 그들이 머무는 동안 카지노업체는 객실과 식 · 음료(Room & Meal) 비용뿐만 아니라, 항공료까지 부담하기도 한다. 전문 모집인은 고객이 카지노로부터 신용대출을 받아 게임을 하고 떠났을 경우 고객으로부터 신용대출금액을 환수 받아 카지노에 상환하기도 한다. 특히 정켓은 비수기 타개책으로 활용될 수 있는 시장이며, 다음과 같이 네 가지 형태로 분류될 수 있다.

1) 정규 정켓

전문모집인에 의해 조직된 8명이 상의 카지노 이용 단체 고객으로서 평균 3~4일 정도 체제하며 카지노 게임을 한다.

정규 정켓은 전문 모집인 동반하며 1인당 신용 대출금은 1만 달러 이상이고 항공기, 객실, 식 · 음료를 무료로 제공받는다.

2) 미니 정켓

보통 그룹은 8명 이상으로 구성되며 체제일은 하루에서 이틀 정도 체류하는 카지노 이용객으로서 신용 대출금은 5,000천 달러 수준이다. 참가자당 수입 잠재력은 비교적 낮으며, 항공, 숙박, 식 · 음료에 대해서는 제한된 무료 서비스만을 제공받는다.

3) 업 앤 백(Up and Back)

숙박보다는 8~12시간동안 체류하며 그룹구성은 8명 이상으로 주로 슬롯머신을 이용하는 카지노 이용객들이다. 수입 잠재력은 정규 및 미니 정켓에 비해 낮은 편이다. 신용 대출금은 1천 달러 이하수준이며, 한 끼 식사를 무료로 제공받는다.

4) 개별 정켓

전문 모집인이 항공기와 호텔예약, 공항에서 호텔까지의 교통편의 등을 사전에 수배해 주면 개별적으로 일반 항공기를 이용하여 공항에 도착하고 Pick-up 서비스를 받아 카지노 호텔에 도착한다. 개별 정켓은 전체 정켓 프로그램에서 약25%를 차지하고 있기 때문에 매우 중요한 고객층이라 할 수 있다.

2 특수판촉(special promotion)

국내 카지노업체의 특수판촉(Special Promotion)의 방법은 특성에 따라 다르게 나타나고 있으나 주로 사내판촉(In-House Promotion)의 형태를 취하고 있으며, 외부판촉(Outside Promotion)의 형태는 상대적으로 거의 없다. 왜냐하면, 사내 판촉은 자기 카지노업체에서 모든 비용을 지급하고 행사를 주관해 고객을 초청하는 판촉을 말하며, 외부판촉인 경우 타 경쟁 카지노 업체가 행사를 주최하면서 모든 비용을 지급하고 초청한 고객이므로 타 카지노에서 게임 한다는 것은 도의적 양심으로 갈 수가 없기 때문에 외부판촉이 거의 없다고 본다.

사내 판촉(In-House Promotion)의 형태로는 골프대회 및 Dinner쇼와 제주도 경우는 사격 및 사냥 등과 같은 활동적인 행사를 연례적으로 개최하면서 카지노 게임에 흥미를 갖게 하여, 이와 더불어 바카라(Baccarat)대회, 블랙잭(Blackjack)대회, 룰렛(Roulette)대회, 카지노 기업의 창립기념일에는 대형 가수나 멀티 엔터테인먼트를 초빙하여 스페셜 이벤트 등을 개최하여 고객들의 게임 참가 동기를 유발시키고 있다.

게임의 동기를 유발시키는 행사는 카지노 매출의 직접적인 영향을 주며, 카지노 게임의 흥미를 유발시키는 행사는 카지노 매출에 직접적인 영향을 미치는 부문이

아니라 간접적으로 고객을 카지노의 서비스에 만족을 느낌으로써 계속적인 새로운 고객 확보 및 단골고객 확보에 많은 영향을 미치고 있음을 간과해서는 안 될 것이다.

3 초대고객(Invited Guest)

우리나라 카지노업체에 방문하는 초대고객(Invited Guest)에 대한 활동은 주로 카지노게임 및 관광지의 방문으로 이루어지고 있다.

특히 High Roller와 동반하는 가족에 대해 카지노 주변에 오락시설이나 호텔내의 부대시설이 한계성을 보이고 있어 High Roller는 게임 하는 체류기간을 동반한 가족에 의해 방해를 받고 있다. 따라서 현재 카지노 업체에서는 가족을 위한 프로그램 개발과 호텔내의 부대시설이나 주변 오락 시설의 필요성을 느끼고 있으나, 카지노 업체만으로는 불가능하기 때문에 정부나 국내 관광 관련 업체가 해결할 과제라고 할 수 있다.(강원랜드 예외)

초대 고객은 카지노 업체의 임직원이나 판촉직원에 의해 초대받고 카지노에 게임하러 찾아온 고객으로 국내 카지노 업체 매출액에 절대적으로 영향을 미치고 있다.

그러나 국내 카지노 업체에 초대되는 손님은 한정돼 있는 것을 생각해 볼 때 오늘날 카지노 업체들은 덤핑하는 사례로 나타나고 있으며, 손님들도 여러 카지노 업체에 방문하는 횟수가 늘어나면서 재정상태가 악화되는 경우가 발생하여 손님들이 감소하는 추세에 있다. 이러한 일들은 주변 카지노 경쟁국인 필리핀, 마카오, 겐팅하일랜드카지노에 많은 고객을 잃어버리고 있는 실정이기에 이에 대한 대비책이 시급한 실정이다.

4 카지노 할인요금(Casino Rate)

고객확보와 객실확보는 카지노 영업의 매출에 큰 영향을 미치고 이 측면에서 카지노 할인 요금이 카지노에 있어서 중요한 역할이 된다.

국내 카지노 업체 중 카지노 시설을 임대 방식으로 운영하고 있는 업체의 가장 큰 문제점은 카지노 고객을 위한 객실 확보에 있다.

이러한 원인으로 카지노 시설 이용의 특별 할인 채택은 객실 할인 혜택이 많이 이루어지며 식 · 음료 할인 혜택은 직영으로 운영하는 카지노만 혜택을 받고 있다. (객실의 한정적 보유 및 확보)

객실 할인은 카지노 고객이면서 카지노 업체에서 지급하는 것을 원칙으로 되어 있어 고객의 동반자와 함께 오는 경우는 할인혜택을 받지 못하는 경우도 있다.

이러한 측면에서 카지노를 직영하고 있는 호텔은 객실 보유적 측면에서 타 경쟁 업체보다 유리한 입장에 있어 고객들에게 특별할인 혜택을 많이 제공해 주고 있다.

그러므로 카지노에 대한 고객의 신뢰도는 높은 것으로 나타나 혜택을 제공받는 고객의 경우 타 카지노로의 이동률이 매우 낮으나 실제로 카지노 고객은 카지노 업체의 회사 이미지를 보고 찾아오는 경우가 많다.

직 영하고 있는 카지노 호텔은 객실 요금 및 식 · 음료 요금 할인이 크며, 또한 객실확보도 쉽고 객실 취소요금도 아주 적게 지급, 또는 취소요금을 적용하지 않고 있다. 임대방식의 카지노는 객실 요금이나 식 · 음료 요금, 객실확보, 객실 취소 요금 등 비용이 많이 든다.

국내 카지노 업체는 대부분 고객이 사용한 객실 및 식 · 음료 비용을 지불하고 있기 때문에 카지노는 월별로 호텔 측에 모든 비용을 지급하게 된다.

5 팩케지 고객(Package Customers)

팩케지 고객(Package Customers)는 현재 국내 In-bound를 담당하는 여행사, 인센티브 단체(Incentive Group) 및 코포레이트 단체(Corporate Group)를 통하여 카지노를 안내 받고 게임 및 영업장을 출입한다. 이들은 카지노 업체의 경영활동을 높여 주는데 많은 역할을 하며, 국내 카지노 업체에서 저액베팅을 위주로 자유 시간을 이용한 게임 형태를 지니는 고객이므로 카지노 매출액에 미치는 효과는 매우 낮으나, 업장 분위기의 활성화 역할을 하며, 또 장기적인 시점에서 잠재고객으로 볼 수 있다.

패케지 고객은 카지노 업체에서 객실요금, 식사(아침, 저녁)를 제공 또는 무료입장권 및 무료쿠폰을 제공하고 카지노 게임을 하도록 유도한다. 따라서 패케지 고객에 대한 다양한 프로그램 개발이 필요하다. 단, 이 프로그램을 시행할 경우 고객이 베팅박스(Betting Box)에 베팅할 때 무료쿠폰만 베팅하는 것을 인정해서는 안 될 것이며, 무료쿠폰을 베팅할 때에는 일정 규칙을 정해 칩스를 구매하여 일정 비율로 쿠폰과 칩스를 함께 베팅할 수 있도록 유도하는 것이 바람직하다.

M · E · M · O

07장 카지노 게임 종류 및 이해

1절 개요

카지노게임은 테이블 게임(Table Game)과 논 테이블게임(Non Table Game)으로 나뉘어 지며 테이블게임에는 바카라, 룰렛, 블랙잭, 다이사이 등 테이블에서 이루어지는 게임이다.

논 테이블게임에는 슬롯머신, 비디오머신, 키노 등으로 나뉘어 진다.

카지노게임에는 많은 기구와 여러 가지 게임 형태가 있지만 우리나라 카지노에 허가된 게임의 종류는 블랙잭, 바카라, 룰렛, 빅휠, 포커, 크랩스, 다이사이, 라운드크랩스, 챠카락, 키노, 빠이 까우, 판탄, 죠커 세븐, 트란타콰란타, 프렌치 볼, 슬롯머신, 비디오게임, 빙고, 마작 등 19종을 허가하고 있다.

본 장에서는 테이블게임의 규칙, 게임방법 등을 설명하고 실무 등을 익혀 카지노 딜러로써 기본적으로 숙지할 내용들을 다루고자한다.

2절 칩과 카드

1 칩스(chips)

1) 칩스의 정의

칩스(Chips)란 카지노(Casino)에서 사용되는 현금 대용 화폐를 말한다. 즉 카지노에서 현찰 대신 쓰여 지는 화폐의 대용 수단으로 국가별로 화폐가 다르듯이 각 카지노 마다 다르다. 칩스(Chips)는 각종 흥미로운 카지노게임을 질서 있게 유지하기 위하여 만들어 졌으며, 카지노 게임을 신속하게 진행할 수 있어 카지노기업의 이익에 기여하고 있다.

또한 칩스의 색깔이 금액을 구분 하도록 제작되어 있어, Color change를 하거나 게임 진행시 상당히 편리하게 되어 있다.

2) 칩스의 구성

칩스의 구성은 4가지로 구분되어 있다.

칩스 가운데 부분을 데칼(Decal)이리가 부르며 여기에 카지노 로고와 액면가를

◎ 칩스의 구성

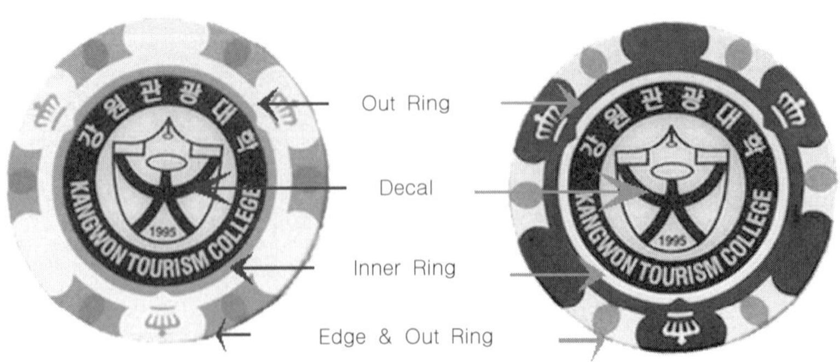

자료: 〈강원관광대학, 카지노경영〉

표시하고, 칩스 둘레를 아웃트링(Out Ring)이라고 하여 엣지(Edgy & Out-ring Insert)와 이너링(Inner Ring-카지노상호 표시)으로 구성되어 있다.

고액 칩스는 위조를 막기 위하여 Decal 부분에 Ultraviolet(자외선 색소)로 마크 처리하여 UV light로 비추었을 때 푸른색 또는 빨강 색으로 나타나는 프린팅 기법으로 처리했다.

3) 카지노 칩스의 종류

(1) 아메리칸 칩스 (American Chips)

아메리칸 칩스의 크기는 지름이 39, 41, 43, 45mm의 4가지가 있으며, 이 중에서 39mm 칩스를 가장 많이 사용하고 있다. 참고로 카지노업 영업 준칙 제31조 2항에는 칩스의 규격이 직경 30mm이상이다. 칩스의 무게는 13.5그램이 표준인데 9그램 정도의 칩스도 있다. 그리고 액면가가 표시되어 있는 Value Chips (현찰화 할 수 있는 Cash Chips) 와 액면가가 표시 안된 Non Value Chips (Wheel Checks)로 구분된다.

① 휠 첵스(Wheel Checks)

휠 첵스는 Non Value Chips로 현금화(Cashable)할 수 없고, 다양한 색으로서

Money chips

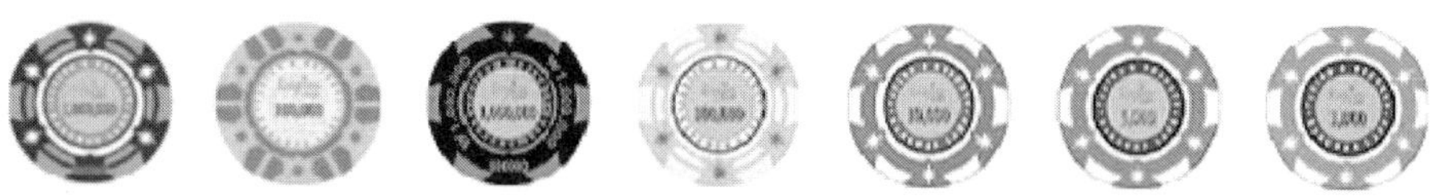

Play chips(Color chip)

자료: 〈강원랜드 홈페이지〉

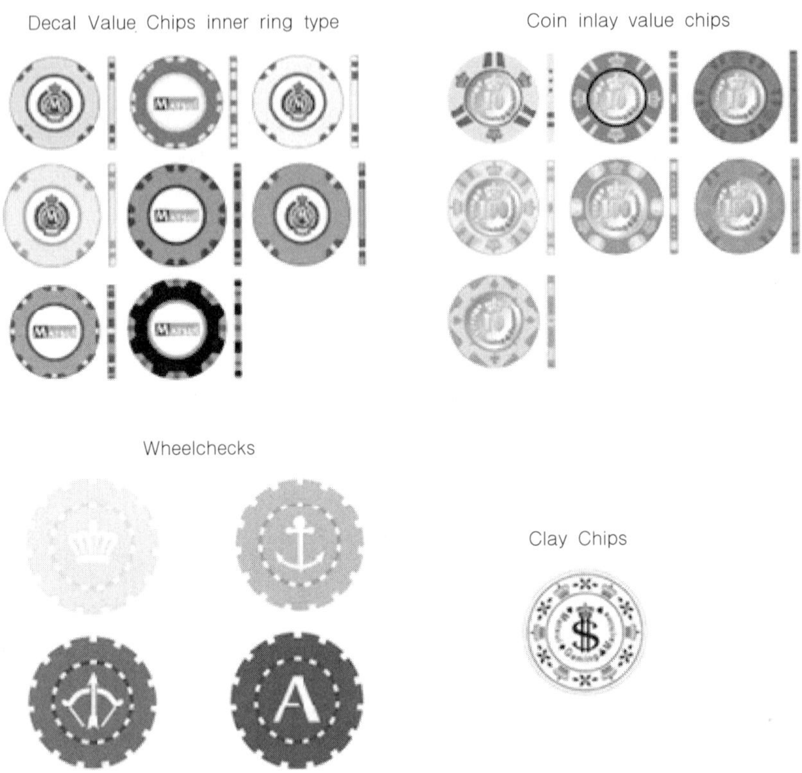

〈MCM 월드 홈페이지〉

Player(게임을 하는 고객)를 분별하여, 서로 다른 칩스로 게임할 수 있도록 만든 칩스이다.

휠 첵스는 많은 사람들이 즐기는 룰렛 또는 다이사이 게임에서 여러 Player들이 같은 번호 위에 같은 색깔의 칩스로 베팅을 해 놓으면 손님을 구별하기가 용이하지 않다. 그러므로 손님간의 문제를 해소하기 위하여 사용하는 칩스이다.

칼라칩스(Color Chips) 또는 플레이칩스(Play Chips)라고도 부른다.

우리나라 외국인 카지노에서는 대개 플레이칩스 한 개에 2000원 또는 2500원의 가치를 부여하고 있으며 강원랜드 리조트는 1000원의 가치를 부여하고 있다. 그러나 그 가치가 고정되어 있는 것은 아니며 고객의 게임 유니트에 따라 그 값어치를 달리 할 수 있다.

② 캐쉬 칩스 (Cash Chips)

Cash Chips는 Value Chips로 카지노에서 언제나 현금화 할 수 있고, 각 카지노마다 Decal부분에 로고(상표)와 액면가가 표시되어있으며 금액 별로는 칩스의 색깔과 그림(Edge & Out Ring Insert)이 다르게 되어 있으며, 흔히 머니칩스(Money Chips)라고 말한다.

칩스 액면가의 단위는 주로 5 진법을 사용한다. 한국 카지노는 1,000 · 5,000 · 10,000 · 100,000 · 1,000,000 · 5,000,000원의 칩스를 사용하고 있다.

③ 마커칩스 (Marker chips)

칩스를 칩 츄레이(Tray)에 보관함에 있어서 일정 단위(금액칼라별 20EA, 또는 카지노마다 갯수를 달리 하기도 함)마다 구분하기 위하여 사용하는 칩스.

(2) 후렌치 칩스 (French Chips)

주로 지중해를 중심을 한 유럽 아프리카 지역 카지노에서 사용하는 칩스로서, 포루투칼 카지노의 영향을 받은 마카오 카지노도 후렌치 칩스를 사용한다. 사각형 모양을 쁠라끄(Plaque)라고 하며, 원형 모양은 쥐똥(Jeton)이라고 한다. 정사각형의 쁠라끄와 타원형의 쥐똥도 있다. 액면가 별로 그림과 색깔과 크기가 다르다.

후렌치 칩스

그러나 쁠라끄와 쥐똥은 아메리칸 칩스 보다 크고 두꺼우므로 게임 진행에 불편한 점이 있다. 그래서 유럽의 많은 카지노들이 점차적으로 아메리칸 칩스를 선호하고 있다.

2 카드(playing card)

1) 카드의 종류 및 특징

카드의 종류로는 특수종이와 얇은 플라스틱에 인쇄를 한 것이 있다. 카지노에서는 특수종이에 인쇄한 카드(Praying Card)를 사용하고 있으며 특별하게 플라스틱 코팅(Plastic Coating)하여 탄력성 있고 잘 굽어져야 하며 뒤틀리거나 또는 쉽게 꺾기거나 잘 찢어지지 않아야 한다.

블랙잭 게임에서 사용되는 카드 덱(Deck)의 수는 카지노가 정한 룰(Rule)에 따라 1덱(52장)~8덱까지 사용되어 지고 있다. 특히 폰툰(Pontoon)게임에서는 숫자 10카드가 없는 것이 특징이다.

〈MGM 월드 홈페이지〉

(1) 무늬에 의한 분류

카드의 분류는 처음에 카드회사 (U.S Playing Company, U.S Gambling Company)에 의해 분류되었으나, 오늘날 카드제작회사는 다양한 카드를 제작 생산하므로 회사에 의한 분류보다 카드 뒷면 무늬에 의해 분류하고 있다.

① A카드

뒷면이 거칠고 미끄러지지 않으며, 탄력성이 없고 뒷면 디자인은 꽃무늬, 원형모양 등 여러 가지 모양으로 된 카드

☞ Bicycle Card, Aviator Card, Blue Ribbon Card

② B카드

뒷면이 매끄럽고 반질반질하며 탄력성이 있다. 뒷면은 다이아몬드 모양 또는 별모양으로 디자인된 카드를 말한다.

☞ Bee Card. Steamboat Card

A카드

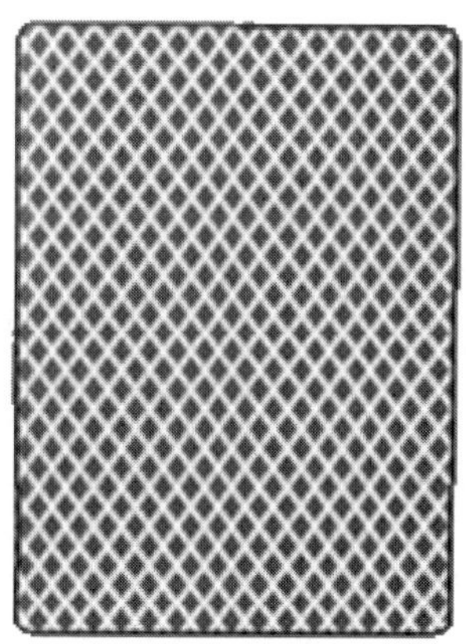

B카드

(2) 용도에 의한 분류

① Playing Card

가. 스탠다드(Standard): 유희용 카드로 스퀴즈(Squeeze: 카드 쪼아보기) 하기에 편하도록 되어있다.

나. 라지 인덱스 (Large index): 카지노 테이블에서 여러 사람을 상대로 즐기는 게임에 사용 블랙잭이나 바카라게임에서 플레이어들이 잘 볼 수 있도록 만든 카드.

다. 프로티 플레잉카드 (Protea Playing Crad): 주로 유럽과 남아프리카에서 사용되어 뒷면은 파란색과 빨간색으로 나뉘어 도안되었다.

② Bee Card

뒷면이 마름모꼴(다이아몬드무늬) 사각형의 무늬가 전체적으로 연속되어 그려져 있음. 일반적으로 대부분의 카지노에서 사용되는 카드는 Bee Card이다.

③ Bicycle Card

동양화처럼 여백이 있다.

상 · 하, 좌 · 우에 흰 여백이 있고 테두리 안쪽에 무늬를 넣었는데 그 무늬에 흰 공간이 많다.

④ Magic Card

마술이나 특수한 경우에 사용하도록 만든 카드.

2) 카드의 구성카드

4가지 패〈牌〉(Suit라고 함)에 각각 Ace부터 King까지 13장으로 되어 있고, 모두 52장이며 빨강색 카드 26장(◆, ♥), 검정색 카드 26(♣, ♠)으로 이를 One Pack 혹은 One Deck이라고 부른다. 총 52장(조커카드 제외)으로 구성되어 있다.

(1) 카드는 다음 4가지 패(Suit of Card)로 구분된다.

♠: 칼(Spade=파괴, 권력)

◆: 마름모형(Diamond=재화, 돈)

♣: 떡갈나무 열매가 변형된 세잎 클로버(Club=교제, 명예)

♥: 심장(Heart=애정)이란 뜻으로 프랑스에서 시작되었다.

(2) 카드는 계급 및 가치(Rank Value of Card)

Card Rank는 K, Q, J, 10, 9, 8, 7, 6, 5, 4, 3, 2, Ace 순이다.

또한 Card Value는 카드에 적힌 숫자 그대로 계산하고, K, Q, J와 10은 블랙잭에서는 10(Ten)으로, 바카라에서는 0(zero)로 계산한다. Ace는 블랙잭에서는 1/11(Eleven)으로, 바카라에서는 1(One)로 계산한다.

(3) 카드그림(Face Card)의 모델

① King Card(K)

♠: Herbrew King of David(이스라엘와 다윗)

◆: Julius Caesar(로마의 황제 줄리어스 시이저)

♣: Alexander(그리스의 안렉산더대왕)

♥: Charlemagne(서로마 제국의 황제 샤를마뉴대제)

② Queen Card(Q)

♠: Palasatena

◆: Biblical Rachel

♣: Joan of Arc Elizabeth

♥: Helen of Troy

③ Jack Card(J)

♠: Hogien Le Danois

◆: Charlemagne' s soldiers Roland

♣: Lancelor

♥: Chareles Ⅶ of France 으로 오늘날 그림 카드다.

3) 카드의 발달

카드는 처음은 Divining(점치는 화살) - GUESSING GAME으로 Korean Playing Card(한국골패) - Chinese Playing Card(7~8세기경 중국 당나라에서 있었던 "엽자"라는 골패에 전설사의 인물, 숫자를 그려 넣었던 카드) - Modern Playing Card(현대 카드)로 발달되었다.

14세기까지는 카드를 손으로 직접 그렸기 때문에 값이 비쌌으나 독일에서 인쇄술이 발달함에 따라 카드를 목판에 인쇄하기 시작하였고 아름다운 카드가 일반인들에게 공급되어 게임도 성행하게 되었다. 세계 최초로 프랑스에서 카드를 빨강색, 검정색 카드로 나누기 시작했다.

1440년에 독일의 "요한 구텐베르크"가 인쇄 기술을 개발하여 맨 처음 성경을 인쇄했고, 같은 해에 "플레잉 카드(Playing Card)"를 인쇄했습니다. 그 후 인쇄 기술의 발달로 유럽에서는 여러 가지 형태의 카드 게임이 급속하게 전해졌다.

3절 게임의 종류 및 실무 이해

1 블랙잭

1) 블랙잭의 역사

현재의 블랙잭과 규칙이 비슷한 카드게임은 이탈리아의 7 1/2(Seven and a Half)로 1490년경에 처음으로 시작되었다. 7 1/2은 현재 사용하고 있는 카드와 유사한 카드를 썼던 것으로 알려지고 있으며, 숫자는 표시된 대로 그림 카드는 절반으로 계산했고 다이아몬드 킹은 현재 카드 게임의 조커처럼 윈 카드(Win Card)로 만 썼다. 7 1/2은 블랙잭처럼 카드를 계속 받다가 7 1/2에 가까우면 승리하고 7 1/2이 넘으면 버스트(Bust: 파산)하는 게임이다. 영국에서는 그 두 배인 15가 넘으면 버스트가 되는 게임도 있었다고 한다.

프랑스에서는 1975년 뱅엉 (Vingt-un)으로 불렀고 그 후 30년 후에는 뱅 떼 엉(Vingt-et-un)으로 불리면서 19세기 초 미국으로 건너가 블랙잭의 모태가 됐다. 1945년 엘린모아 듀몽이라는 사람이 네바다 주에서 뱅 떼 엉 게임의 레이아웃을 처음 만들었고 1979년에는 사우스다코타 주 데드우드에서 뱅 떼 엉 이 영어로 번역되면서 "21(Twenty-One)" 게임으로 알려지기 시작했다.

"21" 이라고 이름 붙여진 이유는 다음과 같다. 숫자 카드 1~9를 더하면 45, J Q K 등 그림 카드 석 장과 10을 더하면 85가 된다.(모든 그림 카드는 똑같이 10으로 계산된다.) '원덱 딜(One Deck Deal: 카드를 한패만 섞어 돌리는 것)' 의 경우 여기서 카드를 한 장 뽑아서 뒤로 돌리는 버닝(Buming)을 하면 84가 되고, 이를 다시 스페이드-하트-클로버-다이아몬드 4패로 나누면 "21" 이 돼 "21 Game" 으로 이름 붙여졌다고 한다.

블랙잭으로 명칭이 바뀐 것은 스페이드A와 King카드 두 장으로 "21" 을 만들면 1.5배 외에 건 금액의 10%를 더 지불하는 'Pay 3 to 2' 룰이 1919년 시카고에서 현대 형 블랙잭 테이블과 규칙 등이 도입 되면서 부터로 보인다.(블랙잭에서 Ace는 1 또는 11중 유리한 쪽으로 계산할 수 있다.) 1931년 네바다 주에서 도박이 합법화 될 때까지 블랙잭의 규칙들은 변화가 많았지만 점차 통일돼 전 세계로 보급되었고 현재 카지노에서 가장 인기 있는 게임으로 자리 잡았다.

2) 블랙잭 게임의 정의

블랙잭 게임은 카지노에서 가장 쉽게 볼 수 있는 게임이며 또한 카지노에서 운영 중인 게임 중 가장 인기가 있는 게임이다. 그 이유는 게임규칙이 비교적 간단하고 규칙을 쉽게 배울 수가 있으며, 한 테이블에서 일행과 함께 게임을 즐길 수가 있기 때문이기도 하나 가장 큰 이유는 플레이어에게 선택권이 부여되기 때문이다. 물론 다른 카지노 게임에서도 선택권은 있으나 블랙잭 게임만큼 플레이어의 전략과 요령에 따라 승패 결과를 좌우할 수는 없다.

블랙잭 게임은 52장의 카드(싱글덱 게임)와 2장의 인디케이트 카드를 사용하는 게임으로 "21" 게임이라고도 부르며, "21" 이 최고의 숫자이다. 따라서 플레이어들은 딜러의 카드 숫자의 합보다 많고, "21" 이나 "21" 에 가까운 숫자를 만들려고 노력한다.

블랙잭 게임은 카지노에 따라서 1덱(52장)부터 6덱(312장)까지 사용하며, 블랙잭 테이블의 레이아웃에는 딜러 핸드 하나와 1~7까지의 플레이어 핸드로 이루어져 있다. 블랙잭 게임에서는 플레이어는 "21" 이나 "21" 에 가까운 숫자를 만들기 위하여 본인이 원하는 만큼의 카드를 받을 수 있고 또한 상황판단에 따라서 받지 않을 선택권이 있으며, 딜러는 고객과는 달리 16까지는 의무적으로 카드를 받아야 하며, 17이상일 경우 더 이상 카드를 받지 못하고 고객과 승부해야 한다.

(1) 카드의 가치

- 10, J, Q, k(Paint Card)는 모두 10으로 계산한다.
- Ace는 1 또는 11로 자유롭게 계산한다.(soft Rule)
- 나머지 모든 카드는(2, 3, 4, 5, 6, 7, 8, 9) 정해진 가치(Value) 그대로 계산한다.
- 카드의 계산(Card count): 두 장 이상으로 카드의 합한 점수를 끗수(Score)라고 말한다. 고객의 핸드(Player hand)에 드로잉(Drawing)한 카드의 끗수를 첫 번째 핸드부터 순서대로 계산(Count)하여 고객에게 알려주어야 한다.

3) 블랙잭 게임의 기구 〈BJ - 01참조〉

(1) 테이블

테이블에 간단하게 게임의 룰이 기록되어 있고 또한 고객이 구획 내에서 배팅할 수 있도록 1~7까지 핸드(hand)의 표시가 프린트되어 있는 판을 말한다. 〈BJ-01 참조〉

(2) 슈(Shoe)

게임에서 사용하는 셔플(shuffle)된 카드를 넣는 기구로서 이곳을 통하여 고객이나 딜러에게 카드가 배분된다.

(3) 카드(Card) / 인디케이트 카드(Indicate Card)

카드는 블랙잭에서 게임을 하기 위한 도구이며 카지노에서는 종이로 만들어진 카드를 사용한다. 인디케이트 카드는 게임이 시작되기 전 딜러가 공정하고 정확하게 셔플 하였나를 플레이어에게 직접 카드를 커팅(cutting)시켜 확인하는데, 이때 사용하는 플라스틱으로 만든 카드로서 여러 가지 색상으로 만들어 진다. 또한 인디케이트 카드는 딜러가 카드를 슈에 넣기 전 마지막 끝 부분 1덱~1과 1/2덱 정도가 남아 있는 분량에 인디케이트 카드를 꽂아 두는데, 게임 도중 이 카드가 나오면 현재 진행되고 있는 라운드(round)까지만 진행하고 마무리시키라고 하는 용도로서 사용되는 카드이다.

(4) 디스카드 홀더(Discard Holder또는 Discard Rack)

플레이어나 딜러에게 배분된 카드를 각 라운드가 종료된 다음 사용된 카드를 수거해 놓는 곳을 말한다.

(5) 랙(Rack)

카지노에서 현금 대신 통용되는 칩을 보관하는 곳으로 테이블 중앙의 딜러 앞에 있다.

(6) 칩(Chips)

카지노에서 현금과 동일하게 사용되는 게임도구이다.
칩스의 종류는 머니 칩스, 플레이어 칩스, 마커 칩스 등이 있다.

〈BJ-01〉

BLACKJACK TABLE LAYOUT

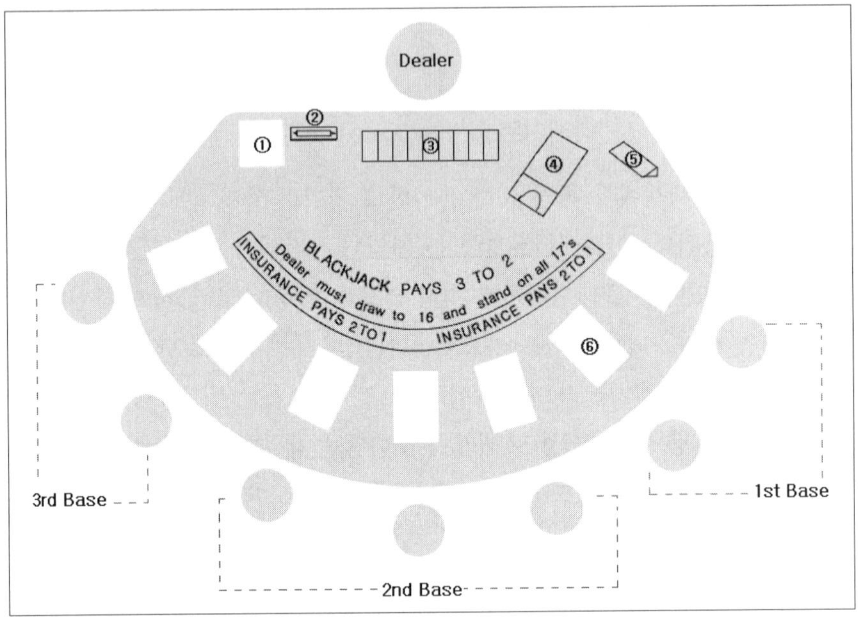

1. Discard holder
2. Drop box
3. Chip tray
4. Shoe
5. Limit board
6. Betting box

4) 딜러 측 룰

플레이어들과 달리 딜러는 아무런 게임의 옵션이 없다.

딜러는 라운드가 진행되면 플레이어에게 2장의 카드를 드로잉 하여 주고 딜러 자신도 2장의 카드를 받는다.

딜러의 카드 합계가 17 보다 낮을 경우 자동으로 딜러는 카드를 받게 되고, 카드 합계가 17에서 21이 나오면 스탠드를 한다.

만일 플레이어의 카드 숫자합계가 21이 넘으면, 플레이어는 자동으로 진다.

또한 딜러의 핸드도 카드숫자의 합이 "21"을 넘었을 경우는 레이-아웃 상에 남아

있는 플레이어 핸드에 대하여는 모두 Pay 해주어야 한다.

21의 숫자 한도 내에서 합계가 딜러의 카드 숫자합계를 넘으면, 플레이어는 이기고, 베팅한 금액을 받는다. 만일 플레이어와 딜러의 핸드 카드숫자합계가 똑같다면, 동점으로서 '푸시(push)' 또는 Tie-hand가 되며 베팅은 무효가 된다.

게임을 시작하려면 먼저 베팅을 해야 하는데 각 테이블의 베팅 범위 내에서만 베팅을 할 수 있다. 이 베팅 범위는 테이블 마다 다르므로 게임에 참가하기 전에 테이블 위의 리미트 보드(Limit Board)에 표시되어 있는 베팅 범위를 먼저 확인해야만 한다. 플레이어들의 베팅이 끝나면 딜러는 자신을 포함한 테이블의 모든 플레이어들에게 기본 카드를 한 번에 한 장씩 2장의 카드를 나누어준다. 이때 플레이어들은 2장의 카드를 펼친 상태로 받고, 딜러는 1장은 펼친 채, 또 다른 1장은 펼치지 않은 상태로 놓는다.

플레이어 카드 숫자의 총계와 딜러 카드 숫자의 총계를 비교하여 겨루게 되는데, 높은 점수의 카드를 가지고 있는 쪽이 승리한다. 카드의 숫자를 셀 때 2~10까지의 카드는 액면 숫자를 그대로 점수로 환산하면 되고, J, Q, K는 모두 10으로 계산한다. 에이스는 조금 신경을 써서 계산해야 되는데, 경우에 따라 1로 계산할 수도 있고, 11로 계산할 수도 있다. 그러므로 자신의 패를 잘 살펴보고 유리한 쪽으로 선택해야 한다. 이런 높은 숫자를 만들기 위해서, 플레이어는 처음 2장의 카드를 받은 뒤 그 다음 카드를 더 받을 것인지의 여부를 선택할 수 있다.

카드를 더 받는 것을 '히트(hit)' 라고 하고 카드를 더 받지 않는 것을 □ □ 스탠드(stand)□ □ 또는 스테이(Stay)라고 한다. 〈BJ-02 참조〉 카드를 □ □ 히트□ □ 할 때는 조심해야 되는데, 이 게임은 무조건 숫자가 높다고 이기는 것은 아니기 때문이다. 카드의 총합이 21□ □ 이 넘으면 자동으로 지게 되므로 "21" 또는 20, 19처럼 "21"에 가장 가까운 숫자가 만들어지도록 해야 한다. 카드의 총합이 "21"이 넘는 경우를 □ □ 버스트(Bust)□ □ 라고 하는데 딜러든 플레이어이든 버스트가 되면 무조건 지게 된다. 플레이어의 카드가 버스트가 되면 딜러는 자신의 카드에 관계없이 이기게 된다. 플레이어가 딜러보다 카드를 먼저 받으므로 플레이어가 버스트 되었을 때 딜러는 무조건 이기게 되는 것이다. 즉 딜러에게 유리한 룰이라고 할 수 있다.

그러나 블랙잭 게임에는 플레이어에게 유리한 룰도 있다. 딜러는 자신의 카드의 합이 16 이하일 경우에는 무조건 □ □히트 □ □를 해야 한다는 것이다. 따라서 딜러의 카드가 버스트가 될 가능성이 높아진다. 그리고 딜러는 카드의 총합이 17이상일 경우에는 반드시 □ □스탠드를 해야 한다.

※ 딜러는 카드를 한 장만 오픈하는데 나머지 오픈하지 않은 카드는 hole카드, 버튼 카드라고 한다.

(1) 플레이어의 의사표시

〈BJ-02〉

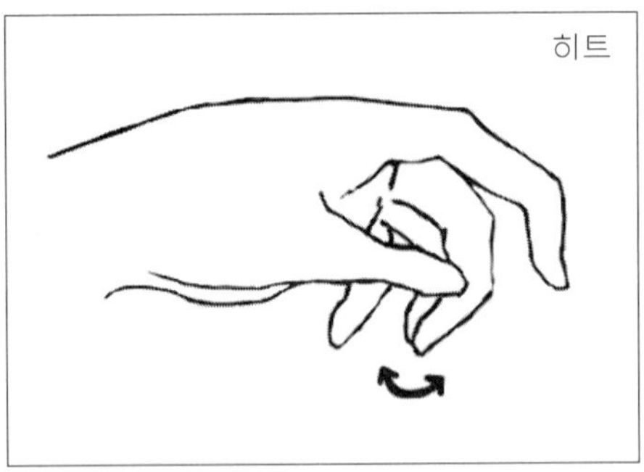

손가락을 구부려서 긁는 동작을 한다.

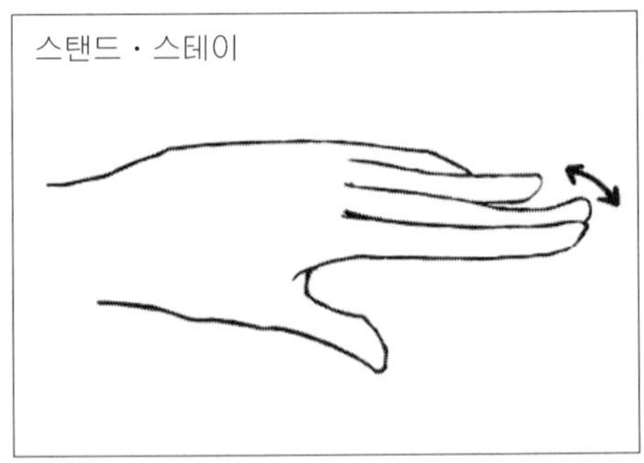

손바닥을 좌우로 흔든다.

Hit & Stand-Hand Signal(수신호) 표현 방법

5) 플레이어 측 룰

딜러로서는 아무것도 선택할 여지가 없는 룰인데 반하여, 플레이어는 그때그때의 보유 카드에 따라 상황에 대처하는 갖가지 전술을 선택할 수 있다.

(1) 스탠드의 전술 "Standing"

플레이어는 처음에 나누어 받은 2매의 카드로 충분히 승산이 있다고 판단되면 추가 카드를 받지 않는다. 카드를 더이상 받지않는 상태를 스탠드. 또는 stay라고 한다.

최초 두 장의 합이 19이므로 충분히 승산이 있음, Stand

(2) 히트의 전술 "Hitting", "Drawing"

처음에 나누어 받은 2매의 카드 합계가 21이란 숫자에는 거리가 멀어서 불만스러울 때, 추가 카드를 1매씩 몇 번이고 청구할 수 있다.

물론 이때 딜러의 보유 카드 1매가 펼쳐져 있으므로 이를 참고하여 딜러 카드의 합세를 추측하고서 카드를 받게 되지만, 카드를 지나치게 받아 그 힙계가 21을 넘게 되면 우선적으로 지게 된다. 이렇게 추가 카드를 더 받거나 받기를 위해 행하는 것을 히트 또는 히트전술이라 한다.

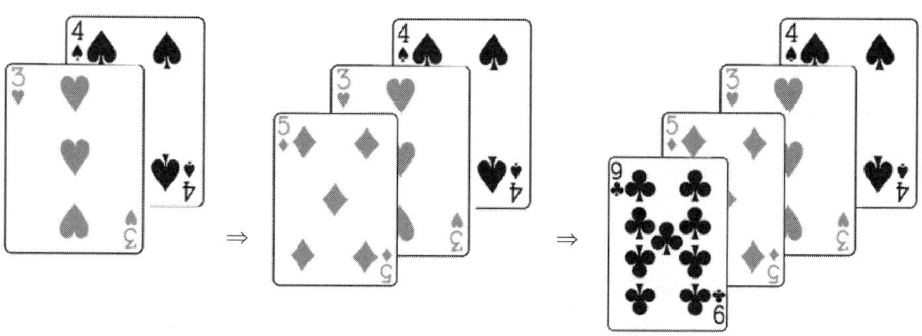

모자르다. Hit

카드 3매로 합이 12. 아직도 부족하다. Hit

4매의 합이 21, 이제는 최고의 값, Stand

(3) 더블 다운의 전술 "Double Down"

처음에 나누어 받은 2매의 카드 합계가 10에 가까울 때, 더구나 딜러의 보유 카드가 약하다고 짐작될 때에는 베팅을 2배로 하여 추가 카드 1매만을 받을 수 있다.

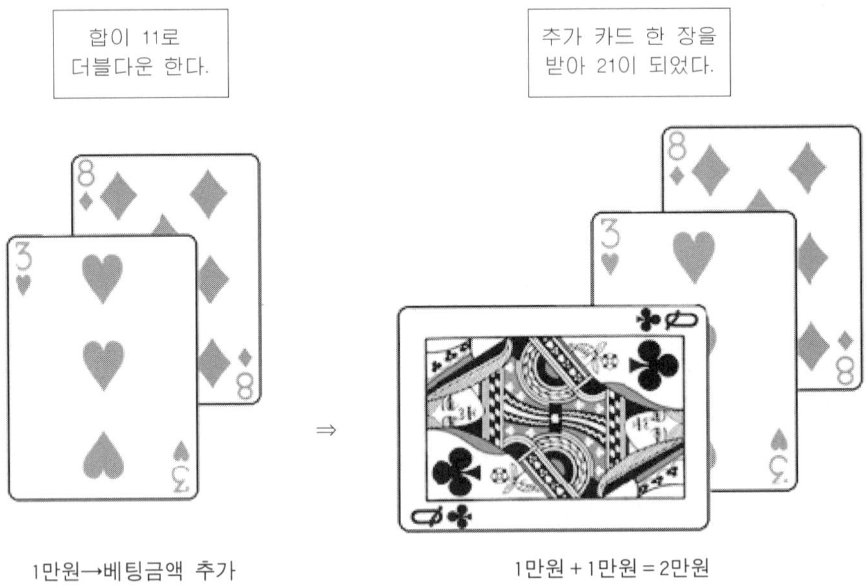

(4) 스프리트의 전술 "Splitting Paris"

처음에 나누어 받은 2매의 카드가 동일한 점수의 패인 경우, 이것을 1매씩 갈라서 따로따로 거는 것이다. 이대 나뉘어 진 한쪽 카드의 밑에다 같은 액수의 베팅을 놓게 된다. 그리고는 한군데씩 카드를 청구하여 승부한다.

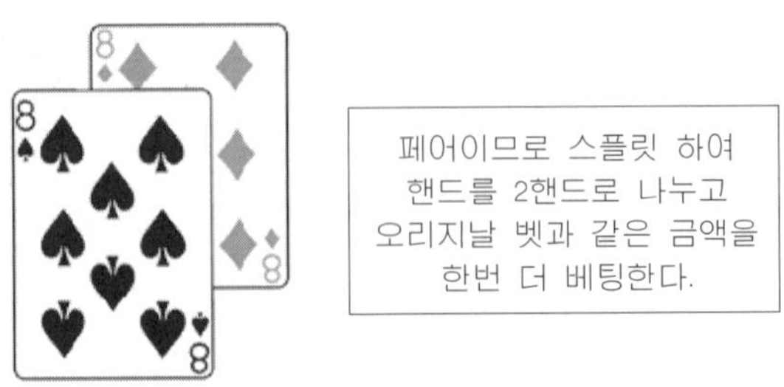

추가 카드 한장을 받아 11이므로 Hit

⇒

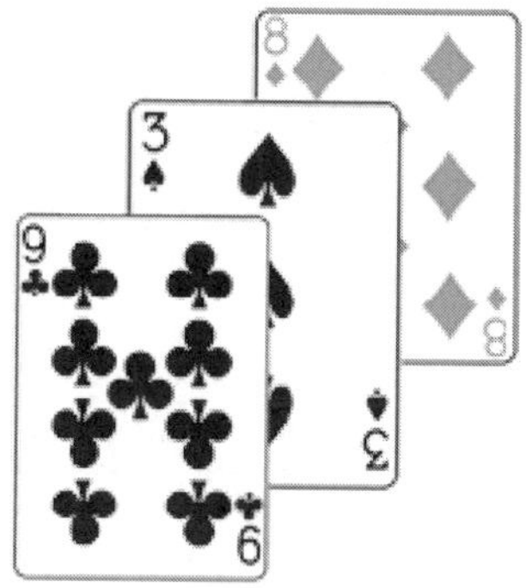

추가 카드 한 장(9)을 받아 합이 20이므로 Stand

⇒

Next 카드가 K(10)으로 합이 18이므로 Stand

(5) ACE(에이스) 스프리트 “Splitting Aces”

그런데 다만 A(에이스)의 패가 2매 들어와서 스프리트한 경우에는 각각 A(에이스)에 대한 카드는 1매씩 밖에 받을 수 없다. 만일 다음 카드가 또 A(에이스)인 경우에는 카지노에 따라 재 스프리트를 허용하는 곳도 있다.

Ace 페어이기 때문에 스프리트

⇒

추가 카드 1매(7) 합이 18로 스탠드

⇒

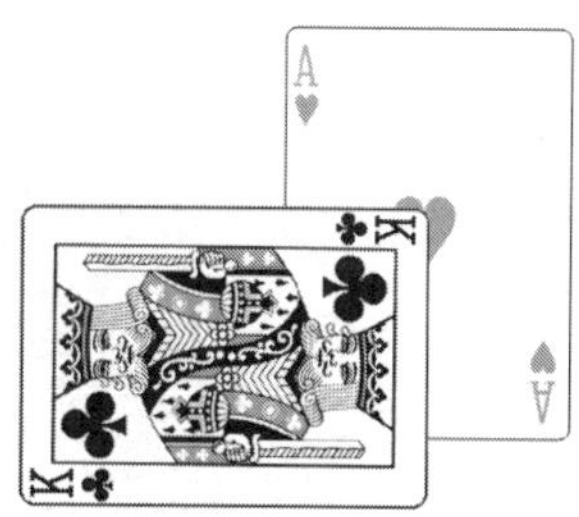

Ace 스프리트 후 K(10)합이 21이지만 노 블랙잭

(6) 재스프리트 "Resplit"

페어(Pair)인 카드를 스프리트 했을 때 다시 똑같은 점수의 패가 나왔을 경우, 또 한번 나누어서 베팅을 3곳으로 나누어 걸 수도 있다.

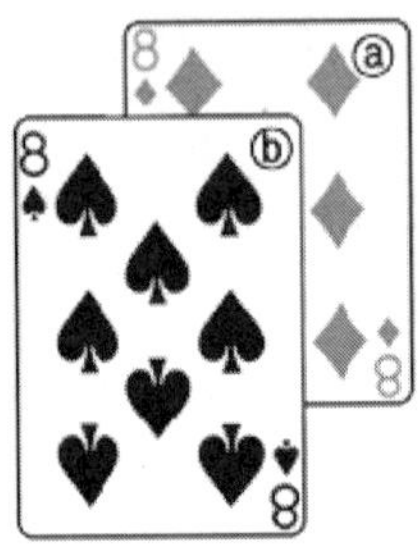

ⓐ와 ⓑ를 스플릿 한다. 오리지날 벳과 동일한 금액을 한 번 더 베팅한다.

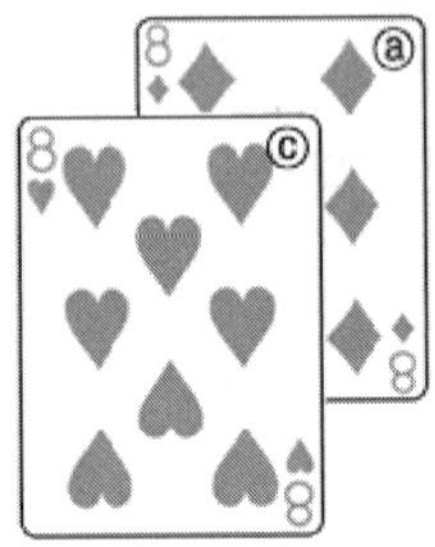

ⓐ에 ⓒ가 동일한 카드가 와서 다시 한 번 스플릿 한다. 오리지날 벳과 동일한 금액을 한 번 더 베팅한다.

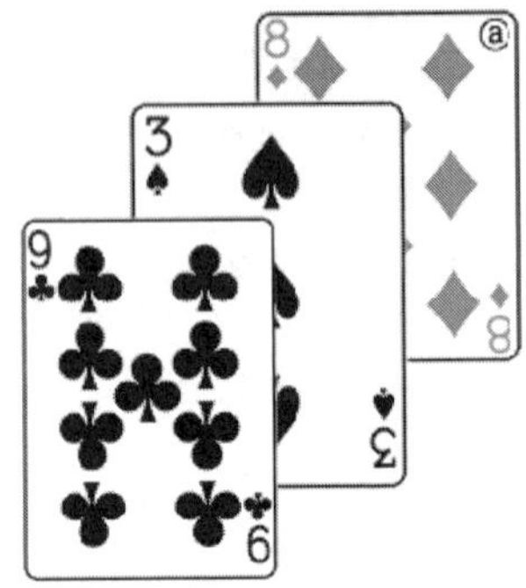

ⓐ에 숫자 3이 와서 한 번 더 Hit하여 클러보 9가나와 합이 20으로 Stand

ⓒ에 Q(10)카드가 와 합이 18로 Stand

ⓑ에 K(10)카드가 와 합이 19로 Stand

◉ 딜러의 face-up카드가 Ace인 경우

가. B/J Hand 고객에게는 Even Money가 성립

나. No B/J인 고객에게 인슈런스가 성립

(7) 보험전술

보험의 전술 "Insurance"

딜러의 펼쳐놓은 카드가 A(에이스)인 경우에, 또 1매의 카드가 10점 패(10, J, Q, K) 이면 블랙잭이다. 딜러는 업 카드(Up card)가 A(에이스)인 경우에는 플레이어 각자에게 "인슈런스?" 하고 물어서 보험을 걸 기회를 주게 된다.

〈BJ-03〉

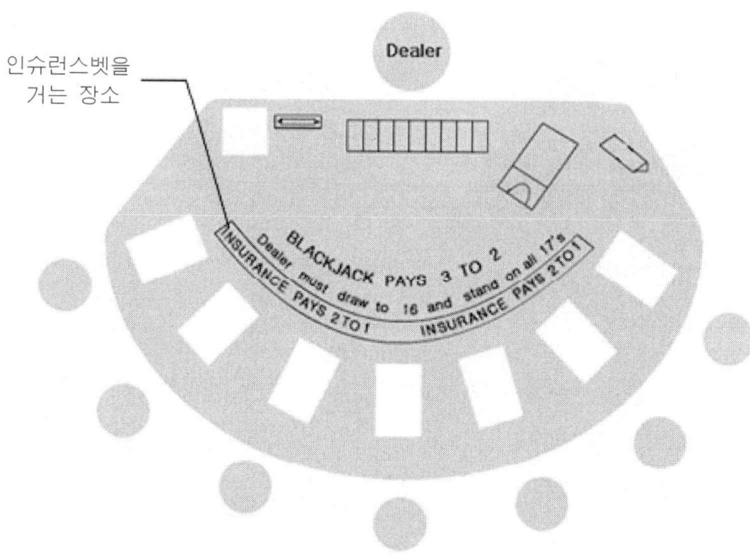

Insurance Bet 베팅 장소

가려진 또 1매의 카드가 10점 패라고 예측 되었을 때는 판돈의 반액($\frac{1}{2}$) 이하를 레이아웃상의 인슈런스 거는 곳에 추가하여 보험 걸기를 할 수 있다. 이것을 Insurance Bets이라고 한다. 〈BJ-03 참조〉

모든 플레이어가 "인슈런스?" 에 대해 예스(Yes), 노(No)의 의사 표시를 마치면, 딜러는 "Last Call for insurance"라고 Call한 다음 엎어놓은 다른 1매의 카드를 손님에게 보이지 않게 확인한다.(홀 카드 확인)

- 점 패가 아니면 "노 블랙잭(No Black Jack)"을 선언 하고는 보험을 건 인슈런스 판돈은 딜러가 회수하고 게임은 속행된다.
- 또 10점 패일 때 "블랙잭"이라 콜 하고 딜러의 카드는 2매 모두 오픈되며 게임은 여기서 종료된다.
- 플레이어도 블랙잭일 경우, 비기게 되고 그 나머지의 플레이어는 지게 된다.
- 인슈런스에 대해서는 2 TO 1즉 2배의 배당이 있게 된다.

☞ 예: 1만원 판돈을 걸어서  의 카드였는데, 이때 딜러는 를 보이고는 "인슈런스?"를 물었다. 아무래도 딜러가 가진 또 1매는 10점 패일

딜러의 훼이스 업 카드가 10일 경우

〈BJ-04〉

자료: 〈강원관광대 카지노 경영〉

지 모르기 때문에, 따로 절반인 5천원을 내놓고 인슈런스 걸기에 응했다. 결과는 예측대로, 딜러는 블랙잭이었다. 1만원 판돈은 졌기에 1만원을 잃었다. 그런데 5천원의 인슈런스 걸기에는 1만원의 배당이 붙어서 그 판의 승부는 무승부로 끝났다.

인슈런스란 딜러의 블랙잭을 무산시키는 보험 걸기의 전술인데, 업 카드(Up card)가 A(에이스)인 때에만 인슈런스가 성립하고, 반대로 업 카드 10점 패에다 뒷장이〈BJ-04 참조〉 A(에이스)일 때는 인슈런스가 성립되지 않는다.

(8) 이븐머니 Even Money〈BJ-05참조〉

이븐머니란 딜러의 Face up카드가 Ace이고 Player Hand가 블랙잭이라면, 딜러는 고객에게 이븐머니를 받을 것인지 확인 하고 Yes라고 하면 1:1로 Pay한다.

만일 플레이어가 "노"라고 대답하였을 경우 엎은 카드를 펼쳐 이 나올 때에는 블랙잭 패를 가진 플레이어는 딜러와 비기게 되지만 이 아닐 경우(딜러가 블랙잭이 아닌 경우)에는 1.5배의 배당을 받게 된다.

이븐머니

〈BJ-05〉

자료: 〈강원관광대 카지노 경영〉

딜러의 업카드(Up-card)가 A(에이스)인 경우 딜러는 블랙잭이 아닌 핸드를 가진 나머지 플레이어에게 "인슈런스?" 하고 각 플레이어에게 보험걸기를 권하면서 블랙잭 패를 보이는 플레이어에게 "이븐머니?" 라고 묻고 "예스" 하고 대답하면, 엎은 패를 확인하기 전에 베팅액과 동일한 금액을 먼저 지불한다.

(9) 그 밖의 특수전술

1.스탠드, 2.히트, 3.더블다운, 4.스프리트, 5.스프리트 후의 더블다운, 6.인슈런스의 전술은 전 세계 카지노에서 통용되는 것인데, 일부 지역이나 카지노에 따라서는 예외로 허용되는 특수한 전술도 있다.

① 서렌더의 전술 "Surrender"

서렌더 옵션은 1958년 필리핀 마닐라 카지노에 의해서 소개되었다. 이러한 플레이는 소수의 카지노에만 허용되므로 딜러에게 이 옵션이 허용되는지를 사전에 문의해야할 것이다.(강원랜드카지노리조트의 경우 서렌더룰이 허용되지 않음)

서렌더(Surrender) 즉 항복이란 말 뜻대로 플레이어가 최초 2매의 패를 검토하고 승산이 없다고 판단될 때에는 "서렌더" 라고 하고는 카드를 펼쳐서 딜러에게 보이고, 베팅위에 놓는다. 그러면 딜러는 카드를 회수하고 베팅금액은 1/2만 회수하고 나머지 1/2은 플레이어에게 되돌려준다.

② 서렌더의 타이밍

애틀랜틱시티의 룰에서는 딜러의 패가 블랙잭인가 아닌가를 확인하기 전에 허락되는 시스템이었다.(최근에 룰이 바뀌었다.) 네바다 주의 일부 카지노에서는 딜러의 패가 블랙잭이 아닌 것을 확인되고서 허락되는 시스템이다. surrender에는 ① early surrender와 ② late surrender 가 있다.

③ 비지니스의 전술 "Business"

동남아시아의 일부 카지노에서는, 플레이어가 히트 전술을 구사하여 카드의 맷수가 5매 이상이 되고도 합계점이 21에 미달하는 경우 "비지니스" 라고 신청하면 딜러측 카드의 결과를 기다리지 않고 게임 도중에서 거래 상담(去萊相談)이 허락되는 룰이 있다. 이 비지니스의 내용은 플레이어가 받은 카드 장수에 따라 서렌더 때와 같이 50%를 회수하거나 50%의 배당, 동등 액의 배당, 아니면 비기게 되는 등 여러 변화가 있으므로, 그 카지노의 하우스 룰을 미리 알아둘 필요가 있다.

④ **스탠디이스** "Standees"

유럽 및 아시아의 일부 카지노에서는 카지노 주위의 선 구경꾼(Standees)일지라도 앉아있는 플레이어의 등 뒤에서 플레이어의 스파트 꽁무니에다 추가를 베팅을 걸어 게임을 하게 한다.(일명 사이드 벳)

물론 게임 작전의 주도권은 앉아있는 플레이어가 결정하고, 스탠디이스는 훈수를 하거나 클레임(Claim)을 할 수 없게 되어있다. 이렇게 뒤에서 베팅하는 것을 사이드벳(Side Bets)이라고 한다. 일부 카지노에서는 사이드 벳을 별도의 리미트를 인정하는가 하며는 좌석에 앉아있는 손님이 벳과 금액을 합하여 리미트를 초과할 수 없다 라는 규정을 둔 카지노도 있다.

6) Special Rule

블랙잭의 특별한 규칙(Special Rule)은 각 카지노가 상황에 따라 필요하다고 인정할 때, 사용하는 룰이므로 모든 카지노가 이 룰을 적용하는 것은 아니다.

(1) 쓰리세븐 - Three 7 (7, 7, 7)

카드 무늬나 색상에 관계없이 숫자 7인 카드 3장으로 합이 21인 경우 배당은 3배를 지불한다.

(2) 같은 무늬, 같은 색상 - 6, 7, 8

같은 무늬, 같은 색상의 카드로 숫자가 6, 7, 8로 세장의 합이 21인 경우 배당은 3배를 지불한다.

7) 칩의 베팅

칩스란? 카지노에서 사용되는 현금대용화폐를 말한다.

즉 카지노에서 현찰 대신 쓰여 지는 화폐의 대용 수단이다. 국가별로 화폐가 다르듯이 칩스 또한 각 카지노 마다 다르며 기본적으로 자사 로고를 삽입한다.

(1) 베팅의 구분

베팅은 베이스에 칩을 거는 "chips betting", 핸드(hand)에 직접 돈을 거는 "cash betting", 음성으로만 베팅하는 "call betting"이 있다.

① Original Bet

플레이어가 각 베이스에 테이블 리미트(table limit) 한도 내에서 처음 거는 베팅.

② Double Bet

Original Bet와 동일한 금액을 처음 베팅한 칩 옆에 나란히 거는 베팅으로 추가 카드를 1장밖에 못 받는다.

③ Spilt Bet

원 핸드(one hand)를 늘리는 것이기 때문에 Original Bet과 동일한 금액을 약간 옆으로 띄어서 나란히 건다.

④ Insurance Bet

Original Bet의 $\frac{1}{2}$ 이하 액수의 금액을 Original Bet의 앞부분에 건다.

⑤ Side Bet

원 핸드(One Hand)의 Original Bet 이외에 다른 플레이어가 테이블의 맥시멈(Maximum) 내에서 함께 추가로 베팅하는 것으로 처음 베팅한 플레이의 의향을 물어본 후 베팅, Side Bet을 한 고객은 Hit & Stay 및 다른 전술을 할 수 없다.

8) 블랙잭 게임의 진행 및 규칙

보통 카지노에서는 딜러 한 명과 1~7명의 플레이어가 참가하여 게임을 즐긴다.

블랙잭에 사용되는 카드는 One Deck을 기본으로 총 52장으로 구성되어 있는데, 카지노에 따라 One Deck을 사용하기도 하지만 대부분의 카지노에서는 4~6개의 Deck을 사용하고 있다.

(1) 카드 패 계산법

J, Q, K와 같은 그림이 있는 카드는 10으로 계산하고 나머지 숫자는 그대로 계산된다. 특별히 에이스(A)는 1 또는 11로 계산할 수 있다. 카드 패의 합계는 가지고 있는 모든 카드의 숫자를 더한 것이다. 예를 들어 받은 카드패가 4, 5, 8이라면 합계는 17이다. 퀸(Q)과 숫자5 카드를 받았다면 합계는 15 이다. 만일 에이스(A) 숫자 11을 포함해서 카드 패의 합계가 21 넘을 경우, 에이스(A) 숫자를 1로 바꿔서 계산해도 된다. 예를 들어, 에이스(A)와 숫자7 카드의 합은 8또는 18이다. 여기서 다음 카드로서 9를 받았다면, 숫자의 합계는 17또는 27이 된다. "27"의 경우는 버스트(bust)가 되므로 자동으로 "17"로 계산된다. 에이스(A)를 11로 계산하는 것을 "소프트 카드(soft card)"라고 부른다. 에이스(A)를 1로 계산하는 것은 "하드 카드(hard card)"라고 부른다.

■ 진행: 게임이 시작되면

· 베팅 → 플레이어부터 한 장씩 두 장의 카드를 받음(플레이어는 두 장 모두 Face up, 딜러 는 첫 장을 Face down, 둘째 장은 Face up) → 자신의 차례가 돌아오면 히트(hit), 스테이(stay), 스플릿(split), 더블다운(double down), 인슈런스(Insurance), 써렌더(Surrender) 중에 한 가지를 결정
· 플레이어 측 룰 : 딜러로부터 두 장의 카드를 드로잉(drawing) 받는 후…
· 히트(Hit) : 카드를 추가로 한 장 더 가져오는 것.(Hand Signal/수신호)
· 스테이(Stay) : 카드를 더 이상 받지 않겠다는 것.(Hand Signal/수신호)
· 스탠드(Stand)라고도 함. 수신호를 함께 행하여야 함 〈BJ-06 참조〉

〈BJ-06〉

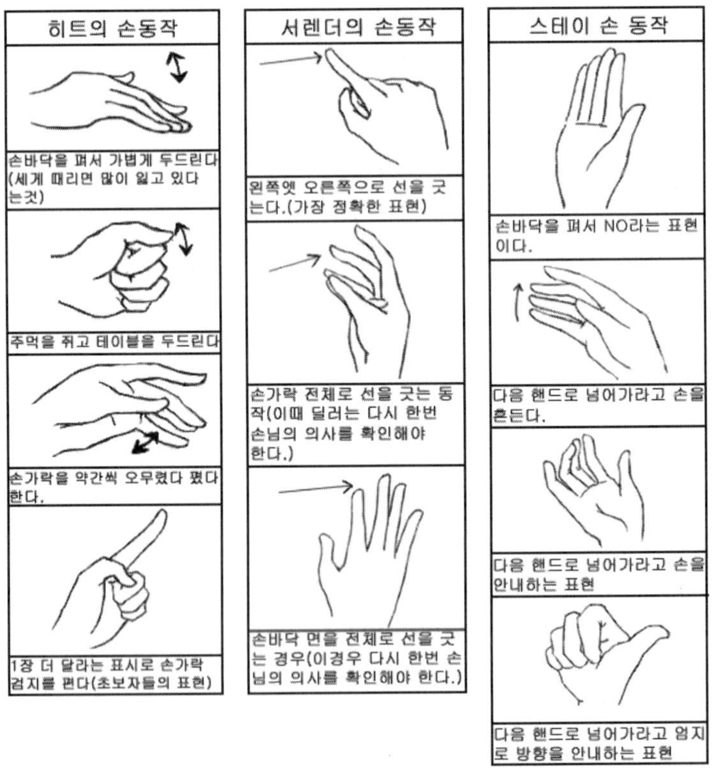

Hand Signal(수신호)

9) 블랙잭 게임(Black Jack Game)의 기초 실무

(1) 카드핸들링(Handling)

블랙잭 게임에서 딜러업무 중 가장 기초가 되는 것이 카드의 핸들링(Handling)이며, 딜러가 카드를 취급하는 요령과 방법을 알아보기로 한다.

(2) 카드 스프레드(Spread)

딜러가 블랙잭 게임 테이블에서 고객을 기다릴 경우 딜러는 카드를 테이블 위에 페이스 업(Face Up)시켜 스프레드(Spread)한 다음 딜러용 의자를 앉아 기다린다.

블랙잭 게임에서는 보통 카드를 4덱(제주 지역 일부카지노) 또는 6덱을 사용하며, 카드는 각각 덱(Deck)마다 4 Suit 스페이드(Spade), 다이아몬드(Diamond), 클럽(Club), 하트(Heart)순서로 배열한다.

카드를 스프레드(Spread) 할 경우에는 하트, 클럽, 다이아몬드, 스페이드 순서로 훼이스 업(Face Up)하여 실시하는데, 하트와 클럽을 훼이스 업 할 경우에는 에이스

앞 쇼잉 장면

〈BJ-07〉

자료: 〈강원관광대 ANT〉

뒷 쇼잉 장면

〈BJ-08〉

자료: 〈강원관광대 ANT〉

앞 쇼잉 완료

〈BJ-09〉

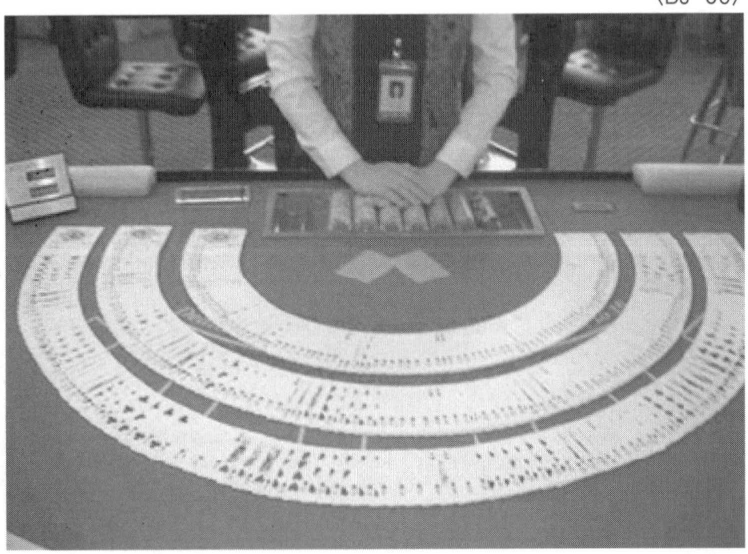

자료: 〈강원관광대 ANT〉

에서 부터 시작하여 10 그리고 J, Q, K 순서로 하고, 다이아몬드와 스페이드의 경우에는 역순인 K, Q, J 그리고 10에서 에이스 순서로 배열하며 카드의 맨 마지막 오른쪽에는 반드시 스페이드의 에이스 카드가 오도록 스프레드 한다. 스프레드는 6덱의 경우 2덱을 한 묶음으로 하여 반원을 만들되 3줄로 나누어서 스프레드 한다. 〈BJ-09 참조〉

고객이 게임을 위해 테이블에 앉았을 경우 딜러는 페이스 업 된 카드를 1덱씩 수거한 다음, 6덱으로 만들어 다시 1덱씩 앞 쇼잉(Showing)〈BJ-07 참조〉 뒷 쇼잉〈BJ-08 참조〉을 하여 고객에게 카드의 이상 유무를 확인 시킨다.

(3) 카드 워싱(Washing)과 셔플(Shuffle)

① 카드 워싱(Washing)

워싱(Washing)은〈BJ-10 참조〉 게임이 셔플(Shuffle)의 한 방법으로 카드 쇼잉 다음에 행하는 방법으로 카드를 고루 섞기 위한 행위이다.

카드 워싱 방법과 순서

〈BJ-10〉

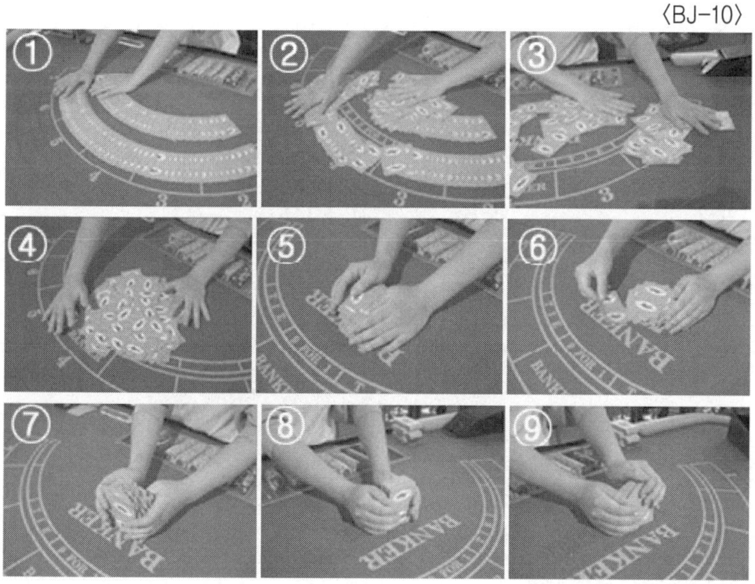

자료: 〈강원관광대 카지노 경영〉

먼저 플레이어에게 확인 시켜준 페이스 업 된 카드를 수거하여 카드를 양쪽으로 양분하고, 양분된 카드를 1덱씩 2덱을 페이스 다운시켜 2줄의 반원을 그려 보여준다. 이렇게 각각 양분되어 스프레드 되어진 카드 두 묶음을 양손이 밖에서 안쪽으로(∞) 카드를 골고루 섞은 행위가 끝난 뒤 카드를 어렌지(Arrange/한 묶음으로 만드는 행위)하며, 어렌지 할 때는 한 장의 카드를 잡고서 카드의 맨 밑에 넣고 카드를 들어 올려 잘 정리한다.

② **카드셔플(Shuffle)**

워싱(Washing)을 끝낸 딜러는 게임에 들어가기에 앞서 카드를 더욱 골고루 섞기 위한 작업을 한 번 더 실시하는데 이 작업을 셔플이라고 한다. 셔플에 들어가기 전 딜러는 먼저 플레이어 에게 "Shuffle" 이라고 콜(Call)〈BJ-11 참조〉한 후 pit 간부의 긍정적 sign을 받고 셔플 작업에 들어간다.

셔플 과정은 워싱 하여 정리한 카드를 A 묶음과 B묶음으로 2등분하여 테이블 위에 놓는다. 다음 A, B카드를 양쪽에서 1/2덱씩 잡아서 1덱으로 만들어 섞는데, 6덱의 경우 이 과정을 보통 6회 이상 반복하여 실시한다. 셔플 시 카드 잡는 방법은 양쪽으로 나누어 진 카드를 1/2덱씩 잡고 테이블 위에 가로로 놓은 다음 엄지손가락

〈BJ-11〉

자료: 〈강원관광대 ANT〉

컷팅(Cutting) 장면

〈BJ-12〉

자료: 〈강원관광대 카지노 경영〉

카드 파지법과 셔플

〈BJ-13/1〉

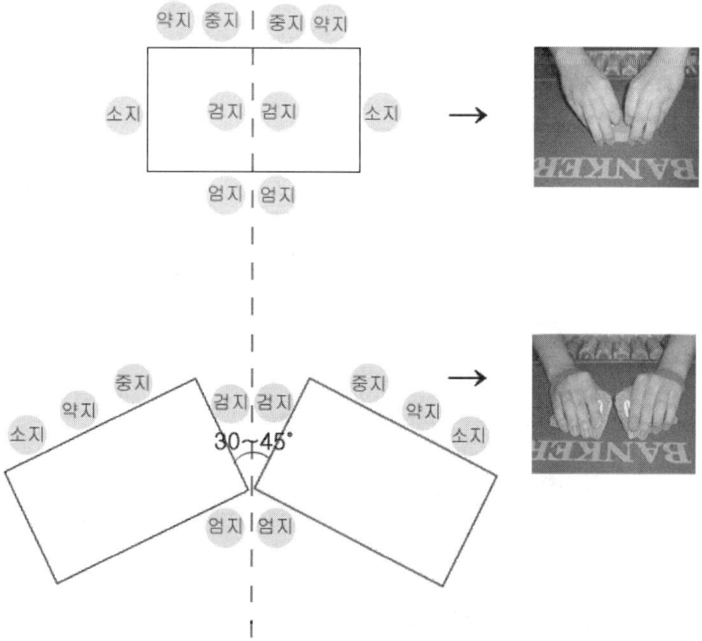

자료: 〈강원관광대 카지노 경영〉

은 딜러 방향의 카드 끝부분을 잡고 나머지 손가락은 고객 방향 쪽 카드를 움직이지 않도록 고정 시킨 다음 엄지손가락 쪽의 카드를 약간 들어 지그재그 식으로 카드를 섞으면 된다(카드파지법과 셔플방법 BJ-13/1 그림참조). 카드 셔플을 끝마칠

손가락 위치와 셔플 방법

〈BJ-13/2〉

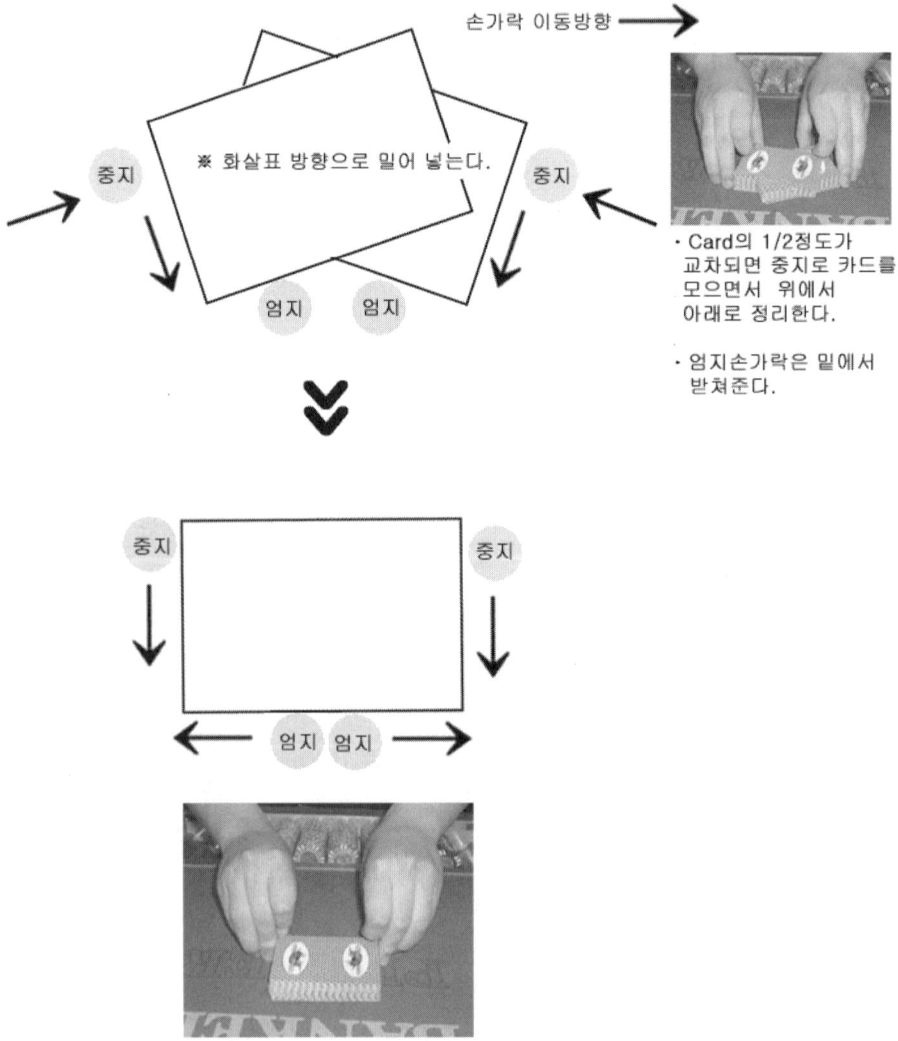

자료: 〈강원관광대 카지노 경영〉

때마다 카드를 바로 커팅(Cutting)시킨다. 〈BJ-12 참조〉

커팅이란 셔플〈BJ-13/1, 13/2 참조〉된 카드를 더욱 골고루 섞기 위한 작업으로 셔플 되어 어렌지 된 카드 1덱을 왼쪽 엄지와 중지로 카드를 잡고 왼쪽 약지손가락 끝은 테이블에 고정시켜 댄 다음 위에서부터 몇 회에 걸쳐서 오른손 엄지와 중지를 이용하여 카드를 테이블에 떨어뜨리는 작업이다. 카드 커팅은 1덱에 3회 정도 실시하는 것이 보통이다.

(4) 셔플유형

셔플에는 일반적인 셔플과 카지노셔플, 원 바이 원(One-by-One)셔플, 비대칭셔플 등이 있는데, 엄밀히 말하자면 수십 개, 또는 수백 개하는 방법을 달리 할 수 있다. 하지만 카지노의 셔플 방법은 10가지 내외지만 통상 2개로 나누어 섞는 것, 3개로 나누어 섞는 것, 또는 Washing등인데 카지노 측의 게임 상태가 좋지 않을 때에는 여러 가지 방법으로 바꾸기도 한다. 셔플 방법으로 안 되면 새로운 카드로 바꾸어서 진행하기도 한다. 미국에서는 딜러가 집적 셔플하기도 하고 셔플기계가 있어서 셔플을 한 다음, 슈통에 담아 바로 게인을 할 수 있게 하는 방법을 사용하고 있다.

한국, 호주, 뉴질랜드 등에서는 직접 셔플을 하며 마카오 카지노의 특징은 셔플만 전문적으로 담당하는 딜러는 게임을 하지 아니하고 셔플만 담당한다고 한다.

① Unbalanced Shuffle

카드수가 서로 다른 스택A(32장) 와 스택B(20장)을 셔플(Shuffle)하여 카드가 완전히 섞이도록 한다.

② Strip Shuffle

셔플의 절차를 없애고 Strip(Cutting)으로만 셔플 한다. 주로 1~2덱을 사용 〈아래 그림 ⓕ참조〉

③ Two Deck Shuffle

각각의 덱(Deck)별로 셔플하며, 덱과 덱은 서로 섞이지 않는다. 주로 2덱에서 사용

세 개로 나누어 섞는 Shuffle: 카드를 A묶음과 B묶음으로 나누어 놓고 A덱 1/2과 B덱 1/2을 셔플하여 C덱을 만든 후 A와 C덱 1/2, B와 C덱 1/2을 셔플 하는 방법 //대다수 카지노에서 사용〈아래 그림 ⓐ~ⓤ참조〉

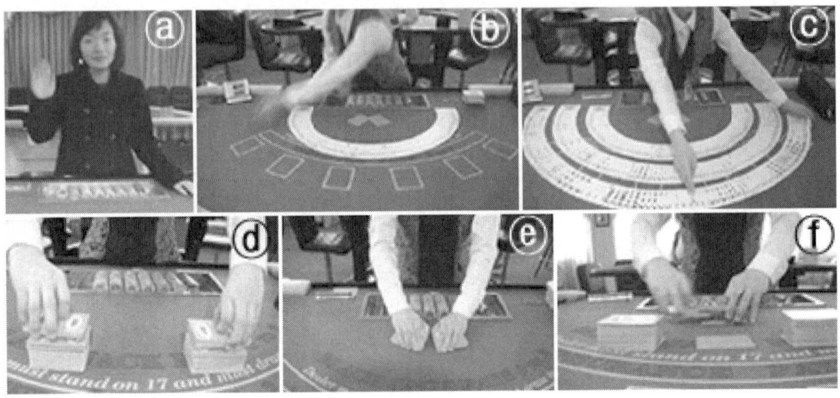

ⓐ "Check Shuffle" 이라고 콜하고 셔플하기 전 Pit간부의 확인을 받는다.

ⓑ 긍정적 대답을 들으면 카드를 레이아웃 위에 2덱씩 쇼잉 한다.

ⓒ 쇼잉이 끝난 후 6덱을 만들기 위하여 1덱씩 거두어들인다.

ⓓ 카드를 3덱씩 두 뭉치로 나누어 양쪽에서 1/2씩(1덱의 1/2분량)잡아 셔플 준비를 한다.

ⓔ 카드와 카드의 내각이 30~45도를 유지하고 카드가 One-by-One으로 섞이도록 셔플 한다.

ⓕ Three셔플(3회 셔플) 후 원 컷팅을 한다.

ⓖ Three셔플 원컷팅을 한 후 양쪽카드중앙 지점에 그림과 같이 셔플을 가져다 놓는다.

ⓗ 이렇게 7~8회 실행한 후 6덱을 한 뭉치로 만든다. 이 그림의 상태는 레이스 셔플이다.

ⓘ 레이스 셔플이 끝나면, "Check rolling" 콜하고 Pit간부의 긍정적인 답변을 기다린다.

ⓙ 긍정적인 Sign이 나면 왼손이 카드 앞쪽을 감싸고 오른손은 딜러의 몸쪽 카드

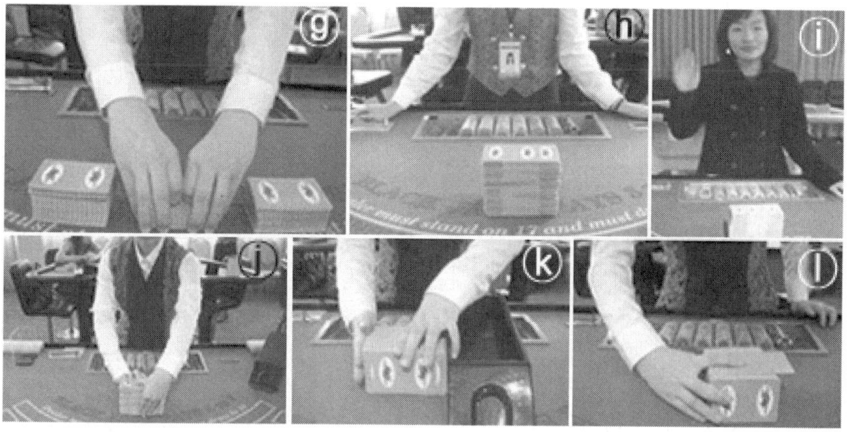

면의 아래와 위를 엄지와 나머지 네 손가락으로 감싼 후 그림과 같이 플레이어 쪽으로 밀어 넘긴 후 딜러 쪽으로 당긴다.

ⓚ 왼손 소지로 그림과 같이 슈를 레이아웃 중앙으로 끌어와 카드뭉치의 한 쪽면을 고정시키고 오른손을 이용하여 카드를 arrange시킨다.

ⓛ 오른손의 엄지와 중지, 약지, 소지를 이용하여 카드 뭉치를 잡고 카드 뭉치 위에 인디케이트 카드를 올려 검지 손가락으로 살며시 잡은 다음 1st base에서 3rdbase쪽으로 "Cut please"라고 콜 하면서 카드뭉치를 옮긴다.

ⓜ 고객이 인디케이트 카드를 카드 뭉치에 Insert시키면 딜러는 "Thank you Cut"이라고 콜 한다.

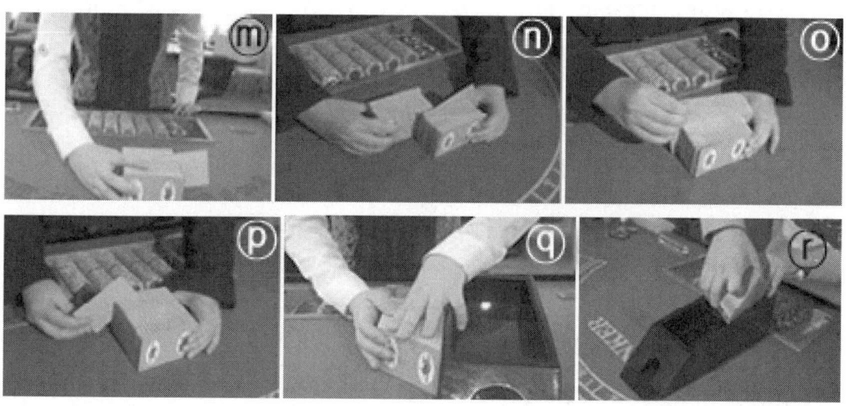

ⓝ 인디케이트 카드를 중심으로 양분되어진 카드 뭉치 중 딜러 몸 쪽에 있는 카드를 오른손으로 잡아 왼손이 잡고 있는 카드뭉치앞쪽(손님이 앉아있는 쪽)으로 이동시켜 정리한다.

ⓞ 카드 뭉치 중 인디케이트 카드를 오른손으로 잡아 딜러가 Insert시킬 준비를 한다.

ⓟ 딜러는 인디케이트를 오른손으로 잡고 딜러 몸 측으로부터 약 1과 1/2 덱(카지노마다 규정에 의거 차이가 있음) 이상의 지점에 Insert시킨다.

ⓠ 딜러는 왼손 소지를 이용하여 슈를 레이아웃 중앙으로 가져와 슈에 카드뭉치를 넣기 위하여 그림과 같이 약간 비스듬히 정리한다.

ⓡ 딜러는 왼손을 이용하여 슈 안의 밀대를 슈의 뒤쪽으로 당긴(또는 빼어냄) 다음 오른손을 이용 하여 카드 뭉치를 슈 안에 넣을 준비를 하고 다시 왼손이 슈 앞쪽으로 이동하여 카드가 미끄러져 흘러나오는 것을 방지한다.

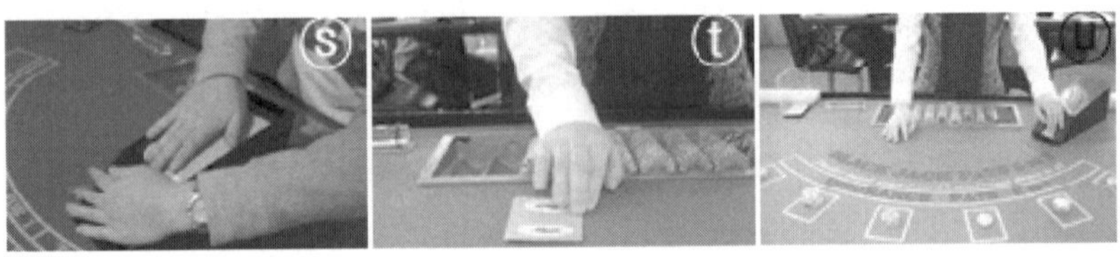

ⓢ 딜러의 왼손은 슈 앞쪽으로 이동이 끝나면 오른손이 잡고 있는 카드 뭉치는 슈안에 살며시 집어넣고 오른손을 이용하여 카드를 arrange시킨다.

ⓣ 딜러는 왼손을 이용하여 슈를 잡고 오른손 중지를 이용하여 슈로부터 카드를 뽑으며 버닝카드(Burning Card)라고 콜한 다음 두 장의 카드를 그림처럼 Face down 상태로 버닝 시켜 디스카드 홀더로 옮긴다.

ⓤ 딜러는 두 장의 카드를 버닝 시킨 다음 “Bets down please” 라고 콜한 다음 고객들이 베팅박스에 칩스를 베팅할 수 있도록 충분한 시간을 준다.

■ **게임의 진행: 카드 딜링(Dealing)**

① 카드 Drawing하기

슈 안의 카드는 왼손에 검지 중지 무명지로 빼어낸 카드를 왼손 엄지를 사용하여 가볍게 안쪽으로 꺾어 든다.

카드 Draw

〈BJ-14〉

자료: 〈강원관광대 카지노 경영〉

오픈된 카드는 오른손 검지와 중지사이에 끼어 엄지로 잡고 딜러의 왼쪽 베팅박스 바로 아래에 놓으며 시계방향으로 카드를 한 장씩 드로윙 한다.〈BJ-14 참조〉

딜러는 각 핸드에 한 장씩 드로윙 한 다음 딜러의 카드는 Rack 앞 중간 부분에

Second card draw

〈BJ-15〉

자료: 〈강원관광대 카지노 경영〉

카드 위치를 고정시킨다. 고객의 두 번째 카드는 딜러와 손님이 동시에 카드의 합을 카운팅 할 수 있도록 첫 번째 카드 위에 좌측 하단에〈BJ-15 참조〉그림과 같이 겹쳐 놓는다.

딜러의 두 번째 카드는 고객의 모든 핸드가 완료된 후(hit, Stay, Double, Split, etc....)마지막으로 드로우 하여 First 카드 밑에 Face down으로 놓고 딜러는 오른손을 이용하여 First카드를 오픈시킨다.

오른손을 이용하여 카드를 보기 좋게 arrange한다.〈BJ-16 참조〉

딜러의 Hole card arrange

〈BJ-16〉

자료: 〈강원관광대 카지노 경영〉

딜러의 Hole card Open

〈BJ-17〉

자료: 〈강원관광대 카지노 경영〉

플레이어들의 모든 핸드에 hit&stay가 완료되면 딜러는 자신의 홀카드를 오른손 엄지와 검지, 중지, 약지를 이용하여 오픈하고, 홀카드를 자신의 왼쪽에 오픈카드를 그 오른쪽에 약간의 간격을 두고 놓는다. 그림 〈BJ-17 참조〉

② 딜러의 홀(Hole)카드 정리하기

홀(Hole) 카드란, 딜러의 두 번째 카드로 훼이스 다운(Face down)으로 2장의 카드중에서 밑에 있는 카드를 말하며 일명 Bottom카드라고도 한다. 〈BJ-16 참조〉

③ 홀(Hole) 카드의 위치시키는 방법

왼손 검지, 중지, 무명지로 카드를 훼이스 다운으로 살짝 누르며 고정 시킨다.

오른손으로 첫 번째, 카드를 살짝 들어 올려 오픈 한 후, 왼손이 잡고 있는 두번째 카드를 오른손이 잡고 있는 첫 번째 카드 밑으로 넣고 위에서 덮는다.

홀 카드가 보이지 않도록 왼손 또는 오른손을 이용하여 카드를 정리한다.

④ 홀(Hole)카드 보는 방법

홀 카드를 확인 하는 경우는 다음 2 가지 경우이다.

첫째는 딜러의 오픈 카드가 Ace인경우이고 두 번째는 딜러의 오픈 카드가 "10"의 값을 갖는 10. J. Q. K 일경우이며 홀 카드를 확인 하는 방법은 다음과 같다.

오른손을 이용하여 Face up 된 딜러의 카드를 중지를 이용하여 살짝 민 다음, 양손의 검지, 중지, 약지를 이용하여 카드의 하단부를 살짝 누른다.

왼손 엄지는 오른손 엄지 위에 가볍게 올려진 상태로 양손 엄지를 이용하여 Hole card의 한쪽 모서리를 부드럽게 들어 올리면서 숫자를 확인한다.

딜러의 Face Up 카드가 Ace이고 홀 카드가 "10" 일 때는 카드를 오픈(open)시킨다. 물론 에이스 일 때는 이븐머니와 인슈런스가 성립 한다.

홀 카드가 "10" 이 아닐 때는, 카드를 다시 본래의 상태로 내려놓고 왼손은 그대로 카드를 잡고 오른손은 옆에서 세워서 오른손의 검지를 사용하여 카드를 정리한다.

⑤ 리더기 이용하여 카드를 확인하는 방법

딜러의 두 장의 카드(Up & down card)는 항상 정리(Arrange)된 상태에서

BLACKJACK 유무를 확인하여야 하고, 확인 할때 카드를 절대 레이아웃에서 들면 안 된다. 그리고 BLACKJACK 으로 확인되었더라도 리더기에서 직접 오픈하면 안 된다.

· "Ace" **카드가** Face up**일때**

☞ 리더기에 카드를 넣을 경우: 왼손은 카드의 왼쪽모서리를, 오른손은 오른쪽 밑 모서리를 잡고 오른손 엄지와 검지를 축으로 하여 왼손 엄지와 검지를 왼쪽으로 90도 회전 시킨 후  →  리더기에 카드를 삽입시켜 숫자를 확인한다.

☞ 리더기에서 카드를 빼낼 경우: 카드의 오른쪽 상단 모서리를 엄지와 검지로 고정시킨 후 카드의 왼쪽 하단을 왼손 중지 약지를 대고 밀어 올려 원상태로 만들어 놓는다.

· "10" **카드가** Face up **일 때**

☞ 리더기에 카드를 넣을 경우: 오른손 엄지와 검지는 카드 오른쪽 상단 모서리를 잡고 왼쪽 엄지와 검지는 왼쪽 하단 모서리를 잡아 그대로 카드 리더기에 밀어 넣어 숫자를 확인한다.

☞ 리더기에서 카드를 빼낼 경우: 리더기에 카드를 넣은 상태에서 카드를 확인 후 그대로 밀어 올려 원상태로 만들어 놓는다.

· **"Ace"와 "10"카드가 리더기 삽입 방법이 다른 이유**

☞ Face up 카드에 따라 확인 할 Down 카드의 Ace이지 10카드 인지 두 가지 경우 밖에 없다.

☞ 카드리더기용 카드는 특수 인쇄된 카드로 "10"과 "A"의 인쇄된 위치와 모양이 틀리게 되어 있으며, 숫자도 일반 Bee카드보다 크게 인쇄되어 있다. 이러한 이유로 서로 확인 하는 카드 모서리 위치도 다른 것이다.

· 블랙잭 딜러의 실무진행절차

ⓐ 모든 카드는 딜러의 왼손 쪽에 자리 잡은 슈로 부터 딜링이 되어 진다.

ⓑ 딜러는 왼손으로부터 카드를 드로우 하며 오른손으로 돌려져 상단 쪽으로 잡아 앞면(Face up)으로 돌려 베팅 박스의 라인 바로 아래에 놓는다.

ⓒ 레이아웃 상에 표시된 7핸드 박스 이외에는 카드에 딜링 되어 지지 않는다.

ⓓ 모든 벳은 네모진(레이아웃에 따라 원형의 모양도 있음) 또는 원형의 베팅박스만 사용되어져야 한다. 칩스가 라인 밖이나 중간사이에 있다면 노-벳으로 인정된다. 게임자는 그들이 앉아있는 박스 앞에서만 자기 카드에 대한 의사표시(시그날)를 할 수 있다.

ⓔ 딜러는 항상 카드가 나누어지기 전에 테이블의 리미트(미니멈과 맥시멈)가 적절한지 조사하여야 한다. 일단 처음 카드가 나누어졌다면 변경은 가능하나 뉴-벳을 만드는 것은 허용하여서는 안 된다.

ⓕ 카드는 테이블 주위를 왼쪽으로 부터 오른쪽으로 각 핸드에 한 번에 한 장씩 받으면서 나누어진다.

ⓖ 딜러는 카드를 디바이드(Divide)하는 중에 다른 게임자의 카드와 섞어서는 안 된다.

ⓗ 모든 게임자의 카드는 앞면으로 왼쪽에서 시작해서 시계 방향으로 계속적으로 테이블을 돌면서 카드가 나누어지게 된다.

ⓘ 먼저 각 게임자가 카드 한 장을 받고 딜러도 카드 한 장을 뒷면으로 받는다. 두번째 카드는 각 게임자에게 나누어진 첫 번째 카드의 왼쪽 앞면에 놓여진다. 그리고 뒷면으로 나누어진 첫 번째 카드 위에 앞면으로 딜러의 핸드에 나누어진 것이 딜러의 두 번째 카드이다.

ⓙ 딜러의 쇼윙 카드가 에이스일 때 딜러는 블랙잭을 가지고 있는지 체크하기 위하여 밑바닥의 카드(Bottom card)를 보는 것이 허용되기도 한다.(Hole-card)

ⓚ 게임자에게 카드의 디바이드가 완료된 후에 딜러는 그의 Bottom카드를 재껴서 앞면으로 돌려놓을 때 딜러의 첫 번째 카드는 자신의 왼쪽에 두 번째 카드(2nd card)는 첫 번째 카드의 오른쪽에 카드와 카드 사이에 간격이 있게 놓는다.

2 바카라

돼지 · 멍덩구리 라는 뜻으로 통하며, 플레이어, 뱅커 2개조로 나누어서 9 또는 9의 가장 가깝게 만들어 플레이어 측과 뱅커 측이 승부를 겨루는 게임〈BAC-01〉으로서 최고의 값은 2장의 카드 합이 9 또는 8이며 룰(Rule)에 의해 추가 카드를 받아 3장의 카드 합이 9, 8, 7, 6, 5, 4, 3, 2, 1, 0 순으로 순서가 정해진다.

바카라 게임 장면

〈BAC-01〉

〈티니안 카지노〉

1) 게임의 역사

바카라 게임을 고안한 천부적인 재능을 가진 자의 명확한 이름을 진정 아는 사람은 아무도 없으며 그 변천사는 마치 팽이가 돌아가듯 변화되어 왔다.

1680년경 루이 16세의 궁전에서 자주 벌였던 "나인(Nine)"이라는 게임에서 그 징후를 보였다고 하는 다른 문헌으로는 파리의 빈민가의 부랑자들에 의해 전래되었다는 설도 있지만 아직도 후세의 사람들은 Corsia에서 유래되었다고 믿고 있다.

원래 게임의 목적은 순수하게 앞면(Head) 혹은 뒷면(Tail)이냐를 선택하는 승부이다.

양쪽의 두 장의 카드를 가지고 3rd 카드를 받든 안 받든 양쪽에서 2장 카드의 합으로 결정한다는 뜻이다. 그러나 룰은 한 단계 변화되어져 플레이어(Player)의 3rd 카드가 룰에 따라 딜러에 의해 드로우 할 것인지 아닌지를 게임자에게 선택의 자유를 주었다. 이 게임은 "Chemin de fer"(미국어로 Shimny)로 알려졌고 게임은 게임자와 게임자의 대결로 하우스는 커미션만 가져갔다.

그리스에서는 1922년 반세기 전부터 이름이 변화를 거듭하여 "A duex fable-aux"라는 이름으로 만들어 졌다. 이 뜻은 양편 게임자에 대해 한곳의 슈(Shoe)로부터 딜링 된다는 뜻이다.

"뱅커(Banker)"는 후렌치 리베라(French Riviera)에서 자주 열렸던 게임 중 유명한 그리스인 닉조라그라포스(NickZographos)에 의해 이름이 붙여졌다.

또 다른 유래로는 찰스 8세 때 프랑스로부터 이탈리아에 이르기까지 널리 퍼진 이 게임은 고대 Etrusecn의 아홉 신들이 의식 연구에 기초해 도박사 Flex Falguire에 의해 분리되었다.

전설에 따르면 2600년 전에 로마에는 "금발의 사원"이 있었는데 그 아홉 신들은 빈틈없이 Nven Dare 성의 금발의 처녀들 이기기 위해 준비하였다.

만일 그녀가 8, 9를 던지면 여 사제는 왕이 될 것이고, 6, 7을 던지면 종교적인 일을 비롯한 자격이 박탈될 것이며, 만일 5이하가 나오면 바다 속으로 걸어 들어가야만 했다.

2) 게임의 정의

일반적으로 카지노는 바카라 게임을 고급스럽고, 매력적인 게임으로 player들에게 소개하기 위하여 메인카지노(Main Casino)가 아닌 별도의 게임 룸(game room)을 마련하고 있으며 딜러(dealer)들은 대개 턱시도를 입고 있다. 테이블의 베팅은 다른 게임보다 높아 최소 베팅은 2~3달러부터, 2,000달러까지가 가장 일반적이다. 바카라는 카지노 게임 중에서 플레이어에게 확률이 가장 높은 게임이다.

바카라 게임은 일반적으로 1명에서 14명까지 play하는 카드게임이며, 게임은 매우 간단하다. 두 장의 카드를 받아 합이 "9"에 가까울수록 이기는 게임으로 주로

"하이롤러(high roller)" 게임이지만 일반 고객을 상대로 한 미니 바카라(mini baccarat) 테이블도 있다.

바카라 게임은 플레이어(player)와 뱅커(banker) 2개의 사이드가 있어 player는 어느 한쪽을 선택하여 베팅할 수 있다. 이때 player와 banker중 9혹은 9에 가까운 쪽이 승리하며 합이 같을 시에는 무승부가 된다. 수학적으로 banker의 확률이 조금 더 높기 때문에 banker에 베팅을 하여 이겼을 경우에는 5%의 Commission을 카지노가 가지게 된다.

3) 게임의 목적과 배당

플레이어가 선택한 플레이어 사이드, 혹은 뱅커 사이드가 반대편 보다 높은 점수로 이기는 것을 목적으로 한다.

최고점 9점 ·········· 내추럴 9 (Natural 9)

차점 8점 ············ 내추럴 8 (Natural 8)

이하 ··············· 7 · 6 · 5 · 4 · 3 · 2 · 1점의 순서이고

최저점 ············· 0점(세장의 카드의 합이 0일 때) Baccarat라고 하며

배당은 1 to 1 이븐(Even) 즉 베팅과 동일 금액이다. 때로는 쌍방이 같은 점수인 경우도 있다. 그럴 때는 무승부(8배 페이/pay)로 비기게 된다.

4) 카드의 사용 덱 수 · 점수의 계산법

아메리칸 스타일에서도 6덱~8덱의 카드가 사용된다. 카드의 사용 덱 수는 카지노의 관행과 테이블 사이즈에 의해 정해진다. (미니 바카라는 6덱, 미들 · 라지 바카라는 8덱 사용이 통상적이다.)

카드는 A(에이스)부터 킹(K)까지 13매, 클로버 · 다이아몬드 · 하트 · 스페이드의 4종류합계 52매가 1덱인데, 조커는 사용하지 않는다. 또 그림 종류의 차이는 승부에 아무런 영향을 미치지 않는다.

(1) 점수의 계산법

A(에이스) ································ 1로 계산
2~9 ···································· 카드에 표기된 숫자대로
10 · J · Q · K ···························· 모두 0으로 계산
2장 또는 3장의 카드를 합계 할 때도 10 또는 그림 카드는 모두 0으로 계산한다.

5) 3번 카드의 룰에 옵션이 없다.

바카라의 별칭을 '3번 카드의 룰' 이라고 일컫는데, 플레이어 사이드, 뱅커 사이드의 일방 또는 쌍방이 2매의 카드로 점수 부족인 때에는 3매 째의 카드를
① 받아야 한다. "must drawing"
② 받아서는 안 된다. "must stand"
에 관해 쌍방에 룰이 정해져서, 유럽스타일과는 달리 선택의 여지, 즉 옵션이 없다.

6) 바카라 종류 및 테이블 레이아웃

(1) 미니 바카라(Mini Baccarat) 〈BAC-02〉

일반적으로 미니 바카라는 한명의 딜러가 게임을 진행하며 플레이어들은 카드를 만질 수 없는 것이 특징이다. 이 미니 바카라는 일명 아메리칸 스타일 바카라라고도 하며, 이는 미국에서 개발되어 게임을 하는데 붙여진 이름이다.

(2) 미들 · 라지 바카라(Middle · Large Baccarat) 〈BAC-03 · 04 참조〉

일반적으로 바카라 게임은 3명의 딜러가 있으며, 2명의 캐샤(Cashier)는 뱅크롤(Bankroll)의 뒷 편에 앉아 있고, 나머지 1명은 뱅크롤의 반대편에 서있다. 이 3명의 딜러는 베팅을 다루고(handle) Losses bet 을 가져오고 winning bet 에 지불하는 역할을 맡고 있다. 테이블의 다른 편에 딜러를 "스틱맨(Stickman)" 혹은 "콜러(Caller)"라고 부르며, 이들은 게임을 진행하고 hit 혹은 stay이를 할지 결정하고 모든 hands의 합을 부른다.

〈BAC-02〉

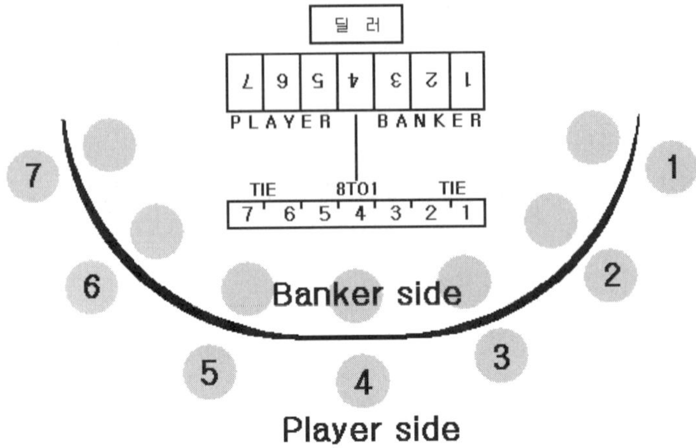

미니 바카라

〈BAC-03〉

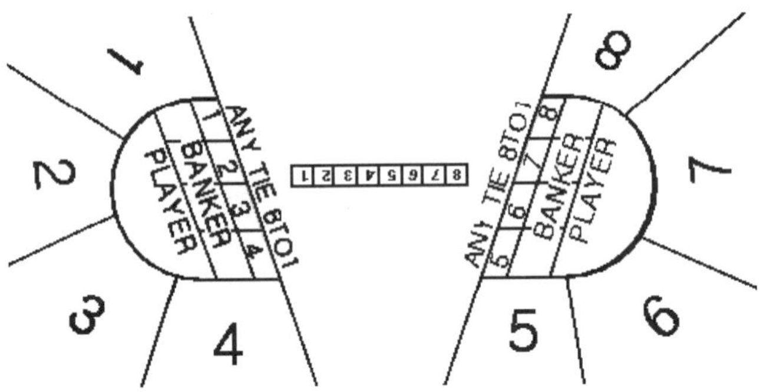

미들 바카라(Middle Baccarat)

〈BAC-04〉

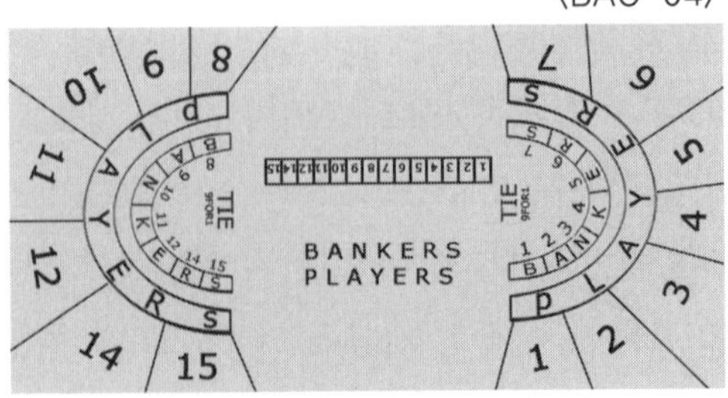

라지 바카라(Large Baccarat)

바카라 게임은 최대 14명까지 play할 수 있고, 의자가 세미서클(Semi-circle)된 테이블의 가장 자리에 앉게 배열되어 있다. 그리고 앉는 Betting 과 앉는 좌석의 배열과는 상관이 없어 아무좌석에 앉아도 상관없다.

테이블의 양쪽 가장 자리인 semi-circle에는 각 7개의 숫자가 player쪽으로 쓰여 져 있다.(이때 숫자 13은 없다.) Semi-circle 안을 3개 부분으로 나눌 수 있는데, 제일 먼저 semi-circle안에는 player의 숫자 (1, 2, 3)가 있고 다시 그 안쪽으로 3개의 semi-circle이 있는데 먼저 P-L-A-Y-E-R-S라는 큰 글씨가 있고, 다음으로는 B-A-N-K-E-R라는 글씨가 있고, 그 안으로는 다시 Player의 숫자가 적혀 있고, 마지막으로 즉, semi-circle의 제일 안쪽에는 "TIE" 와 9 for 1 이라고 적혀 있다.

베팅을 하고자 할 때에는 위의 3부문에다 칩을 놓으면 된다. 다시 말해서 베팅은 뱅커 편, 플레이어 편, 타이베팅(Tie)에 베팅을 할 수 있다. 타이 베팅은 양쪽이 비기는 것을 예상하는 것으로 비길 경우 8:1로 돈을 딴다. 그렇지만 이는 좋지 않는 방법이다. 만약 1번 자리에 앉은 플레이어가 뱅크 편에 베팅을 할 경우에는 "B" 라고 쓰여 져 있는 곳에 칩을 놓으면 된다. 또 2번 자리에 앉아 있는 player일 경우에는 "A" 라고 쓰여 져 있는 곳에 베팅을 하면 되는 것이다. 반대로 플레이어 편에 베팅을 할 경우에는 "P" 라고 쓰여 져 있는 곳에 베팅을 하면 된다.

"player" 와 "Bankers" 라는 글씨는 테이블의 중간 부분에도 있다. 이곳은 딜러가 카드를 이두부분에다가 놓은 곳이다. 한쪽은 플레이어 편을 의미하는 것이고 다른 한편은 뱅커 편을 의미하는 것이다.

또한 글씨의 반대편에는 1에서 15까지의 숫자가 네모 칸 안에 쓰여져 있다.(참고 숫자 13은 없다.) 각 네모 칸은 player를 나타내거나 뱅커 편에 베팅을 하는 경우 commission을 지불하기 위해서 만들어 둔 칸이다. 예를 들어, 1번 player를 나타내거나 뱅커 편에 100백만 원을 베팅하여 이겼을 경우 player는 5만원의 commission을 카지노에 지불하게 되며, 윈(Win) 마커(Marker)가 뱅커 사이드(Banker Side) 1번 칸에 놓이게 된다.

7) 게임의 규칙

첫째, 바카라 게임은 베팅을 하는 것 이상으로는 별로 player가 하는 것은 없다. 예를 들어, 게임 규칙을 몰라도 베팅을 한 후 딜러가 pay off하기 때문에 걱정을 하지 않아도 된다. 단, player 와 banker의 카드 점수를 계산하는 것과 뱅커 사이드가 Win했을 때 베팅 금액에 5% 커미션(공제액)만 알아두면 도움이 되며 그 커미션 계산조차도 딜러가 알아서 계산해 준다.

둘째, 카드의 점수 계산은 다음과 같이 한다.

· 2~9까지는 카드의 숫자 그대로 계산하고,

· 10, J, Q, K는 모두 "0" 으로 계산하고,

· Ace는 1로 계산한다.

예를 들어 5와 7의 두 카드를 받아 "9" 보다 크면 마지막 자릿수(12)를 점수로 계산하므로 "2" 가 된다.

셋째, 플레이어는 점수가 1, 2, 3, 4, 5, 10이면 카드를 받아야 하고, 6, 7이면 스탠드, 그리고 8, 9는 "natural" 이라하여 stand하며 이길 확률이 높다.

바카라 룰에는 Player Rule〈BAC-05 참조〉, Banker Rule〈BAC-06〉, Stands on Rule이 있다.

(1) Player Rule

〈BAC-05〉

처음 2장의 카드 점수	PLAYER' s 3rd Card
1-2-3-4-5-0	MUST DRAW (BACKERS hand가 NATURAL이 아닐때)
6-7	STANDS
8-9	NATURAL (BANKERs 3rd Card를 Draw할 수 없다.)

(2) Banker Rule

〈BAC-06〉

처음 2장의 카드 점수	DRAW (PLAYERs 3RD 카드가 아래 같을때)	Dose Not DRAW (PLAYERs 3RD 카드가 아래 같을때)
0-1-2	MUST DRAW (PLAYER' s hand가 NATURAL이 아닐 때)	
3	1-2-3-4-5-6-7-8-9-0	8
4	2-3-4-5-6-7	1-8-9-0
5	4-5-6-7	1-2-3-8-9-0
6	6-7	1-2-3-4-5-8-9-0
7	STANDS ON	
8-9	NATURAL/우선적 승리 (PLAYER' s Card를 Draw 할 수 없다.)	
만약 PLAYER Hand가 STAND이면 BANKER Hand 6도 STAND 이다.		

(3) Stands on Rule

플레이어가 6 또는 7로 Stands on에 걸렸을 때 Bank side의 합이 5이하일 경우 Banker side는 추가카드를 한 장더 받는다.

8) 바카라 게임의 딜링

(1) 미니 바카라의 Deal〈BAC-07〉

고객에게 베팅을 권하고 딜링(Dealing)을 시작한다.(Betting and beginning the deal)

미니 바카라는 4또는 6장(카지노마다 약간 차이가 있음)을 카드의 숫자가 보이게 오픈 게임(Open Free Game)하는 방식으로 버닝 카드(Burning Cards)를 뽑아서 테이블에 스프레드(Spread)하여 고객에게 확인을 받고, 디스 카드 홀더(Discard Holder)에 넣는다. (이때 "버닝카드(Burning Card)" 라고 Call한다.)

딜링을 시작하기 전에 "Bets down please" 라고 콜하여, 고객이 Player side 또는 Banker side의 베팅 박스(Betting Box)에 베팅을 유도한다.

미니 바카라 Deal

〈BAC-07〉

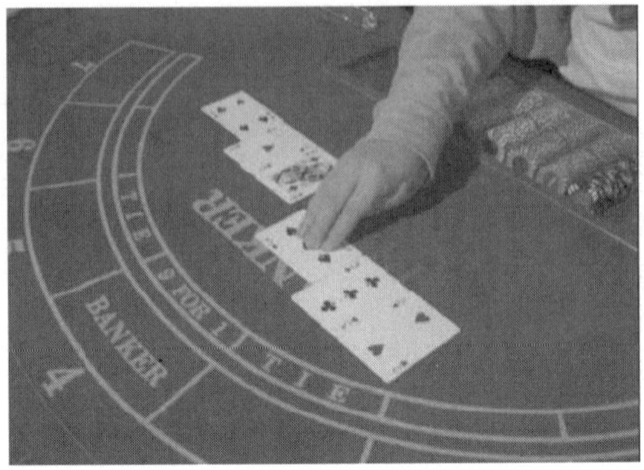

자료: 〈강원관광대 카지노 경영〉

Bet we pay 8 to 1, "Sir(Madam)" 라면서 타이베팅(Tie limits)에 알맞게 베팅이 이루어 졌는가를 확인한다.

만약에 맥시멈 리미트(Maximum limits)의 변경을 요구하는 하이 롤러(High roller)가 있으면 피트 간부에게 알린다.

① **카드의 숫자가 보이지 않게 (Face down) 분배한다.** 〈BAC-08 참조〉

딜러는 베팅이 끝나면 카드 4장을 슈에서 뽑는데, ① Cards for Player, ② Cards

Stand 바카라 Dealing

〈BAC-08〉

자료: 〈강원관광대 카지노 경영〉

for Banker, ③ Cards for Player, ④ Cards for Banker순으로 배분되며 Player hand 쪽에 2장, Banker hand 쪽에 2장씩 훼이스 다운(Face down)으로 카드가 포개지도록 분배한다.

② 게임의 진행(The play)

· 카드 펼치기(Cards open)

딜러는 먼저 Player카드를 "플레이오픈(Player open)"라고 콜하며 뒤집는다. 이때 Player의 핸드의 끗수가 3이면, "플레이어쓰리(Player 3)"라고 콜링한다. 다음 Banker 카드 2장도 Player 와 같은 방법으로 오픈 한다.

Banker 카드를 오픈할 때는 "뱅커 오픈(Banker open)"이라고 콜링 한다.

Banker 핸드의 끗수(Score)가 5이면 "뱅커 화이브 (Banker 5)"라고 한다.

· Player 와 Banker의 세 번째 카드 Player 와 Banker의 세 번째 카드의 드로우(Draw)는 바카라 규칙(Player rule, Banker rule, Stands on rule)에 의하여 결정되어 진다.

Player' s 핸드의 끗수가 5이하이고, Banker 핸드의 끗수가 2이하이면 양쪽 핸드 모두가 무조건 드로우 한다.

위의 A의 경우, Player' s 핸드의 끗수가 3 이며, Banker핸드의 끗수가 5이므로 Player의 세 번째 카드를 드로윙 한다. 〈BAC-09 참조〉

3rd Card draw

〈BAC-09〉

자료: 〈강원관광대 카지노 경영〉

딜러는 "원모아 카드훠 플레이어(One more Card for Player)"라고 콜 하면서 Player의 세 번째 카드 한 장을 드로윙 한다. 〈BAC-09 참조〉

만약에 오픈한 Player 의 세 번째 카드가 10(Face card)이면 딜러는 카드를 Player' s card 옆에 세로로 나란히 진열하여 놓고 "플레이어 드로우 제로 스틸 쓰리(player draw zerostill 3)", "뱅커 화이브 스탠즈, 뱅커윈,(Banker 5 stands, Banker win)", "페이 더 뱅커(Pay the banker)"라고 콜한다.

이 경우 바카라 Banker Rule에 의하여 Banker의 세 번째 카드는 받을 수 없으므로 Banker는 그대로 5로 남는다.

③ **테이크 & 페이**(Collect losing bets and paying off winning bets)

딜러는 Banker가 위닝핸드(Winning Hand)로 결정되었으므로, 게임에서 진 Player 베팅을 모두 테이크 하는데 오른쪽부터 왼쪽으로 테이크하여 온다.

테이크한 칩스의 량이 많으면 칩스 트레이 앞 중앙에 모아두고, 페이가 끝나면 Chips tray에 액면가 별로 정리한다.

딜러는 한 핸드씩 원바이 원(One by One)으로 확인된 오리지날 금액의 5%를 커미션으로 공제하고 Banker의 오른쪽 핸드부터 왼쪽으로 페이한다.

지불방법은 Player핸드가 Win하면 사이즈매칭(Size Matching)〈BAC-10〉으로 이븐 페이(Even pay)를 하고, 고액 칩스로 첸지페이(Change pay)를 할 때는, 먼저 Player 베팅을 갯수를 Count한 다음, 확인된 액수만큼 칩스 트레이 에서 고액 칩스부터 저가 칩스 순서로 꺼내어 피트 간부의 확인 절차를 끝내고 페이 하여 준다.

모든 페이가 끝나면 칩스 트레이(Chips Tray)및 테이블을 정리한다. 딜러는 정리가 마무리 되면 "넥스트 게임, 벳 다운 플리스(Next Game. Bets down please)"라고 콜하며, 다음 게임의 진행을 준비한다.

게임을 진행 중에 인디케이트 카드(Indicator card)가 나오면 인디케이트 카드를 고객에게 보여주며 "라스트게임(Last Game)" 이라고 Call하고 진행 중인 게임은 완료한다. 타이 핸드(Tie hand)인 경우에는 추가로 한게임을 더 진행한다.

④ 커미션 계산

딜러는 뱅커 사이드가 Win 했을 경우 오리지날 베팅 금액에 대하여 5%의 커미션을 공제한다. 커미션 계산 방법은 일반적으로 2가지 방법이 있다.

첫 번째는 베팅금액의 숫자에서 예를 들어 300,000원일 경우 끝자리 "0"을 하나 제외하고 1/2로 나눈 금액 즉, 30,000원÷2=15,000원이 5%에 해당되는 커미션이다.

두 번째는 칩스로 하는 방법으로 아래와 같다.

칩스로 커미션 계산하는 방법

① 칩스를 칼라(금액)별 분리 구분한다.
② 금액의 끝자리 0을 제거한다.
③ 칩스를 1/2로 나누어 계산한다.

ex) 1,530,000원의 칩스가 아래와 같을때
커미션을 계산하여 보면 우측 아래와 같이 계산되어 진다.

칩스
만 원
만 원
만 원
십만원
십만원
십만원
십만원
십만원
백만원

ⓐ 백만원 ÷ 2 = 50만원 → 5만원

ⓑ 십만원 / 십만원 십만원 / 십만원 십만원 ÷ 2 = 25만원 → 2만 5천원

ⓒ 만 원 / 만 원 만 원 ÷ 2 = 1만 5천원 → 1천 5백원

※ 1,530,000원에 대한 커미션은 ⓐ+ⓑ+ⓒ의 합_7만 6천 5백원

Size Matching

〈BAC-10〉

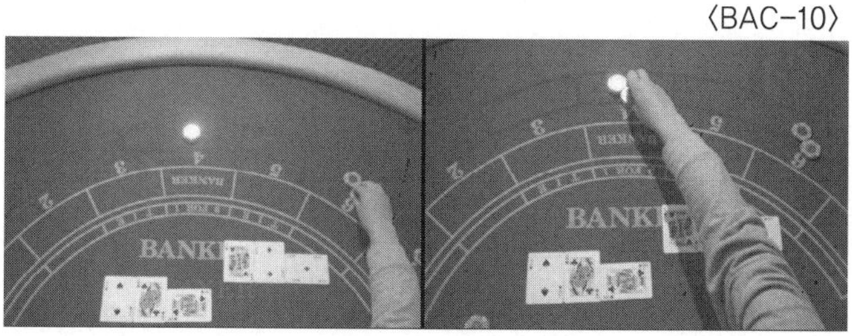

자료: 〈강원관광대 카지노 경영〉

9) 바카라 게임 실무

(1) 바카라 딜러의 임무

바카라(Mini-baccarat)는 스쿠퍼(Scooper)와 페이맨(Pay man)이 서로 협력하며 조화롭게 근무한다.

(2) 스쿠퍼의 임무

첫째, 항상 자신 있는 태도(Self-confident Manner)로 게임의 진행을 리드(Lead)한다.

둘째, 바른 자세로 딜(Deal)하고, 딜러간의 불필요한 잡담이나 업무외의 행동을 자제한다.

셋째, Shoe가 고객의 자리(Player' s Area)에 침범하지 않도록 조심한다.

넷째, 스쿠프(Scoop)를 높이 들거나 하여 테이블을 벗어나면 안 된다.

다섯째, 항상 discard holder에 카드가 들어가지 않도록 입구를 스쿠프로 막고 게임을 진행한다.

여섯째, 카드를 스퀴즈(Squeeze)하는 고객을 잘 주시 하여 카드를 자신의 자리(Number area)안에서 스퀴즈 하게끔 주시시키고, 딜러를 속이는 행위(Cheating)를 방지하고, 카드를 찢거나 구기는 행위를 못하게 막는다.

일곱째, 고객이 스퀴즈한 카드를 던질 때는 테이블 밖으로 이탈하거나 디스카드통(Discard cylinder)에 들어가지 않게 한다.

여덟째, 모든 베팅을 파악하여 테이블 리미트(Table Limit)에 합당한가를 확인낳고 오버 베팅(Over Bet)등을 신속하게 정정한다.

아홉째, 양쪽 페이 맨(Pay man)들의 페이(Pay off)하는 과정을 살펴서 페이맨의 실수(Mistake)를 사전에 방지한다.

열번째, 항상 카드를 바르게 정리 정돈하여 놓는다.

(3) 페이맨의 임무

첫째, 바른 자세로 딜(Deal)하고, 딜러간의 불필요한 잡담이나 업무외의 행동을 자제한다.

Chip cutting

〈BAC-11〉

자료: 〈강원관광대 카지노 경영〉

둘째, 스쿠퍼(Scooper)의 게임 진행에 보조를 맞추어 차질이 없게 한다.

셋째, 항상 자기 쪽 Layout을 주시하고 모든 베팅을 파악하여 고객에게 알 맞는 서비스를 제공한다.

다섯째, 고객의 베팅이 정확히 위치하는지 살피고, 스쿠퍼를 도와서 Over Bet등을 시정하도록 한다.

여섯째, Pay off 하거나 Commission을 Take할 때는 정확한 액수를 고객이 확인 할 수 있도록 Call 한다.

일곱째, 고객(Player)에게 칩스를 던지는 행위가 있어서는 안 되며, cutting 〈BAC-11 참조〉과 push가 기본이다.

(4) 바카라 딜러의 실무

플레이어에게 칩을 팔거나 바꾸어 주는 경우(Selling and change chips)

첫째, 고객에게 Cash또는 change chips를 받는 딜러(Pay man)는 자리에서 일어나 현금 또는 칩스를 오른손어깨선위로 들고 pit boss가 확인 할 수 있도록 "Check please"라고 콜링 한다.

둘째, 현금은 Chips tray(rack)앞에서 액면가 별로 다섯 장씩 끊어서 세고, change chips는 스프레드(Spread)하여 액수를 확인 한수 정확한 총액을 피트 간부와 고객이 들을수 있도록 "넘버 텐, 원 밀리언 원(Number 10, One million Won)" 등이라고 콜링(Calling)한다.

셋째, Rack에서 chip의 액수만큼 꺼내어 정확히 컷팅(Cutting)하고 확인 절차를 마친 후 고객에게 공손히 Push하면서 "One Millon Won, Sir" 하고 액수를 알려준다.

넷째, Chips는 절대로 손에서 손으로 (Hand-in-hand)전달하는 식으로 고객에게 건네주어서는 안 된다.

(5) 카드셔플 및 컷팅(The shuffle and cut)

첫째, 딜러(Scooper, Right-payman, Left-payman)는 card를 shuffle할 때 정성껏 카드를 다루어야 한다.

둘째, Card shuffle의 절차(카지노 마다 방법의 차이가 있음)에 의하여 카드를 섞을 때는 침착하고, 흐트러짐 없이 빠른 손놀림으로 정확하게 끝마쳐야 한다.

셋째, Card shuffle이 끝나면 컷팅할 고객을 찾아서 Indicate card를 건네주고 셔플된 카드 묶음 안에 컷팅을 받는데 카드 묶은 (Deck)의 양끝에서 카드 원 팩(One pack)정도 안쪽으로 컷팅을 하여야 한다.

넷째, 스쿠퍼는 컷팅된 덱(Deck)을 나누어 정리하고, 2nd indicator card를 맨 뒤(Bottom)에서 50장 정도를(카지노 마다 약간의 차이가 있음) Inserting 한 다음 카드 묶음을 비스듬하게 모아서 Shoe 안에 넣는다.

(6) 베팅 및 딜링의 시작(Betting and beginning the deal)

첫째, 딜러(Scooper)는 현재 바카라 게임에서 사용하는 카드팩(Card-packs)의 수만큼 (1pack에 1장씩)을 버닝 카드(Burnning cards)를 뽑는다.

둘째, 바카라(Main-baccarat)의 경우는 8팩(8 pack)의 카드를 사용한다.

그러므로 카드 8장(카지노 마다 약간의 차이가 있음)을 숫자가 보이게끔 오픈 게임하는(Open free game)방식으로 버닝 카드(Burnning card)를 뽑아서 테이블에 진열한 후 고객에게 확인을 받고 discard holder에 넣는다.(이때 "burnning card" 혹은 "open card" 라고 콜링한다.) 〈BAC-12 참조〉

Open card(burnning card)

〈BAC-12〉

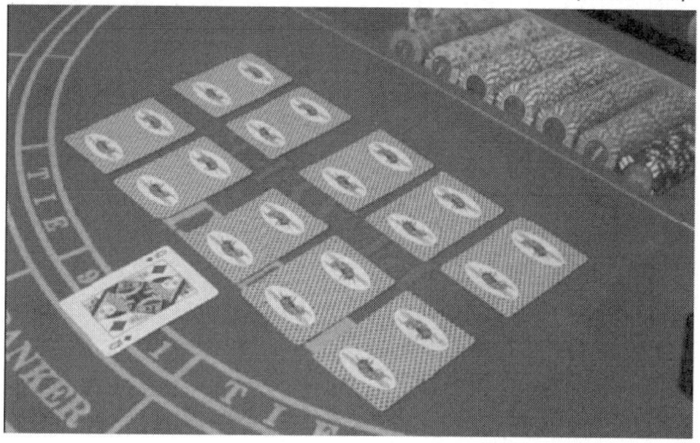

자료: 〈강원관광대 카지노 경영〉

셋째, 딜러(Scooper)는 딜링(dealing)을 시작하기 전에 "place your bet, please" 라고 콜링 하여 고객이 플레이어(player)또는 뱅커(Banker)베팅 스페이스(Beting Space)안에 베팅을 하도록 권하고 "Tie bet we pay 8to 1, Sir" 라고 콜링하면서 타이베팅(Tie bet)을 유도한다.

넷째, 베팅이 모두 끝나면 Table limits에 알맞게 베팅이 이루어졌는가를 확인 한다.

다섯째, 만약에 Maximum limits의 변경을 요구하는 High roller 가 있으면 피트 간부에게 알린다.

(7) 마킹(Marking)을 정해주고

첫째, 베팅이 끝나면 딜러(Scooper)는 "No more bet, please" 라고 콜링하며 고객의 베팅을 멈추게 한 후 PLAYER쪽과 BANKER쪽을 따로따로 베팅을 확인하여 제일 많은 액수를 베팅한 고객의 번호위에 "PLAYER Number '7' (또는 Chair 7)" 라고 콜링하며 플레이어 마커(Player marker)를 정해주고, "BANKER Number '3' (또는 Chair 3)" 라고 콜하며, 뱅커 마커(Banker marker)를 정해준다.

둘째, Marker가 정해진 고객은 카드를 스퀴즈(Squeeze-카드를 쪼듯이 보는 행위) 할 수 있는 권한을 부여한다.

카드를 Face down으로 분배한다.

첫째, Marker가 정해지면 딜러(Scooper)는 카드 4장을 Shoe에서 뽑는데, ① PLAYER Hand ② BANKER Hand ③ PLAYER Hand ④ BANKER Hand순으로 플레이어 핸드(PLAYER hand)에 2장, 뱅커 핸드(BANKER Hand)에 2장씩 Face down으로 카드가 포개지도록 분배한다.

둘째, 딜러는 PLAYER쪽 카드를 분배할 때는 "Card for Player". BANKER 카드를 분배할 때는 "Card for BANKER"라고 콜링한다.

(8) 게임 진행(The play)

① **카드 스퀴즈**(Cards squeeze)

첫째, 딜러(Scooper)는 PLAYER 카드 2장을 스쿠프로 들어서 미리 정해놓은 Player Marker에게 공손하고 위엄 있게 "PLAYER' s Cards"라고 콜하며 건네준다.

둘째, 양쪽 Pay man은 고객이 카드를 스퀴즈(Squeeze)하는 동안에 한눈팔지 말고 베팅(Betting)한 칩스와 카드를 잘 주시한다.

셋째, 고객이 카드를 스퀴즈(Squeeze)하고 카드를 던지면 들고 와서 PLAYER' s CARD자리 위에 나란히 놓으며, 이때 만약 PLAYER 핸드(Hand)의 합한 끗수(Score)가 5이면 "PLAYER '5' "라고 콜링한다.

넷째, 다음 BANKER 핸드도 같은 방법으로 진행하는데,

다섯째, BANKER 카드를 줄때는 "BANKER' s Cards"라고 콜하며 스쿠프로 건네준다.

여섯째, BANKER의 핸드 Score도 역시 5이면, "BANKER also 5"라고 한다.

② **PLAYER의 세 번째 카드**(PLAYER' s Third card)

첫째, PLAYER의 세 번째 카드의 드로우는 바카라 PLAYER 규칙(Rule)의 의하여 결정되어 진다.

둘째, BANKER가 내츄럴(NATURAL 8-9)일 경우는 PLAYER의 세 번째 카드를 드로우(Draw)할 수 없다.

셋째, PLAYER 핸드(Hand)의 Score가 5 이상이면 PLAYER의 세 번째 카드를 드로우(Draw)한다.

넷째, PLAYER핸드 Score가 6 이상이면 BANKER핸드 Score에 관계없이 PLAYER의 세 번째 카드를 드로우 (Draw) 할 수 없다.

이때에는 "PLAYER stands on "6, 7" 라고 콜링(Calling)한다.

다섯째, 위의 경우는 PLAYER핸드 Score가 5이며, BANKER 핸드 스코어도 5이므로 PLAYER의 세 번째 카드를 드로윙(Drawing)한다.

여섯째, 딜러(Scooper)는 "One more card for PLAYER" 라고 콜링하면서 PLAYER의 세 번째 카드 한 장을 Drawing 하여 PLAYER 고객에게 "PLAYER' s Card" 라고 콜 하면서 건네준다.

일곱째, 만약에 Open한 PLAYER의 세 번째 카드가 10(Face card)이면 딜러(Scooper)는 카드를 갖고 와서 PLAYER' s CARD 옆에 세로로 나란히 진열해 놓고, "PLAYER draw zero still '5' " 이때에는 "BANKER also '5' ", "It' s Tie-hand" 라고 콜링(Calling)한다.

여덟째, 이 경우는 BANKER규칙(Rule)에 의하여 BANKER의 세 번재 카드를 draw 할 수 없으므로 BANKER는 그대로 5로 남는다.

아홉째, PLAYER, BANKER는 5이므로 타이 핸드(Tie hand)가 된다.

열째, BANKER의 세 번째 카드는 PLAYER 의 세 번째 카드의 숫자에 따라서 Drawing을 한다/안 한다 가 결정되므로 BANKER규칙(Rule)을 잘 숙지 하여야 한다.

(9) 바카라 딜 · 콜링(baccarat deal & calling)

① 정확한 딜링과 게임의 모든 상황을 고객과 Pit 간부에게 알리기 위함이다.

② 콜링(Calling)은 영어로 하며 일어도 병행한다.

③ 카드를 뽑는 행위와 콜링은 언행이 일치해야 한다.

· Bets down please(Place your bet, please)

· Any more bet, Sir(Madam)

· Tie bet, we pay 8to 1

· No more bet please

· Player chair number 00 - (Player Marker 정할 때)

· Banker chair number 00 - (Banker Marker 정할 때)
· Player move to chair number 00 - (Player Marker 옮길 때)
· Banker move to Chair number 00 - (Banker Marker 옮길 때)

· Card for Player - (Shoe에서 Player card를 뽑을 때)
· Card for Banker - (Shoe에서 Banker card를 뽑을 때)
· One more card for Player - (Player의 3rd card를 뽑을 때)
· One more card for Banker - (Banker의 3rd card를 뽑을 때)

· Player' s cards - (card를 Player에게 건네줄 때)
· Banker' s cards - (card를 Banker에게 건네줄 때)
· Player has 00 - (Player의 점수)
· Banker has 00 - (Banker의 점수)

· Player stands on 6 또는 7
· Banker stands on 7
· Player natural 8 또는 9
· Banker natural 8 또는 9
· Player draw 00 makes 00(Player draw 00 Total 00)
· Player draw 00 still 00(세 번째 카드를 받아서 먼저 값의 변화가 없을 때 Still)

· Banker no more draw, Banker stands
· Banker draw 00 makes 00(Banker draw 00 Total 00)
· Banker draw 00 still 00
· Banker draw 00 also 00(플레이어 값과 뱅커의 세 번째 카드를 받아서 값이 같을 때, Also)

· player win, pay the player
· Banker win, pay the Banker
· Player Open
· Banker Open

· Both side draw one more card

· It' s a Tie hand, you may press or makes a new bet

· Next game Ladies and Gentleman, Place your bet(bets down please)

(10) Game Score Board(System Card)

① 바카라게임에 참여하는 플레이어들은 카지노 측에서 제공한 스코어보드지와 펜을 사용한다.

② 카지노 마다 스코어보드 기록방법이 조금씩 다르지만 카지노 측(딜러)도 스코어 보드를 작성하기도 하는데 그 방법은 다음과 같다.

〈BAC-13〉

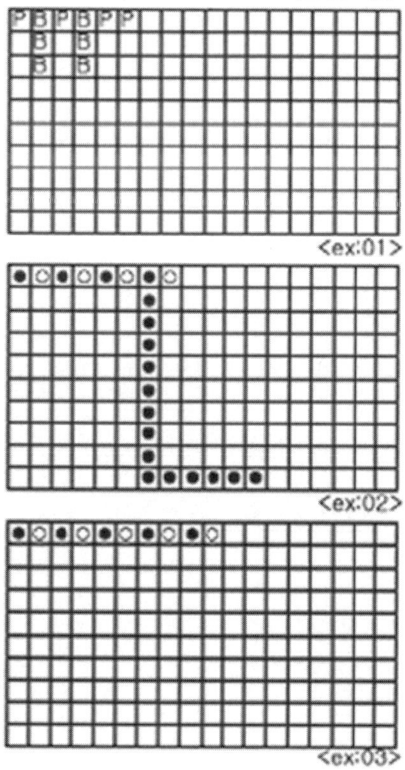

Baccarat Systom Card 기록방법

● Baccarat Game System Card 기재요령

〈BAC-14〉

표시기호	Calling방법	표시색상
⊗	Bnker Natural 9	청 · 흑색
⊗	Player Natural 9	적색
⊘	Banker Natural 8	청 · 흑색
⊘	Player Natural 8	적색
△	Banker Stands on 7	청 · 흑색
△	Player Stands on 6 · 7	적색
8/8	Tie Game(Tie Hand)	청 · 흑색
5/5	Tie Game(Tie Hand)	적색
	회사측이 이익을 본 경우, Natural 8으로	청 · 흑색
	회사측이 손님이 비겼을 경우, Natural 9으로	청 · 흑색
	회사측과 손님이 비겼을 경우(Natural과 Stands on도 아닌 경우)	청 · 흑색
	※ 이익을 본 경우에는 색칠 한다.	

3 룰렛

1) 게임의 유래

룰렛(Roulette)의 단어 뜻은 프랑스어 "Roue"(바퀴)와 이태리어 "Ette"(작다)의 합성어이다.

초창기 룰렛에서는 딜러(Dealer)를 꾸르삐에(Croupier)라고 불렀다. Croupier의 뜻은 승마 조련사(調練師: 말을 타는 기수의 선생)로 18세기 프랑스에서 카드게임(Card Game) 의 초보자들이 게임 중에 전문가(Professional)를 고용하여 뒷좌석에 앉히고 자문을 얻는데서 전래되었다.

도박성 오락(겜블링-Gambling)을 목적으로 만들어진 기록은 휠(Wheel)〈ROU-01 참조〉을 고정시키고, 볼(Ball)을 던져서 번호 속에 들어가게 하난 호카(HOKA)라는 게임이 있는데, 17~18세기경에 유럽의 궁전에서 성행된 게임이었다고 기록되어 있다.

호카 게임의 휠을 둥근 원형으로 평평하게 눕혀져 있고, 바깥쪽의 끝부분에는 40개의 포켓 넘버(Porket number)가 있으며, 안쪽에는 0(Zero)가 3개나 있어 하우스에 높은 이익(Profit)을 주었다고 한다.

호카는 프랑스의 루이(Louis)16세 때 주정부 관리인 Cardinal Mazarin(1661년 사망)에 의하여 대규모로 후원되어 졌다. 그는 프랑스에서 많은 카지노를 열 수 있는 권한을 위임받아 왕실 국고를 위하여 이익금을 수금하였다.

그리고 첫 번째 공식화된 겜블링(Gambling)은 1700년경 프랑스 파리의 임시카지노(Makeshift Casino)에서 시작하여 프랑스 혁명에 의하여 합법적인 카지노 겜블링(Gambling)이 종식될 때까지 번창하여 유럽으로 확산되었다.

19세기 초 미국이 HOYLE이 쓴 문헌에 미국과 프랑스의 룰렛에 대한 기록이 있는데 기구(Rule, Wheel, Layout)와 규칙(Rule)이 서로 다른 점이 많음을 알 수 있다.

룰렛은 누구나 쉽게 참여할 수 있는 게임으로 확률은 작지만 운만 좋으면 많은 돈을 딸 수 있다.

룰렛은 미국식과 유럽식이 있는데 이는 레이아웃(Layout)에 조금의 차이가 있다. 미국식 룰렛 휠(Wheel)은 1~36의 숫자와 0,00의 38개의 홈(Slot) 이 있으며, 유

룰렛 휠과 Chips

〈ROU-01〉

자료: 〈강원관광대 카지노 경영〉

럽식 룰렛 휠은 "0" 가 하나만 있어 37개의 홈(Slot)이 있다. 카지노에 따라 조금씩 차이는 있지만 대다수의 카지노에서는 미국식인 38개의 숫자로 된 휠과 레이아웃을 사용하고 있다.

따라서 룰렛 게임이란 룰렛 휠과 룰렛 볼을 사용하여 룰렛 볼이 38개 혹은 37개의 숫자로 이루어진 휠의 어떤 숫자에 낙착하는 가를 알아맞히는 게임이며 베팅은 0, 00 와 1번~36번까지 38개의 번호가 프린트 되어진 레이아웃〈ROU-02/03 참조〉에 베팅을 한다.

2) 인사이드 벳(Inside Bets)

(1) Straight Up / Single Number Bet 〈그림 ROU-2 참조〉

한자리 걸기로 배당은 35배(본인 것 포함 36배)

(2) Split Bet / Two Number Bet

두 자리 걸기로 배당은 17배(본인 것 포함 18배)

(3) Street Bet / Three Number Bet

세 자리 걸기로 배당은 11배(본인 것 포함 12배)

(4) Corner Bet / Four Number Bet

네 자리 걸기로 배당은 8배(본인 것 포함 9배)

(5) Line Bet / Five Number Bet

다섯 자리 걸기로 배당은 6배(본인 것 포함 7배)

(6) Line Bet / Six Number Bet

여섯 자리 걸기로 배당은 5배(본인 것 포함 6배)

3) 아웃사이드 벳(Outside Bets)

(1) Column Bet / Twelve Number Bet

세로 12자리 걸기로 배당은 2배(본인 것 포함 3배)

(2) Dozen / Twelve Number bet

가로 12자리 걸기로 배당은 2배(본인 것 포함 3배)

(3) Low-Number Bet / 1 to 18 Bet

1~18번까지 커버, 배당은 1배(본인 것 포함 2배)

(4) High-Number Bet / 19 to 36

19~36까지 커버, 배당은 1배(본인 것 포함 2배)

(5) Red Color Bet / Black Color Bet

적색 또는 흑색, 배당은 1배(본인 것 포함 2배)

〈ROU-02〉

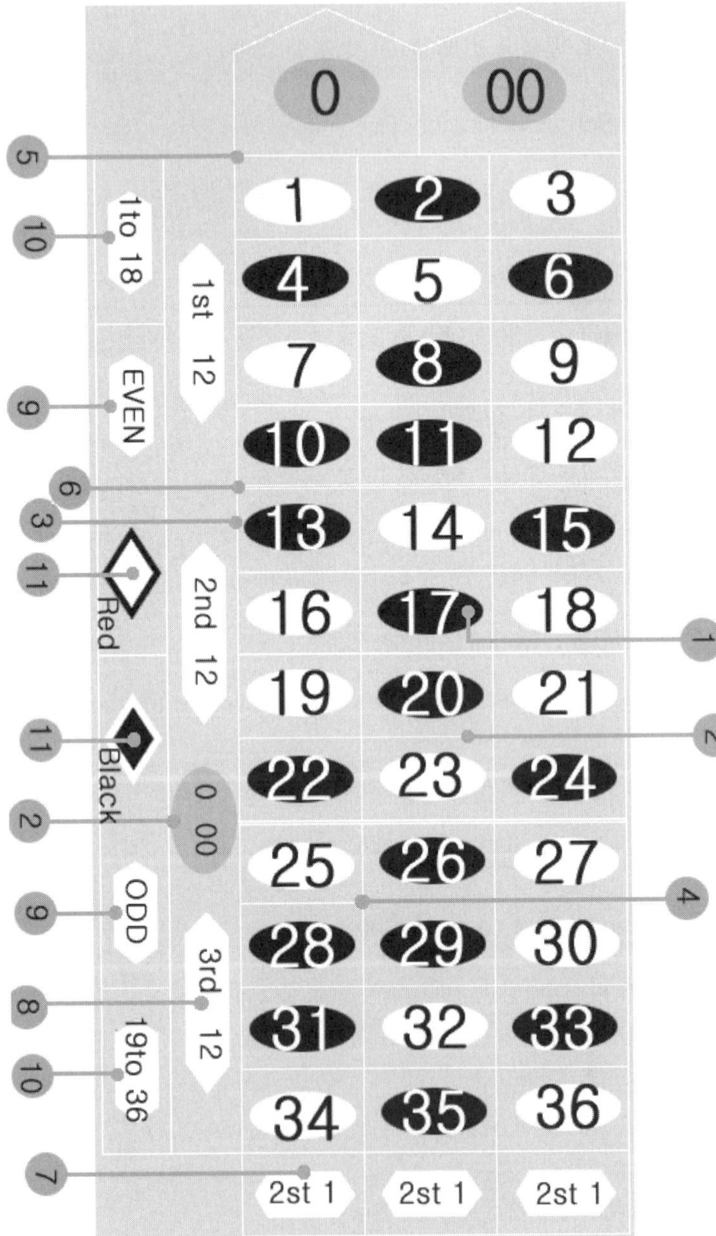

룰렛 레이아웃과 베팅 방법

베팅 종류와 배당률

〈ROU-03〉

	명 칭	배당률	설명 및 예
1	Straight Bets	1 : 35	Single number bet이라고도 함. 특정 숫자에 베팅을 하는 것을 의미함. 예를 들면, 숫자 6에 베팅을 했을 때 볼이 6에 떨어졌을 경우 Win한다.
2	Split Bets	1 : 17	Two number bet이라고도 함. 레이아웃에 있는 2개의 숫자 중간에 베팅을 하는 것을 의미함. 예를 들면, 20과 23의 중간 라인에 베팅을 했을 경우 볼이 20 혹은 23이 되면 Win한다.
3	Street Bets	1 : 11	Three number bet이라고도 함. 레이아웃에 있는 세로줄의 3개의 숫자에 베팅을 하는 것을 의미함. 예를 들면, 7의 라인에 베팅을 했을 경우 볼이 7, 8 혹은 9중 어느 할 개의 번호에 당첨되면 Win한다.
4	Square Bets	1 : 8	Corner bet혹은 Four number bet이라 고도 함. 4개의 숫자 가운데에 있는 라인에 베팅을 하는 방법. 예를 들면 25, 26, 28, 29번호의 사이에 있는 라인에 베팅을 했을 경우 위의 번호중 어느 한개의 번호가 당첨되면 Win한다.
5	Five Number Bets	1 : 6	5개의 일련번호에 베팅을 하는 경우로서 오직 0, 00, 1, 2, 3의 번호에만 해당되는 것임. 예를 들면 0과 1의 교차점에 베팅하는 방법으로 위의 번호중 어느 한개의 번호가 당첨되면 Win한다.
6	Six Number Bets	1 : 5	Line bet이라고도 함. 인정한 6개의 숫자에 베팅을 하는 방법, 예를 들면, 15와 18의 교차점에 베팅을 하는 방법으로 13, 14, 15, 16, 17, 18중 어느 한개의 번호가 당첨되면 Win한다.
7	Column Bets	1 : 2	가로줄, 즉 12개의 숫자에 베팅하는 방법, 예를들면, 아웃사이드 베팅란에 있는 2 to 1에 베팅을 하는 방법으로 1, 4, 7, 10, 13, 16, 19, 22, 25, 28, 31, 34중 어느 한개의 번호가 당첨되면 Win한다.
8	Dozen Bets	1 : 2	아웃사이드 베팅의 한 방법으로 12개의 숫자에 베팅을 하는 방법. 예를 들어, 일련번호 1-12에 베팅을 해서 1에서 12중 어느 한개의 번호가 당첨되면 Win한다.
9	Even/Odd Number Bets	1 : 1	아웃사이드 베팅의 한 방법으로 짝/홀수라고 적혀있는 란에 베팅을 하는 방법. 예를 들어 짝수에 베팅을 해서 짝수에 번호가 당첨되면 Win한다.

10	High/Low Number Bets	1 : 1	아웃사이드 베팅의 한 방법으로 높은/낮은 숫자란에 베팅을 하는 방법. 예를 들면 1-18 혹은 19-36중 한곳에 베팅을 해서 이 숫자 들 중 어느 한개의 번호가 당첨되면 Win한다.
11	Color Bet (Red or Black)	1 : 1	아웃사이드 베팅의 한방법으로 색에 베팅을 하는 방법, 예를 들면 검정 혹은 빨강색 중 한곳에 베팅을 해서 색깔을 맞추면 Win한다.

(6) Odd Number Bet / Even Number Bet

홀수 또는 짝수 번호에 베팅하는 것으로 배당은 1배(본인 것 포함 2배)

(7) Basket Bet:

0와 00 베팅하는 것으로 배당은 17배(본인 것 포함 18배)

4) 유럽피안 스타일 휠(싱글제로)의 세트 벳(Set Bet)

유럽(Europe)의 싱글 제로 휠에는 일정한 장소에 베팅하는 고정 베팅이 있다. 이런 벳들은 "Set Bet(세트벳)" 또는 "Voisin(보아젠)" 또는 "Neighbour(네이보우)" 들로서 집합적(collectively) 으로 이루어지는 벳이다.

(1) Les Voisin du zero(레보아젠듀제로) / Neghbour of Zero

9 유니트 벳으로 17넘버를 커버

(2) Le Tiers du Cylinder(르 띠에듀실링데) / Third of the Wheel

6 유니트 벳으로 12넘버를 커버

(3) Les Orpheline(레조뻬린느) / The Orphans

8 넘버로 커버된 5 유니트 벳

(4) Voisin(보아젠) / Neighbours

양쪽 두 개의 넘버를 연결하고 더하여 5유니트의 한 묶음으로 만든 벳을 "Five and Neighbours(화이트앤 네이보우)"라는 뜻으로 5를 가운데 두고 양쪽으로 연결된 두개의 넘버 즉, 왼쪽 23, 10 오른쪽 24, 16이를 한 묶음으로 만들면 23, 5, 24, 16 의 번호이며 이는 "Voisin 5(보이젠 5)"라고 부른다.

(5) Final(피날)

이것은 넘버의 끝이 같은 숫자의 벳을 말한다. 예를 들면 "Final Five(화이날 5)" 하면 5, 15, 25, 35를 커버한다는 뜻이 된다.

5) Em Prison(앙프리종)과 Le Partage(라빠타즈)

유럽에서는 위닝 넘버(winning number)가 제로일 때 여러 가지 변화로 이븐 머니 벳에 어떤 결과가 오도록 영향을 주는 룰이 있다.

즉, "En Prison(앙 프리송)" 이나 "Le Partage(라빠나스)" 라는 룰의 영향으로 하우스 페이버(Aouse favor) 의 퍼센티지를 1.35% 줄이게 되었으며 이런 룰의 영향으로 이런 승산을 제공하는 테이블에 유러피언(European) "하이롤러" 들이 찾게 되는 것이다.

(1) 앙프리종(Em Proson)

용어의 뜻은 영어로 인프리슨(In prison) 즉, 감금한다는 의미로 다음 스핀의결과가 나올 때까지 그 자리에 남아 있어야 하는 벳을 말한다. 다시 설명하면 이 뜻은 위닝 넘버가 제로 일 때 모든 이븐 머니벳(High, Low, Red, Odd, Even)은 그 네스트벳의 결과가 나올 때까지 이기지도 지지도 않은 테이블 레이아웃 위에 그대로 있어야 된다는 것이다.

다음의 스핀(Next Spin) 의 결과로 플레이어가 이겼을 경우 오리지널벳만 되돌려 주고 플레이어가 루스(lose)하였을 경우 하우스가 테이크(Take)하는 것이다.

또다시 그대로 그 Bet이 남아 있다는 것은 이는 또 한 번의 제로가 위닝 넘버가 되었다는 것이다. 이 경우 "인프리슨드(inprisoned)" 되어진 벳은 베팅 지역으로 점유되어 있는 바로 아래 레이아웃의 섹션 라인(section line)위에 놓게 된다.

(2) 라빠타즈(La Partage)

용어의 뜻은 영어로 서렌더(Surrender) 로 이 룰을 적용하는 카지노에서 플레이어의 이븐머니 벳에서 그 벳을 포기하는 것을 선택할 수 있도록 허용하는 룰이다. 이때 그 베팅의 웨이저를 플레이어와 하우스가 반반씩 나누면 되는 것이다.

영국에서는 위의 룰(rule)이 공식화 되었기에 플레이어가 베팅 금액 반을, 나머지 반은 하우스가 키핑(keeping) 하므로 플레이어는 선택의 여지가 없다.

미국 아틀랜틱 시티의 카지노에서는 "카지노 콘트럴 코미션" 의 규정에 따라 1980년에 서렌더(surrender) '항복 · 포기' 룰이 채용되고 있다.

이것은 볼이 0 또는 00의 그린 스파트에 떨어졌을 경우, '이븐 벳' , 빨강 · 검정, 홀수 · 짝수, 전반 · 후반에 걸린 판돈은 그 절반만을 하우스가 가져가고, 나머지 절반은 플레이어한테 돌려지는 룰이다. 물주의 반 싹쓸이라고나 할 것이다. 앞으로 언젠가는 라스베가스에서도 이와 같은 서비스 룰이 채용되리라고 본다.

6) 게임방법

카지노의 테이블 게임 중 가장 쉬운 게임으로 알려져 있으며 딜러가 룰렛 볼(Ball)을 룰렛 휠의 회전 방향 반대방향으로 돌려 어떤 숫자에 가서 낙착하는 가를 알아맞히는 것으로 정확히 맞히면 베팅한 액수의 35배가 지불되는 게임이다. 따라서 룰렛 게임은 특별한 기술보다는 운에 많이 좌우된다.

딜러가 룰렛 볼(Ball)을 휠 회전 방향의 반대 방향으로 돌린다. 이때 게임 참가자들은 룰렛 볼이 멈출 번호를 예상하여 딜러가 "no more bet" 이라고 콜(Call) 할 때까지 룰렛테이블에 그려진 번호 및 색깔에 베팅을 할 수 있다.

테이블의 레이아웃에는 숫자뿐만 아니라 블랙(Black), 레드(Red), 홀수(Odds), 짝수(Even)표시에 맞힐 경우 베팅금액의 2배를 지불하며, 1st Dozen(1에서 12),

2nd Dozen(13에서 24), 3rd Dozen(25에서 36)와 세로란 2 to 1란에 베팅을 했을 경우에는 1 : 2로 지불한다.

7) 게임 규칙

룰렛 게임은 다른 테이블과는 달리 사용되는 칩은 캐쉬 칩(cash value chip)이 아니라 게임 참가들을 식별하기 위하여 칩마다 다른 색깔의 플레이어 칩(Color Chip)을 사용한다. 그래서 게임에 참가하기 위해서는 현금이나 칩을 색깔별로 구분되어 있는 룰렛 칩으로 교환해야 하며 내국인 카지노에서는 최하 1,000원, 외국인 전용 카지노에서는 개당 2,000원 또는 2,500원이 최소 금액이며 베팅이다. 이때 주의할 점은 베팅할 때 해당 숫자 칸에 정확하게 놓아야 하며 만약 선에 조금이라도 닿으면 배당률이 떨어지게 되나, 룰렛 볼이 휠에서 돌고 있을 때 딜러가 테이블 '레이아웃(lay-out)' 위로 손을 저으면 더 이상 배팅할 수 없고, 정확하게 맞추었을 경우에는 딜러가 '마커(Maker)' 를 '레이아웃(lay-out)' 에서 거둘 때까지 손을 대서는 안 된다.

8) 게임 실무

룰렛 게임은 테이블을 비롯한 룰렛 기구(Equipment)를 이용하여 고객이 정해진 규칙(Rule)을 준수하며 즐기는 게임이다. 딜러는 고객의 게임을 도와주는 도우미로 고객(Player)의 게임을 시작부터 끝날 대까지 모든 과정을 책임 있게 진행(Dealing)하여야 한다. 그러므로 딜러는 고객들이 편안하게 게임 할 수 있도록 항상 준비하는 자세를 가져야 한다.

먼저 룰렛기구(Equipment)의 이상 유무를 조사하여 조치를 취한 다음 고객을 맞아 원활한 게임 진행을 위하여 배당금 계산에 필요한 룰렛 배수표〈ROU-04 참조〉는 기본적으로 숙지해야 하고 다음과 같은 일을 한다.

(1) 플레이어가 칩스를 팔거나 바꾸어 주는 경우(selling and change chips)

· 고객으로부터 현금이나 체인지 칩스(change chips)를 받은 딜러는 오른손을

룰렛 배수표

〈ROU-04〉

	Corner Bets(8 t0 1)	Street Bets(11 to 1)	Split Bets(17 tpo1)	Straight Bets(35 to 1)
1	8	11	17	35
2	16	22	34	70
3	24	33	51	105
4	32	44	68	140
5	40	55	85	175
6	48	66	102	210
7	56	77	119	245
8	64	88	136	280
9	72	99	153	315
10	80	110	170	350
11	88	121	187	385
12	96	132	204	420
13	104	143	221	455
14	112	154	238	490
15	120	165	255	525
16	128	176	272	560
17	136	187	289	595
18	144	198	306	630
19	152	209	323	655
20	160	220	340	700

어깨선 위로 들고 피트 간부가 알아들을 수 있도록 "첵 플리스(Check please)" 라고 콜(Call)한다.

· 현금은 테이블 위에 다섯 장 단위로 끊어 세고, 바꿀 칩스는 스프레드(Spread)하여 액수를 확인한 후 정확한 액수를 고객과 피트 간부가 확인 할 수 있도록 Call한다.

· 휠 첵스(Wheel-Checks)를 금액만큼 휠 에프론(Wheel Apron)에서 꺼내 커팅(Cutting)하여 확인 절차를 마치고 Player에게 공손히 Push 하면서 액수를 알려준다.

(2) 룰렛 휠과 룰렛 볼을 돌린다.(Spinning Wheel & Ball)

· 항상 휠(Wheel)에는 2개의 룰렛 볼(Ball)이 준비되어 있어야 한다.
· 고객이 color Chips를 바꾸고 게임할 준비가 되면 딜러는 "Place your bets, please(Bets down please)" 하고 베팅할 시간을 충분하게 주고, 휠(Wheel-시계 반대방향)과 볼(Ball-시계방향)이 서로 반대 방향으로 돌도록 스핀(Spin) 〈ROU-05 참조〉한다.
· 베팅을 주의 깊게 주시(Watch)하여 불분명한 베팅을 고객에게 물어서 확실하게 교정한다.
· 만약 넘버 베팅(Straight up 등)에 고액 칩스 또는 맥시멈(Maximum)으로 베팅하는 고객이 있으면 재차 물어서 확인한다.

볼스핀

〈ROU-05〉

자료: 〈강원관광대 카지노 경영〉

(3) 위닝 넘버를 알린다. (Announcing winners)

· 볼이 떨어지기 몇 바퀴 전에 "Ball' s going down", "No more bets, please"라고 Call하고 더 이상 베팅할 수 없음을 알리는 Bell을 울려 Player의 베팅을 정시시킨다.

· 공이 홈(Slot)에 들어가면 위닝 넘버(Winning Number)를 콜하고 마커(Marker)를 손바닥이 위로 향하게 하여 검지와 중지사이에 끼고 위닝 넘버(Winning Number) 위에 살며시 정확하게 놓는다.

· 딜러는 볼(Ball)이 들어간 홈(Slot)의 번호를 읽을 때 얼굴은 레이아웃(Layout)을 계속 주시(Watch)하며 곁눈질로 번호를 콜 해야 한다. 고객이 뒤늦게 베팅하는 것(Pass Posting)을 방지하기 위해서이다.

(4) Take & Pay off(Collecting losing bets & Paying off winning bets)

· 위닝(Winning) 번호가 정해지면 주변을 정리하고(Clearing table)〈ROU-06 참조〉, 루징 벳(Losing bets)을 조심성 있게 Taking한다. (Dealer에서 먼 쪽부터 처리함)

· 혹시 레이아웃(Lay-out)에 남아있는 흘린 칩스들(Sleeper bets)을 재차 확인한다.

· Winning bets에 대해서는 아웃사이드 베팅(Outside bet)부터 인사이드베팅(Inside bet) 순서로 페이한다.

· 위닝 넘버베팅(Inside bet)의 pat off 할 계산이 끝나면 합계(Total Amount)를 Call하여 간부와 고객이 듣고 확인하도록 한다.

· 만약 휠 에프론(Wheel)에 페이(pay off) 할 칩스가 부족하면 신속히 칩스를 주워서 (Stacking) 처리한다.

Clearing table

〈ROU-06〉

자료: 〈강원관광대 카지노 경영〉

· 딜러가 Winning number 에서 Marker를 움직이기 전까지는 고객은 베팅을 시작해서는 안 된다.

(5) 아웃사이드 베팅(Ouside bet)의 페이 순서

· Column bet

· Even-money bet

〈High number bet-odd bet-Black, Red bet-Even bet-Low number bet〉

· Dozen bet

(6) 인사이드 베팅(Inside bet)의 페이 순서

베팅의 명칭 순서와 스트레이트 업 베팅(Straight-up bet)의 휠 첵스(Wheel Checks) 순서로 페이(Pay-off)하는 2가지가 있다.

① 베팅(Betting)명칭 순서

· Line bet

· Street bet

· Corner bet

· Split bet

· Straight up bet(Single number bet)

② 휠첵(Wheel Checks)순서 〈ROU-06 참조〉

Winning한 스트레이트 업 베팅(Straight up bet)의 쌓인 휠 첵스(Wheel-Checks)을 맨 위 칩스 부터 아래 칩스 순서에 의하여 페이(Pay off)한다.(같은 Color의 Combination bet은 전부 합하여 pay off한다.)

(7) 칩스를 같은 색깔(Color)로 주워서 휠 에프론(Wheel Apron)에 정리하고, (Stacking Chips in plies of 20 chips of the same color and places them on the wheel apron) 페이가 끝나면 Marker(Dolly)를 제자리에 갖다 놓으면서 "place your bets, please" 하고 베팅을 주문한다.

(8) 그리고 신속하게 나머지 칩스를 스택킹(Stacking)하여 다루기 용이하고 쉽게 휠 에프론(Wheel apron)에 정리 정돈하고 Ball을 스핀(Spin)하는 등 다음 게임 절차(procedure)가 시작된다.

(9) 딜러가 근무시간이 끝나고 교대여 테이블을 떠날 때는 손을 가볍게 털고 자연스럽게 손바닥을 보여(Clean hand)이상이 없음을 증명하고 한발 뒤로 물러서면서 테이블을 나온다.

■ 딜러의 기본 콜링(Dealer basis announce)

· "벳 다운 플리스" // "Bets down please"
· "플래이스 유어 벳 플리스" // "Place your bets, please"
· "애니 모아 벳" // "Any more bets"
· "노 모아 벳, 플리스" // "No more bets, please"
· "볼스 고-잉 다운" // "Ball' s going down"
· "위닝 넘버 16, 레드앤 이븐" // "Winning number 16, red & even"
· "책, 프리스" // "Check, please"
· "첸지칼라 텐 싸우전드 원" // "Change color 10.000원"

9) 딜러의 임무(볼이 스핀되는 동안)

· 볼이 스핀 되면 딜러는 레이아웃을 지켜보면, 자리를 벗어난 벳이 있는지, 불확실한 벳이 있는지, 테이블 리미트가 오버되지는 않았는지 체크한다.
· 게임자를 위하여 벳팅을 하여줄 때 미스 언더스탠딩(Misunderstanding)을 피하려면 복창하여 확인한다. 이때 그 벳이 손님이 원하는 대로 결정될 수 없는 상황이 라면 "No bet" 이라고 어나운스한 다음 손님에게 돌려준다.
· 딜러가 "No more bet" 이라고 콜링(Calling)한 후나 또는 게임에 대한 지불이 종료되지 않는 상황에서 푸쉬어프벳(Push off bet)을 하였다면 "Sorry, Sir/Madam, next game, please" 라고 어나운스한다.

· 딜러는 볼이 스피팅 중에 다른 딜러와 교대가 이루어 질 수 없으며, 모든 지불 행위가 끝난 후에 교대를 할 수 있다. 볼이 스피닝 되는 중에는 다음과 같이 레이아웃을 왓칭 해야 한다.

☞ 맥시멈이 초과된 벳이 있을 경우 그것을 바로 잡을 시간이 없다면 명백하고 구두로 말한다.

☞ 분명치(obscure)않은 벳은 손님에게 분명하게 하도록 하고, 시간이 없다면 손님의 의사를 전달받거나 전달한다.

☞ 현금(Money)벳팅 일 경우 칩스로 체인지하여 주고, 시간이 없다면 "no bet" 이라고 한다.

☞ 아웃사이드 벳은 컬러가 믹스된 것을 나눈다.

☞ 인사이드 벳은 넘버에 불확실하게 높여진 벳이나 어수선하다고 보여 지면 즉시 정돈한다.

(1) 스피닝볼(Spinning the Ball)

· 딜러는 플레이어에게 볼을 스피닝(Spinning)되기 전에 손님들이 벳팅(Betting)할 충분한 시간을 준다.

· 휠 헤드(Wheel head)는 회전속도가 너무 빠르면 볼이 휠 헤드에 히트되었을 때 볼이 튀어나갈 수 있으므로 게임자와 딜러가 휠의 넘버를 읽을 수 있는 속도로 유지되어야 한다.

· 휠 헤드와 볼은 시계 반대 방향과 시계 방향으로 상반되어 스핀 되어야 한다.

(2) 노 스핀(No-Spins)

· 트랙에 볼이 대략 4회 이상 Wheel 주위를 회전하지 않았을 경우 노-스핀 처리한다. 이는 볼의 소리로 판단한다.

· 볼이 회전하다가 걸렸을 경우(어떤 볼이든 트랙 위에서 정지하는 볼을 플로우터라고 부름)이것을 노-스핀으로 간주하고 다시 볼을 회전시킨다.

· 외부로부터 휠 안에 이물질이 들어갔을 경우(ex: 타이핀, 칩스, 브러쉬 등)

· 볼의 회전과 휠의 회전이 같은 방향일 때, 볼이 휠 밖으로 튀어 나왔을 경우, 딜러가 실수하여 볼을 놓쳤을 경우 등, 만약에 위 상황이 발생할 경우 즉시 분명하게 "No spin ball"이라고 콜링 한다.
· 딜러가 일단 노-스핀이라고 콜 아웃(Call out)하면 「볼이 자연히 떨어지는 경우」, 「딜러가 볼 제거를 잘못 하였을 경우」 노-스핀으로 간주한다.

(3) 리-스핀(Re-spins)

원심력의 작용으로 회전된 볼이 휠의 가장자리 또는 후리트(frets)위에 어슬렁거리거나, 정지 상태로 고정되어 있을 경우, 슈퍼바이저의 판단 아래 "No Spin"으로 판정되면 딜러는 가능한 즉시 볼을 리-스핀 한다. 이때 볼이 라스트 위닝 넘버 안에 놓여져 있어야 한다. 이때 유의하여야 할 사항은

· 볼을 집었으면 즉시 스핀 하여야 한다.
· 딜러나 슈퍼바이저 누구도 휠이나 볼의 스핀으로 위닝 넘버에 대하여 영향을 끼치거나, 조종하는 것 같은 인상을 주어서는 안 된다.

10) 룰렛의 공제율 '하우스 어드밴티지' 란?

룰렛의 하우스 측 몫인 공제율은 어느 정도인지 계산해 보기로 한다. 1자리 걸기는 아메리칸 타입에서 38개소, 유럽타입에서 37개소, 배당은 쌍방 공히 35대 1이다.

(1) 하우스 어드벤테이지 공제율 계산 방식

ex) 한자리 걸기의 경우

$$\frac{\text{못 맞춘 수 37}}{\text{전 부의 수 38}} - \frac{\text{맞춘 수 1}\times\text{배당35}}{\text{전 부의 수 38}} = \frac{2}{38} = 5.26\%$$

이것이 아메리카 타입의 공제율인데, 같은 방식으로 유럽 타입의 공제율은 1/37=2.7% 의 갖는다.

2자리 걸기, 3자리 걸기에서 배당이 각기 다른 배율일지라도, 1자리 걸기와 동일한 공제율인 것이다.

하우스 공제율은 싱글 0의 유럽 타입 쪽이 아메리칸 타입의 약 절반 정도이다.

미국의 카지노에서는 룰렛에 대한 인기가 떨어질 것으로 예상하여, 한대 라스베가스에서도 싱글0의 유럽 타입을 도입한 적이 있었으나 역시 인기에는 아무런 변화가 없었다고 한다.

이것은 고작 5.26%라는 공제율의 차이뿐인데 네바다 주의 통계를 보면 룰렛 테이블에서베팅 총액의 평균 23% 정도가 카지노 측의 수익이 되었다니까, 길게 게임을 계속하다 보면 5% 라는 것도 작지만은 않은 금액인 것이다.(앤드루 F 골드 스미스, 1997)

(2) 칩 교환(Chips change)

· 교환을 위해 들어온 칼라 칩은 힐의 가장 자리 위에 놓고 그 분량을 확인하여 말해준 다음 치우고 체인지 하여 준다.
· 다섯 개 이상의 칩으로 된 스택은 어렌지 된 셋트 에서 떼어낸다.

〈ROU-07〉

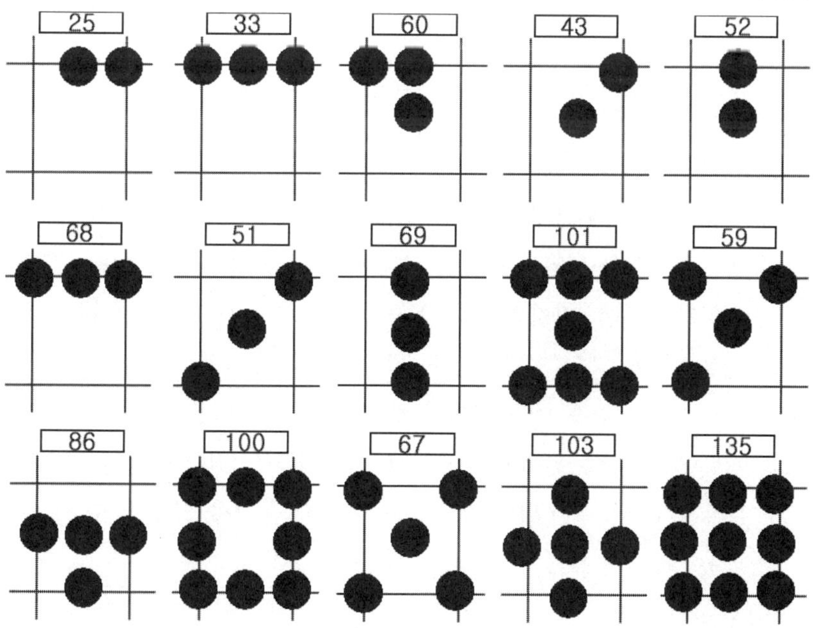

COMMON BETS DIAGRAM

· 현금은 칩 교환이 이루어 질 때까지 뱅크롤 위에다 두지 말고 레이아웃 상에 둔다.

· 당직 플로어 퍼슨은 최저 이하의 가격으로 칩을 팔 때는 이를 다시 사들인다.

① 딜러의 교대

딜러는 보통 40분에서 1시간의 근무 후 10분~20분의 휴식을 취하고 다시 근무를 하는 근무-휴식-근무-휴식의 사이클로 일한다. 같은 테이블에서 다시 근무하든 아니면 다른 테이블로 이동 하느냐는 각각 카지노 측의 쉬프트근무편성에 따르게 된다. 곧잘 "조금 되는가 싶더니 딜러를 교대시키는 바람에 잃었다" 고 푸념을 털어놓는 손님도 있으나, 이것은 대체로 카지노에 관해 제대로 알지 못하는 사람들의 곡해인 것이다. 라스베가스나 애틀랜틱시티의 대형 카지노에서는 거의 쉬프트(Shift)대로 교대를 하고 있다. 만일 불규칙 적인 교대를 한다면, 카지노 측에서 당신의 필승 법에 주눅이 들어 솜씨 좋은 딜러와 교대를 시킨다고 생각할 법도 하다.

운수 좋게 제법 따고 있다면 이때를 만조(滿潮)로 판단하여 게임을 중지하고 현금으로 교환할 수 있고, 아니면 새로운 딜러를 찾아 재도전하는 것도 플레이어의 자유인 것이다.

4 다이사이

다이사이는 주사위 3개를 이용하는 고대부터 유명한 중국의 게임으로서 유리용기에 있는 주사위를 딜러는 일정한 시간이상(7~10초) 진동시킨 후 뚜껑을 벗겨 3개의 주사위가 표시한 각각의 숫자 또는 구성되어 있는 여러 종류의 거는 장소에 Chip을 올려놓고 맞히는 게임이다. 딜러는 유리용기속의 전기 진동판으로 3개의 주사위를 흔들어 멈춘 다음 나타난 숫자를 부르고 나온 숫자의 스위치를 누르면 Layout〈TAI-01 참조〉 위에 나온 숫자 또는 구성되어 있는 여러 종류의 맞는 장소에 전구가 켜지기 때문에 손님이 건 장소를 이기고 진 것을 쉽게 알 수 있다.

다이사이 베팅 종류는

· Even/Odd Bet

· Big/Small Bet

〈TAI-01〉

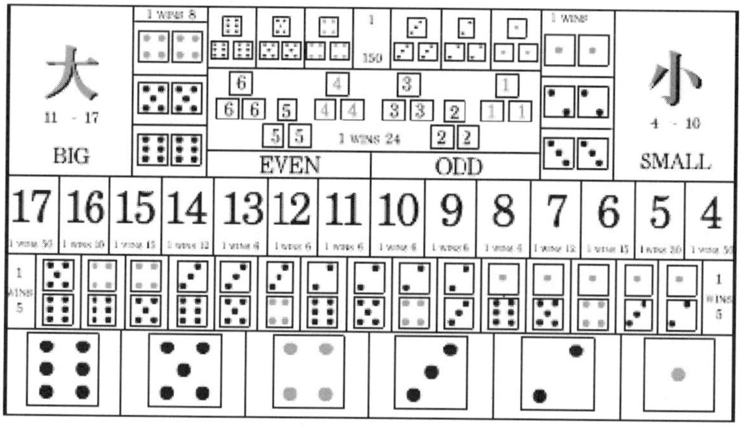

다이사이 레이아웃

다이사이 베팅 종류 및 배당

〈TAI-02〉

베팅종류	배당금
Even/Odd bet	1 : 1
Big/Small bet	1 : 1
Pair Dice bet	1 : 8
Triple bet	1 : 150
Any Triple bet	1 : 24
Total Number bet	
4 & 17	1 : 50
5 & 16	1 : 30
6 & 15	1 : 18
7 & 14	1 : 12
8 & 13	1 : 8
9, 10, 11, 12	1 : 6
Domino Bet	1 : 2
Single Dice Bet	
세개의 주사위중 하나의 숫자와 일치할 때	1 : 1
세개의 주사위중 두 개의 주사위가 일치할 때	1 : 2
세개의 주사위가 모두 동일한 숫자 일때	1 : 3

자료: 〈강원랜드 홈페이지〉

· Pair Dice Bet

· Thriple Bet

· Any thriple Bet

· Total Number Bet

· Domino Bet

· Single Dice Bet

등이 있으며 배당금은 다음 표와 같다. 〈TAI-02 참조〉

5 슬롯머신

카지노에서 들어서면 입구에서부터 가장 많이 볼 수 있고 가장 인기가 있는 슬롯머신은 카지노 입장에서는 황금 알을 낳는 거위라 할 수 있을 정도로 카지노 수입에 지대한 공헌을 하고 있다.

슬롯머신은 특별한 룰이 없이 적은 금액으로도 즐길 수 있고 엄청난 시상금이 터지는 잭팟, 프레그레시브시상금, BMW 등 자동차 경품, 여기저기서 동전 떨어지는 소리에 쉽게 앉게 되지만 카지노 게임 중 가장 확률이 낮다.

최근의 슬롯머신들은 원리는 같지만 전자 기술의 발달로 인해 잭팟, 프레그레시

〈SLOT-01〉

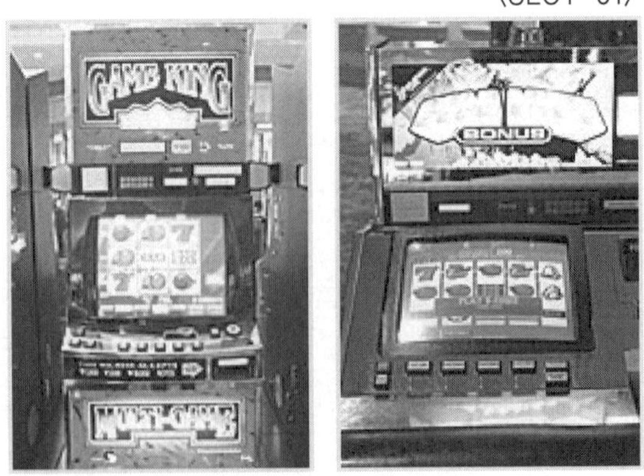

비디오 머신

〈SLOT-02〉

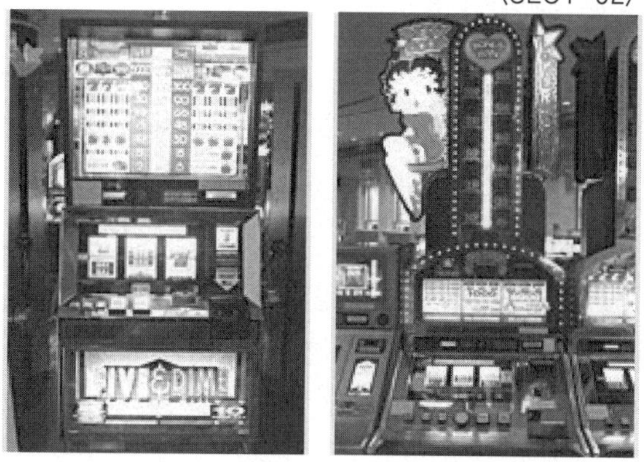

슬롯머신

브 등이 마이크로프로세서에 의해 컨트롤되고 있어 플레이어들이 슬롯에 투입한 돈에 비례해 잭팟 금액도 엄청나게 커지고 있다.

또한 최근 기계들은 단순히 레버를 당겨 그림을 맞추는 게 아니라 "메가벅스", "앨비스", "Wheel" 등 20~1,000개 코인을 보너스로 주는 기계들이 요란한 음악과 함께 인기를 얻고 있다.

1) 슬롯머신 종류

슬롯머신은 크게 네 가지로 나누어진다.

(1) 라인게임(Line Games)

게이머가 투입하는 각 동전의 수(數)당 하나씩의 라인을 증가시키는 게임이다.

(2) 멀티플라이어스(Multipliers)

오직 중간 라인만을 이용하여 당첨금을 시상한다. 이 게임은 동전을 하나씩 추가하여 게임을 할 때마다 중간라인만을 시상하되 동전이 늘어날수록 시상은 배로 올라가는 게임인 것이다.

(3) 바이어 페이(Buy-a-pay)

멀리플라이어스 게임과 같은 중간 라인만을 시상한다. 멀티 플라이어스와는 달리 동전이 추가됨에 따라 여러 가지 보너스 시상이 늘어나는 게임이다.

(4) 프로그레시브(Progressive)

각 게이머가 투입하는 금액의 일정액을 잭팟 시상금의 일부로 쓰는 것으로 일반적으로 다른 게임에 비해 잭팟 시상금이 큰 것이 특징이다. 예를 들어 메가벅스라는 게임의 경우 34,000,000달러(약 400억원)의 금액이 잭팟 으로 터진 적이 있다.

한국인으로 가장 큰 잭팟 시상금을 받은 사람은 탈랜트 손지창씨 장모로 2000년 6월 17일 라스베가스 스트립의 남쪽에 위치해 있는 만달레이베이 카지노호텔의 휠 오브 포춘(Wheel of fortune) 게임에서 잭팟에 당첨되어 940만 달러(약 110억원)을 받았다.

2) 게임 방법

대부분 슬롯머신은 5센트, 25센트, 1불짜리가 주종을 이루고, 카지노에 따라 1센트, 10센트, 50센트, 2불, 5불짜리 기계도 있다. 내국인출입 카지노 강원랜드의 경우 100원 코인(1EA=100원, 2EA=200원, 3EA=300원), 500원(1EA=500원, 2EA=1000원, 3EA=1500원)까지 1회에 베팅할 수 있는 슬롯머신이 설치되어 있다. 코인 뱅크(Coin Bank)에서 동전을 바꿔 게임을 할 수 있고 동전뿐 아니라 많은 기계들이 지폐 수납기가 있어 1불부터 100불까지 사용할 수 있다. 지폐를 사용하게 되면 플레이어들은 코인을 계속해서 넣을 필요가 없다.(국내에서는 1,000원부터 1만원권) 게임을 하기 위해 100원 코인기계에 1만원 지폐를 넣으면 100개의 Credits이 생기게 된다. 게임이 끝난 후에는 반드시 "Cash out" 버튼을 눌러야 Credit에 있는 돈이 나오게 된다.

08 장

카지노의 인사예절

1절 인 사

1 인사의 중요성

인사는 예절의 기본이며 단체 생활에서의 인간관계의 시작이다.

또한 인사는 사회생활을 하는데 서로 마음을 통하고 친근히 지낼 수 있게 하고, 인간관계에 있어서 도덕과 윤리형성의 기본이 되고 있다.

상대방의 인격을 존중하고 배려와 경의를 표하며 상사에게는 존경심을, 동료 간에는 우애를, 고객에게는 신뢰의 상징인 것이다.

그러므로 인사는 절도 있고 겸허한 자세로 마땅히 지켜야할 도리이며, 일상생활에 있어서 가장 중요한 첫 번째의 절차요 매너라고 지칭 되고 있는 것이다.

2 인사요령

일반적으로 인사는 먼저 본 사람이 상대방에게 하는 것이다. 특히 비즈니스에 있어 대화의 주도권을 잡기 위해서는 먼저 하는 사람이 유리하다.

이때 지역별로 차이가 있겠으나 미소 띤 얼굴로 상대방을 쳐다보며 밝은 목소리(상대방의 신분에 맞춰서)로 인사하는 것이 일반 적이다.

그림 8-1

_목례_
15도의 가벼운 인사
통로나 실내에서
동료, 상사, 고객 등과
만났을때

_보통 인사_
30도의 일반적인 인사
고객을 맞이할 때

정중한 인사
45도의 정중한 인사
감사 또는 사죄할 때
창구에서 고객을 보낼 때

표 8-1

구분	목 례	보통인사	정중한 인사	의식행사
인사각도	15도	30도	45도	90도
시선	전방 3m	전방 2m	전방 1m	전방 1~2m
소요시간	3초	5초	7초	7~10초
상황	· 동료나 친한 사람을 만났을 때 · 복도, 엘리베이터안, 화장실과 같은 좁은 장소에서 상사를 만났을 때 · 상사가 주재하는 회의 · 면담 · 대화의 시작과 종료시에 · 외국인 고객을 재차 만났을 때	· 로비나 영업장 등에서 상사를 재차 만났을 때 · 외국인 고객을 처음 맞이 하거나 정송할 때 · 동양인 고객을 재차 만났을 때 · 결재를 얻기 위해 상사의 집무실을 출입할 때	· 동양인 고객을 처음 맞이하거나 전송할때 · 출근하여 상사를 처음 만났을 때 · 감사의 뜻을 표할 때 · 잘못된 일에 대해 사과 할때 · 동양인중에서도 특별한 VIP고객에 대해서는 45도 이상	· 종교의식을 거행할때 · 조사와 관련한 의식을 거행 할때

구체적인 내용은 다음과 같다.

1) 일반적인 인사요령 〈그림 8-1〉 〈표 8-1〉 참조

(1) 시선: 인사 전 후에는 상대방을 바라본다.

(2) 손의 위치

· 남자: 손을 펴서 엄지손가락을 감싸 바지 재봉 선에 댄다.
· 여자: 왼손을 오른손으로 감싸 아랫배에 가볍게 댄다.

(3) 다리 및 발의 위치

· 다리는 가지런히 하고 무릎을 구부리지 않는다.
· 발뒤꿈치를 붙이고 앞은 30도 정도 벌리다.
· 허리에서 머리까지 일직선이 되도록 자세를 취한다.

(4) 표정

· 걸어가면서 인사하는 것은 안 되며, 반드시 정지된 상태에서 인사한다.
· 가벼운 미소와 즐거운 표정을 짓는다.

(5) 마음자세

· 즐겁고 진심에서 우러나오는 마음이어야 한다.
· 은은한 미소와 감사하는 마음을 가져야 한다.

2) 걸을 때 인사하는 요령

· 2~3m 가까이 가서 인사를 한다.
· 상대를 향해 선후 기본자세를 취하고 인사한다.
· 상급자가 지나간 후에 움직인다.

3) 계단을 오르내릴 때 인사하는 요령

· 계단에 발을 딛기 전 간단한 예의를 표시한 뒤에
· 신속히 사선 걸음으로 계단을 통과하여
· 상대 앞에서 기본자세를 취하고 인사한다.

4) 앉아 있을 때 인사하는 요령

· 앉은 자세에서 4박자 인사법으로 실행(15도)한다. 〈그림 8-2 참조〉
· 4박자 인사법
 ☞ 상체를 허리부터 1초간 굽힌다.
 ☞ 잠시 멈춘다(1초간).
 ☞ 천천히 고개를 든다(2초간).

그림 8-2

5) 거수경례 시 인사하는 요령

· 하급자가 상급자보다 먼저 시작하여 늦게 끝낸다.
· 다섯 손가락을 가지런히 붙여 모은다.
· 오른쪽 눈썹이나 모자챙이 닿도록 한다.

6) 주목 경례 시 인사하는 요령

· 단체 경례 시 국기나 대상을 향해 공경하는 눈길로 주목한다.

3 적절한 인사말

1) 사내 직원 간 인사말

· 사내에서는 장소 시간 횟수에 관계없이 항상 적절한 인사를 교환한다.
☞ 출근 시: "안녕하십니까?", "안녕하세요?"라는 인사를 교환한다
☞ 퇴근 시: "먼저 실례하겠습니다.", "내일 또 뵙겠습니다.", "안녕히 가십시오."라는 인사를 교환한다.
· 재차 만날 경우는 가벼운 목례로 한다.
· 아침 첫인사 시 상사에게는 기립인사가 원칙이다.(한 사무실일 경우)
· 근무 중에 자기 사무실에 타사무실의 상사가 들어오거나, 나갈 때는 일어나서 인사한다.
· 아랫사람이 잘 모르고 지나칠 때는 윗 사람이 먼저 정답게 인사하는 것이 좋다.

2) 방문객에 대한 인사말

· 자기 부서에 들어온 방문객에 대해서는 먼저 발견한 사람이 인사한 후 용건을 묻고 필요한 안내를 한다.

☞ "어서 오십시오. 어느 분을 찾으십니까?" 라는 인사를 한다.

☞ "곧 오실 겁니다. 여기에 앉아서 잠시 기다리시죠." 등으로 방문객을 기다리게 한다.

· 자신을 찾아온 방문객에 대해서는 반드시 좌석에서 일어나 반갑게 인사한다.

☞ "어서 오십시오.", "기다리고 있었습니다." 등으로 방문객을 맞이한다.

· 방문객이 서성거리지 않도록 소파나 의자에 앉도록 권한다.

3) 업무 관련 인사말

· 업무협조에 요청할 때는 "부탁드리겠습니다.", "해주시면 고맙겠습니다." 라는 인사말로 협조를 요청한다.

· 업무협조가 이루어졌을 때는 "감사합니다.", "수고하셨습니다." 등의 감사의 뜻을 표하도록 한다.

· 고의가 아니더라도 피해를 주었을 때나 실수를 했을 때는 "죄송합니다.", "미안합니다.", "실례했습니다." 등의 진심이 담긴 사과의 인사를 반드시 하도록 한다.

4) 기타 알맞은 인사말

· 일반적으로 인사할 때: "ㅇㅇ님, 안녕하셨습니까?"

· 외출할 때: "ㅇㅇ님, 다녀오겠습니다."

· 모처럼 만나 반가움을 표시할 때: "ㅇㅇ님, 오래간만에 뵙겠습니다."

· 밖에서 돌아온 사람에게: "ㅇㅇ님, 다녀오셨습니까?"

· 밖으로 나가는 사람에게: "ㅇㅇ님, 다녀오십시오."

· 가는 사람을 배웅할 때: "ㅇㅇ님, 안녕히 가십시오."

· 자기가 떠날 때: "ㅇㅇ님, 안녕히 계십시오."

· 소개를 받았을 때: "평소에 뵙고 싶었는데 반갑습니다."

· "존함은 익히 들었습니다."

5) 인사의 잘못된 표현

· 망설이다가 하게 되는 인사는 효과가 없다.
· 형식적인 인사는 안하는 것 보다 못하다.
· 말로만 하는 인사는 가벼워 보인다.
· 고개만 끄덕거리는 인사는 경망스러워 보인다.
· 표정이 없는 인사는 상대를 기분 나쁘게 한다.
· 상대를 쳐다보지 않고 하는 인사는 무례하게 생각된다.

2절 몸단장 요령

· 항상 청결한 외모를 갖추라.
· 깨끗한 옷을 입어라.
· 머리손질을 바르게 하라.
· 몸에서 냄새가 나지 않도록 하라.
· 손톱 청소를 깨끗이 하라.
· 화장품을 적당히 사용하라.

1 남자의 용모

· 머리는 지나치게 길어 와이셔츠 깃이나 귀를 덮어서는 안 된다.
· 머리카락은 항상 청결을 유지해야 한다.
· 항상 단정한 모리 모양을 유지하도록 빗질을 한다.
· 구렛나루는 귀 이하로 내려오지 않도록 하고 수염은 매일 깨끗하게 면도한다.
· 콧속의 털이 밖으로 나오지 않도록 한다.

· 손톱은 짧고 청결하게 유지 한다.
· 근무 중 구취가 나지 않도록 적절한 예방 조치를 한다.
· 시계는 항상 착용해야 하며 남성 성인용에 한한다.
· 안경은 시력 보정용으로 일반 보편화된 형태의 안경테에 색깔 없는 렌즈에 한한다. 〈그림 8-3〉참조

그림 8-3

※구두의 관리
· 구두는 약칠을 하여 보관하여야 한다.
· 구두는 항시 광택이 있는 상태에서 착용한다.
· 근무시 사용하는 구두는 출퇴근시 이용하지 않는다.
· 뜯어진 구두는 잘꿰매어 신으며 절대 꺽어신지 않는다.

2 여자의 용모

· 여직원의 머리형은 전반적인 용모를 돋보이게 하고 항상 청결 단정하여야 하며 보편적인 스타일이어야 한다.

· 앞머리는 손님과 정면으로 대면 시 두 눈이 확실히 보이도록 한다.

· 고개를 숙일 때 머리가 흘러 내려 얼굴을 가리지 않도록 머리형을 유지한다.

그림 8-4

· 머리에 사용하는 장식품은 검정색 또는 갈색으로 0.5m×5cm이내 머리핀 2개에 한 한다.
· Hair Spray, Gel, Mousse를 지나치게 사용하거나, 젖은 것처럼 보이거나 번쩍거리는 머리는 금한다.
· Unbalance형 헤어스타일은 하지 않는다.
· 염색 및 가발 착용을 금한다.
· 시계는 항상 착용해야 하며 줄에 장식이 없는 여성 성인용에 한하고 팔찌형, 플라스틱 시계, 목걸이시계나 반지시계를 금한다.
· 귀걸이는 단순한 모양의 부착 형으로서 직경 5mm이내에 소형 한 세트에 한 한다.
· 목걸이는 폭 2mm이내의 단순한 형태의 금목걸이 한 개를 패용할 수 있으며 유니폼 밖으로 내놓아서는 안 된다.(메달 부착은 금함)
· 반지는 폭 1cm이내의 단순한 형태의 금반지 한 개의 한한다.(돌출형, 보석류 금함)
· 안경은 시력 보정용으로 일반 보편적인 형태의 안경테에 색깔 없는 렌즈에 한 한다.〈그림 8-4 참조〉

3 화장

인간은 성격적인 면에서 장단점이 있는 것처럼 용모에도 장점과 단점이 있기 마련이다.

화장이란 그러한 단점을 커버하고 장점을 더욱 아름답게 보이도록 하는 것이다. 특히 여성의 경우에는 화장을 약간 해서 인물이 더 나아지지 않는 사람은 거의 없다.

그러므로 가볍게 에티켓 정도로 세련되게 자신의 개성을 살릴 수 있도록 한다. 메이크업을 반드시 하되 최소한의 메이크업이 최대의 효과를 내도록 노력한다.

· 여자는 화장을 한 후 외출에 임해야 하며 밝고 자연스러우며 개성에 맞게 하되 지나치게 유행을 따르는 화장은 하지 말아야 한다.

· 기초화장을 반드시 해야 하며 powder로 마무리 하여 번쩍거림을 방지한다.
· 눈 화장은 반드시 해야 하며 Eyer Shadow로 자연스럽고 연하게 한다.
· Mascara는 검정 및 Dark Brown에 한하며 인조 속눈썹의 사용은 금한다.
· 입술화장을 해야 하며 색상은 엷은 핑크색 계통으로 피부색과 조화를 이루어 자연스럽게 한다.
· 번쩍거리는 Lip Gloss의 사용은 금한다.
· 손은 청결을 유지하며 손톱의 돌출 부분은 1mm이하를 유지한다.
· Manicure와 Nail Polish를 사용할 경우 색상은 Natural또는 엷은 핑크색에 한한다.
· 향수 사용시는 양질의 향수를 은은하게 뿌려 상쾌한 느낌을 주도록 한다.

4 서비스 맨의 몸가짐

서비스 맨의 복장 착용 시 갖추어야 할 3대 기본 요소는 품위, 단정, 청결이다.

1) 남자

(1) 양복

· 밝고 안정된 느낌의 옷으로 원색계통이나 체크무늬는 피한다.
· 유행의 첨단을 걷는 복장은 하지 않는다.
· 시대에 뒤떨어진 복장은 하지 않는다.
· 하의는 잘 다려 주름이 서도록 하며, 양복 포켓에는 지참물을 불룩하게 넣지 않는다.
· 콤비착용은 피한다.

(2) 와이셔츠

· 흰색 와이셔츠가 좋다.
· 흰 바탕에 엷은 줄무늬나 양복과 같은 계통의 엷은 컬러 셔츠도 무방하다.

(3) 넥타이

- 이상적인 것은 양복과 같은 색 계통이 한색쯤 들어있는 넥타이가 안정되어 보이며, 세련되어 보인다.
- 넥타이핀은 단순한 것으로 한다.
- 넥타이 끝이 벨트에 미칠 수 있도록 길이를 조절한다.

(4) 구두 및 양말

- 구두는 가급적 양복 색깔에 맞추어 검은 색 혹은 갈색 외의 것은 피한다.
- 양말은 구두색깔에 맞추어 화려한 무늬나 색을 피한다.(흰 양말 금지)

(5) 기타

- 회사 뱃지는 반드시 착용한다.
- 고객 보다 고가품인 시계나 라이터, 만년필, 담배 등을 사용하는 것을 피하는 것이 좋다.

2) 여자

- 제복은 항상 청결하게 유지하여 다림질을 한다.
- 제복은 구겨진 곳, 헤진 곳이나 단추가 떨어진 곳이 없어야한다.
- 벨트는 회사 지급품에 한하며 단정히 매도록 한다.
- 필기구를 상의 윗주머니에 넣지 않는다.
- 동복 착용 시 소매를 걷어 올려서는 안 되며 깃을 세우지 않도록 한다.
- 명찰은 우측 가슴 중앙에 평행이 되게 패용한다.
- 스타킹은 무늬가 없고 색깔이 없는 투명한 것으로 한다.
- 구두는 흑색으로 항상 손질하여 광택이 나게 한다.
- 지나치게 굽이 높은 구두나 특이한 형태, 요란한 색깔, 뒤축 끈이 없는 샌들, 슬리퍼는 착용치 않는다.

· 제복과 사복은 혼 착 하지 않는다.
· 회사가 지정한 부착물 이외에는 패용 또는 착용하지 않는다.

3절 보 행

1 걸음걸이(How To Walk)

Service space를 걸을 때에는 항시 바른 자세로 걷는다. 앞서가는 고객을 앞지르는 행위는 좋지 않으며 불가피 한 경우에는 고객에게 "죄송합니다", "실례 합니다" 등의 예의를 반드시 표시하여야 한다.

눈은 전방 15도를 향하고, 고객과 마주칠 때는 가벼운 목례를 한다. 가능한 Uniform을 입고 Lobby를 횡보하는 일은 금하고 있다.

걷는 자세는 시선이 15도 상단이며 턱은 앞으로 당기고 어깨는 펴며 팔은 흔들지 않고 손을 가볍게 쥐고, 배와 하체에 힘을 주고 발바닥으로 숨을 쉬듯이 마음속으로 일직선을 그어 그 선에 맞추어 사뿐히 리듬 있게 걷도록 한다. 보행 중에는 항시 주위에 신경을 써서 벽, 천정, 전기에 이상이 있는지 Carpet에 오물이 있는지 항상 관심을 가져야 하겠다.

2 계단을 오르내릴 때의 자세

계단을 오르내릴 때는 상체를 굽히지 말고 곳곳한 자세로 오르내려야 한다. 특히 미니스커트를 입고 계단을 오르내릴 때는 남성보다 앞서 올라가는 것을 삼가야 한다.

내려올 때는 여성이 먼저 내려오도록 한다. 한복, 긴치마나 이브닝드레스 차림으로 계단을 오르내릴 때는 옷자락을 살짝 들고 걷는 것이 바람직하다.

치마 자락으로 계단을 휩쓸어 마치 걸레질 하는 것 같이 인상을 주는 것은 현명치 못하다.

3 보행시 주의 사항

· 바른 걸음 걸이는 바른 자세에서 시작된다. 바로 선자세로 등을 펴고 턱을 당기고 그대로 똑바르게 걸으면 된다.
· 항상 경쾌하나 조용하게 걷는다. 긴급 시 이외에는 절대 달려서는 안 된다. 질질 발을 끌면서 걷거나, 불안스런 걸음걸이는 금하도록 한다.
· 복도에서는 상사나 손님을 앞지르지 않는 것이 원칙이다. 급한 용무나 부득이한 때는 반드시 "실례합니다" 하고 사과를 하도록 한다.
· 손님이나 상사와 엇갈릴 때는 공손히 반절을 한다.(고개를 숙인다.)
· 큰소리로 이야기하거나 콧노래 또는 휘파람을 불면서 걷는 것은 금한다.
· 손님을 안내할 때는 손님에게 유의하면서 조심성 있게 한걸음 앞으로 선도한다. 손님을 수행할 때는 손님의 좌측 1보나 또는 후방을 걷는다.
· 보행 중에는 담배를 피우거나 껌을 씹으며 다녀서는 안 된다.
· 보행 중에는 주머니에 손을 넣거나 팔짱을 끼거나 뒷짐을 져서는 안 된다.
· 보행 중에는 눈망울이 초롱초롱 하며 얼굴 표정에 생기가 있어 보여야 하고 항시 미소를 잃지 말아야 한다.
· 보행 중에 소리가 나므로 주머니에 동전이나 소리 나는 것을 넣지 말도록 한다.
· 휴식 시 유니폼을 입은 채로 건물 밖에 나와서는 안 되며 휴식 장소에서 휴식해야 한다.
· 와이셔츠만 입은 채로 Casino Pit 구역을 이동해서는 안 된다.

4절 카지노 영업부 근무 수칙

1 Dealer 근무 수칙

카지노 종사원은 카지노 업종의 특수성을 고려하여 고도의 기술 개발과 정확한 계산 기능, 성숙한 Manner등으로 효율적인 능력개발을 위해 훈련에 훈련을 거듭하여 완벽한 전문 직업인으로써 정착하여야 합니다.

- 딜러는 모든 언행에 있어서 친절하고 예의바르게 고객한테 최대한 서비스를 제공하여야한다.
- 복장은 회사에서 지정한 유니폼을 단정히 착용하고, 신분증은 정해진 곳에 근무시간 중 항상 부착하여야 하며 두발은 항상 청결하게 유지하여야 한다.
- 딜러는 근무시간 15분전까지 출근, 담당 간부의 지시에 의해 근무배치를 받아야 한나.
- 근무 중 필요이상의 언어사용 및 잡담을 금하고 가능한 우리말을 사용치 말 것이며, 타인에게 오해를 줄 수 있는 어떠한 말과 행동도 금한다. 또한 다른 테이블의 딜러와의 대화를 허용치 않는다.〈외국인 전용 카지노 경우〉
- Money Drop Calling 은 현금 또는 수표를 레이아웃위에 스프레드 한 다음 오른손을 손바닥을 편 상태로 어깨위로 들고 담당간부가 들을 수 있도록 큰소리로 할 것이며, 고액 수표 및 여행자 수표(T/C)가 나왔을 경우 담당간부의 지시 없이는 Chips를 내줄 수 없다.
- 손님이 없을 경우라도 딜러는 테이블 정면을 향하여 기립 근무 자세를 취하거나 딜링 용 의자에 정확한 자세로 앉아 대기해야 한다. 단, 그렇지 않을 경우는 담당 간부의 지시에 따른다.
- 딜러는 실수를 최대한 방지하여야 하며 사고가 발생하면 담당 간부에게 보고한 후 처리되어야 한다.

· 딜러는 어떠한 형태이든 판별의 정확을 가리기 힘든 상황이 발생하였을 때는 반드시 현장을 보존하며, 담당 간부 입회하에 해결하여야 한다. 또한 담당 간부의 해결이 어려울 때는 차상급자 순으로 처리한다.
· 칩스 장난은 일체 금하며, 고객이 없을 경우 딜러간의 게임행위도 허용치 않으며 딜링 훈련이 필요한 경우 담당 간부의 허락을 얻는다.
· 근무 교대시에는 항상 양손을 앞뒤로 가볍게 보여야 되며(Hand Clear), 근무지 이탈, 교대 등 모든 행동은 행선지 및 목적을 담당 간부에게 보고한 후 그 지시에 따른다. 또한 근무 교대시 근무자는 고객에게 회사에서 정한 인사(예를 갖추고)를 하고 근무에 임한다.
· 게임 테이블 지정명령을 받은 딜러는 2분내 지정된 테이블에 도착하여야 하며, 휴게실에서 쉬는 동안취침은 금하고 휴게실 이용 수칙에 따른다.
· 카드는 임의로 교체할 수 없으며 소중히 다루고 담당 간부의 지시에 따른다.
· 손님으로 부터 받은 Tip은 반드시 "Thank you for the dealer", "Thank you Tip" 이라고 Calling하고, 담당 간부의 확인 후 처리되어야 한다.
· 고객에게 Tip을 요구하거나 암시하는 행위를 하여서는 안 된다.
· 딜러는 손님과 게임이외에 부당한 금전 거래를 금한다.
· 피트에서 흡연 및 음료행위는 일체 금하며, 지정된 장소에서 한다.
· 모든 습득물은 임의로 처리하여서는 안 되며, 간부에게 보고하여 Lost & Found 또는 Check Room에 보관하도록 한다.
· 손님이 Call Bet을 할 경우, 담당 간부의 확인을 받아 게임을 진행하며, 게임이 인정되면 그 말을 다시 반복 Calling 하여야 한다.
· 회사의 모든 비품과 소모품은 절약하며, 파손되는 일이 없도록 하여야 한다.
· 딜러는 사내의 기밀 고객의 보안을 철저히 지켜야 한다.

2 Casino Bar 근무수칙

카지노 바(Bar)에서 근무하는 모든 종업원은 Service Men 으로서 갖추어야 할 사항들을 규정 해 둠으로써 직업인 상과 자기 발전의 계기가 될 수 있도록 다음과 같이 근무수칙을 준수 하도록 하여야 한다.

· 카지노 바에 근무함에 있어 우리가 제공 할 수 있는 메뉴에 정확한 재료, 조리 방법의 숙지와 아울러 게임용어, 게임방법, 회사 내 부대시설, 가까운 관광지 등등… 필요할 때 설명할 수 있도록, 항시 숙지하도록 한다. 그리고 Service Men 으로 갖추어야 할 기본적인 소양도 갖춘다.

· 업장 내에서 동료 간의 원활한 인간관계를 항상 유지하며 "누군가가 해주겠지, 하겠지"라는 안일한 생각을 버리고, 동료와 회사를 위해 적극적으로 협동심을 발휘하며 매사 솔선수범하는 능동적 자세가 요구 된다.

· 자신의 손님을 맞이하듯 항상 예의바른 언행과 단정한 용모로 어느 때고 손님을 영접할 수 있도록 자신의 용모, 복장 언행에 주의 한다.

· 고객을 대할 때는 명랑 쾌활하되 "고객은 항상 옳다"(Guest is always right)라는 생각으로 환대정신에 바탕을 둔, 좋은 Service로 고객이 감동하도록 노력한다.(외국인 전용 카지노)

· 카지노 바 에서 습득물을 발견하면 금액의 많고 적음을 막론하고 담당자에게 즉시 연락하여 의심 받는 일이 절대 없도록 한다.

· 바 테이블은 수시로 정리 정돈하며 재떨이는 수시로 교체하고, 손님이 떠나면 신속하게 정리 정돈 하여 다른 손님을 맞을 수 있도록 한다.

· 주문을 받으면 반드시 복명복창으로 재확인하며, 요구사항이 틀리지 않도록 Order Take시 필요하다면 좌석 배치도 까지도 그려야 한다. 만약 메뉴에 없는것을 요구하였을 때는 없는 이유를 정중하게 설명 드리고 다른 메뉴를 권유한다.

· 손님과 농담이나 논쟁을 하지 말 것이며, 질문을 받았을 때 외에는 손님의 대화에 끼어들지 않도록 한다.

· 업장 내에서 개인적인 행동, 취식행위, 잡담을 금하고 손님의 행동에 예의 주시한다.

· 자신이 근무하고 있는 업장은 정리 정돈을 철저히 하여 청결한 상태를 유지하여야 하며, 교대 근무자가 쾌적한 분위기에서 근무할 수 있도록 준비한다.

· 업장 내에서 사용하는 소모품은 항상 체크하며, 떨어지는 일이 없도록 한다.
· 자신이 하고 있는 일에 자신감과 긍지를 갖고 주인 된 자세로 임하며, 업장에서 사용하는 모든 기물을 소중하게 다루어 파손이나 분실을 방지한다.
· 갑작스런 지시나 변경사항이 있을 시는 반드시 다음 근무자에게 Log book에 기록 처리하여 실수가 없도록 한다.
· 바라운지에서 발생하는 어떠한 사항 이라도 반드시 상급자에게 보고하여 일의 재발이나 악습의 누적을 미리 방지할 수 있도록 철저히 보고한다.
· 손님에게 Tip을 요구하거나 암시하여서는 아니 되며, 손님이 Tip을 주었을 때는 반드시 고마움을 표시하고 Tip Box에 넣는다.
· 사내에서 습득한 기밀 사항은 절대 누설치 않는다.
· 카지노 라운지에 오는 손님에게 정중하게 인사를 하고, 의자 착석을 도와 드린 다음 주문을 받고, 주문받은 F&B는 반드시 쟁반(Tray)을 이용 하여 안정된 자세로 공손하고 고마운 마음으로 Serve한다.
· 최고의 Service를 손님에게 제공하기 위해서는 먼저 종업원의 청결한 신체와 단정한 복장을 갖춘다.(규정된 유니폼, 명찰부착, 스타킹, 매니큐어)

3 뱅커(Banker) 근무수칙

뱅커(Banker)는 Chips와 Card, 영업장 비품을 관리하는 곳으로서, 그 중요성을 인지하고 근무자는 한 치의 오차가 발생되지 않도록 항상 반복 확인하는 것을 기본자세로 하며, 신속, 정확, 친절하게 일을 처리하여야 한다.

1) Chips 관리

· Chips는 카지노에서 현금과 똑같은 회사의 재산이므로 분실하거나 파손되지 않도록 유의 하여야 한다.
· DR Fill을 할 때는 Fill지에 기재된 수량과 금액이 동일한지, 테이블 명, 날짜,

Shift 및 Supervisor, Shift Manager의 서명이 되어 있는 지를 확인한 다음 Chips를 Counting하여 Dealer확인을 받고, Fill지에 Dealer의 서명을 받은 후 Banker 근무자 서명을 하고 Fill을 해주어야 한다.

· Credit을 할 때는 CR지에 적힌 수량과 금액이 동일한지, 테이블 명, 날짜, Shift가 표기되어 있는지, Supervisor, Shift Manager의 서명이 되어 있는 지를 확인한 다음 Chips를 Counting하여 Dealer 서명을 받고, Banker 근무자 서명을 한 후 금고에 넣어야 한다.

· Chips Return을 할 때는 Cage 에 확인한 다음 C/O와 M/K로 구분, 금액별 숫자를 확인한 다음 Cashier의 서명과 Banker근무자가 서명한 후 Chips를 Return한다.

· Banker 근무자는 Fill한 Chips가 해당 테이블로 가는지를 항상 주시하여야 한다.

· Color Change 시에는 테이블명과 금액별 숫자를 확인 다음 Counting하여 내어주고, Dealer 또는 손님의 확인을 받는다.(Banker 근무자는 Change 상황을 정확하게 일지에 기재하여야 한다.)

· 업무수행 중 문제가 발생되었을 시에는 상급자에게 신속 정확하게 보고하고 지시를 받는다.

2) Card 관리

· 카드는 영업하는데 있어 가장 기본이 되는 회사비품이므로 훼손되거나 외부로 유출되어서는 안 된다.

· 카드를 내줄 때에는 각 Shift별 사용량을 파악하여 테이블 명(L/B: New Card, MID/B, MB/BJ: 재사용카드)과 수량, 날짜, Shift를 기입하고 Pit Clerk, Supervisor의 서명과 Banker 근무자 서명을 한 후 Card를 내주어야 한다.

· 업장에서 사용한 카드는 각 Shift별 근무가 끝나기 전 전량 Banker에 입고시켜야 하며, 만약 입고가 되지 않을 경우 Banker 근무자는 업장 Supervisor에게

통보하여 입고시키도록 하여야 한다.(게임 중인 테이블의 카드는 수량을 파악하여 다음 Shift로 인계한다.)

· 사용한 카드는 재사용 할 수 있도록 손님이 없는 한가한 시간을 이용하여 Arrange하여야 한다.
· 재사용이 불가능한 카드는 수량을 파악한 다음 바로 폐기시킨다.
· 카드 보관은 New Card와 Arrange된 Card와 Arrange될 Card로 구분하여 보관한다.
· 일일 카드 사용량을 Report로 작성 비치하여야 한다.

3) 업장 비품관리

· 업장에서 사용하는 모든 비품은 Banker에서 관리하여야 한다.
· Banker근무자는 영업에 지장이 없도록 모든 비품을 지원하여야 한다.
· 비품을 내줄 때에는 관계서류에 기재 후 내주고 재고량이 없으면 바로 구매 확보하여야 한다.
· 비품명과 게임 테이블 명, 테이블 위치를 정확히 숙지하여야 한다.

4) 기타

· 근무자는 근무 중 자리를 이탈해서는 안 된다.(단 혼자 근무 시 식사하러 가거나 화장실을 갈 때 에는 모니터실로 연락한 후 자리를 떠야 한다.)
· 근무 중 책을 보아서는 안 된다.(단, 업무에 지장을 주지 않는 한가한 시간을 이용하여 업무에 관계된 책을 보는 것은 예외로 한다.)
· 근무자는 관계자외의 지위고하를 막론하고 Banker출입을 통제하여야 한다.
· 근무 중 졸거나 업무에 지장을 주는 잡담을 해서는 안 된다.
· 근무 중 발생되는 모든 사항을 상급자에게 보고하여야 한다.

01 부록 게임 실무 외국어

인사(GREETINGS)

1. 아침인사
   → Good Morning, Sir(Ma' am)
   → おはようございます
2. 낮 인사
   → Good Afternoon, Sir(Ma' am)
   → 今日(こんにち)は
3. 저녁인사
   → Good Evening, Sir(Ma' am)
   → 今晩(こんばん)は
4. 안녕히 주무세요.
   → Good Night, Sir(Ma' am).
   → お休(やす) みなさい.
5. 안녕히 가세요.
   → Good-bye.
   → さようなら.

6. 또 만납시다.

→ See you again.

→ またお會(あ) いしましょう.

7. 안녕하십니까?

→ How are you?

→ お元氣(げんき)ですか.

8. 덕분에 잘 있습니다.

→ I' m fine, thank you.

→ お蔭(かげさま)で元氣 (げんき)です.

9. 어서 오십시오.

→ Welcome to our Casino.

→ いらっしゃいませ.

10. 오래간만입니다.

→ Long time no see.

→ °おひさしぶりです.

→ °しばらくでした.

11. 그 동안 별일 없으신지요.

→ How have you been?

→ おげんきですか.

12. 처음 뵙겠습니다. 만나서 반갑습니다.

→ How do you do? I' m glad to see you.(It' s nice to see you.)

→ はじめまして どうぞよろしくおねがいします.

13. 대단히 감사합니다.

→ Thank you very much.

→ どうもありがとうございます.

14. 축하합니다!

→ Congratulations!

→ おめでとうございます.

15. 행운을 빕니다.

→ Good luck.

→ がんばってください.

1	one		いち
2	two		に
3	three		さん
4	four		し
5	five		ご
6	six		ろく
7	seven		なな/しち
8	eight		はち
9	nine		く/きゅう
10	ten		じゅう
40	forty	四十	よんじゅう
70	seventy	七十	ななじゅう
80	eighty	八十	はちじゅう
100	one hundred	白	ひゃく
300	three hundred	三白	さんひゃく
500	five hundred	五白	ごんひゃく
600	six hundred	六白	ろっぴゃく
800	eight hundred	八白	はっぴゃく
1,000	one thousand	千	せん(一千 いっせん)
3,000	three thousand	三千	さんぜん

4,000	four thousand	四 千	よんせん
8,000	eight thousand	八 千	はっせん
1만	ten thousand		いちまん
5만	fifty thousand		ごまん
10만	one hundred thousand		じゅうまん
50만	five hundred thousand		ごじゅうまん
100만	one million		ひゃくまん
500만	five million		ごひゃくまん
1,000만	ten million		いちせんまん
5,000만	fifty million		ごせんまん
1억	one hundred million		いちおく

체크 룸 (Checkroom)

1. 어서 오십시오.
   → Welcome to our casino.
   → いらっしゃいませ.

2. 입장세금이 필요합니다.
   → You need to buy an admission ticket.
   → 入場税が必要(ひつよう)です.

3. 입장료는 1인당 5,000원 입니다.
   → The entrance fee is/5,000(five thousand Won)per person.
   → °お一人様で 5,000ウォン です.
   → °入場料(にゅうじょうりょう)は一人(ひとり)当(あ)たりで5,000ウォンでございます.

4. 저희 카지노는 24시간 영업합니다.

→ Our casino is open 24 hours a day.

→ このカジ-ノは24時間営業(じかんえいきょう)しております.

5. 사진기는 저희에게 맡겨 주십시오.

→ You have to leave your camera with us.

→ °カメラはおあずかりさせていただきます.

→ °カメラはお預(あず)けください.

6. 카지노에서는 사진 촬영을 할 수 없습니다.

→ You are not allowed to take pictures in the casino.

→ °カジ-ノの中では写真(しゃしん)の撮影(さつえい)は禁止(きくし)されております.

→ °カジノ内(ない)でのは写真(しゃしん)の撮影(さつえい)は禁止(きくし)されております.

7. 코트는 맡기고 들어가십시오.

→ Please. leave your coat with us.

→ コ-トは あずけてお入り下さい.

8. 가방이나 귀중품은 저희에게 맡겨 주십시오.

→ Please leave your large bags or other belongings with us.

→ You can leave your valuables at the checkroom for safe-keeping.

→ 大きいカバンと 貴中品(きちょうひん)は おあずけ下さい.

9. 미성년자는 입장할 수 없습니다.

→ Minors are not allowed to enter.

→ °未成年者(みせいねんしゃ)はご入場(にゅうじょう)できません.

→ °未成年者(みせいねんしゃ)はカジノに入場(にゅうじょう)することが できません.

10. 18세 이상만 입장할 수 있습니다.

→ Only people over 18 years old are allowed to enter.

→ 18才(さい)以上(いじょう)でないと入場(にゅうじょう)できません.

11. 죄송하지만 여권을 보여 주십시오.

→ May I see your passport, please?

→ °すみませんがパスポ-トを見(み)せて下さい.

→ °申(もう)し(わけ)ございませんが身分証(みぶんしょう)を拝見(はいけん)させていただけますか.

12. 법률에 따라 내국인은 카지노에 입장할 수 없습니다.

→ Koreans are not allowed to enter the casino according to the law.

→ 内人(こくないじん)は法律によって入場(にゅうじょう)出來(でき)ません.

13. 해외에 거주하는 교포나 시민권자만 입장할 수 있습니다.

→ Only overseas residents or foreign citizens are allowed to enter.

→ 外国(がいこく)に 住(す)んでいる橋胞(きょうほう)と市民權(しみんきん)をお持(も)ち方(かた)は入場(にゅうじょう)出來(でき)ます.

14. 여권을 소지하지 않으면 입장할 수 없습니다.

→ You are not allowed to enter without your passport.

→ °パスポ-トを おもちにならないとご入場(にゅうじょう) 出來(でき)ません.

→ °パスポ-トを おもちでない方(かた)は入場(にゅうじょう)することができません.

→ °申(もう)し訳(わけ)ございませんがパスポ-トがなければカジノに入場(にゅうじょう)することができません.

15. 동반자는 입장할 수 없으니 시간 약속을 하셔서 1층에 있는 Coffee Shop에서 기다리게 하십시오.

→ I' m sorry, your Korean friend is not allowed to enter.

→ Your friend can wait for you at the coffee shop in the main lobby.

→ おつれの韓国人は入場はできませんので約束時間を決めて.

→ 一階のコ-ヒショップで待つようにおねがいします.

16. 운동복이나 반바지 차림으로는 입장하실 수 없습니다.

→ You are not allowed to enter with a sweatsuit or shorts on.

→ 運動服, 半ズボンなどでは入場出來ません.

안내(Information)

1. 카지노에는 처음 오셨습니까?

→ Is this your first visit to our casino?

→ カジ-ノには初(はじ)めですか.

2. 게임의 종류는 여러 가지가 있습니다만 하는 방법을 아십니까?

→ We have know how to play any of the games?

→ ゲ-ムの種類(しゅるい)は色色(いろいろ)ありますがやり方(かた)はご存(ぞん)じですか.

3. 다이사이, 룰렛, 블랙잭, 바카라 등의 게임이 있습니다.

→ We have Tai-Sai, Roulette, Blackjack, and Baccarat.

→ 大小(ダイサイ), ルレット, ブラックジャック, バカラ などがあります.

4. 하시고 싶은 게임이 있으시면 설명해 드리겠습니다.

→ If you want to play any game, I will be happy to explain to you the House rules.

→ やりたいゲ-ムがありましたらご説明(せつめい)をいたします.

5. 카지노에 대해서 아시고 싶은 것이 있으면 언제든지 안내에 와 주십시오.

→ If you have any questions about our casino, please feel free to come to our information desk.

→ °ゲ-ムのほかにカジノに ついて知(し)りたい事(こと)がありましたらいつでも案内(あんない)デスコまでおたずね下さい.

→ °ゲ-ム中(ちゅう)に何(なに)かご質問(しつもん)が あればいつでもお呼(よ)び下さいませ.

6. 백 불은 약 8만원입니다.

→ US $100(US one hundred dollars) is about ₩80,000(eighty thousand Won).

→ アメリカ100ドルは約8万ウォンです(ございます).

7. 만 엔은 약7만원입니다.

→ ¥10,000(ten thousand Yen)is about ₩70.000(seventy thousand Won).

→ 日本の1万円は約7万ウォンです.

8. 시내까지 택시 요금은 어느 정도 입니까?

→ How much is the taxi fare to get downtown?

→ 市内(しない)までのタクシ料金(りょうきん)はどのぐらいですか.

9. 행선지에 따라 다르지만 ₩10,000정도면 시내 중심지까지 가실 수 있습니다.

→ It depends on where you go, but it usually costs about ₩10,000(ten thousand Won)to get downtown.

→ 行(ゆ)き先(さき)によって ちがいますが1万ウォンぐらいなら 市内(しない)まで行けます.

10. 이 칩스는 이 테이블에서만 쓸 수 있습니다.

→ These chips are used only at the Roulette tables.

→ このチップはこのテ-ブルに かぎって使(つか)えます.

11. 테이블을 옮길 때나 돈으로 바꿀 때는 플레이 칩스를 머니 칩스로 교환하십시오.

→ Please change the playing chips into money chips when you move to another table or when you wish to cash the chips.

→ テ-ブルを移(うつ)る時とお金に換える時はチップを 交換して下さい.

12. 공중전화는 어디에 있습니까?

→ Where is the public telephone?

→ 公衆電話(こうしゅうでんわ)はどこにありますか.

13. 화장실 옆쪽에 있습니다.

→ There' s one near the restroom.

→ トイレのとなりにあります.

14. Game 중 문의사항이 있으시면 Pit Boss 나 판촉직원을 불러주십시오.

→ If you have any questions while you are playing the game, please call the pit boss or the marketing department.

→ ゲ-ム中(ちゅう) 知りたい事がありましたらPit bossまたは販促係(はんそくがかり)を呼(よ)び出して下さい.

15. 환전은 어디에서 할 수 있습니까?

→ Where can I exchange money?

→ りょうがえ(替)はどこで出來ますか.

16. 출납에서 환전하실 수 있습니다.

→ You can exchange money at the cashier' s counter.

→ 出納(すいとう)で出來ます.

17. 칩스는 어디에서 살 수 있습니까?

→ Where can I buy chips?

→ チップはどこで買(か)えますか.

18. 게임 테이블에서 살 수 있습니다.

→ You can buy chips at the gaming table.

→ ゲームテ-ブルで買えます.

19. 담배는 어디에서 살 수 있습니까?

빠에서 사실 수 있습니다.

→ Where can I buy cigarettes?

You can buy Cigarettes at the bar or ask one of the waitresses to get some for you.

→ たばこはどこて買えますか.

バ-で 買えます.

20. 화장실이 어디 있습니까? 바로 저기 있습니다.

→ Where is the washroom(restroom)? It' s right over there.

→ トイレはどこですか. あそこです.

21. 전화카드는 어디서 살 수 있습니까? 빠에서 사실 수 있습니다.

→ Where can I buy a telephone card? You can buy it at the bar.

→ でんわカ-トはどこで買えますか. バ-で買(か)えます.

22. 칩스를 어디서 현금으로 바꿀 수 있습니까?

환전창구에서 칩스를 현금으로 바꿀 수 있습니다.

→ Where can I cash my chips?

You can cash your chips at the cashier' s counter.

→ チップはどこで現金(げんきん)に交換(こうかん)できますか.

換金(かんきん)の窓口(まどぐち)で￥に交換(こうかん)できます.

23. 환전창구는 어디에 있습니까?

곧바로 가시면 오른쪽에 있습니다.

→ Where is the cashier' s counter?

Go straight and you' ll find if on your right.

→ 両替(りょうがえ)はどこにありますか.

まっすぐ いくと右側(みぎかわ)にあります.

룰렛(Roulette)

1. 칩스 가격은 전부 같으나 손님을 구별하기 위하여 색깔을 나누어 놓은 것입니다.
   → All the chips have the same value. The purpose of having different colors is to avoid any confusion and disputes.
   → チップの植段(ねだん)は同じですが どちらのお客様(きゃくさま)のものかみわけるための色(いろ)でございます.

2. 칩스는 이 테이블에서 사실 수 있고 최저가 2천원부터 입니다.
   → You can buy chips at this table and the minimum is ₩2,000.
   → チップはこのテ-ブルで買うことが出來ますが最低(さいてい)2千ウォンからです.

3. 정확하게 베팅하여 주십시오.
   → When you make a bet, please place it accurately.
   → 正確(せいかく)に おかけて下さい.

4. 가지고 있은 입장권 반쪽은 서비스로 한번 베팅할 수 있습니다.
   → You can place a bet with your admission ticket as a bonus.
   → お待(も)ちの入場券(にゅうじょうけん)の半分(はんぶん)はサ-ビスとして一回(いっかい)賭(か)けることが出來ます.

5. 입장권을 베팅하여 맞으면 3,000원을 드립니다.
   → If you win by betting your admission ticket, you will receive ₩3,000.
   → 入場券(にゅうじょうけん)を賭(か)けて(あた)りますと ₩3,000がおうけとりになります.

6. 입장권은 바깥쪽만 베팅할 수 있습니다.
   → You can place a bet with your admission ticket only on the outside betting area.

→ 入場券(にゅうじょうけん)はOUTSIDEに かぎって賭(か)けられます.

7. Ball이 떨어지기 전에 Betting 하여 주십시오.
   → Please place your bets before the ball drops into a solt.
   → °ボ-ルが落(お)ちるまえにお賭(か)け下さい.
   → °ボ-ルが落(お)ちる前(まえ)にベッティンクしてください.

8. 계산이 끝난 후 Betting 하여 주시기 바랍니다.
   → Please place your bets after the take and pay has been completed.
   → 計算(けいさん)が終(おわ)ったあとに賭けて下さい.

9. 손님 일인당 한 가지 색깔로만 가능합니다.
   → Each player can use only one color chips.
   → お客様(きゃくさま)一人(ひとり)当(あた)りに一色(いっしょく)だけ使(つか)えます.

10. 이 색깔은 다른 손님이 사용하고 있습니다.
   → Another player is using this color chips.
   → この色はほかのお客様(きゃくさま)が使(つか)っています.

11. 이 테이블에서는 Outside 3,000,000만원, Inside 100,000원까지 베팅 할 수 있습니다.
   → You can bet up to ₩3,000,000(three million Won) on the outside and up to ₩100,000(one hundred thousand Won) on the inside.
   → このテ-ブルでは Outside 3,000,000 ウォンまで賭けられます.

12. 게임 테이블에서 외화로도 칩스를 살 수 있습니다.
   → You can buy chips with foreign currencies at the gaming table.
   → ゲ-ム テ-ブルで外貨も使えます.

13. 칩스 하나에 2,000원 입니다.
   → the value of one chip is ₩2,000(two thousand Won).

→ チップ一枚(いちまい)が 2,000ウォンです.

14. 10,000원짜리 칩스 로도 게임을 할 수 있습니다.

→ You can play this game with ₩10,000(ten thousand Won) chips.

→ 1万ウォンチップでもゲ-ムが出來ます.

15. 게임 테이블을 떠날 때는 플레이 칩스를 캐쉬 칩스로 바꾸시기 바랍니다.

→ When you leave the table, please exchange your playing chips into cash chips.

→ ゲ-ムガ終(おわ)りますとマ-ニ チップに替(か)えて下さい.

16. 이 칩스는 이 테이블에서만 쓸 수 있습니다.

→ These chips can be used only at this table.

→ このチップはこのテ-ブルに かぎって使(つか)えます.

17. 테이블을 옮길 때나 돈으로 바꿀 때는 칩스를 캐쉬 칩스로 교환 하십시오.

→ please change the chips into cash chips when you move to another table or when you wish to cash the chips.

→ テ-ブルを移(うつ)す時とお金(かね)に換(か)える時はチップをマネ-チップで交換(こうかん)して下さい.

블랙잭(BLACKJACK)

1. 이 원안에 베팅하여 주십시오.

→ please place your bet inside this circle.

→ このえんの中に賭けて下さい.

2. 테이블에 따라서 미니멈, 맥시멈이 다릅니다.

→ The betting limits are different at each table.

→ テ-ブルによって MIN · MAXがちがいます.

3. 커팅은 이카드 묶음의 1/3 이상 해주십시오.

→ Please cut more than one-third of the deck when you cut the cards.

→ カットはこのカ-ドの束(そく)の1/3以上(いじょう)やって下さい.

4. 베팅한 칩스 에는 손대지 마십시오.

→ Once you have placed your bet, please don' t touch the chips.

→ 一旦(いったん)お賭けになったチップには手(て)をふれないようおねがいします.

5. 힛 이나 스탠드는 분명하게 이야기 해주십시오.

→ Please make it clear whether you want to hit or stand.

→ ヒットとステイははっきりおっしゃって下さい.

6. 한 장 더 받으시겠습니까?

→ Do you want to hit?

→ もう1枚 引(ひ)きましょうか.

7. 같은 숫자가 나왔습니다만 스플릿 하시겠습니까?

→ You have two cards of equal value, Do you want to split them?

→ 同じ 数子(すうじ)が出ましたが スプリットしますか.

8. 스플릿을 하시려면 원래 베팅액과 같은 액수를 다시 한 번 베팅하여 주십시오.

→ If you to split, you should bet the same amount as your original bet on your split hand.

→ スプリットする場合(ばあい)は元金(がんきん)けと同じく金額(きんがく)をもう1回賭けて下さい.

9. 에이스를 스플릿 할 경우 한 장밖에 받지 못합니다.

→ In the case of an Ace split, you may receive only one additional card on each split hand.

→ °ACEをスプリットする場合(ばあい)は-枚ずつしか引(ひ)けません.

→ °ACEをスプリットするとカ-ドは1枚だけ引(ひ)く ことができます.

10. 블랙잭은 처음 받은 2장일 때를 말하고, 그 외에는 그냥 21로 계산합니다.

→ When your initial two cards total 21, it' s called a blackjack, A three card total of 21 only gets even money when you win.

→ ブラックジャックは 最初(さいしょ)の 2枚だけで その以外(いがい)はただの21でかぞえます.

11. 더블은 처음 받은 2장에서만 가능합니다.

→ You may double down only on any initial two-card hand.

→ ダブルは 最初(さいしょ)の2枚の時點(じてん)で出來ます.

12. 더블을 할 경우 한 장밖에 받지 못합니다.

→ In the case of doubling down, you may receive only one more card.

→ ダブルをしますと1枚しか引(ひ)けません.

13. 스플릿은 같은 숫사와 카드가 잇달아 나올 때만 가능합니다.

→ You may split only when you have two cards of the same value.

→ スプリットは同(おな)じ 数子(すうじ)のカ-ドがつづいてった場合出來ます.

14. 같은 숫자가 나오면 2번만 스플릿 할 수 있습니다.

→ You may split up to twice when you get identical card.

→ 同じ子(すうじ)が續(つづ)けて出た場合は2回だけ スプリット出來ます.

15. 써렌더는 처음 받은 2장일 때만 가능합니다.

→ You may surrender only when you get your first two cards.

→ サレンダ-は最初(さいしょ)に配(くば)られた二枚の場合だけです.

16. 스플릿 했을 때는 서렌더를 할 수 없습니다.

→ You cannot surrender after you have split.

→ スプリットした場合は サレンダ-は出來ません.

17. 보험을 거실 분은 없으십니까?

→ Is there anyone who is going to make an insurance bet?

→ 保險(ほけん)をかける方はいませんか.

18. 보험은 베팅금액의 1/2이하를 걸 수 있습니다.

→ You may make an insurance bet by betting up to half of your original bet.

→ 保險(ほけん)は賭けの半分(はんぶん)以下(いか)まで賭けられます.

19. 딜러가 블랙잭인 경우 원래 베팅금은 잃지만 인슈어런스를 하신 분은 보험금의 2배를 받으므로 결국 비기게 됩니다.

→ When the dealer has a blackjack, your original bet is lost while your insurance bet wins and is paid 2 to 1.

→ デイ-ラがブラックジャックになった場合は元金(がきん)は取(と)られますが.

→ 保險(ほけん)をかけった人は保險金(ほけんきん)の2培をもらえますから結局(けっきょく)は同じです.

20. 블랙잭이 아닌 경우 보험금은 잃고 게임은 계속됩니다.

→ When the dealer does not have a blackjack, the insurance bet is lost and the game continues.

→ ブラックジャックでない場合(ほけん)は保險金(ほけんきん)だけ取(と)られてゲ-ムはそのま進行(しんこう)します.

21. 이븐 머니를 하시겠습니까?

→ Do you want to have even money paid?

→ イ-ブンマ-ニにしますか.

22. 이 테이블은 3만원까지 입니다.

→ This table' s maximum limit is ₩30,000(thirty thousand Won).

→ このテ-ブルは3万ウインまで賭けられます.

미니 바카라(MINI BACCARAT)

1. 바카라에서는 10, J, Q, K카드는 0으로 계산합니다.
   → In baccarat, all 10s and face card(J, Q, K) count as zero(0).
   → バカラでは 10, J, Q, Kのカ-ドは 0 でかぞえます.

2. Ace는 1로만 계산 합니다.
   → Aces count only as one.
   → Aceは 1でかぞえます.

3. 게임 카드 2장이나 3장의 합이 0일 경우 바카라라고 합니다.
   → When the total of the initial two or three cards is 0(zero) it is called Baccarat.
   → ゲ-ムのカ-ドが2枚または 3枚の合計(ごうけい)が 0になった場合(ばあい)バカラと言います.

4. 뱅크나 플레이어중 합계가 9에 가까울수록 이기게 됩니다.
   → in Baccarat, the highest hand possible is a nine(9).
   → This total beat any other total and wins for whichever side has the nine.
   → バンカか プレヤの合計(ごうけい)が9または9に近(ちか)いが勝(か)ちになります.

5. 처음 2장의 합계에 따라 세 번째 카드를 받는데 이것은 게임 규칙에 따라 합니다.
   → According to the gaming rules, you draw the third card depending upon the two-card total.
   → 最初(さいしょ)2枚の合計(ごうけい)に依(よ)って三番目(さんばんめ)を引くかどかが決(き)まります.

6. 바카라에는 Player와 Banker, Tie벳이 있는데 어느 쪽이나 베팅하고 싶은 곳에 베팅하시면 됩니다.

→ You may choose and bet on the Player, Banker, or on the Tie bet.

→ バカラは プレヤ・バンカ・タ-イなどがありますがどちらでも好きな方に賭(か)けられます.

7. 뱅크 쪽이 약간 유리하게 되어 있어서, 이겼을 경우 5%의 커미션을 떼게 되어 있습니다.

→ Whenever a Banker hand wins, the House collects 5 percent of that win as its commission, because the Banker' s winning odds are slightly higher than that of the Player' s.

→ バカラ側が少しだけ有利(ゆうり)になってますから勝(か)った場合は5%のコミションが取(と)られます.

8. 어느 한쪽이 이기게 되어 있어서 손님에게 제일 유리한 게임입니다.

→ Baccarat is the most advantageous game for customers, because either the Banker or the Player wins.

→ どちらかが勝(か)つようになってますからお客様(きゃく)一番(いち-ばん)有利(ゆうり)なゲ-ムです.

9. Marker는 Betting을 많이 하신 손님에게 놓여 집니다.

→ We place the marker in front of the customer who bets the most.

→ マ-カは多く賭けた方におかれます.

10. Betting은 베이스 안에 해주시면 감사하겠습니다.

→ Please place your bets inside the base.

→ お賭けはわくの中にして下さい.

11. 이 Table에서는 만원부터 백만 원까지 Betting할 수 있습니다.

→ You may bet from ₩10,000(ten thousand Won) to ₩1,000,000(one million Won)at this table.

→ このテ-ブルは1万ウォンから100万ウォンまで賭けられます.

12. 이 테이블에서는 손님이 Card를 보실 수가 없습니다.

→ Customers are not allowed to peek at the cards at this gaming table.

→ このテ-ブルはカ-ドをしぼることが出來ません.

13. "No more bets" Calling하기 전에 Betting하여 주십시오.

→ Please place your bets before the Dealer announces "No more bets".

→ ノモ-アベットと言うまえに賭けて下さい.

14. Card가 나온 후에 Betting 하시면 인정하지 않습니다. 죄송합니다.

→ please understand that we return your bet if you place your bet after the card are dealt.

→ カ-ドが出たあとに賭けるのは認めません. おそれいります.

15. 이 Table에서 tie Bet ○원까지 입니다.

→ The tie bet maximum at this table is ○Won .

→ このテ-ブルでのタ-イ賭けは○ウォンまでです.

16. 스코어 지를 앞으로 당겨 주시면 감사하겠습니다.

→ Would you please pull your score card toward you.

→ スコア紙を前に引いて下さい えありがとうございます.

17. 파란색이 뱅크고 빨간색이 플레이어 입니다.

→ The banker' s marker is blue and the player' s marker is red.

→ 青がバンカ-で赤がプレ-ヤ- です.

18. 볼펜이 필요하시면 말씀해 주십시오.
항상 준비를 해놓고 있습니다.

→ If you need a pen, please don' t hesitate to ask.
Pens are always available.

→ ボ-ルペンが必要(ひつよう)な方は言って下さい.
いつも用意(ようい)してあります.

미디바카라(MIDI BACCARAT)

1. 이 테이블은 1,000만원까지 입니다.
   → The maximum betting limit at this table is 10 million Won.
   → このテ-ブルは 1千 万ウォンまでよういます.

2. Card는 손님이 직접 보실 수 있습니다.
   → Customers are allowed to look at their own cards at this gaming table.
   → カ-ドは客様がしぼることが出來ます.

3. 두 분이 나누어 보시면 곤란합니다.
   → Customers cannot look at their own cards together at the same time.
   → 二人で分けて しぼることはこまります.

4. 자리를 옮기실 때는 꼭 칩스 나 귀중품을 가져가십시오.
   → Please take your chips and valuables with you when you move elsewhere.
   → お席(せき)をはずす時は必(かなら)ずチップや貴中品(きちょうひん)などはお持(も)ち下さい.

5. 이곳에는 들어오시면 안 됩니다.
   → Sorry, you are not allowed beyond this point.
   → ここは入らないで下さい.

6. 이 수표에 싸인을 부탁드립니다.
   → Would you please endorse this check?
   → この小切手(こ-ぎって)にサインをお願いします.

7. 죄송하지만 이 수표는 사용하실 수 없습니다.
   지불 중지가 되었습니다.

→ I' m sorry but you cannot cash this check.
The payment of this check is suspended.

→ すみませんがこの小切手(こ-ぎって)は使えないんです.
支拂(しはら)いが中止(ちゅうし)になってます.

8. 손님의 베팅 장소는 이곳입니다.

→ Your betting area is right here.

→ お客様の賭ける所はここです.

9. 죄송하지만 보신 카드를 부탁드리겠습니다.

→ Would you please give me the cards you looked at?

→ すみませんが見終ったら カ-ドはディ-ラにお返(かえ)し下さい.

10. 커미션에 잔돈이 필요하니 5,000원짜리 칩스 1개를 부탁드립니다.

→ Please give me a ₩5,000 chip for the commission charge.

→ コミションに こまかいお金が必要ですから5,000ウォンチップ1枚を お願いします.

11. 싸이드 베팅은 되지 않으니 저쪽 의자에 앉으셔서 하시기 바랍니다

→ Side betting is not allowed, so please have a seat over there and place your bet individually.

→ サイド賭けは いけませんので ほかの デ-ブルでなさって下さい.

메인 바카라(MAIN BACCARAT)

1. 이 테이블에서는 5천만 원까지 베팅 할 수 있습니다.

→ You can bet up to 50 million Won at this gaming table.

→ このデ-ブルは5千 万ウォンまで 賭けられます.

2. 베팅은 칩스 로만 가능합니다.

→ You can place your bet only with chips.

→ 賭け方はチップだけで出來ます(チップだけで賭けて下さい).

3. 베팅은 뱅크인지 플레이어인지 정확히 해 주시기 바랍니다.

→ Please make it clear whether you are placing your bet with the banker or the player.

→ 賭け方はバンカとプレヤどちらか正確に賭けで下さい.

4. 미안합니다만, 칩스를 잠깐 count해 보겠습니다.

→ May I count your chips, please?

→ すみません,チップをちょっと かぞえさせていただきます.

5. 100만원이 over 되었습니다, Over된 금액은 다음에 베팅해 주십시오.

→ Sorry, one million Won is over the betting limit.

→ You can place a bet of that amount on the next hand.

→ 100万ウォンが こえましたので のこりの 金額は この 次に 賭けで下さい.

6. 죄송합니다. 실수로 카드가 한 장 떨어졌습니다.

→ Please forgive me, I made the mistake of dropping a card.

→ すみません,カード 1枚が落ちました.

7. 지금은 Rule에 의해 한 장 더 받으셔야 되겠습니다.

→ In this case, you have to get one more card according to the rules.

→ 今はルールによって もう1枚を引かなければなりません.

8. 미안합니다만 카드를 보셨으면 돌려주시기 바랍니다.

→ Would you please return your card?

→ すみません,カードを見ましたら かえして下さい.

9. 칩스는 라인 밖으로 당겨주시기 바랍니다.

→ Please put your chips on the outside of the line.

→ チップは線(せん)のそとまで引いて下さい.

10. 미안합니다만 커미션 계산을 위하여 칩스를 한번 확인해 보아도 좋겠습니까?

→ I' m sorry but may I check your chips for the commission count?

→ すみませんがコミション計算をしなげればなりませんのでチップを 確認(かくにん)して見ても よろしいですか.

11. 칩스를 강하게 치시면 손가락이 다칠 염려가 있으니 주의 하십시오.

→ If you hit your chips strongly, you may hurt your fingers.

→ Please be careful not to hurt your fingers.

→ チップを强(つよ)く賭けますと指に けがする おそれが ありますので 氣をつけて下 さい.

12. 앞으로 3게임 정도 남았습니다.

→ There are about 3 more hands left.

→ あと3ゲームぐらいのこっています.

13. 교대 시간이 되었습니다. 많이 따십시오.

→ It' s time for a shift change. Thank you, Gook luck.

→ °交代時間(こうたいじかん)になりました がんばって下さい.

→ °勤務交代時間(きんむこうたいじかん)になりました ごゆっくりお楽(たの)しみください.

M · E · M · O

02 부록 관광 진흥법의 카지노업

■ **제20조 (허가 요건 등)**

① 문화관광부장관은 제5조제1항의 규정에 의한 카지노업(이하 “카지노업” 이라 한다)의 허가신청을 받은 때에는 다음 각 호의 1에 해당하는 경우에 한하여 이를 허가할 수 있다.

1. 국제공항 또는 국제여객선터미널이 있는 특별시 · 광역시 또는 도(이하 “시 · 도”라 한다) 안에 있거나 관광특구 안에 있는 관광 숙박업 중 호텔업 시설(관광숙박업의 등급 중 최상등급을 받은 시설에 한하며, 시 · 도 안에 최상등급의 시설이 없는 경우에는 그 다음 등급의 시설에 한한다) 또는 대통령령이 정하는 국제회의업 시설의 부대시설 안에서 카지노업을 하고자 하는 경우로서 대통령령이 정하는 요건에 적합한 경우
2. 우리나라와 외국 간을 왕래하는 여객선 안에서 카지노업을 하고자 하는 경우로서 대통령령이 정하는 요건에 적합한 경우

② 문화관광부장관은 공공의 안녕, 질서유지 또는 카지노업의 건전한 발전을 위하여 필요하다고 인정하는 때에는 대통령령이 정하는 바에 의하여 제1항의 규정에 의한 허가를 제한할 수 있다.

■ 제21조 (결격사유)

① 다음 각 호의 1에 해당하는 자는 카지노업의 허가를 받을 수 없다.〈개정 2002.1.26〉

1. 19세미만의 자
2. 폭력 행위 등 처벌에 관한법률 제4조의 규정에 의한 단체 또는 집단을 구성하거나 그 단체 또는 집단에 자금을 제공하여 금고이상의 형의 선고를 받고 형이 확정된 자
3. 조세포탈 또는 외국환거래법의 위반행위로 금고이상의 형의 선고를 받고 형이 확정된 자
4. 금고이상의 실형의 선고를 받고 그 집행이 종료되거나 집행을 받지 아니하기로 확정된 후 2년이 경과되지 아니한 자
5. 금고이상의 형의 집행유예의 선고를 받고 그 유예 기간 중에 있는 자
6. 금고이상의 형의 선고유예를 받고 그 유예 기간 중에 있는 자
7. 임원중 제1호 내지 제6호에 해당하는 자가 있는 법인

② 카지노업의 허가를 받은 자(이하 "카지노사업자"라 한다)가 제1항 각호의 1에 해당하게 된 때에는 문화관광부장관은 허가를 취소하여야 한다. 다만, 법인의 임원중 그 사유에 해당하는 자가 있는 경우 3월 이내에 그 임원을 개임한 때에는 그러하지 아니하다.

■ 제22조 (카지노업의 시설 기준 등)

① 카지노업의 허가를 받고자 하는 자는 문화관광부령이 정하는 시설 및 기구를 갖추어야 한다.

② 카지노사업자에 대하여는 문화관광부령이 정하는 바에 의하여 제1항의 규정에 의한 시설 중 일정시설에 대하여 문화관광부장관이 지정 · 고시하는 검사기관의 검사를 받게 할 수 있다.

③ 카지노사업자는 제1항의 규정에 의한 시설 및 기구를 유지 · 관리하여야 한다.

■ 제23조 (조건부 영업허가)

① 문화관광부장관은 카지노업의 허가를 함에 있어서 대통령령이 정하는 기간 내에 제22조제1항의 규정에 의한 시설 및 기구를 갖출 것을 조건으로 허가할 수 있다.

② 문화관광부장관은 제1항의 규정에 의한 허가를 받은 자가 정당한 사유 없이 허가조건을 이행하지 아니하는 경우에는 그 허가를 취소하여야 한다.

■ 제24조 (카지노기구의 규격 및 기준 등)

① 문화관광부장관은 카지노업에 이용되는 기구(이하 "카지노기구"라 한다)의 형상 · 구조 · 재질 및 성능 등에 관한 규격 및 기준(이하 "공인 기준 등"이라 한다)을 정하여야 한다.

② 문화관광부장관은 문화관광부령이 정하는 바에 의하여 문화관광부장관이 지정하는 검사기관의 검정을 받은 카지노기구의 규격 및 기준을 공인 기준 등으로 인정할 수 있다.

③ 카지노사업자가 카지노기구를 영업장소(그 부대시설 등을 포함한다)에 반입 · 사용하는 때에는 문화관광부령이 정하는 바에 의하여 당해 카지노기구가 공인 기준 등에 적합한지의 여부에 관하여 문화관광부장관의 검사를 받아야 한다.

④ 제3항의 규정에 의한 검사에 합격된 카지노기구에는 문화관광부령이 정하는 바에 의하여 검사 합격 필 증을 붙이거나 이를 표시하여야 한다.

■ 제25조 (카지노업의 영업종류 및 영업 방법 등)

① 카지노업의 영업종류는 문화관광부령으로 정한다.

② 카지노사업자는 문화관광부령이 정하는 바에 의하여 제1항의 규정에 의한 카지노업의 영업종류별 영업방법 및 배당금등에 관하여 문화관광부장관에게 미리 신고하여야 한다. 신고한 사항을 변경하고자 하는 때에도 또한 같다.

■ 제26조 (지도 및 명령)

문화관광부장관은 과도한 사행심 유발의 방지 기타 공익상 필요하다고 인정하는 경우에는 카지노사업자에 대하여 필요한 지도와 명령을 할 수 있다.

■ 제27조 (카지노사업자등의 준수사항)

① 카지노사업자(대통령령이 정하는 종사원을 포함한다. 이하 이 조에서 같다)는 다음 각 호의 1의 행위를 하여서는 아니 된다.〈개정 2004.10.16〉

1. 법령에 위반되는 카지노기구를 설치하거나 사용하는 행위
2. 법령에 위반하여 카지노기구 또는 시설을 변조하거나 변조된 카지노기구 또는 시설을 사용하는 행위
3. 허가받은 전용영업장외에서 영업을 하는 행위
4. 내국인(해외 이주 법 제2조의 규정에 의한 해외 이주자를 제외한다)을 입장하게 하는 행위
5. 과도한 사행심을 유발하는 등 선량한 풍속을 해할 우려가 있는 광고 또는 선전을 하는 행위
6. 제25조제1항의 규정에 의한 영업종류에 해당하지 아니하는 영업을 하거나 영업방법 및 배당금등에 관한 신고를 하지 아니하고 영업하는 행위 6의2. 총매출액을 누락시켜 제29조제1항의 규정에 의한 관광 진흥개발기금 납부금액을 감소시키는 행위
7. 19세미만의 자를 입장하게 하는 행위
8. 정당한 사유 없이 당해 연도 안에 60일 이상 휴업하는 행위

② 카지노사업자는 카지노업의 건전한 육성·발전을 위하여 필요하다고 인정하여 문화관광부령이 정하는 영업 준칙을 준수하여야 한다. 이 경우 당해 영업 준칙에는 카지노업의 영업 및 회계 등에 관한 사항이 포함되어야 한다.

■ 제28조 (카지노영업소 이용자의 준수사항)

카지노영업소에 입장하는 자는 카지노사업자가 외국인(해외 이주 법 제2조의 규정에 의한 해외 이주자를 포함한다)임을 확인하기 위하여 신분확인에 필요한 사항을 묻는 때에는 이에 응하여야 한다.

■ 제29조 의2 (조건부 영업허가)

① 시장 · 군수 · 구청장은 유원시설업의 허가를 함에 있어서 대통령령이 정하는 기간 내에 제5조제2항의 규정에 의한 시설 및 설비를 갖출 것을 조건으로 허가할 수 있다.

② 시장 · 군수 · 구청장은 제1항의 규정에 의한 허가를 받은 자가 정당한 사유 없이 허가조건을 이행하지 아니하는 경우에는 그 허가를 취소하여야 한다. [본조신설 2004.10.16]

■ 제29조 (기금에의 납부)

① 카지노사업자는 총매출액의 100분의 10의 범위 안에서 일정비율에 상당하는 금액을 관광 진흥개발 기금 법에 의한 관광 진흥개발기금에 납부하여야 한다.

② 카지노사업자가 제1항의 규정에 의한 납부금을 납부기한까지 납부하지 아니하는 때에는 문화관광부장관은 10일이상의 기간을 정하여 이를 독촉하여야 한다. 이 경우 체납된 납부금에 대하여는 100분의 3에 상당하는 가산금을 부과하여야 한다.

③ 제2항의 규정에 의하여 독촉을 받은 자가 그 기간 내에 납부금을 납부하지 아니한 때에는 국세체납처분의 예에 따라 이를 징수한다.

④ 제1항의 규정에 의한 총매출액, 징수비율 및 부과 · 징수 절차등에 관하여 필요한 사항은 대통령령으로 정한다.

영업세칙

※ 법명: 카지노 영업 세칙

〈문화 관광부 고시 제 1999-26호〉

관광 진흥법 제24조 및 동법 시행 규칙 제33조제1항 · 관광 진흥법 제27조 및 동법 시행 규칙 제36조제1항의 규정에 의거, 카지노 영업 세칙을 다음과 같이 고시합니다.

1999년 9월 21일
문화 관광부 장관

카지노 영업세칙 고시

제 1 장 총 칙

■ 제1조 (목적)

이 세칙은 카지노 사업자와 카지노 종사원 및 카지노 이용객이 카지노 영업 활동과 관련하여 지켜야 할 사항을 정함으로써 카지노업의 건전한 발전을 도모함을 목적으로 한다.

■ 제2조 (적용 범위)

카지노업의 영업 및 회계에 관하여는 다른 법령에 특별한 규정이 있는 경우를 제외하고는 이 규정이 정하는 바에 의한다.

■ 제3조 (정의)

이 세칙에서 사용하는 용어의 정의는 다음과 같다.

① "콤프"라 함은 카지노 사업자가 카지노 고객에게 무료로 숙식 및 교통 서비스 등을 제공하는 것을 말한다.

② "크레딧"이라 함은 카지노 사업자가 고객에게 게임 참여를 조건으로 칩스로 신용 대여하는 것을 말한다.

③ "칩스"라 함은 카지노에서 사용되는 현금 대용화폐를 말한다.

④ "카운트 룸"이라 함은 드롭박스의 내용물을 계산하는 계산 실을 말한다.

⑤ "고객관리대장"이라 함은 카지노 영업장에 출입한 사실이 있는 고객에 한정하여 고객의 이름, 여권번호, 국적, 유효 기간 등을 기록을 유지하여 입장을 원활하게 하기 위한 장부를 말한다.

⑥ "뱅크 롤"이라 함은 영업 준비금을 말한다.

⑦ "배팅 금액 한도 표"라 함은 1회 배팅 가능 최저액과 최고액을 표시한 표를 말한다.

⑧ "드롭 박스"라 함은 게임 테이블에 부착된 현금함을 말한다.

⑨ "드롭"이라 함은 드롭 박스 내에 있는 현금, 수표, 유가 증권 등의 내용물을 말한다.

⑩ "알선업자"라 함은 카지노 영업장에 관광 또는 게임을 하기 위한 고객을 안내하고 카지노 사업자에게 일정한 대가를 받는 자를 말한다.

⑪ "전문모집인"이라 함은 카지노 사업자와 일정한 계약을 맺고 카지노 사업자의 판촉을 대행하여 주는 자를 말한다.

⑫ "머신 게임"이라 함은 슬롯머신(Slot Machine) 및 비디오게임(Video Game)을 말한다.

제 2 장 총 칙

■ 제4조 (조직 및 인력)

① 카지노 사업자는 카지노업의 건전한 발전과 원활한 영업 활동 및 효율적인 내부 통제를 위하여 다음 각 호의 조직 및 인력을 갖추어야 한다.

1. 이사회
2. 카지노 총지배인
3. 영업부서
4. 안전관리부서
5. 출납부서
6. 환전영업소
7. 전산전문 요원

② 카지노 사업자는 카지 업의 원활한 운영을 위하여 제1항 이외의 조직 및 인력을 둘 수 있다.

■ 제5조 (이사회구성 및 직무)

① 이사회는 카지노업의 건전한 발전을 위하여 다음 각 호의 1에 해당하는 자격을 갖춘 이사를 1인 이상 포함하여야 한다.

1. 카지노 업 근무경력이 10이상 인자
2. 공무원 경력 15년 이상인 자로 카지노 정책을 2년 이상 담당한자
3. 이사회는 카지노 영업 활동과 내부 통제에 대한 최종적인 권한과 책임을 진다

■ 제6조 (카지노 총지배인의 자격 및 직무)

① 카지노 사업자는 카지노업 근무 경력이 10년 이상에 해당하는 경력이 있는 자를 카지노 총 지배인으로 임명하여야 한다.

1. 카지노 총지배인은 다음 각 호의 업무를 수행 한다
2. 영업장내의 게임운영 총괄
3. 카지노 영업장내의 시설 및 기구 관리 감독
4. 영업 세칙 준수 지도 감독
5. 콤프, 크레딧, 알선 수수료 및 계약 게임의 기준 설정
6. 카지노 고객 유치 및 관리

■ 제7조 (영업부서의 구성 등)

① 카지노 사업자는 원활한 영업 활동을 위하여 딜러, 플러어퍼슨, 피트보스, 쉬프트 매니저 등의 종사원을 갖추어야 한다.
②카지노사업자는 영업부서 직원에 대한 영업 내에서의 근무기록을 유지하여야 한다.
③ 카지노사업자는 딜러 근무 수칙을 정하여 이에 따라 근무 시켜야 한다.

■ 제8조 (안전관리부서의 직무)

안전관리 부서는 카지노 영업장의 질서 및 안전과 관련된 업무를 수행한다.

■ 제9조 (출납부서의 직무)

출납부서는 영업 및 회계와 관련된 다음 각 호의 업무를 수행한다.
① 카운트 룸 운영 및 관리
② 영업과 관련된 현금, 수표, 유가증권의 거래 및 보관
③ 기타 출납 운영과 관련된 업무

■ 제10조 (환전 영업자의 직무)

환전 영업자는 카지노 게임과 관련된 편의를 제공하기 위하여 다음 각 호의 업무를 수행한다.

① 고객이 제시하는 외화를 원화로 환전
② 고객이 게임 종료 후 남아있는 원화 또는 게임의 결과로 획득한 원화를 외화로 재환전
③ 기타 외국 환전거래 법령에서 인정되는 제반 업무

■ 제11조 (전산 전문 요원의 직무)

전산 전문 요원은 카지노 전산 시설을 관리 운영한다.

■ 제12조 (직무의 겸직)

카지노 사업자는 필요한 경우 종사원간의 업무를 중복하거나 대행 시킬 수 있다.

■ 제13조 (직무에 대한 책임)

카지노 종사원은 카지노 영업 활동과 관련하여 담당한 업무에 대하여 책임을 진다.

■ 제14조 (종사원 고용 및 관리)

① 카지노 사업자는 상시 근로자를 테이블수의 2분의 1이상 고용하여야 하고 이들을 우선적으로 게임 테이블에 근무시켜야 한다.
② 카지노사업자는 종사원 고용 현황을 매 분기 익월 10일까지 한국 카지노업 관광 협회에 제출하여야 한다. 이 경우 딜러 고용현황은 별지 제1호 서식에 의거 작성하여야 한다.

■ 제15조 (영업시간)

카지노 사업자는 정당한 사유가 없는 한 1일 8시간 이상 영업하여야 한다.

■ **제16조 (영업 개시보고)**

카지노 사업자가 관광 진흥법 제8조제6항의 규정에 의거 휴업을 하고 영업을 개시한 때에는 영업 개시 후 5일 이내에 문화관광부 장관에게 보고하여야 한다.

제 3 장 영업시설

■ **제17조 (시설 기준)**

카지노 사업자는 원활한 영업활동과 효과적인 내부통제를 위하여 다음 각 호의 시설을 갖추어야 한다.

① 관광 진흥법 시행 규칙 제29조제1항의 규정에서 정한 시설

② 1개소이상의 출납창구

③ 카운트 룸

④ 폐쇄회로 설치

■ **제18조 (전산시설설치 기준 등)**

카지노 전산 시설 설치 기준 및 운영 요령은 문화 관광장관이 고시하는 카지노 전산 시설 기준에 의한다.

■ **제19조 (출납창구의 설치 기준)**

출납 창구는 다음 각 호의 기준에 적합하게 설치하여야 한다.

① 현금, 칩스, 기록문서가 통과할 수 있도록 개봉된 창구를 설치하여야 한다.

② 출납 장면을 녹화할 수 있도록 CCTV를 설치하여야 한다.

③ 출입문 내부에 잠금 장치를 설치하여야 한다.

■ 제20조 (환전영업소의 설치기준 등)

① 환전 영업소의 설치 기준은 제19조의 규정을 준용한다.
② 카지노 사업자는 필요한 경우 환전 업무와 출납 업무를 동일한 장소에서 수행하게 할 수 있다.

■ 제21조 (카운트룸 설치기준)

카운트 룸은 다음 각 호의 기준에 적합하게 설치하여야 한다.
① 출입문은 1개이어야 한다.
② 출입문에는 잠금 장치를 설치하여야 한다.
③ 바닥까지 보이는 투명한 재질로 제작된 계산대를 갖추어야 한다.
④ 계산 장면을 녹화할 수 있도록 CCTV를 설치하여야 한다.
⑤ 드롭 박스를 안전하게 보관할 수 있는 공간을 확보하여야 한다.

■ 제22조 (폐쇄회로의 녹화)

① 카지노 사업자는 다음 각 호에 해당하는 장면을 녹화하여야 한다.
1. 카지노 영업장에 출입 장면
2. 환전(재환전)및 출납장면
3. 테이블에서 행해지는 게임장면
4. 카운트 룸에서 행해지는 계산 장면
5. 기타 카지노에서 일어나는 행위

② 폐쇄회로 녹화테이프는 촬영 장소에 따라 녹화테이프별로 관리 번호를 부여하여 다음 각 호에서 정한 기간 동안 보관하여야 한다.
1. 카운트 룸의 계산 장면을 녹화한 테이프: 녹화한 날로 부터 10일 이상
2. 기타 장면을 녹화한 테이프: 녹화한 날로부터 3일 이상

■ 제23조 (폐쇄회로 설비 점검)

카지노 사업자 및 한국 카지노업 관광 협회는 폐쇄 회로 설비의 작동 상태를 주기적으로 점검하여 별지 제2호 서식의 폐쇄회로 점검 기록부에 점검 결과를 기록하여야 한다.

■ 제 24조 (통제구역 설정 및 관리)

① 카지노 사업자는 다음 각 호의 구역을 통제구역으로 설정하고 출입문에 통제구역을 표시를 붙여야 한다.

1. 카운트 룸
2. 모니터 룸

② 통제 구역에 허가 받은자 이외의 자가 출입한 경우에는 별지 제3호 서식의 통제 구역 출입 대장에 다음 각 호의 사항을 기록하여야 한다.

1. 출입자 이름
2. 출입일시
3. 출입 사유

③ 제2항의 허가 받은 자라 함은 다음 각 호의 경우를 말한다.

1. 카운트 룸: 계산 요원
2. 모니터 룸: 폐쇄회로시설 담당 부서 직원

■ 제25조 (시설 관리)

카지노 사업자는 이 세칙에서 정한 시설을 성실히 유지 · 관리하여야 한다.

제 4 장 게임기구

■ 제26조 (게임 기구의 종류 등)

① 카지노 영업장에서 사용하는 기구의 종류는 별표 1과 같다.
② 카지노 사업자는 게임 진행의 원활화를 위하여 제1항에서 규정한 게임 기구 중 일부를 사용하지 않거나 보조 게임 기구를 사용할 수 있다.

■ 제27조 (게임기구의 관리)

카지노 사업자는 별지 제4호 서식의 게임 기구 현황 표를 작성하고 게임 기구를 성실히 관리하여야 한다.

■ 제28조 (칩스의 규격 및 관리 등)

① 칩스는 정액 칩스와 비 정액 칩스로 구분한다.
② 정액 칩스는 액면가는 숫자 또는 색깔로 뚜렷이 구별될 수 있도록 하여야 한다.
③ 비 정액 칩스의 액면가는 카지노 사업자와 게임 참가의 합의에 의하여 정한다.
④ 카지노 사업자는 위조 칩스의 발생 등 정한 사유가 있을 때에는 즉시 예비 칩스로 교체 사용할 수 있다.
⑤ 카지노 사업자는 칩스 관리 대장을 비치하고 기록을 유지하여야 하며 게임 진행에 지장이 없도록 적정 수량을 확보하여양 한다.
⑥ 칩스는 사업장내 안전한 장소에 보관하여야 하며 언제나 확인이 가능하도록 정리되어 있어야한다.

■ 제29조 (테이블의 규격)

게임 테이블은 드롭 박스 1개씩 부착되어 있어야 하며, 레이아웃과 테이블별 적용 베팅금액 한도 표를 설치해 두어야 한다.

■ 제30조 (룰렛 휠의 규격)

① 룰렛 휠의 규격은 직경700mm이상 이여야 한다.

② 룰렛 휠은 싱글제로 휠과 더블제로 휠의 2종을 사용할 수 있으며, 싱글제로 휠은 0과1에서 36까지 총 37개의 볼 낙착 구역이 균등하게 배열되어 있어야 하며, 더블 제로 휠은 0,00과 1에서 36까지 총 38개의 볼 낙착 구멍이 균등하게 배열되어 있어야 한다.

■ 제31조 (빅 휠의 규격)

① 빅 휠의 직경은 1,500mm이상이어야 한다.

② 빅 휠의 둘레는 균등한 간격으로 구분되어야 하고, 간격의 수는 50개 이상이 되어야 하며, 각 간격 사이에 들어갈 그림 혹은 숫자가 선명히 나타나야 한다.

■ 제32조 (주사위 흔들개의 규격)

빠이 까우 게임시 참가자의 순번을 정하기 위하여 사용되는 주사위 흔들개는 카지노 사업자가 별도로 정할 수 있다.

■ 제33조 (카드의 규격 및 관리)

① 카드는 52장 혹은 조커카드가 있을 경우에는 54장의 카드를 1덱으로 구성한다.

② 카드1덱은 4종의 문양, 즉 다이아몬드, 스페이드, 클럽 및 하트로 구성되며, 각 문양은 A, K, Q, J, 10, 9, 8, 7, 6, 5, 4, 3, 2로 구성된다.

③ 카지노 사업자는 사업장내의 지정된 장소의 카드를 보관하여야 한다.

④ 흠집 등 카드에 이상이 발견되면 즉시 카드를 교체하여야 한다.

■ 제34조 (룰렛 볼의 규격)

① 룰렛 볼의 규격은 직경이 16mm이상이어야 한다.

② 룰렛 볼의 재질은 비금속성이어야 한다.

■ 제35조 (주사위의 규격)

① 주사위의 규격은 주사위 눈의 식별이 가능한 크기이어야 한다.

② 주사위 각 면의 눈의 숫자는 1과 6, 2와 5, 3과 4가 서로 마주 보고 있어야 한다.

③ 주사위 면과 면 사이는 90° 를 이루어야 하며, 각 면의 무게가 일정하여야 한다.

■ 제36조 (게임 기구대수의 변경 등)

① 허가 받은 총 대수의 2분의 1이상 설치 대수를 변경하거나 교체하고자 할 때에는 관광 진흥법시행규칙 제8조제1항제1호 라목의 규정에 의하여 허가를 받아야 한다.

② 카지노 사업자가 게임기구의 2분의 1미만의 설치대수를 변경하거나 교체할 때에는 별지 제5호 서식에 의거 변경 또는 교체 한 날로부터 5일 이내에 즉시 문화관광부장관에게 보고하여야 한다.

제 5 장 영업절차

■ 제37조 (고객 출입 관리)

① 카지노 영업장에는 내국인(해외 이주 법 제2조의 규정에 의한 해외 이주자를 제외한다.) 및 미성년자를 출입시켜서는 아니 된다. 다만, 카지노이용객의 편의를 돕기 위한 여행사직원과 방문객은 방문 증을 패용하게 한 후 출입시킬 수 있나 게임에 참가할 수 없도록 조치를 취하여야 한다.

② 카지노 출입구에는 내국인 출입금지라는 표지를 붙여야 한다.

③ 카지노 사업자 모든 카지노 입장객의 신분증명서(여권, 거류민 신고증 또는 국제운전면허증)를 각인별로 직접 확인해야 한다. 다만 다음 각 호의 경우에는 각인별로 직접 확인을 생략할 수 있으나 내국인으로 확인된 경우에는 법에 따른 제재를 받아야 한다.

1. 동반한 여행사 직원의 고객 명단을 제출한 단체 입장객의 경우
2. 별지 제6호 서식의 고객 관리 대장에 등재되어 있는 단골 고객의 경우

④ 카지노 사업자는 별지 제7호 서식의 입장객 현황을 작성하여야 한다.

⑤ 카지노 사업자는 다음 각 호의 사람의 입장을 금지시킬 수 있다.

1. 무기소지 등으로 타인에게 위협을 줄 수 있는 자
2. 형사범죄 등의 전력이 있는 사람이나 그렇게 할 우려가 있는 자
3. 카지노에서 불법행위나 소란 행위 등으로 영업장 운영을 방해한 경력이 있는 자
4. 타인에게 혐오감을 느끼게 하는 자
5. 국내외를 막론하고 불법행위 등으로 카지노 업체에 피해를 입힌 경력이 있는 자
6. 카드 카운터 등 전문 도박 인으로 인정되는 자

⑥ 카지노 사업자는 제6항에 해당하는 자가 발생한 경우에는 한국 카지노 업 관광 협회에 이를 보고하여 하며, 한국 카지노 업 관광협회는 매월 전 회원사에 이들의 명단을 통보하여야 한다. 카지노 영업장내에 영업행위를 방해하거나 방해할 우려가 있는 자는 강제 퇴장시킬 수 있다.

■ 제38조 (환전)

① 카지노 환전 영업소에서 환전 할 수 있는 외화의 종류 등은 외국환 거래 법령이 정한 바에 따른다.

② 환전 영업소에서의 환율 적용 및 행정 절차는 외국 환거래 법령에 따른다.

■ 제39조 (게임 규칙)

카지노 영업 종류별 개별 규칙은 관광 진흥법 제25조제2항의 규정에 의거 문화관광부 장관에 신고한 영업 종류별 영업 방법 및 배당금에 관한 규정에 의한다.

■ 제40조 (게임의 진행)

① 카지노 사업자는 게임 참가자가 1명이라도 게임을 진행할 수 있다.
② 모든 게임에서 베팅과 지불은 카지노 사업자가 인정하는 칩스만 사용하여야 한다.
③ 수표로 칩스를 교환코자 하는 게임 참가자에게 카지노 사업자는 신분증 제시를 요구할 수 있다.
④ 카지노 사업자는 각 테이블에 베팅 가능한 최저 최대한도 금액을 설정하여야 한다.
⑤ 게임 참가자는 베팅한도금액을 초과하거나 미달되게 베팅하여서는 아니 된다.
⑥ 카지노 사업자가 카지노 특성에 맞는 규칙을 정할 경우에는 이를 게시하여야 하며 카지노 사업자와 게임 참가자는 그 규칙을 준수하여야 한다.
⑦ 게임을 위한 베팅은 반드시 베팅 지역에 칩스를 놓아야 한다.

■ 제41조 (칩스 수불)

① 영업부서와 칩스 관리 부서에 칩스 이동이 발생할 경우에는 별지 제8호 서식의 칩스 전표 2부를 작성하여 부본은 테이블의 드롭 박스에 투입하고 원본은 칩스 관리 부서에서 이를 보관하여야 한다.
② 제1항의 칩스 전표에는 다음 각 호의 사항을 기재하여야 한다.
  1. 칩스 전표 발행일시
  2. 게임 종목 및 테이블 번호
  3. 액면가별 칩스 수량

③ 칩스 전표상의 금액과 실제 칩스 금액을 확인하기 위하여 영업부서는 딜러와 감독자 칩스 관리 직원이 서명하여야 한다.

④ 칩스 전표 잘못 발행한 경우에는 VOID라고 표시하고 책임자가 서명하여야 한다.

■ 제42조 (출납과 재환전)

① 칩스는 고객이 요청할 경우 즉시 현금 등으로 교환하여야 한다.

② 출납에서는 칩스 교환요구 고객의 게임 참가 및 크레딧 제공 여부를 확인 할 수 있으며, 게임에 참가하지 않았거나 크레딧을 상환하지 않는 고객에 대하여는 현금 교환을 지연 또는 거부할 수 있다.

③ 재환전시 행정 절차와 장표 관리에 관하여는 외국 환거래 법령에 따른다.

■ 제43조 (드롭 박스의 기준 등)

드롭 박스는 다음 각 호의 기준에 적합하여야 한다.

① 2중의 잠금 장치를 하여야 하며, 테이블에 부착시키는 잠금 장치는 드롭 박스 자체의 잠금 장치와 분리되어야한다.

② 현금, 수표, 유가증권, 및 전표 등을 넣을 수 있다.

③ 식별이 가능하도록 게임 유형별 테이블 번호가 선명히 표시되어 있어야 한다.

■ 제44조 (드롭박스의 열쇠관리 등)

① 테이블에서 드롭박스를 제거하는 열쇠는 영업부서와 독립된 부서에서 관리하여야 한다.

② 드롭 박스 개봉 열쇠는 계산 요원만이 취급할 수 있다.

③ 드롭 박스 제거 열쇠와 드롭박스 개봉 열쇠를 동일인이 관리하도록 하여서는 아니 된다.

■ 제45조 (드롭박스의 계산 절차)

① 드롭 박스 계산은 일정한 시간을 정하여 실시하여야 한다.

② 드롭 박스의 계산은 카운트 룸에서만 하여야 한다.

③ 계산에는 최소한 3명의 직원이 참여하여야 하며 1명은 화폐 등의 금액을 계산하고 다른 1명은 집계 표를 작성하며, 나머지 1명은 이를 감독하는 방법으로 업무를 분담하여 한다.

④ 드롭 박스를 개봉하면 투명한 테이블에 내용물을 쏟아 내용물의 잔류 여부를 감독자에게 확인 시킨 다음 현금, 수표, 유가 증권 등으로 분리하여 계산하여야 한다.

⑤ 각 테이블별로 작성된 드롭 액을 집계하여 별지 제9호 서식의 일일 집계 표를 작성하고 계산에 참여한 전원이 서명하여야 하며, 계산 내용을 수정 할 때에도 또한 같다.

■ 제46조 (계산 요원의 복장 및 준수사항)

① 계산 요원 중 감독자는 계산 시작 전에 폐쇄회로 감시 부서에 계산 시작을 알려야 한다. 이 경우 폐쇄회로 감시 부서원은 계산 과정을 날짜와 시간이 나타나도록 녹화하여야 한다.

② 계산 요원은 주머니가 없는 복장을 착용하여야 한다.

③ 계산 요원은 수첩이나 용기를 지닐 수 없다.

④ 계산 요원이 테이블 손을 치울 때에는 양면을 펼쳐서 계산 실내의 모든 사람과 폐쇄회로에 반드시 확인 시켜야 한다.

⑤ 계산 요원은 계산이 종료될 때까지는 휴식 시간과 긴급 상황 이외에는 계산실을 떠나서는 안 된다.

제 6 장 머신게임

■ 제47조 (머신게임 운영조직 및 인력)

① 머신 게임을 운영하는 카지노 사업자는 원활한 영업 활동을 위하여 머신게임 운영책임자, 근무조책임자, 금고회계원, 잔돈 교환원을 갖추어야 한다.

② 카지노 사업자는 제1항의 인력 중 머신 게임 운영 책임자는 쉬프트 매니저(Shift manager)가 근무 조책임자는 피트 보스(Pit boss)또는 플로어 퍼슨(Floor person)이 금고 회계원 및 잔돈 교환원은 출납 창구 직원으로 하여금 겸직하게 할 수 있다.

③ 카지노 영업장에 잔돈 교환머신 등을 설치하여 운영할 경우에는 잔돈 교환원의 인력을 갖추지 아니 할 수 있다.

■ 제48조 (머신 게임 시설 기준)

① 머신 게임을 운영하는 카지노 사업자는 원활한 영업 활동과 효율 적인 내부통제를 위하여 다음 각 호의 시설을 갖추어야 한다.

1. 잔돈 교환소
2. 중앙 금고
3. 코인(토큰) 카운트(포장)실
4. 폐쇄회로 시설

② 제1항의 시설 중 제1호의 시설은 출납창구와 제2호의 시설은 테이블 게임 칩스 뱅크(chips bank)와, 제3호의 시설은 테이블 게임 카운트 룸(Count room)과 병행하여 사용할 수 있다.

■ 제49조 (잔돈 교환소의 설치 기준)

① 잔돈 교환소는 고객의 이용이 편리하고 보안성을 고려하여 다음 각 호의 기준에 적합하게 설치하여야 한다.

1. 윗면이 개봉된 부스 형 이어야 하고 밀폐된 면의 상단 부는 투명한 재질로 설치하여야 한다.
2. 지폐, 코인(토큰), 문서 등이 통과할 수 있도록 개봉된 창구를 설치하여야 한다.
3. 출입문 내부에 잠금 장치를 하여야한다.
4. 지폐, 코인(토큰), 문서 등의 교환 장면은 녹화할 수 있도록 폐쇄회로 텔레비전(CCTV) 설치가 가능하여야 한다.

② 카지노 사업자는 고객의 편의를 도모하기 위하여 잔돈 교환소의 책임하에 이동식 잔돈 교환원, 잔돈 교환 머신 등을 운영할 수 있다.

■ 제50조 (중앙 금고 및 코인(토큰)카운트 표장실의 설치기준)

중앙 금고 의 설치기준 및 운영 요령은 테이블 게임 칩스 뱅크의 기준을, 코인(토큰) 카운트(포장)실의 설치 기준 및 운영 요령은 테이블 카운트 룸의 기준을 준용한다.

■ 제51조 (폐쇄회로 시설)

제48조제1항제4호의 폐쇄 회로 시설은 다음 각 호의 장면을 감시할 수 있어야 한다.

① 머신게임기구 주 도어 개폐장면
② 코인(토큰)지폐 등의 드롭 및 호퍼(hopper)d에 코인(토큰)을 넣는 장면
③ 기타 머신게임 운영과 관련하여 필요한 장면

■ 제52조 (머신게임기구의 규격 및 기준)

카지노 영업장에 설치되는 모든 머신 게임 기구(이하 "머신기구"라 한다)는 다음 각 호의 규격 및 기준에 적합하여야 한다.

① 게임 방법과 배당금액 표는 항상 고객이 볼 수 있도록 머신 기구나 머신 기구가 부착되어 있는 테이블 등에 명시되어야 한다.

② 머신 기구의 전면에는 항상 다음 각목의 내용을 표시하고 있어야 한다.

1. 투입된 코인(토큰)수
2. 고객이 이겼을 때 지불된 코인(토큰)수
3. 남아있는 코인(토큰)

③ 수학적으로 검증이 되는 이론적 배당률이 반드시 75%이상이어야 한다.

④ 매게임의 결과는 무작위 선택 방법에 의하여 결정되어야 하고, 실제 운영 테스트 등의 방법을 이용하여 시험할 때 95%이상의 신뢰도를 가져야 한다.

⑤ 배당률 조작을 위한 배당 금액 표 자동 전환 장치가 부착되어서는 아니 된다.

⑥ 고객으로부터 발생되는 정전기, 외부의 자기방해, 전기방해, 무선 주파수 등에 대한 내성을 가져야하고, 전원 공급 장치는 휴즈나 회로차단기로 보호되어야한다.

⑦ 투입, 지불, 드롭(drop)을 기록할 수 있는 미터기를 포함한 최소 3개 이상의 미터기를 장착하여 6자리 이상까지 등록할 수 있어야 한다.

⑧ 게임 결과의 기록 및 그 보전에 관한 사항

⑨ 미터기는 정전에 대비하여 자체 정보를 보유하고 있는 구조이어야 한다.

⑩ 머신 기구에 전원이 켜진 후 진행된 게임 수와 주 도어를 잠근 후 진행된 게임수를 각각 나타낼 수 있는 최소 3자리 이상의 디지털 기록기를 장착하고 있어야 한다.

⑪ 코인(토큰) 또는 지폐 접수기가 내장되어 있어야 하고, 카지노 사업자가 최저 승률이라고 변경하거나 검사기관의 검사를 받지 아니한 이프롬(Eprom)을 사용하지 못하도록 봉인하여야 한다.

⑫ 이프롬(Eprom)은 주요한 회계 자료를 보존하여야 하며, 카지노 사업자가 최저 승률 이하로 변경하거나 검사기관의 검사를 받지 아니한 이 프롬은 사용하지 못하도록 봉인하여야한다.

⑬ 프로그램이 들어있는 회로 보드는 이를 보호할 커버가 있어야 하고, 회로보드 커버, 주 도어 등에 잠금 장치가 되어 있어야 한다.

⑭ 호퍼의 고장, 지불 코인(토큰)의 소진, 릴 스핀 에러(reel spin error)등 결함이 있는 경우와 작동 불량으로 수리가 필요한 경우 등을 감지할 수 있어야 하고, 머신 기구상에 명확하게 그 사실이 표기되어야 한다.

⑮ 머신 기구 상단 부에 최소 2단계 이상의 경보용등 장치를 장착하고 있어야 하되, 1단계는 주도어가 열렸거나 드롭박스가 열리는 등 보안상의 이유로 경보등이 점멸 되어야 하며, 2단계는 고객이 코인(토큰)이 필요하거나 서비스가 필요할 때 점멸 되도록 되어 있어야 한다.

⑯ 생산자의 이름, 생산 일련 번호, 모델 번호 및 생산 일자를 표시하여야 한다.

■ 제53조 (머신기구의 설치 등)

① 카지노 사업자가 머신 기구를 최초로 설치하고자 할 때에는 관광 진흥법 제5조제1항제3항 및 관광 진흥법시행규칙 제8조제1항제1호의 규정에 의하여 허가를 받아야 한다.

② 허가 받아 설치하고 대수의 2분의 1이상 설치 대수를 변경하거나 교체 하고자 할 때에도 또한 같다.

③ 카지노 사업자가 머신게임의 운영을 중단할 때 또는 2분의 1미만의 머신 기구 설치대수를 변경하거나 교체할 때에는 별지 제5호 서식에 의거 즉시 문화관광부 장관에게 보고하여야 한다.

④ 머신기구는 카지노 영업장 이외 당해 호텔내의 별도 영업장에 설치할 수 있으나, 별도 영업장에는 머신 기구 이외에는 설치할 수 없다.

⑤ 머신게임 운영 책임자는 영업장에 머신기구 설치 즉시 기구별로 고유 번호를 부여하여야 하고, 설치된 머신 기구의 배당률 관련 자료가 유출되지 않도록 관리하여야 한다. 카지노 사업자는 동일 영업 장내 또는 타 카지노 영업장과 수대의 머신 기구를 연결 설치하여 운영할 수 있다.

⑥ 제6항의 규정에 의하여 머신 기구를 연결, 설치할 경우에는 누적식 배당금액 표시기를 고객이 볼 수 있도록 설치하여야 한다.

⑦ 제6항의 규정에 의하여 머신 기구를 연결 설치할 경우에는 누적식 배당금 지

불에 대비하여 공동으로 일정액을 적립하거나, 각 사업자별로 충분한 현금을 보유하여야 한다.

⑧ 1억 원 이상 의 누적식 배당금액에 당첨된 고객에 대하여는 약관에 명기된 경우에 한하여 배당금을 분할 지급할 수 있다.

■ 제54조 (머신 기구의 철거)

① 머신 기구를 철거할 때에는 머신 게임 운영 책임자, 근무 조 책임자 및 안전관리 부서 요원이 함께 참여하여야 한다.

② 카지노 사업자가 영업장내에서 일시 또는 영구적으로 머신 기구를 철거할 때에는 각각 머신 기구에 대한 철거 당시 호퍼, 드롭 박스 등에 있는 금액과 투입, 지불 및 드롭미터기의 수치를 별도로 기록, 유지하여야 한다.

■ 제55조 (이프롬 관리)

① 카지노 사업자가 카지노 기구 검사 기관(이하 "검사기관"이라 한다.)에 머신 기구 검사를 신청할 때에는 머신 기구의 모델별로 각각 1개의 이프롬을 제출하여야 한다.

② 카지노 사업자는 검사 기관에 등록된 이프롬만 사용하여야 한다.

③ 카지노 사업자는 어떠한 경우에도 문화 관광부장관의 승인을 받지 아니하고는 사용중 인 이프롬을 교체할 수 없다.

■ 제56조 (영업일지 기록)

① 모든 머신 기구의 내부에는 영업일지를 비치하여야 한다.

② 머신 기구의 주 도어를 연때에는 반드시 제1항 영업일지에 다음 사항을 기록하여야 한다.

1. 일시
2. 사유

3. 조치결과
4. 직원의 성명 및 서명

■ 제57조 (배당율 점검)

머신 게임 운영 책임자는 출납부서와 협조하여 주기적으로 기계에 내장된 미터기 등을 판독하여 이론적 배당 율과 실제 배당 율의 차이를 점검하고, 그 차이가 5% 이상일 경우에는 검사기관의 장에게 즉시 통보하여야 하며 이에 따른 검사기관의 조치에 응하여야 한다.

■ 제58조 (드롭절차)

드롭은 일정한 시간을 정하여 하되 다음 절차에 따라 하여야 한다.

① 요원 갑은 요원 병이 입회한 가운데 드롭 캐비넷, 드롭운반 카트 및 카운트(포장)실 열쇠들이 있는 잠금 박스열쇠를 받는다.
② 모든 열쇠들이 불출되면 드롭을 시작한다.
③ 요원 을이 첫번째 기계의 드롭 캐비넷을 열고 드롭 박스를 꺼내어 코인(토큰)을 머신 기구별 고유번호가 매겨진 인식표를 부착한 빈부대나 버켓에 담는다. 빈 드롭박스는 드롭 캐비넷에 되돌려 놓고, 드롭 캐비넷을 잠근다.
④ 요원 병은 모든 부대나 버켓에 대한 보안 조치를 하며, 요원 을이 매 드롭박스를 비우고 카운트(포장)실로 부대나 버켓을 이송하기 이전에 드롭 캐비넷을 확실히 잠그었는지 확인 하여야 한다.
⑤ 각 기계의 코인(토큰)을 담은 부대나 버켓은 드롭 운반 카트에 놓는다.
⑥ 모든 드롭 과정이 완료될 때까지 위의 조치를 반복하여 드롭을 종료하면 드롭한 코인(토큰)을 카운트(포장)실로 이송하여야 한다.
⑦ 잭팟 필 지불 티켓도 드롭 박스로부터 꺼내어 카운트(포장)실로 이송하여야 한다.
⑧ 만약 전체의 드롭을 카운트포장(실로 이송한 후 나머지 드롭을 실시하여야 한다.

⑨ 카운트(포장)실의출입은 최소 3명 이상의 드롭 요원이나 계산 요원이 참석하기 전까지는 허용되지 않는다.)

■ 제59조 (계산 및 포장 절차)

① 계산 요원은 다음과 같은 역할을 하는 최소 3명 이상으로 구성하여야 한다.

1. 요원 갑: 책임자 역할 및 계산한 금액 기록
2. 요원 을: 실제 계산 작업 수행
3. 요원 병: 관찰 및 확인 업무 수행

② 계산은 일정한 시간을 정하여 하되, 다음 절차에 따라 하여야 한다.

1. 계산 요원의 복장 및 준수사항은 제46조의 규정을 준용한다.
2. 모든 드롭을 마치고 카운트(포장)실로 옮겨진 후에 계산은 출납부서에서 정한 시간에 시작한다.
3. 계산 요원 3명이상이 입회하기 전까지는 계산을 시작할 수 없다.
4. 드롭, 계산, 포장하는 동안 카운트(포장)실의 출입은 일체 통제하여야 한다.
5. 코인(토큰)카운터기를 사용할 경우에는 계산하기 전에 금고 회계원에 의해 다른 코인(토큰)으로 시험 테스트를 하여야 한다.
6. 요원 갑은 머신 기구의 고유번호를 드롭보고서에 기록하여야 한다.
7. 코인(토큰)을 전부 계산한 후에 이를 화폐 가액으로 산정하여 각 드롭 보고서에 지개 하여야 한다.
8. 요원 갑은 계산 및 포장 절차가 정확히 이행 되었는지를 확인 하고 관련 서류는 출납부서에 제출하여 야 한다.

■ 제60조 (계산확인 절차)

계산 확인 절차는 계산이 종료된 후 다음 사항을 확인 하여야 한다.

① 잭팟 · 필 지불티켓 원본과 사본의 모든 내용과 서명 등이 일치하는지 여부

② 잭팟 · 필 지불티켓의 합계가 드롭 보고서와 일치하는지 여부
③ 계산 금액에 오기가 없는지 및 화폐 금액으로의 환산이 정확한지 여부
④ 미터기에 의해 판독한 금액과 실제 계산한 금액과의 차이 등

■ 제61조 (중앙 금고의 관리)

① 중앙금고는 금고 회계원의 책임 하에 운영하여야 한다.
② 모든 거래는 일일 금고 잔고보서에 매 교대조별로 요약 기록하여야 한다.

■ 제62조 (머신게임의 매출액)

머신게임의 매출액이라 함은 고객이 머신 기구에 투입한 총금액에서 머신기구를 통하여 고객에게 지불된 총금액 및 머신기구를 통하지 않고 별도로 지불되는 총금액을 공제한 금액을 말한다.

■ 제63조 (테이블 게임과 함께 운영하는 사업자의 총매출액 산정방법 등)

① 테이블 게임과 머신 게임을 함께 운영하는 카지노 사업자의 기금 부과를 위한 총매출액 산정은 제62조와 제71조의 규정에 의하여 산출한 매출액을 합한 금액을 말한다.
② 테이블 게임과 머신 게임을 함께 운영하는 카지노 사업자가 제89조의 규정에 의한 매출액을 보고할 때에는 테이블 게임 매출액과 머신 게임 매출액의 내역을 각각 별도로 작성, 이를 합산하여 보고하여야 한다.

■ 제64조 (도어 개폐 자동 감지장치 및 매출액 자동 확인 시스템 구축 등)

① 머신 기구에 도어개폐 각종 감지장치 및 매출액 자동 확인 시스템을 구축한 카지노 사업자에 대하여는 제58조 내지 제60조의 드롭 및 계산 관련 절차의 규정을 적용하지 아니한다.

② 제1항의 도어 개폐 자동 감지 장치에는 도어 개폐일시 이프롬을 내장하고 있는 주 회로보드와 같은 주요 부분의 개폐 등에 관한 기록을 유지하여야 한다.

③ 매출액 자동 확인 시스템에 의한 매출액 기록은 리 세팅이 불가능하고 전원이 차단된 상태에서도 5년간 기록이 보존되어야 하며, 필요시 일일 매출액 및 누적 매출액의 출력이 즉시 가능하여야 한다.

④ 제1항의 장치 및 시스템을 구축한 카지노 사업자는 머신 기구 도어 개폐 및 매출액 관련 기록을 매일 출력하여 5년간 보존하여야 한다.

■ 제65조 (머신 기구 검사 기관의 지정 기준)

문화 관광 부 장관이 관광 진흥법시행 규칙 제33조의 규정에 의하여 검사 기관을 지정하고자 할 때에는 다음 각 호의 요건을 갖춘 경우에 한하여 지정할 수 있다.

① 검사 기관의 대표자 임원 주주가 관광 진흥법 제7조의 결격 사유에 해당되지 않아야 한다.

② 검사 기관은 머신 기구의 배당률을 확인 할 수 있는 능력을 갖추어야 한다.

③ 제50조의 규정에 의한 머신 기구의 규격 및 기준을 심사할 수 있는 인력 및 장비를 갖추어야 한다.

■ 제66조 (머신기구의 검사)

카지노 영업장에 머신기구를 설치하고자 하는 자는 관광 진흥법시행규칙 제33조제3항에 규정된 서류 이외에 다음 각 호의 서류를 첨부하여 문화 광광부장관이 지정한 검사기관의 검사를 받아야 한다. 동 규칙 제33조제2항제2호의 규정에 의한 경우에도 또한 같다.

① 머신 기구의 규격 및 기준에 적합함을 증명할 수 있는 서류

② 기구 설치 도면

③ 기타 머신 기구 검사 기관에 요청한 서류

제 7 장 회 계 제 도

■ 제67조 (회계 년 도)

카지노 사업자의 회계연도는 매년 1월 1일 시작하여 12월 31일에 종료한다.

■ 제68조 (회계 기준)

카지노 사업자는 카지노 영업장의 수입 및 비용과 관련된 모든 거래를 기업 회계 기준에 적합하도록 기록 유지하여야 한다.

■ 제69조 (회계 기록)

회계 기록은 복식부기에 의하여야 하고 다음 각 호와 관련된 증빙 서류는 5년간 유지 보관하여야 한다.

① 매출액, 카지노 수입금, 카지노 손실금에 관한 사항

② 크레딧 관련 사항

③ 기타 영업 및 회계에 관한 주요사항

■ 제70조 (외부감사)

카지노 사업자는 재무제표 작성하여 외부 감사 인에 의한 회계 감사를 받아야 한다.

■ 제71조(매출액 산정)

① 총매출액 이라함은 카지노 영업과 관련하여 고객으로 부터 수입한 총금액에서 고객에게 지불한 총금액을 공제한 금액을 말한다.

② 제1항에서 고객으로부터 수입한 총금액이라 함은 카지노 고객에게 현금, 수표 유가 증권 등을 칩으로 교환하여준 금액과 크레딧 중 현금으로 상환된 금액을 말한다.

③ 제1항에서 고객에게 지불한 총금액이라 함은 카지노 고객에게 칩을 현금으로 교환하여 준 총금액을 말한다.

④ 매출액은 일일 단위로 결산하여 카지노 고객으로 부터 수입한 총금액이 카지노 고객에게 지불한 총금액을 초과한 경우에는 별지 제10호 서식의 매출액 현황에 이를 카지노 수입금으로 표기 처리하고 카지노 고객에게 지불한 총금액이 카지노 고객으로부터 수입한 총금액을 초과하는 경우에는 이를 카지노 손실금으로 표기 처리하여야 한다.

⑤ 계약 게임과 관련하여 카지노고객 및 전문 모집인에게 지불하는 대가는 게임 종료된 후 영업장내에서 칩스로 지불하여야 하며, 동 대가는 제23항의 카지노 고객에게 지불한 총금액에 산입한다.

■ 제72조 (기금부과를 위한 총매출액 산정 방법)

기금 부과를 위한 1회계연도의 총매출액이라 함은 제71조제4항의 규정에 의한 카지노 수입금 계정의 총금액에서 카지노 손실금계정의 총금액을 공제한 금액을 말한다.

■ 제73조 (카지노 수입금 불 산입)

카지노 고객이 제공한 현금, 수표 유가증권 등이 위조 판명되어 회수 불가능한 경우와 부도로 인하여 회수 불가능한 경우에는 이를 총수입액에 산입하지 아니한다.

■ 제74조 (콤프 비용의 범위)

카지노 사업자가 카지노 고객에게 제공할 수 있는 콤프의 범위는 다음 각 호와 같다.

① 고객 운송을 목적으로 지불할 경우

② 고객 숙박을 목적으로 지불할 경우

③ 고객 식음료 제공을 목적으로 지불할 경우

④ 기타 고객 편의 제공을 목적으로 지불할 경우

■ 제75조 (콤프 비용증빙서류)

카지노 사업자가 카지노 고객에게 콤프를 제공할 때에는 다음 각 호의 증빙 서류를 구비하여야 한다.

① 콤프 승인서

② 수혜자의 여권사본

③ 항공권 복사본 숙식 영수증 등 콤프 비용 제공 증명서류

■ 제76조 (크레딧 제공 등)

① 카지노사업자는 카지노 게임 참가자에게 크레딧을 제공할 수 있다. 이 경우 다음 각 호의 사항이 기록된 크레딧 전표를 발행하여야 하며, 별지 제11호 서식의 크레딧 내역서에 크레딧 제공 및 상환 관련 기록을 유지하여야 한다.

1. 제공일시
2. 금액
3. 제공자의 성명 및 서명
4. 제공 받은 자의 성명, 주소 또는 전화번호 및 서명

② 크레딧 전표의 원 부본을 작성하여 크레딧 발행부서에 안전하게 보관한다. 크레딧 전표는 일련번호를 부여하여 순서대로 발행하며, 잘못 발행된 전표는 VOID라고 표시하고 책임자가 서명한 후 폐기하여야 한다.

■ 제77조 (크레딧 한도)

카지노 사업자가 카지노 게임 참가자에게 제공하는 크레딧의 한도는 외국환거래 법령에 정한 바에 의한다.

■ 제78조 (크레딧 상환)

① 카지노 사업자는 크레딧을 제공받은 자에게 크레딧을 회수하기 전에는 칩스를 현금으로 교환하여 줄 수 없다.

② 크레딧이 상환 될 때 에는 상환즉시 크레딧 장부에 기록하여야 하며, 크레딧 전표 원 부본에 "VOID"라고 표시한 후 원본은 크레딧 제공받은 고객에게 교부하고 부본은 크레딧 발행부서에서 보관한다.

■ 제79조 (크레딧의 대손처리)

카지노사업자가 크레딧을 제공받은 자로부터 크레딧을 회수할 수 없다고 판단될 경우에는 이를 대손 처리 할 수 있다.

■ 제80조 (예치금의 보관)

① 카지노 고객이 현금, 칩스 등을 카지노 영업장에 일시 보관해 두고자 요청할 경우 카지노 사업자는 예치금 보관증에 다음 각 호의 사항을 기록 하여야 한다.

1. 예치 일시
2. 예치 금액
3. 고객의 성명
4. 담당자 성명 및 서명

② 제1항의 예치금 보관증은 원 부본을 작성하여 부본은 카지노 고객이 보관하고 원본은 예치금 담당 부서에서 보관한다.

■ 제81조 (예치금의 인출)

카지노 고객이 예치금 인출을 요구할 때에는 카지노 사업자는 원본과 부본의 일치 여부를 확인 한 후 즉시 인출하여야 한다.

■ 제82조 (예치금 보관증 파기)

카지노 고객이 예치금을 인출한때 또는 잘못 발행한 경우에는 카지노 사업자 예치금 보관증을 파기하여야 한다.

■ **제83조 (예치금의 일부 인출)**

카지노 고객이 예치금의 일부만 인출한 경우에는 제80조 내지 제81조의 규정을 준용한다.

■ **제84조 (알선 수수료)**

카지노 사업자는 외래 관광객 유치 및 외화획득을 위하여 국내 및 국외 알선 업자에게 알선 수수료를 지급할 수 있다.

■ **제85조 (알선 수수료의 범위)**

카지노 사업자가 알선 업자에게 지급할 수 있는 알선 수수료의 년 간 총 객은 총 매출액의 5%를 초과할 수 없다.

■ **제86조 (알선 계약서 작성)**

카지노 사업자가 알선 업자와 계약 관계가 성립되면 알선 계약서를 작성하여야 한다.

■ **제87조 (알선 수수료 증빙 서류 작성 및 보관)**

카지노 사업자가 알선 수수를 지급한 경우에는 별지 제12호 서식의 알선 수수료 내역서에 다음 각 호의 사항을 기록하여 알선 계약서와 함께 보관하여야 한다.

① 알선 일자
② 알선 업자 성명, 주소 및 전화번호
③ 알선 인원
④ 알선 인원의 국적
⑤ 알선 수수료 금액

■ 제88조 (계약 게임 등)

① 카지노 사업자는 외래 관광객 유치 및 회화 획득을 위하여 카지노 고객 및 전문 모집인과의 계약에 의하여 일정한 대가를 지불하는 조건으로 계약 게임을 유치할 수 있다.

② 카지노 사업자가 카지노 고객 및 전문 모집인과 계약 게임 관계가 성립 되면 게임 계약서를 작성하여야 한다.

■ 제89조 (계약 게임의 한도)

카지노 사업자의 계약 게임에 의한 년 간 매출액은 년 간 총매출액의 50%를 초과할 수 없다.

■ 제90조 (계약 게임 증빙 서류 작성 및 보관)

카지노 사업자가 계약 게임을 유치한 경우에는 별제 제13호 서식이 계약 게인 내역서에 의거 다음 각 호의 사항을 기록 하여 게임 계약서와 함께 보관하여야 한다.

① 계약 일자

② 전문 모집인 성명, 주소 및 전화번호

③ 고객 수

④ 고객의 국적

⑤ 지불 금액

■ 제91조 (보고)

카지노 사업자는 제37조의 입장객 현황, 제71조의 매출액 현황, 제76조의 크레딧 내역서, 제87조의 알선 수수료 내역서 및 제90조의 계약 게임 내역서를 익월 10일까지 문화 관광부 장관에게 보고하여야 한다.

제 8 장 카지노 종사원의 준수사항

■ 제92조 (품위 유지)

카지노 종사원은 관광 종사자로서의 품위에 어긋나는 행위를 하여서는 아니된다.

■ 제93조 (봉사료 요구금지)

카지노 종사원은 어떠한 경우에도 봉사료를 강요하거나 봉사료를 강요당하고 있다고 카지노 고객이 느낄 수 있는 행동을 하여서는 아니된다.

■ 제94조 (게임 참여금지)

카지노 종사원은 게임에 참여할 수 없다.

■ 제95조 (제복 착용)

카지노 게임에 직접 참여하는 딜러 및 식음료를 운반하는 종사원은 고객과 쉽게 식별될 수 있도록 사업자가 지정한 제복과 명찰을 패용하여야 한다.

■ 제96조 (게임규칙준수)

카지노 종사원은 이 세칙에서 정한 규칙에 어긋나는 게임을 하여서는 아니된다.

■ 제97조 (고객 결탁금지)

카지노 종사원은 여하한 경우에도 고객과 결탁된 부정행위에 간여하여서는 아니된다.

■ 제98조 (불법영업 금지)

카지노 종사원은 여하한 경우라도 국내외의 불법영업에 간여하여서는 아니 된다.

부 칙

■ 제1조 (시행일)

이 세칙은 고시한 날부터 시행된다.

■ 제2조 (카지노 검사기관에 대한 경과 규정)

종전 관광 진흥법 시행규칙 제8조의 8의 규정에 의거, 카지노 검사기관으로 이미 지정을 받은 기관은 1월 이내 관광 진흥 법 시행 규칙 제34조의 규정에 의하여 문화관광부장관으로부터 업무규정을 재승인 받은 경우 제65조의 규정에 의한 검사 기관으로 지정된 것으로 본다.

■ 제3조

이 세칙 고시 후 문화체육부소기 제95-26호('98.7.10)및 동 고시 제97-60('98.1.5)의 카지노업 영업 준칙은 폐지된 것으로 본다.

별표1 게임 기구의 종류(제26조 관련)

■ 일반기구: 칩스, 드롭박스

■ 게임 종류별 기구

게 임	사 용 기 구
블랙잭	테이블, 카드, 디스카드홀더, 슈
룰 렛	테이블, 룰렛 휠, 룰렛 공, 룰렛마커
바카라	테이블, 카드, 디스카드홀더, 슈, 스쿠퍼
다이사이	테이블, 주사위, 주사위 흔들개, 전광장치
빅 휠	테이블, 빅휠
다이스	테이블, 주사위, 스틱
바우까우	테이블, 주사위, 주사위 흔들개, 도미노, 뱅커 마커
판 판	테이블, 버턴, 버턴 막대, 보울
조커세븐	테이블, 카드
라운드 크랩스	테이블, 주사위
트란타 콰란타	테이블, 카드
프렌치볼	테이블, 프렌치 공
키노	키노티켓, 키노보드, 키노머신
챠카락	테이블, 주사위, 주사위 흔들개
포커	테이블, 카드
빙고	빙고티켓, 빙고보드, 빙고머신
마작	테이블, 마작 도미노, 마커

※ 법명: 카지노 전산 시설 기준

〈문화관광부고시제 1999-30호〉

관광 진흥법 제22조제1항, 동시 행 규칙 제29조의 구정에 의거 카지노 전산 시설 기준을 다음과 같이 고시합니다.

1999년 11월 19일

문화관광부 장관

제 1 장 총 칙

■ 제1조 (목적)

이 기준은 관광 진흥법 제22조제1항 및 동시 행 규칙 제29조의 규정에 의한 카지노 전산시설 설치기준을 정하고, 카지노 사업자와 카지노 종사원이 카지노 전산 시설을 운영 관리함에 있어 필요한 사항을 규정함을 목적으로 한다.

■ 제2조 (적용 범위)

이 기준은 외국인 전용 카지노 영업장에 한한다.

■ 제3조 (용어의 정의)

이 기준에서 사용하는 용어의 정의는 다음과 같다.

① "테이블게임"이라 함은 테이블, 주사위, 휠 등을 사용하는 게임으로 관광 진흥법시행규칙 제35조제1항에서 정한 게임을 말한다.

② "머신게임"이라함은 슬롯머신(Slot machine)및 비디오 게임(Video Game)을 말한다.

③ "주전산기"라 함은 프로그램 및 단말기에 입력된 자료를 총괄하여 관리하는 기기를 말한다.

④ “단말기”라 함은 주전산기의 프로그램과 자료를 이용하여 자료 입력 및 출력 등 제반 업무를 수행하는 기기를 말한다.

⑤ “프린터”라 함은 입력된 자료를 일정한 양식에 따라 활자화 시키는 기기를 말한다.

⑥ “전산실”이라 함은 전산요원 및 전산 관련 기기를 갖추어 전산 시설 및 프로그램 등을 관리 운영하고 통제하는 장소를 말한다.

⑦ “프로그램”이라 함은 전산 처리를 위한 작업 지시의 순서를 프로그래밍 언어를 사용하여 기록한 일련의 명령어들의 집합을 말한다.

⑧ “화일”이라 함은 각종 기억 매체에 수록되어 기록된 내용을 정해진 규칙에 따라 편성된 논리적인 의미를 갖는 자료의 합을 말한다.

⑨ “프로그램명세서”라 함은 완성된 프로그램의 흐름도 및 화일의 구성, 각 항목의 상세 명세 등을 말한다.

⑩ “칩스 뱅크”라 함은 칩스를 보관, 수불, 관리하는 부서를 말한다.

⑪ “FILL”이라 함은 칩스를 칩스 뱅크에서 테이블로 이동하는 것을 말한다.

⑫ “COLLECTION”이라 함은 칩스를 테이블에서 수거하여 칩스 뱅크로 이동하는 것을 말한다.

⑬ “OPEN”이라 함은 테이블에 있는 칩스 보관함을 개봉하는 것을 말한다.

⑭ “CLOSE”라 함은 테이블에 있는 칩스 보관함을 폐쇄하는 것을 말한다.

⑮ “CLOSE/OPEN”이라 함은 전날의 업무마감 및 칩스 레포트를 출력하기 위하여 당일 업무시작시점에서 테이블에 있는 모든 칩스의 수량을 OPEN과 CLOSE가 일치되게 하는 것을 말한다.

⑯ “REFILL”이라 함은 출납에서 현금으로 교환해 준 칩스를 칩스 뱅크로 이동하는 것을 말한다.

⑰ “칩스 금고”라 함은 칩스 뱅크에서 칩스를 보관하는 금고를 말한다.

⑱ “코드”라 함은 전산 업무 처리를 편리하게 하기 위하여 자료를 간략하고 체계적으로 분류한 숫자 또는 문자를 말한다.

⑲ “백업”이라 함은 사용하고 있는 파일이나 프로그램 등이 파괴될 경우에 대비하여 다른 기억매체에 별도로 복사하여 보관하는 것을 말한다.

⑳ "전산 요원"이라 함은 전산실에 근무하면서 전산 시설을 운영하는 전산 관리자, 자료 관리자 등을 말한다.

㉑ "수정"이라 함은 입력된 당초의 자료를 변경하여 입력하는 것을 말한다.

㉒ "삭제"라 함은 입력된 자료를 소거하고, 당초의 자료가 별도로 유지되는 것을 말한다.

㉓ 기타 이 기준에서 사용하는 용어는 카지노 영업 세칙 제3조에서 정한 용어의 정의를 준용한다.

제 2 장 하드웨어 성능 및 설치 방법

■ 제4조 (하드웨어의 성능)

카지노 사업자는 카지노 선산 프로그램이 원활히 수행될 수 있도록 다음과 같은 시스템을 설치하여야 한다.

① 주전산기(Server)및 단말기(Client) 처리 속도
 100건당 응답속도가 3초 이내

② 프린터(Printer)
 해당 출력물의 출력이 가능한 프린터 사용

■ 제5조 (하드웨어 설치방법)

① 카지노 사업자는 주전산기와 단말기를 다음 장소에 설치하여야 한다.

1. 주전산기 설치장소: 전산실
2. 단말기 설치장소
 가. 입장객관리 부서
 나. 칩스 뱅크
 다. 카운트 룸
 라. 출납 창구

마. 크레딧 관리부서

바. 환전 재환전소

사. 콤프 관리부서

아. 알선수수료 관리부서

자. 전산실

차. 기타 카지노 영업과 관련하여 필요한 부서

② 카지노 사업자는 제1항제2호의 규정에도 불구하고 업무를 통합하여 단말기를 설치 운영할 수 있다. 다만, 제1항제2호 나목 내지 라목과 자목의 부서는 그러하지 아니하다(라 목과 바 목을 통합해서 설치 운영하는 경우는 예외)

③ 프린터는 자체 실정에 맞게 설치할 수 있다.

제 3 장 네트워크 구성방법

■ 제6조 (네트워크의 구성방법 등)

① 카지노 사업자는 전산 시스템을 설치하는데 있어서 근거리 통신망(LAN)을 기준으로 하여 아래와 같이 네트워크 장비를 갖추어야 한다.

1. 근거리 통신망: LAN O · S
2. LAN CARD: 주전산기(Server)와 단말기(Client)와의 DATA통신을 위한 통신 매체로서 단말기의 숫자만큼 보유
3. HUB: 주전산기와 단말기와의 통신을 위하여 HUB를 설치

② 카지노 영업장의 네트워크는 [별표 1]과 같이 구성하여야 한다.

제 4 장 프로그램의 구성

■ 제7조 (전산 시스템 구성)

① 카지노 전산 시스템은 프로그램 관리, 입장객 관리, 칩스 뱅크 관리, 카운트

룸 관리, 출납관리, 크레딧 관리, 환전 · 재환전 관리, 콤프 관리, 알선수수료 관리, 머신게임 관리 및 코드 관리가 가능하도록 구성하여야 한다.

② 제1항의 부문별 세부 프로그램 및 세부 프로그램별 설치 운영 장소는 [별표 2]와 같다.

③ 제2항의 부문별 프로그램 명세서는 카지노 사업장의 실정에 따라 문화 관광부장관이 별도로 정한다.

■ 제8조 (프로그램관리 프로그램의 구성)

프로그램 관리 프로그램은 프로그램 등록 프로그램, 비밀 번호 등록 프로그램, 담당자별 사용 업무 등록 프로그램, 비밀 번호 변경 등록 프로그램, 비밀번호 변경 조회 프로그램으로 구성하여야 한다.

■ 제8조의 2 (프로그램 등록 프로그램구성 방법)

프로그램 등록 프로그램은 제7조제1항에서 규정한 부문별관리번호, 부문별 프로그램 명 및 부문별 세부프로그램 명칭을 순서대로 등록할 수 있도록 구성하여야 한다.

■ 제8조의 3 (비밀번호 등록 프로그램 구성방법 등)

① 비밀 번호 등록 프로그램은 반드시 개인 정보(비밀 번호 등)등을 입력할 수 있도록 구성하여야 한다.

② 단말기 설치 장소별로 단말기 취급자의 비밀번호를 등록하면 담당자별 사용 업무등록프로그램에 자동적으로 각각의 프로그램에 대한 단말기 취급자 사용 권한을 지정할 수 있도록 연계하여 구성하여야 한다.

③ 단말기 설치 장소별 단말기 취급자의 최초의 비밀번호등록은 각 단말기 취급자의 요청에 의하여 전산실 비밀 번호 등록 담당자가 일괄하여 등록 한다.

■ 제8조의 4 (담당자별사용 업무등록프로그램구성방법)

① 담당자별 사용 업무 등록 프로그램은 동 프로그램 전산실 취급자의 비밀번호, 제8조에서 규정한 각 부문별 관리 번호, 제7조의 제2항에서 규정한 세부 프로그램의 단말기 설치 장소별 단말기 취급자에 대한 각 프로그램의 사용 권한 여부를 입력할 수 있도록 구성하여야 한다.

② 담당자별 사용 업무 등록은 칩스 뱅크관리 카운트 룸 관리 출납관리 단말기 취급자간에 상호 중복하여 지정할 수 없다.

■ 제8조의 5 (비밀 번호 변경 등록 프로그램 구성 방법 등)

① 비밀 번호 변경 등록 프로그램은 단말기 취급자의 기존 비밀번호, 변경 비밀번호를 입력할 수 있도록 구성하여야 한다.

② 비밀 번호 변경등록은 단말기 취급자가 직접 등록하여야 한다.

■ 제8조의 6 (비밀 번호 변경 조회 프로그램 구성 방법 등)

① 비밀 번호 변경 조회 프로그램은 단말기 취급자의 현재 비밀 번호, 변경한 일자, 변경된 비밀 번호가 조회될 수 있도록 구성하여야 한다.

② 비밀 번호 변경 조회 프로그램은 단말기 취급자가 자기 비밀 번호 변경 내역을 확인코자 요구한 경우에만 운영하여야 한다.

■ 제9조 (입장객 관리 프로그램의 구성)

① 입장객 관리 프로그램은 일일 입장객 등록 프로그램 국가별 입장객 조회프로그램, 국가별 요일별 입장객 조회 프로그램 월별 입장객 조회 및 출력 프로그램으로 구성하여야 한다.

② 일일 입장객 등록 프로그램에 자료를 입력하면 제1항의 입장객 관리 프로그

램을 구성하는 모든 프로그램의 관련 자료에 자동적으로 분류되어 정리되도록 구성하여야 한다.

■ 제9조의 2 (일일 입장객 등록 프로그램 구성방법)

일일 입장객 등록 프로그램은 비밀번호, 일자, 자료입력순번, 국가별 입장 인원을 입력할 수 있도록 구성하여야 한다.

■ 제9조의 4 (국가별요일별 입장객 조회 프로그램 구성방법)

국가별 요일별 입장객 조회 프로그램은 일정기간을 선정할 경우 당해 기간의 국가별 요일별 입장인원의 합이 조회되도록 구성하여야 한다.

■ 제9조의 5 (월별입장객 조회 및 출력 프로그램 구성 방법)

월별 입장객 조회 및 출력 프로그램은 특정 월을 입력할 경우 특정 월의 입장 인원이 일자별로 조회 및 출력되도록 구성하여야 한다.

■ 제10조 (칩스 뱅크 관리 프로그램의 구성)

칩스 뱅크 관리 프로그램은 칩스 이동 등록 프로그램, 테이블 별 칩스 입 · 출고 조회프로그램, 칩스 레포트 출력 및 일일 영업 준비 작업 프로그램, 테이블 별 손익 레포트 출력 프로그램, 칩스 뱅크 보유 현황 출력 프로그램, 칩스 입고 등록 프로그램, 칩스 입고 조회 프로그램, 파손 칩스 등록 프로그램, 파손 칩스 조회 프로그램, 칩스 이동삭제 현황출력 프로그램, 칩스 기초 자료등록 프로그램으로 구성하여야 한다.

■ 제10조의 2 (칩스 이동 등록 프로그램 구성 방법 등)

① 칩스 이동 등록 프로그램은 비밀번호, 일자 및 시간, 칩스 이동횟수, 근무 조,

발생사유(Fill, Collection, Open, Close, Close/Open, Refill로 구분표기) 테이블 코드(Fill이나 Collection인 경우에는 게임 테이블 명, Refill인 경우에는 출납으로 표기)액면가별 칩스 종류 및 칩스 수량을 입력할 수 있도록 구성하여야 하고, 액면가별 칩스 수량을 입력할 경우 자동적으로 칩스 합계 금액이 표시 되도록 구성하여야 한다.

② 칩스 이동등록 프로그램에 자료를 입력하면 동 자료가 테이블 별 칩스 입출고 조회 · 칩스 레포트 출력, 테이블별 손익 레포트 출력, 칩스 뱅크 보유 현황 출력, 칩스 이동 삭제 현황출력 프로그램의 관련 자료에 자동적으로 분류되어 정리되도록 구성하여야 한다.

③ 칩스 이동등록 프로그램은 칩스 이동사유 발생 시마다 칩스 이동등록 내용을 출력할 수 있는 기능을 수행하도록 구성하여야 한다.

④ 제3항의 칩스 이동 등록 내용을 출력할 경우 에는 별지 제1호 서식의 칩스 전표를 사용하여야 한다.

■ 제10조의 3 (테이블별 칩스 입출고 조회 프로그램구성방법)

테이블별 칩스 입출고 조회 프로그램은 테이블 별로 일자, 칩스 이동 횟수 및 시간, 발생 사유, 칩스 액면가별 수량이 조회되도록 구성하여야 한다.

■ 제10조의 4 (칩스 레포트 출력 및 일일 영업 준비작업 프로그램 구성방법)

칩스 레포트 출력 및 일일 영업 준비 작업 프로그램은 특정 일자를 입력할 경우 특정일의 테이블별 칩스 변동 사항 및 재고량이 별지 제2호 서식의 칩스 레포트에 의거 출력되도록 구성되어야 한고, 제10조의 칩스 뱅크 관리 프로그램을 구성하는 모든 프로그램의 일자를 칩스 레포트 출력 일자의 다음일로 변경되도록 구성하여야 하며, 동시에 전일의 칩스 변동사항을 최종 정리 한 후의 칩스 수량이 파악 되도록 구성하여야 한다.

■ 제10조의 5 (테이블별 손익 레포트 출력 프로그램 구성방법)

테이블별 손익 레포트 출력 프로그램은 특정 일자를 입력할 경우 특정일 테이블별 손익 금액이 별지 제3호 서식의 테이블별 손익 현황에 의거 출력되도록 구성하여야 한다.

■ 제10조의 6 (칩스 뱅크 보유 현황 출력 프로그램 구성 방법)

칩스 뱅크 보유 현황 출력 프로그램은 특정 일자를 입력할 경우 특정일의 칩스 금고내의 칩스 현황의 별지 제4호서식의 칩스 뱅크 보유 현황에 의거 출력 되도록 구성하여야 한다.

■ 제10조의 7 (칩스 입고 등록 프로그램 구성 방법)

칩스 입고 등록 프로그램은 비밀번호, 일자 액면가별 칩스 종류 및 칩스 수량을 입력할 수 있도록 구성하여야 하고, 액면가 별 칩스 수량을 입력할 경우 자동적으로 칩스 합계 금액이 표시 되도록 하여야 하며, 동 자료가 칩스 레포트 출력 및 일일 영업 준비 작업 프로그램 및 칩스 뱅크 보유 현황 출력 프로그램의 관련 자료에 자동적으로 분류되어 정리되도록 구성하여야 한다.

■ 제10조의 8 (칩스 입고 조회 프로그램 구성 방법)

칩스 입고 조회 프로그램은 일정 기간을 설정할 경우 당해기간 중에 칩스 금고에 입고한 칩스 액면가별 수량이 일자별로 조회도록 구성하여야 한다.

■ 제10조의 9 (파손 칩스 등록프로그램 구성방법)

파손 칩스 등록프로그램은 비밀번호, 일자 , 근무 조, 액면가별 칩스 종류, 칩스 수량 및 파손사유를 입력할 수 있도록 구성하여야 하고, 액면가별 파손 칩스 수량을 입력할 경우 자동적으로 칩스 합계 금액이 표시되도록 하여야 하며, 동 자료가 칩스 레포트 출력 및 일일 영업 준비 작업 프로그램 및 칩스 뱅크 보유 현황 출력 프로그램의 관련 자료에 자동적으로 분류되어 정리되도록 구성하여야 한다.

■ 제10조의 10 (파손 칩스 조회 프로그램 구성방법)

파손 칩스 조회 프로그램은 일정기간을 설정할 경우 당해기간 중에 파손된 칩스의 액면가별 수량 및 근무조가 일자별로 조회 되록 구성하여야 한다.

■ 제10조의 11 (칩스 이동 삭제 현황 출력 프로그램 구성 방법 등)

① 칩스 이동 삭제 현황 출력 프로그램은 일정 기간을 설정할 경우 당해 기간의 칩스 이동 삭제 내역이 표시 되어 출력 되도록 설정하여야 한다.

② 제1항의 칩스 이동 삭제 내역에는 이동 일시, 칩스 이동 순번, 근무 조, 테이블 코드(Fill이나 Collection인 경우에는 테이블면, Refill인 경우에는 출납으로 표기), 발생 사유(Fill, Collection, Open, Close, Close/Open, Refill로 구분표기)액면가별 칩스 수량, 당초 자료 입력자 비밀번호, 삭제자 비밀번호 삭제 이유가 표시되어야 한다.

■ 제10조의 12 (칩스 기초자료 등록 프로그램 구성방법 등)

① 칩스 기초자료 등록 프로그램은 전산시설의 운영을 개시할 때 최초 1회에 한하여 칩스와 관련된 기초 자료를 등록할 수 있도록 구성하여야 한다.

② 동 프로그램은 비밀번호, 일자, 액면가별 칩스 종류, 액면가별 총보유량, 액면가별 뱅크 보유량, 액면가별 전일 재고, 액면가별 파손누계를 입력할 수 도록 구성하여야 한다.

③ 동 프로그램에 자료를 입력할 경우 칩스 레포트 출력 및 일일 영업 준비 작업 프로그램 및 칩스뱅크보유 현황 출력 프로그램의 관련 자료에 자동적으로 분류되어 정리 되도록 구성 하여야 한다.

■ 제11조 (카운트 관리 프로그램의 구성)

카운트 룸 관리 프로그램은 테이블별 드롭 액 등록 프로그램, 테이블별 드롭 액 조회 및 출력 프로그램, 테이블별 일일 집계 표 조회 및 출력 프로그램, 드롭 액 삭제 현황 출력 프로그램으로 구성하여야 한다.

■ 제11조의 2 (테이블별 드롭 액 등록 프로그램 구성 방법 등)

① 테이블 별 드롭 액 등록 프로그램은 계산자, 입력자 및 감독자의 비밀 번호, 입력 일시, 테이블 별 드롭 박스 코드, 화폐 코드, 화폐 코드별 수량을 입력 할 수 있도록 구성하여야 하고 화폐 코드 프로그램에 등록된 화폐 코드별 수량을 입력하였을 경우 화폐 금액이 자동적으로 표시되도록 하여야 하며(액면가별 분류가 곤란한 유가증권의 경우는 금액을 입력하여야 함)동 프로그램에 자료를 입력하면 동 자료가 제11조의 카운트 룸 관리 프로그램을 구성하는 모든 프로그램의 관련 자료에 자동적으로 분류되어 정리되도록 구성하여야 한다.

② 테이블별 드롭 박스 코드 번호 변경 시 자동적으로 입력 순번대로 일련번호가 부여 되도록 구성하여야 한다.

■ 제11조 3 (테이블 드롭 액 조회 및 출력 프로그램 구성 방법)

테이블 별 드롭 액 조회 및 출력프로그램은 특정 일자를 입력할 경우 일련 번호, 테이블 명칭 및 드롭금액이 입력순서대로 조회 되고 테이블 별 화폐 종류 및 화폐 단위별 드롭금액이 별지 제5호 서식의 테이블별 드롭 액 현황에 의거 출력되도록 구성하여야 한다.

■ 제11조의 4 (테이블별 일일 집계 조회 및 출력 프로그램 구성 방법)

테이블 별 일일집계 조회 및 출력 프로그램은 특정 일자를 입력할 경우 특정일의 집계 금액이 테이블별로 화폐 종류에 따라 세분하여 조회 되고 특정일의 집계 금액이 별지 제6호서식의 테이블 별 일일 집계 표에 의거 출력되도록 구성하여야 한다.

■ 제11조의 5 (드롭 액 삭제 현황출력프로그램 구성방법 등)

① 드롭 액 삭제 현황 출력프로그램은 일정 기간을 설정할 경우 당해기간의 드롭 액 삭제 현황이 표시되도록 구성하여야 한다.

② 제1항의 드롭 액 삭제 현황에는 당초 자료 입력일시, 일련번호, 게임테이블 코드, 화폐 종류별 수량 및 금액 드롭 액 당초 자료 입력자 성명(입력자, 계산자, 감독자), 삭제일시, 삭제 자 성명(입력자, 계산자, 감독자), 삭제 이유가 표시되어야 한다.

■ 제12조 (출납 관리 프로그램의 구성)

출납 관리 프로그램은 지불금등록 프로그램, 지불금 조회 및 출력 프로그램, 월 매출액 현황 조회 및 출력 프로그램, 년 매출액 현황 조회 및 출력 프로그램, 지불금 삭제현황 출력 프로그램으로 구성하여야 하다.

■ 제12조의 2 (지불금등록 프로그램 구성 방법 등)

① 지불금 등록 프로그램은 비밀 번호, 지불 일시, 액면가별 칩스 종류 및 수량을 입력할 수 있도록 구성하여야 하고, 액면가별 칩스 수량을 입력할 경우 자동적으로 지불금액이 표시 되도록 하여야 하며 지불 회수의 일련번호가 자동적으로 부여 되도록 구성하여야 한다.

② 지불금 등록 프로그램에 자료를 입력하면 제1항의 지불금 등록 프로그램을 구성하는 모든 프로그램의 관련 자료에 자동적으로 분류되어 정리 되도록 구성하여야 한다.

■ **제12조의 3 (지불금조회 및 출력 프로그램 구성 방법)**

지불금 조회 및 출력 프로그램은 특정 일자를 입력할 경우 특정일의 지불 시간, 지불 횟수, 칩스 액면가별 수량 및 총 지불 합계 금액이 조회 되고 별지 제7호서식의 지불금 현황에 의거 출력되도록 구성하여야 한다.

■ **제12조의 4 (월매출액현황 조회 및 출력 프로그램 구성방법)**

월매출액 현황 조회 및 출력 프로그램은 특정 월을 입력할 경우 특정 월의 드롭액 · 크레딧 상환 금액 · 지불금 매출액(수입금 또는 손실금으로 구분 표기)및 누적금액이 일자별로 조회되고 별지 제8-2호서식의 테이블 게임 매출액 현황에 의거 출력되도록 구성하여야 한다. 단 머신 게임을 운영하는 경우에는 별지 제8호 서식의 월매출액 현황에 의거 조회되고 출력되도록 구성하여야 한다.

■ **제12조의 5 (년 매출액 현황조회 및 출력 프로그램 구성방법)**

년 매출액 현황 조회 및 출력 프로그램은 특정년도를 입력할 경우 특정년도의 드롭액 크레딧 상환 금액 지불금 매출액(수입금 또는 손실금으로 구분표기)및 누적액이 월별로 조회되고 별지 제9-2호 서식의 년 매출액 현황에 의거 출력되도록 구성하여야 한다. 단 머신 게임을 운영하는 경우에는 별지 제9호 서식의 연 매출액 현황에 의거 조회되고 출력되도록 구성하여야 한다.

■ **제12조의 6 (지불금 삭제 현황출력프로그램 구성 방법등)**

① 지불금 삭제 현황출력프로그램은 일정기간을 설정할 경우 당해 기간의 지불금 삭제현황이 표시되도록 구성하여야 한다.

② 제1항의 지불금삭제현황에는 지불일자, 순번, 입력시간 액면가별 칩스 수량 지불 금액, 당초 자료 입력자 성명, 삭제 일시, 삭제자 성명, 삭제 이유가 표시되어야 한다.

■ 제13조 (크레딧 관리 프로그램의 구성)

크레딧 관리 프로그램은 크레딧 제공내역 등록 프로그램, 크레딧 상환내역 등록 프로그램, 크레딧 내역 관리 프로그램, 크레딧 상환 잔액 조회 프로그램, 크레딧 제공 삭제 현황 출력 프로그램, 크레딧 상환 삭제 현황 출력 프로그램, 크레딧 대손처리 프로그램을 구성하여야 한다.

■ 제13조의 2 (크레딧 제공 내역 등록 프로그램 구성방법)

크레딧 제공 내역 등록 프로그램은 비밀 번호, 제공일자, 차용증 번호, 제공 받은 자 성명 · 주소 및 전화번호, 제공 금액, 제공자 성명을 입력할 수 있도록 구성하여야 하고, 동 프로그램에 자료를 입력하면 제13조의 크레딧 관리 프로그램을 구성하는 모든 프로그램의 관련 자료에 자동적으로 분류되어 정리되도록 구성하여야 한다.

■ 제13조의 3 (크레딧 상환 내역 등록 프로그램 구성방법)

크레딧 상환 내역 등록 프로그램은 비밀번호, 상환일자 차용증 번호를 입력하면 크레딧 제공내역(제공자성명, 제공일자, 제공 받은 자 성명, 제공 금액, 기상환액 상환 잔액)이 자동적으로 표시 되도록 하여야 하고, 금번 상환 금액을 입력할 수 있도록 구성하여야 하며 동 자료를 입력하면 제13조의 크레딧 관리 프로그램을 구성하는 모든 프로그램의 관련 자료에 자동적으로 분류되어 정리되도록 구성하여야 한다.

■ 제13조의 4 (크레딧 내역 관리 프로그램 구성방법)

크레딧 내역 관리 프로그램은 다음 각 호와 같이 구성되어야 한다.

① 특정 년 월을 입력할 경우 특정 월의 크레딧 제공내역(제공 일자, 제공자 성명, 제공받은 자 성명 제공금액)및 크레딧 상환내역(상환 일자, 상환자 성명 상환금액)이 조회되도록 구성하여야 한다.

② 특정 년 월을 입력할 경우 특정 월의 크레딧 제공내역(제공일자 제공자 성명 제공받은 자 성명 제공금액)및 크레딧 상환 내역(제공일자 상환 일자 상환자 성명 제공받은 금액 상환금액)이 별지 제10호서식의 월 크레딧 내역에 의거 출력되도록 구성하여야 한다.

③ 특정 년 월을 입력할 경우 특정 년 월의 제공일자별 제공자 성명, 제공 받은자 성명, 제공 받은자, 주소 또는 전화번호, 제공금액, 상환 금액, 상환잔액이 별지 제11호서식의 월 크레딧 제공내역에 의거 출력되도록 구성하여야 한다.

④ 특정 년 월을 입력할 경우 특정 년 월의 상환 일자별로 제공일자, 상환 자 성명, 제공받은 금액 상환금액, 상환 잔액이 별지 제12호 서식의 월 크레딧 상환 내역에 의거 출력되도록 구성하여야 한다.

■ 제13조의 5 (크레딧 상환 잔액 조회 프로그램 구성 방법)

크레딧 상환 잔액 조회 프로그램은 특정년도 입력할 경우 특정년도의 크레딧 제공 년 월일, 제공받은 성명, 제공금액, 상환금액, 상환 잔액이 조회되도록 구성하여야한다.

■ 제13조의 6 (크레딧 제공 삭제 현황 출력 프로그램 구성방법 등)

① 크레딧 제공 삭제 현황 출력 프로그램은 일정 기간을 설정할 경우 당해 기간의 크레딧 제공 삭제 내역이 표시 되도록 구성하여야 한다.

② 제1항의 크레딧 제공 삭제 내역에는 제공일자, 차용증 번호, 제공자성명, 제공받은 자 성명, 제공 금액, 상황 누적액, 입력자 성명, 삭제 일자, 삭제자 성명, 삭제 이유가 표시되어야 한다.

■ 13조의 7 (크레딧 상환 삭제 현황출력프로그램 구성방법 등)

① 크레딧 상환삭제 현황 출력 프로그램은 일정 기간을 설정할 경우 당해 기간의 크레딧 상환 삭제 내역이 표시 되도록 구성하여야 한다.

② 제 1항의 크레시 상환삭제 내역에는 상환 일자, 차용증 번호, 제공자 성명, 상환자 성명, 제공금액, 상환 누적액, 입력자 성명, 삭제 일자, 삭제 자 성명, 삭제이유가 표시되어야 한다.

■ 제13조의 8 (크레딧 대손 등록 프로그램 구성 방법)

크레딧 대손등록 프로그램은 대손 처리될 자의 성명 및 일자를 입력하면 크레딧 관리 프로그램을 구성하는 모든 관련 자료에 자동적으로 분류되어 정리 되도록 구성하여야 한다.

■ 제13조의 9 (크레딧 대손 처리 조회 및 출력프로그램 구성 방법)

크레딧 대손처리 조회 출력 프로그램은 일정기간을 설정할 경우 당해 기간의 크레딧 대손 내역이 조회 및 출력되도록 구성하여야 한다.

■ 제14조 (환전 · 재환전 관리 프로그램의 구성)

환전 · 재환전 관리 프로그램은 환전 등록 프로그램, 환전 내역 조회 및 출력프로그램 재환전 등록 프로그램, 재환전 내역조회 및 출력 프로그램, 환전 · 재환전 집계 표 출력프로그램, 환전삭제현황출력 프로그램, 재환전 삭제 현황 출력프로그램으로 구성하여야한다.

■ 제14조의 2 (환전 등록프로그램 구성방법 등)

① 환전 등록 프로그램은 비밀번호, 일자, 외화종류별로 외화와 원화의 환전금액을 입력할 수 있도록 구성하여야 한다.
② 환전등록 프로그램에 자료를 입력 하면 동 자료가 가공되어 환전 내역조회 및 출력 환전 · 재환전 집계 표 출력, 환전삭제현황 출력 프로그램의 관련 자료에 자동적으로 분류되어 정리되도록 구성하여야 한다.

■ 제14조의 3 (환전 내역 조회 및 출력 프로그램 구성 방법)

환전 내역 조회 및 출력 프로그램은 일정 기간을 설정할 경우 당해 기간 중의 환전 내역(일자, 외화종류, 외화금액, 지급 원화 액)이 조회 및 출력되도록 구성하여야 한다.

■ 제14조의 4 (재환전 등록 프로그램 구성 방법 등)

① 재환전 등록 프로그램은 비밀 번호, 일자, 외화종류별로 원화와 외와의 재환전 금액을 입력할 수 잇도록 구성하여야 한다.
② 재환전등록 프로그램 에 자료를 입력하면 동 자료 가공되어 재환전 내역 조회 및 출력, 환전 · 재환전 집계 표 출력, 재환전 삭제 현황 출력 프로그램의 관련 자료에 자동적으로 분류되어 정리되도록 구성하여야 한다.

■ 제14조의 5 (재환전 내역 조회 및 출력 프로그램 구성 방법)

재환전 내역 조회 및 출력 프로그램은 일정 기간을 설정할 경우 당해기간중의 재환전 내역(일자, 외화종류, 원화금액, 지급 외화 액)이 조회되고 출력되도록 구성하여야 한다.

■ 제14조의 6 (환전 · 재환전 집계 표 출력 프로그램 구성 방법)

환전 · 재환전 집계 표 출력 프로그램은 특정 년도를 입력할 경우 특정 년도의 환전 · 재환전 금액이 별지 제13호 서식의 월 환전 · 재환전 집계 표에 의거 별로 표시되도록 구성 하여야 한다.

■ 제14조의 7 (환전 삭제현황출력 프로그램 구성 방법 등)

① 환전 삭제 현황 출력 프로그램은 일정 기간을 설정할 경우 당해 기간의 환전 삭제 내역이 표시되도록 구성하여야 한다.

② 제1항의 환전 삭제 내역에는 환전 일자, 외화 종류 외화금액, 지급 원화액 입력자 성명, 삭제 일자, 삭제자 성명, 삭제 이유가 표시되어야 한다.

■ 제14조의 8 (재환전 삭제 현황 출력 프로그램 구성 방법 등)

① 재환전 삭제 현황 출력프로그램은 일정 기간을 설정할 경우 당해 기간의 재환전 삭제 내역이 표시 되도록 구성하여야 한다.

② 제1항의 재환전 삭제 내역에는 재환전 일자, 외화 종류 회화금액, 지급 원화액, 입력자 성명, 삭제 일자, 삭제자 성명 삭제 이유가 표시되어야 한다.

■ 제15조 (콤프 관리 프로그램의 구성)

콤프 관리 프로그램은 콤프 발생 등록 프로그램, 콤프 내역 조회 및 출력 프로그램으로 구성하여야 한다.

■ 제15조의 2 (콤프 고발생 등록 프로그램 구성 방법등)

① 콤프 발생 등록 프로그램은 비밀 번호, 일자, 고객 코드 및 콤프 발생 사유별로 입력할 수 있도록 구성하여야 한다.

② 콤프 발생 등록 프로그램에 자료를 입력하면 제15조의 콤프 관리 프로그램을 구성하는 모든 프로그램 관련 자료에 자동적으로 분류 되어 정리 되도록 구성하여야 한다.

■ 제15조의 3 (콤프내역조회 및 출력 프로그램 구성 방법)

콤프 내역 조회 및 출력 프로그램은 고객 코드와 일정 기간을 설정할 경우 당해 기간 중의 고객별, 월별 콤프 발생 사유별 소계가 조회 및 출력 되도록 구성하여야 한다.

■ 제16조 (알선 수수료 관리 프로그램의 구성)

알선 수수료 관리 프로그램은 알선 수수료 발생 등록 프로그램, 알선 수수료 내역 조회 프로그램, 알선 수수료 내역 출력 프로그램으로 구성하여야 한다.

■ 제16조의 2 (알선 수수료 발생 등록 프로그램 구성 방법 등)

① 알선 수수료 발생 등록 프로그램은 비밀번호, 일자, 알선업자 코드 국가별 인원, 알선 수수료를 입력할 수 있도록 구성하여야 한다.
② 알선 수수료 등록 프로그램에 자료를 입력하면 제16조의 알선 수수료 관리 프로그램을 구성하는 모든 프로그램의 관련 자료에 자동적으로 분류되어 정리되도록 구성 하여야 한다.

■ 제16조의 3 (알선 수수료 내역 조회 프로그램 구성 방법)

알선 수수료 내역 조회 프로그램은 알선 업자 코드, 특정 년도와 일정 기간을 설정할 경우 알선 업자 별 알선 일자, 국자별 인원 및 알선 수수료가 조회되도록 구성하여야 한다.

■ 제16조의 4 (알선 수수료 내역 출력 프로그램 구성 방법)

알선 수수료 내역 출력 프로그램은 특정 년, 월을 입력할 경우 알선 일자, 알선업자 성명, 알선 업자소속회사, 알선 업자 주소, 국가별 알선 인원 및 알선 수수료가 출력되도록 구성하여야 한다.

■ 제17조의 (코드 관리 프로그램 구성)

코드 관리 프로그램은 국가 코드 등록 프로그램, 화폐 코드 등록 프로그램, 게임 테이블 코드등록 프로그램, 알선 업자 등록 프로그램 고객 코드 등록 프로그램, 기타 코드 등록 프로그램으로 구성하여야 한다.

■ 제17조의 2 (국가 코드 등록 프로그램 구성 방법)

국가 코드 등록 프로그램은 국가코드, 국가 명을 입력할 수 있도록 구성하여야 한다.

■ 제17조의 3 (화폐 코드 등록 프로그램 구성 방법)

화폐 코드 등록 프로그램은 화폐 코드, 화폐 명, 금액 단위를 입력 할 수 있도록 구성하여야 한다.

■ 제17조의 4 (게임 테이블 코드 등록 프로그램 구성 방법)

게임 테이블 코드 등록 프로그램은 테이블 코드, 테이블 명칭, 구분(사용유무)을 입력할 수 있도록 구성하여야 한다.

■ 제17조의 5 (알선 업자 코드 등록 프로그램 구성방법)

알선 업자코드 등록 프로그램은 알선업자코드, 알선업자 성명, 주소, 전화번호, 소속회사를 입력할 수 있도록 구성하여야 한다.

■ 제17조의 6 (고객 코드 등록 프로그램 구성 방법)

고객 코드 등록 프로그램은 고객 코드, 고객 성명(한글 및 영문), 여권 번호, 생년월일, 전화번호, 국적 코드, 주소 등이 입력 되도록 구성하여야 한다.

■ 제17조의 7 (기타 코드 등록 프로그램 구성 방법)

기타 코드 등록 프로그램은 칩스 코드 등록, 알선 업자 코드 등록, 알선 여행사 코드 등록, 콤프 발생 사유별 코드등록 등으로 구성되어야 한다.

■ 제18조 (머신 게임 프로그램의 구성)

머신 게임 관리 프로그램은 머신 코드 등록 프로그램, 머신 전표 관리 프로그램, 머신 게임 월매출액현황 조회 및 출력 프로그램, 머신 게임 년 매출액 현황 조회 및 출력 프로그램, 머신 전표 삭제 현황출력 프로그램으로 구성하여야 한다.

■ 제18조 2 (머신 코드 등록 프로그램의 구성 방법)

머신 코드 등록 프로그램은 머신 번호, 회사명, 일련 번호, 모델명, 승률, 코인 종류 등을 입력할 수 있도록 구성하여야 한다.

■ 제18조의 3 (머신 전표 관리 프로그램 구성 방법 등)

① 머신 전표 관리 프로그램은 비밀 번호, 일자, 머신별 미터기록, 핸드 페이를 입력할 수 있도록 구성하여야 하고 동 프로그램에 자료를 입력하면 동 자료가 제18조의 머신 게임 관리 프로그램을 구성하는 모든 프로그램의 관련 자료에 자동적으로 분류 되어 정리 되도록 구성하여야 한다.

② 머신별 입력 시 자동적으로 입력순번대로 일련번호가 부여되도록 구성하여야 한다.

■ 제18조의 4 (머신게임 월 매출액 현황 조회 및 출력 프로그램 구성 방법)

머신 게임 월 매출액 현황 조회 및 출력 프로그램은 특정 월을 입력할 경우 특정 월의 일자별, 기종별 투입 금액 지불 금액이 일자별로 조회되고 별지 제8-3호 서식의 머신 게임 매출액 현황이 출력되도록 구성하여야 한다.

■ 제18조 5 (머신 게임 년 매출액 현황 조회 및 출력 프로그램 구성 방법)

머신 게임 년 매출액 현황 조회 및 출력 프로그램은 특정 년도를 입력할 경우 특정 년도의 일자별, 기종별 투입 금액 · 지불 금액이 일자별로 조회 되고 별지 제9-3호 서식의 머신 게임 매출액 현황이 출력 되도록 구성하여야 한다.

제 5 장 시스템의 가동 및 장애 방지

■ 제19조 (시스템의 가동 시간)

카지노 사업자는 영업시간 중에만 전산 시스템을 가동하여야 한다. 다만, 영업시간외의 전산 시스템을 가동한 경우에는 5일 이내에 문화 관광부장관에게 가동 사유 및 작업내용 등을 보고하여야 한다.

■ 제19조 2 (시스템 가동 상태점검 등)

전산실 책임자는 시스템 가동 상태를 주기적으로 점검하여야 한다.

■ 제20조 (백업)

① 전산실 책임자는 입력된 자료 및 프로그램의 파괴에 대비하여 매일 업무 마감과 동시에 백업을 실시하여야 한다.

② 전산실 책임자는 제1항의 규정에 의하여 백업된 자료를 다음 백업 자료가 제공될 때까지 전살 내의 적당한 장소에 보관하여야 한다. 다만 매년도별로 연도별 최종일 마감이 끝남과 동시 모든 파일을 다음 연도 백업시까지 보관하여야 한다.

■ 제21조 (장애 상황 처리)

조전산기 설치부서는 별지 제14호 서식에 의거 전산 업무 장애 일지를 비치하고 장애가 발생한 경우 그 상황을 기록 유지 하여야 한다.

■ 제22조 (화일의 복구)

① 전산실 책임자는 단말기 설치 부서로부터 화일의 이상 상태를 통보 받거나 이상 있을 때에는 즉시 화일의 상태를 점검하여야 한다.

② 제1항의 규정에 의하여 화일을 점검한 결과 화일에 손상이 있을 경우에는 지체 없이 손상된 화일을 복구하여야 한다.

■ 제23조 (화일의 복구방법)

① 전산실 책임자는 화일을 복구할 때에는 백업 자료를 이용하여 화일을 손상전의 상태로 복구하여야 한다.

② 전산실 책임자가 화일을 복구 또는 기타 사유로 24시간 이상 전산 업무의 가동을 중지할 필요가 있는 경우에는 카지노 사업자는 이를 문화관광부장관에게 보고하여야 한다.

제 6 장 시스템의 보안 및 안전 관리

■ 제24조 (단말기조작 권한 부여)

① 각 프로그램에 대한 단말기 조작권한 및 업무 내용 기준은 [별표 3]과 같다.

② 카지노 사업자는 [별표3]의 단말기 조작권한 및 업무내용기준에 의거 세부업무내용 별로 단말기 취급자에게 조작권한을 부여하여야 한다. 다만, 칩스 뱅크 관리 프로그램, 카운트 룸 관리 프로그램 및 출납 관리 프로그램의 단말기 취급자는 상호 중복하여 부여할 수 없다.

③ 제2항의 규정에 의하여 단말기 조작 권한이 부여되지 아니한 자는 단말기의 자료를 등록, 조회, 수정, 삭제 또는 출력 할 수 없으며, 단말기 설치 부서의 장은 이를 방지 할 수 있는 보호대책을 강구하여야 한다.

■ 제25조 (단말기 조작권한 등록)

① 단말기 설치 부서의 장은 단말기 조작권한을 부여한 경우 별지 제15호서식의 단말기 조작권한 등록 조서를 작성하여 전산실 책임자에게 등록을 요청 하여야 한다.

② 제1항의 규정에 의거 단말기 조작 권한 등록요청을 받은 전산실 책임자는 특별한 사유가 없는 한 이를 별지 제16호 서식의 단말기 조작 권한 등록부에 기록하고 그 결과를 요청한 부서의 장에게 통보하여야 한다.

■ 제26조 (단말기별취급자번호 부여)

카지노 사업자는 단말기별 취급자 번호를 부여하여 운영하여야 한다.

■ 제27조 (취급권한 고지)

각 프로그램의 취급 권한이 없는 자에 대하여는 화면에 "권한 없음"의 경고문 표시가 되도록 하여야 한다.

■ 제28조 (단말기 취급자 비밀번호)

단말기 취급자는 임의로 비밀번호를 조립하여 사용할 수 있다.

■ 제29조 (비밀번호 누설금지)

전산실의 비밀번호 등록 담당자 및 각 단말기 취급자는 비밀 번호를 누설하여서는 아니 되며, 누설되었거나 누설될 우려가 있는 경우에 단말기 취급자는 즉시 이를 변경하여야 한다.

■ 제30조 (자료의 입력)

칩스 뱅크 관리 프로그램, 카운트 룸 관리 프로그램, 출납 관리프로그램에 대한 자료는 발생 즉시 입력하여야 한다.

■ 제31조 (자료 입력시기의 표시)

칩스 관리 프로그램, 카운트 룸 관리 프로그램, 출납 관리 프로그램에 대한 자료 입력시 입력 날짜와 시간이 반드시 표시되도록 하여야 한다.

■ 제32조 (입력된 자료의 수정금지)

칩스 관리 프로그램, 카운트 룸 관리 프로그램, 출납 관리 프로그램에 대한 자료 입력 시 입력 날짜와 시간이 반드시 표시 되도록 하여야 한다.

■ 제33조 (자료의 삭제)

테이블별 드롭액 등록자료, 지불금 등록자료, 크레딧 상환 내역 등록 자료, 및 머신게임 등록 자료를 삭제하고자 할 때에는 전산실 책임자와 사전 협의 하여야 한다.

■ 제34조 (당일 자료의 입력)

당일 발생한 모든 전산 입력 자료는 일일 마감 전에 입력하고 이를 집계하여 관리하여야 한다.

■ 제35조 (업무마감)

단말기 조작원은 업무 종료 시 부서의 장에게 입력 자료에 대한 이상 유무를 확인 받아야 한다.

■ 제36조 (자료 유출금지)

카지노 사업자 및 전산 업무 취급자는 권한 있는 기관 등에 제출하는 경우를 제외하고는 각종 자료를 외부에 유출하여서는 아니된다.

■ 제37조 (보안관리)

전산실 책임자는 보안관리 대책을 강구하고, 정기 및 수시로 전산 요원에 대한 보안 교육을 실시하여야 한다.

■ 제38조 (보안사고의 조치)

주요 전산 자료의 보안사고 발생시 이를 인지한 자는 사고 일시, 내용 등을 지체 없이 전산실 책임자에게 보고하여야 한다.

■ 제39조 (시설보안)

① 카지노 사업자는 전산실을 통제 구역으로 설정하고 외부인의 출입을 통제 하여야 하며 다음 각 호에서 정하는 보호대책을 강구하여야 한다.

1. 방재대책 및 외부로부터의 위해 방지 대책
2. 항시 이용하는 출입문은 한곳으로 하고 시건 장치 설치
3. 보조 기억장치를 보관할 수 있는 철제용기 비치
4. 자료 보관 장치에 대한 안전 지출 계획 수립
5. 전산실 관리 책임자 및 자료 또는 장비별 취급자 지정 운영
6. 정전에 대비하여 무 정전 전압기 (U.P.S)를 설치

② 카지노 사업자는 전산실 및 자료 보관실에는 출입 인가 자를 지정한 후 그 명부를 비치하고 비인가자의 출입을 통제하여야 한다. 다만, 비인가자가 업무상 부득이한 사유로 출입 하여야 할 경우에는 사전에 전산실 책임자에게 승인을 득하고 담당자의 안내를 받아야 하며 비인가자의 출입 시에는 출입 현황기록을 유지하여야 한다.

제 7 장 시스템 운영

■ 제40조 (업무 처리시 유의 사항)

기기 조작원은 업무 처리시 다음 사항에 유의하여야 한다.
① 작업 순서의 준수
② 업무 내용의 누설 방지
③ 지정 시간외 무단 사용 금지

■ 제41조 (전산실 관리)

전산실 책임자는 전산실내의 온 · 습도가 항상 최적의 상태로 유지되도록 하여야 한다.

■ 제42조 (전산장비의 점검)

전산실 책임자는 전산 시설의 원활한 운용 상태를 유지하기 위하여 정비 점검 및 수리에 관한 계획을 수립하여 시행하여야 한다.

■ 제43조 (자료 확인 및 정정)

① 단말기 설치 부서의 장은 매일 입력 사항의 오류 유무를 확인 하여야 한다.
② 제1항의 확인 결과 입력 오류 사항이 발견된 경우에는 당해 업무에 대한 최종 결재권자 및 전산실 책임자의 확인을 득한 후 자료를 정정하여야 한다.

■ 제44조 (자료의 관리 및 인수인계)

주관 부서와 전산 부서간의 주요 전산 자료에 대한 관리 및 인수인계에 관한 절차는 상호 협의하여 정할 수 있다.

■ 제45조 (전산화일의 보전)

① 전산화일은 종합적으로 관리 할 수 있도록 하여야 하며 보관방법, 보존기간, 폐기 등에 관한 사항은 카지노 영업 세칙을 준용하되, 화일 내용에 따라 보존기간은 별도로 정할 수 있다.

② 전산실 책임자는 필요하다고 판단되는 전산 화일에 대하여 복사본을 작성하여 별도 보관하게 할 수 있다.

부 칙

■ 제1조 (시행일)

이 기준은 공포된 날부터 시행한다. 다만 운영에 관한 사항은 카지노 전산 시설을 설치한 후 카지노 전산 시설 검사 기관의 검사를 득한 후부터 시행한다.

■ 제2조 (카지노 전산시설검사기관에 대한 경과규정)

종전 관광 진흥법 시행규칙 제8조의 7의 규정에 의거, 카지노 전사니 시설 검사기관으로 이미 지정 받은 기관은 1월 이내에 관광 진흥법시행 규칙 제31조의 규정에 의하여 문화 관광부 장관으로부터 업무규정을 재승인 받은 경우 카지노 전산 시설 검사 기관으로 지정된 것으로 본다.

■ 제3조 (카지노 영업 세칙 보고서식 대체)

카지노 영업 세칙 제91조에서 정한 보고사항 서식은 이기준의 관련 사항 별지 서식으로 대체 한다.

■ 제4조 (부문별 세부 프로그램명세서등의 적용 특례)

카지노 사업자가 사용하고 있는 콤프 관련 프로그램과 알선 수수료 관련 프로그램이 이 기준에서 정한 기능을 수행할 수 있는 프로그램인 경우 콤프 관련 프로그램 및 알선 수수료 관련 프로그램 파일의 세부 프로그램 명세서 등은 제7조제3항에서 정한 기준을 적용하지 아니 할 수 있다.

■ 제5조

이기준 고시 후 문화 체육부 고시 제 1996-20호('96.5.28)의 카지노 전산 시설 기준은 폐지된 것으로 본다.

※ 법명: 폐광지역개발 지원에 관한 특별법

[법률제5654 일부개정 1999. 01. 21]

■ 제1호 (목적)

이 법은 석탄 산업의 사양화로 인하여 낙후된 폐광 지역의 경제를 진흥시켜 지역간의 균형있는 발전과 주민의 생활 향상을 도모함을 목적으로 한다.

■ 제2조 (정의)

이법에서 허용하는 용어의 정의는 다음과 같다.

① "폐광지역"이라 함은 탄광이 소재하였거나 소재하고 있는 지역과 그 인접 지역으로서 폐광 또는 석탄 생산의 감축에 따라 지역 경제가 현저히 위축되어 있는 지역을 말한다.

② "시행자"라 함은 지역균형 개발 및 지방 중소기업 육성에 관한 법률 제16조의 규정에 의한 시행자를 말한다.

③ "실시 계획의 승인"이라 함은 지역 균형 개발 및 지방 중소 기억 육성에 관한 법률 제17조의 규정에 의한 실시 계획의 승인을 말한다.

④ "대체 산업"이라 함은 석탄 산업에 대체하여 폐광 지역주민의 소득을 증대시키거나 지역 경제를 활성화시킬 수 있는 산업을 말한다.

⑤ "민자유치사업"이라 함은 지역 균형 개발 및 지방 중소기업 육성에 관한 법률에 의한 민자유치 사업을 말한다.

■ 제3조 (폐광지역 진흥 지구의 지정)

① 통상 산업부 장관은 폐광 지역 중 다른 산업의 유치가 곤란한 지역의 경제를 진흥시키기 위하여 필요한 경우에는 도지사의 신청을 받아 폐광 지역 진흥 지구(이하 "진흥 지구"라 한다.)를 지정할 수 있다.

② 진흥 지구의 지정은 지역 균형 개발 및 지방 중소기업 육성에 관한 법률 제9조의 규정에 의한 개발 촉진 지구 중 특별한 개발이 필요한 지역으로서 대통령령이 정하는 요건에 해당하는 지역에 대하여 행한다.

③ 통상 산업부장관은 진흥 지구를 지정하고자 하는 경우에는 국무 회의의 심의를 거쳐야 한다. 지정된 진흥 지구를 대통령령이 정하는 규모 이상으로 변경하는 경우에도 또한 같다. 통상 산업부 장관은 진흥 지구를 지정한 경우에는 대통령령이 정하는 바에 따라 그 내용을 고시하여야 한다.

■ 제4조 (개발계획)

도지사는 제3조의 규정에 의하여 진흥 지구로 지정 고시된 지역이 있는 경우에는 지역 균형 개발 및 지방 중소기업 육성에 관한 법률 제14조의 규정에 의한 개발 촉진 지구의 개발 계획(이하 "개발 계획" 이라 한다.)에 진흥 지구의 개발에 관한 사항을 포함 시켜야 한다.

■ 제5조 (폐광지역 환경 보전 계획의 수립)

① 도지사는 진흥 지구의 환경 보전 및 폐광으로 인한 환경오염을 해소하기 위한 계획(이하 "폐광 지역 환경 보전 계획" 이라 한다.)을 수립하여 개발 계획에 이를 반영하여야 한다.

② 도지사가 폐광 지역 환경 보전 계획을 수립하고자 하는 경우에는 관계행정기관의 장의 의견을 들은 후 환경 정책 기본법 제37조의 규정에 의한 지방 환경 보전 자문위원회의 심의를 거쳐야 한다. 폐광지역환경보전계획중 대통령령이 정하는 중요사항을 변경하고자 하는 경우에도 또한 같다.

③ 도지사가 폐광 지역 환경 보전 계획을 수립한 경우에는 대통령령이 정하는 바에 따라 이를 공고하여야 한다.

■ 제6조 (폐광 지역에 대한 환경 조사)

도지사는 폐광 지역 환경 보전 계획을 수립하고자 하는 경우에는 미리 진흥 지구 및 그 주변 지역에 대하여 다음 각 호의 사항에 관한 환경 조사를 실시하고 그 조사 결과를 관계 중앙 행정 기관의 장에서 통보하여야 한다.

① 산림 · 식생 · 생태계 · 수자원 등 자연 환경에 관한 사항

② 폐광으로 인한 환경오염에 관한 사항

③ 인구 · 산업 · 상하수도 등 사회 환경에 관한 사항

④ 기타 환경 보전에 관하여 대통령령이 정하는 사항

■ 제7조 (시행자 지정의 특례)

건설교통부장장관 또는 도지사는 진흥 지구 안에서의 개발 계획의 시행을 위한 개발 사업(이하 "개발 사업"이라한다.)이를 위하여 지역 균형 개발 및 지방 중소기업 육성에 관한 법률 제16조제2항의 규정에 의한 시행자의 지정을 함에 있어서는 당해 폐광 지역의 주민 또는 석탄 광업자를 우선적으로 지정할 수 있다.

■ 제8조 (생태 자연도 1등급 권역 개발의 특례)

도지사는 진흥 지구의 개발 촉진을 위하여 필요한 경우에는 자연 환경 보전 법 제34조의 규정에 의한 생태 자연도 1등급 권역에 해당하는 지역을 환경부 장관과 협의하여 진흥 지구의 개발 계획에 포함하여 개발할 수 있다. 다만 대통령령이 정하는 지역은 그러하지 아니하다[전문개정 97.12.13].

■ 제9조 (환경 영향 평가의 특례)

① 환경 영향 평가법 제4조의 규정에 의한 환경 영향 평가의 대상이 되는 개발 사업의 시행자는 동법 제8조의 규정에 의하여 작성된 평가서에 관하여 도지사와 협의하여야 한다.

② 제1항의 구정에 의하여 도지사와 협의를 하여야 하는 개발 사업에 관하여 환경 영향 평가 법 제16조 내지 제27조의 규정을 적용함에 있어서 환경부 장관은 이를 도지사로 본다.

③ 도지사는 제1항의 규정에 의하여 환경 영향평가서에 관한 협의를 하는 경우에는 폐광 지역 환경 영향평가 심의위원회의 심의를 거쳐야 한다.

④ 제3항의 규정에 의한 폐광 지역 환경 영향 평가 심의원회의 구성 등에 관하여 필요한 사항은 대통령령으로 정한다. 이 경우 위원회의 구성에 있어서는 환경부 장관이 추천하는 위원이 과반수가 되도록 하여야 한다.

■ 제10조 (산림법 적용의 특례)

① 산림청장은 진흥 지구 안에서 지역 주민이 직접 또는 공동으로 시행하는 개발 사업 및 대통령령이 정하는 개발 사업에 대하여는 산림법 제18조제4항의 규정에 의한 보전 임지의 전용의 관한 허가 또는 협의의 범위 및 기준에 관한 특례를 대통령령이 정하는 바에 의하여 정할 수 있다.

② 산림청장은 제1항의 규정에 의하여 보전 임지의 전용 허가를 받은 자에 대하여 그 개발 사업의 실시에 필요한 범위 안에서 산림법 제75조의 규정에 불구하고 국유림을 대부 또는 사용 허가할 수 있다.

■ 제11조 (관광 진흥법 적용의 특례)

① 문화 체육 부장관은 폐광 지역 중 경제 사정이 특히 열악한 지역으로서 대통령령이 정하는 지역의 1개소의 한하여 관광 진흥법 제20조의 규정에 의한 허가 요건에 불구하고 동법 제5조제1항의 구정에 의한 카지노업의 허가를 할 수 있다. 이 경우 그 허가를 함에 있어서는 관광객을 위한 숙박 시설 체육 시설 오락 시설 및 휴양 시설 등(그 시설의 개발 추진 계획을 포함한다)과의 연계성을 고려하여야 한다.[개정 99.1.21]

② 제1항의 규정에 의한 카지노 업의 허가를 받을 수 있는 자는 공공성 및 효율

성이 확보되도록 하기 위하여 대통령령이 정하는 요건에 적합한 者이여야 한다.

③ 제1항의 규정에 의한 허가를 받은 카지노 사업자에 대하여는 관광 진흥법 제27조제1항제4호의 규정을 적용하지 아니 한다. 다만, 문화체육부 장관은 과도한 사행 행위 등의 예방을 위하여 필요한 경우에는 대통령령이 정하는 날에 따라 출입 제한 등 영업에 관한 제한을 할 수 있다.[개정 99.1.21]

④ 문화 체육부 장관은 제1항의 규정에 의한 허가를 함에 있어서 허가 기간을 정하여 허가를 할 수 있다.

⑤ 제1항의 규정에 의한 허가를 받은 카지노 업에서 발생되는 이익금은 대통령령이 정하는 바에 의하여 그 일부를 일정 기간 동안 폐광 지역과 관련된 관광 진흥 및 지역 개발을 위하여 사용하여야 한다.

■ 제12조 (인 · 허가등의 의제)

① 진흥 지구안의 개발 계획에 대하여 시행자가 실시계획의 승인을 얻은 경우에는 지역 균형 개발 및 지방 중소기업 육성에 관한 법률 제18조제1항의 규정에 의한 결정 허가 · 신고 · 인가 · 동의 · 승인 · 협의 등외에 다음 각 호의 허가 신고 승인 대부 지정 해제 등을 받는 것으로 본다.[97.12.13]

1. 산림법 제57조의 규정에 의한 보안림의 해제, 동법 제90조의 2의 규정에 의한 채석허가
2. 초지법 제5조의 규정에 의한 초지 조성의 허가 동법 제17조의 규정에 의한 국 공 유지의 대부
3. 하수도 법 제20조의 규정에 의한 점용 허가 동법 제24조의 규정에 의한 배수 설비의 설치신고
4. 관광 진흥 법 제23조의 규정에 의한 점용허가, 동법 제24조의 규정에 의한 조성계획승인
5. 매장 및 묘지 등에 관한 법률 제16조제2항의 규정에 의한 무연분묘 개장의 허가

6. 오수 분뇨 및 축산 폐수의 처리에 관한 벌률 제21조의 규정에 의한 분뇨 처리 시설 설치의 승인
7. 폐기 물 관리법 제30조제2항의 규정에 의한 폐기물 처리 시설 설치 승인 또는 신고(변경 승인 또는 변경 신고를 포함한다)
8. 체육시설의 설치 이용에 관한 법률 제12조의 규정에 의한 사업계획의 승인
9. 사도법 제4조의 규정에 의한 사도 개설의 허가
10. 자연 공원법 제23조의 규정에 의한 공원의 점용 및 사용허가

② 실시 계획의 승인 권자가 제1항 각호의 사항이 포함되어있는 실시 계획의 승인을 하고 자하는 경우에는 미리 관계 행정 기관의 장과 협의하여야 한다.

③ 관계 행정기관은 장은 제2항의 규정에 의한 협의를 하는 경우 실시 계획의 사업 내용이관 법령에 적합하고 공익을 현저히 저해할 만한 특별한 사유가 없는 한 협의에 응하여야 하며 협의기간이 단축되도록 노력하여야 한다.

■ 제13조 (지역 주민 등에 대한 지원)

① 시행자는 공공용지의 취득 및 손실 보상에 관한 특례법이 정하는 바에 따라 개발 사업의 시행으로 인하여 생활의 근거를 상실하게 되는 자(이하 "이주자"라 한다.)가 있는 경우에는 그에 대한 이주 대책을 수립 시행하여야 한다.

② 시행자 및 진홍 지구 안에 입주하는 기업은 특별한 사유가 없는 한 이주자 지역주민 또는 탄광 근로자를 우선적으로 고용하여야 한다.

③ 시행자 및 진홍 지구 안에 입주하는 기업은 당해 진홍 지구 또는 그 인접 지역에서 생산되는 공산품 농 · 수 · 축산물 등을 우선적으로 구매하여야 한다.

■ 제14조 (민자유치사업의 지원)

① 국가 또는 지방 자치 단체는 진홍 지구 안에서 민자유치 사업을 시행하는 자(이하 "민간개발자"라 한다.)에 대하여 지역 균형 개발 및 지방중소 기업 육성에 관한 법률 제31조의 규정에 따라 지원을 할 수 있다.

② 민간개발자는 외자도입법이 정하는 바에 따라 차관 계약을 체결할 수 있다.

③ 지역 균형 개발 및 지방 중소기업 육성에 관한 법률 제30조의 규정에 의한 지역 개발법안에 출자한 국가 · 지방 자치 단체 · 정부 투자 기관 또는 지방 공사(이하 이항에서 "공공부문출자자"라 한다.)는 당해 법인의 이익을 배당함에 있어서 소액 주주의 보호를 위하여 필요하다고 인정하는 경우에는 공공부문출자자에 지급할 배당금의 전부 또는 일부를 상법 제464조의 규정에 불구하고 공공 부문출자자외의 소액주주에게 추가하여 배당하게 할 수 있다.

■ 제15조 (재정지원)

국가 또는 지방 자치 단체는 민자유치사업의 원활한 시행을 위하여 필요한 경우에는 대통령령이 정하는 바에 의하여 민간 개발자에게 보조금을 교부하거나 장기대부를 할 수 있다.

■ 제16조 (폐광지역안의 농공단지에 대한 지원)

① 통상산업부장관은 폐광 지역에 있는 농공단지 중 지원이 필요하다고 인정되어 지정한 농공단지(이하 "지원 대상농공단지"라 한다.)에 입주한 기업에 대하여는 이법에 의한 지원을 할 수 있다.

② 통상산업부장관은 지원 대상 농공단지를 지정한때에는 이를 고시하여야 한다.

■ 제17조 (대체산업의 지원)

① 통상산업부장관은 대통령령이 정하는 바에 따라 진흥 지구에 대체 산업 육성을 위한 지원 및 지원 대상 농공단지의 지원에 관한 계획을 수립하여 이를 고시하여야 한다.

② 국가 또는 지방 자치 단체는 진흥지구 또는 지원 대상 농공단지 안의 입주 기업이 탄광이직 근로자 또는 지역주민을 고용하는 경우에는 대통령령이 정하는 바에 의하여 우대하여 지원할 수 있다.

■ 제18조 (대체 산업육성 자금의 조성)

통상 산업부장관은 제17조의 규정에 의한 대체 산업의 지원에 필요한 재원을 에너지 및 자원사업 특별회계의 세출예산에 계상할 수 있다.

■ 제19조 (국고 보조 의 인상 지원)

개발 사업중 대통령령이 정하는 사업에 대한 국가의 보조금은 보조금의 예산 및 관리에 관한 법률 제10조의 규정에 의한 차등 보조율과 다른 법률에 의한 보조율에 불구하고 대통령령이 정하는 보조율에 따라 이를 인상하여 지원할 수 있다.

■ 제20조 (지역개발 채권의 발행)

① 도지사는 개발 사업에 소요되는 자금을 조달하기 위하여 필요한 경우 지역 개발채권을 발행할 수 있다.

② 지역 개발 채권의 이율 상환기긴 발행의 방법, 절치, 매입자 및 발행 조건 기타 사무 취급에 관하여 필요한 사항은 대통령령으로 정한다.

■ 제21조 (지방공사에의 출자)

① 도지사는 개발 사업을 추진하기 위하여 필요한 경우에는 도의회의 의결을 얻어 지방공기업법 제49조의 규정에 의하여 설립된 지방 공사에 출자할 수 있다.

② 도지사는 제1항의 규정에 의하여 출자하는 때에는 지방 공기업법 제53조제2항의 규정에 불구하고 지방 자치단체외의 자로 하여금 자본금의 2분의 1이상을 출자 하게 할 수 있으며 그 출자의 상한선은 도의 조례로 정한다. 증자의 경우에도 또한 같다.

■ **제22조 (교부세지원의 확대)**

내무부장관은 개발 사업의 원활한 시행을 위하여 필요한 때에는 당해 진흥지구가 소재하는 지방자치 단체에 대하여 지방 교부 세법이 정하는바에 따라 교부 세를 확대하여 지원할 수 있다.

■ **제23조 (조세의 감면)**

국가 또는 지방 자치 단체는 진흥지구의 개발 촉진을 위하여 필요한 경우에는 조세 관계법령이 정하는 바에 따라 세제상의 지원을 할 수 있다.

부 칙

■ **시행일**

이 법은 공포 후 3월이 경과한 날부터 시행한다.

■ **적용시한**

이 법은 2005 12월 31일 까지 효력을 가진다.

■ **유효기간 만료에 따른 경과조치**

이법의 적용 시한 만료 당시 진흥 지구의 개발 계획에 따라 진행 중인 개발 사업 및 진행 중인 지원조치에 관하여는 그 진행 중인 개발 사업 및 지원이 끝날 때까지 계속하여 이법을 적용한다.

부 칙(97. 12. 13)

이법은 1998년 1월 1일부터 시행한다.[단서생략]

부 칙(99. 1. 21)

■ **제1조 (시행일)**

이 법은 공포 후 2월이 경과한 날부터 시행한다.

■ **제2조**

내지 제 11조 생략

※ 법명: 폐광 지역개발 지원에 관한 특별법 시행령

[대통령령 제 16326호 일부개정 1999. 05. 24]

■ 제1조 (목적)

이영은 폐광 지역 개발 지원에 관한 특별법에서 위임된 사항과 그 시행에 관하여 필요한 사항 을 규정함을 목적으로 한다.[개정 99.4.30]

■ 제2조 (폐광지역진흥지구의 지정신청 등)

도지사는 폐광지역개발 지원에 관한 특별법(이하 "법"이라한다.)제3조제1항의 규정에 의하여 폐광지역진흥 지구(이하 "진흥지구"라 한다.)의 지정을 신청하는 때에는 다음 각 호의 사항이 기재된 진흥 지구 지정 신청서에 위치도 및 제3조의 요건에 해당됨을 증명하는 서류를 첨부하여 산업 자원부장관에 제출하여야 한다.[개정 99.4.30]

① 대상지역의 위치 및 면적
② 개발의 기본방향 및 개발 사업의 개요
③ 대상 지역안의 인구 산업 취업구조 및 토지 이용 현황
④ 지정 기간
⑤ 기타 진흥 지구 지정에 관하여 산업 자원부 장관이 정하는 사항

■ 제3조 (진흥 지구의 지정 요건)

법 제3조제2항에서 "대통령령이 정하는 요건에 해당하는 지역"이라 함은 다음 각 호의 요건을 모두 갖춘 지역을 말한다.

① 1998년도 1인당 산업 생산 중 광업점유율이 100분의 50이상인 시 · 군안의 있는 지역
② 1998년도 석탄 생산량이 전국 석탄 총 생산량의 100분의 3이상인 시 · 군안에 있는 지역

③ 1995년도 석탄 생산량이 1995년도 석탄 생산량이 1998년도 석탄 생산량보다 100분의 40이상 감소한 시 · 군안에 잇는 지역

■ 제4조 (진흥 지구의 변경)

① 법 제3조제3항에서 "대통령령이 정하는 규모"라 함은 10분의 1을 말한다.

② 도지사는 법 제3조제3항 후단의 규정에 의하여 진흥 지구를 변경하고자 하는 경우에는 변경 내용 및 변경 사유가 기재된 진흥 지구 변경 신청서에 위치 도를 첨부하여 산업자원부장관에게 제출하여야 한다.[개정 99.4.30]

■ 제5조 (진흥 지구의 지정고시)

산업 자원부 장관이 법 제3조의 규정에 의하여 진흥 지구를 지정한 경우에는 다음 각 호의 사항을 고시하여야 한다.[개정 99.4.30]

① 진흥 지구의 범위 및 명칭

② 지정 기간

③ 개발의 기본방향 및 개발 사업의 개요

④ 진흥 지구의 변경 내용 및 변경 사유(진흥 지구의 변경의 경우에 한한다)

■ 제6조 (폐광 지역의 균형 개발)

도지사는 법 제4조의 규정에 의하여 개발 계획을 수립하는 경우에는 폐광지역 전체가 균형 있게 개발될 수 있도록 하여야 한다.

■ 제7조 (폐광지역환경 보전계획의 내용)

① 법 제5조제1항의 규정에 의한 폐광 지역 환경 보전 계획에는 다음 각 호의 사항이 포함되어야 한다.

1. 환경보전의 관한 기본방향

2. 폐광지역의 환경보전을 위한 지역별기본계획
3. 지역 환경 기준설정 및 유지 · 달성 계획
4. 자연 생태계의 보전 및 복원에 관한 대책
5. 환경 보전에 필요한 재원조달 및 연차별투자 계획
6. 기타 환경 보전을 위하여 필요한 사항

② 법 제5조제2항에서 "대통령령이 정하는 중요한 사항"이라 함은 다음 각 호의 사항을 말한다.
1. 제1항제1호제2호 및 제5호의 사항
2. 기타 도지사가 공익을 위하여 필요하다고 인정하는 사항

③ 도지사는 법 제5조제2항의 규정에 의하여 폐광 지역 환경 보전 계획을 수립하거나 변경한 때에는 법 제5조제3항의 규정에 의하여 해당 지역을 관할하는 시장 군수에게 통보하고 공보에 공고하여야 한다.

④ 시장 · 군수는 제3항의 규정에 의하여 폐광지역 환경 보전 계획을 송부 받는 경우에는 지체 없이 해당 지역 주민들이 이를 열람할 수 있도록 하여야 한다.

■ 제8조 (폐광지역 환경 조사에 관한 사항)

법 제6조제4호 후단에서 "대통령령이 정하는 사항"이라 함은 다음 각 호의 사항을 말한다.

① 광해 및 산림 피해 현황
② 폐가 · 공가 · 기타 폐 시설물의 현황
③ 저탄장 주변의 대기 오염의 실태
④ 보존 · 보호가 필요한 야생 동 · 식물의 서식 현황
⑤ 지형 및 녹지 자연도에 관한 사항
⑥ 수질 오염원 및 주요 지점별 수질 오염의 현황
⑦ 기타 자연 환경의 보전을 위하여 환경 조사가 필요한 사항

■ 제9조

삭제[98.2.19]

■ 제10조 (폐광 지역 환경 영향 평가 심의 위원회의 구성 ①등)

① 법 제9조제4항의 규정에 의한 폐광 지역 환경 영향 평가 심의위원회는 위원장 1인과 자연환경, 생활환경 및 사회 경제 환경 분야별 제7인 이내의 위원으로 구성한다.

② 위원장은 도의 행정 부지사가 되며, 위원은 자연 환경, 생활환경, 사회 · 경제 환경 및 산림분야에 관한 학식과 경험이 풍부한 자와 관계 공무원 중에서 도지사가 위촉 또는 임명한다. 다만, 위원 중 과반수는 환경부장관의 추천을 받아 위촉 또는 임명하여야 한다.

③ 폐광 지역 환경 영향 평가 심의원회의 운영 기타 필요한 사항은 도의 규칙으로 정한다.

■ 제11조 (산림법 적용의 특례)

① 법 제10조제1항에서 "기타 대통령령이 정하는 개발 사업"이라 함은 다음 각 호의 1에 해당하는 사업으로서 산업 자원부장관이 지정하는 사업을 말한다.[개정 99.4.30]

1. 폐광 지역 경제 활성화를 위하여 추진하는 관광 레저사업
2. 지역 주민의 고용 및 소득 증대를 위하여 추진하는 제조업 등 지역특화사업
3. 폐광 지역 환경 및 도시 정비를 위하여 추진하는 환경정비 및 기반 시설 사업

② 산업 자원부 장관은 제1항의 규정에 의하여 사업을 지정하고자 하는 경우에는 미리 제26조의 규정에 의한 폐광 지역개발 지원위원회의 심의를 거쳐야 한다.[개정 99.4.30]

③ 법 제10조제1항의 규정에 의한 개발 사업에 사용하고자 하는 보전임지에 대

하여는 산림 법시행령 제24조제2항 및 제3항의 규정에 불구하고 산림법 제18조제1항의 규정에 의한 보전임지 전용 허가를 할 수 있다 다만, 문화재 보호구역에 대하여는 그러하지 아니하다.

④ 법 제10조제1항의 규정에 의한 개발 사업에 사용하고자 하는 보전임지에 대하여는 산림법시행령 제24조제5항제2호 나목의 규정에 불구하고 산림법 제18조제3항의 규정에 의한 보전 임지외의 용도에 이용하기 위한 협의를 할 수 있다. 다만, 문화재 보호구역에 대하여는 그러하지 아니하다.

■ 제12조 (카지노 업의 허가 대상지역)

① 법 제11조제1항에서 "폐광지역 중 경제 사정이 특히 열악한 지역으로서 대통령령이 정하는 지역" 이라 함은 다음 각 호의 요건을 모두 갖춘 지역으로서 도지사가 지정하는 지역을 말한다.

1. 주거 지역과 격리된 고원지대의 지역
2. 치안 유지가 용이한 지역
3. 접근 교통망이 용이하고 대규모 시설 설치가 가능한 지역

② 도지사는 제1항의 규정에 의하여 지역을 지정하고자 하는 경우에는 다음 각 호의 사항을 고려하여야 한다.

1. 1988년의 전국 석탄 총생산량 중 당해 지역이 차지하는 비중
2. 1988년 이후 당해 지역의 인구 감소율
3. 당해 지역의 경제 · 사회 · 문화적 낙후성
4. 카지노업의 운영으로 예상되는 인근 탄광 지역의 경제적 효과

③ 도지사는 제1항의 규정에 의하여 지역을 지정하고자 하는 경우에는 미리 26조의 규정에 의한 폐광 지역 개발 지원위원회의 심의를 거쳐야 한다.

■ 제13조 (카지노업의 허가 등)

① 법 제11조제2항에서 "대통령령이 정하는 요건에 적합한자."라 함은 다음 각

호의 자의 일부 또는 전부가 공동으로 출자하여 설립한 법이능서 제1호에 해당하는 자가 총출자금액의 51% 이상을 출자하여 설립한 법인을 말한다[개정 99.4.30]

1. 지방자치단체 · 지방 공기업법에 의한 지방 공사 · 정부 투자 기관관리기본법에 의한 정부 투자 기관 · 정부가 출연한 기관 및 공익을 목적으로 하는 비영리 법인
2. 지역 균형 개발 및 지방 중소기업 육성에 관한 법률에 의한 민간 개발자로서 도지사가 추천하는 자
3. 당해 진흥 지구안의 주민으로 구성된 법인
4. 제1호 내지 제3호외의 자로서 주주총회의 동의를 얻은 자

② 삭제[99.4.30]

③ 도지사는 제1항제2호의 규정에 의하여 민간 개발자를 추천하는 경우에는 진흥 지구 안에서의 개발을 위한 투자계획 등을 고려하여야한다.

④ 제1항제3호의 규정에 의법인 대한 주민의 참여 기준 등은 도의 조례로 정한다.

⑤ 문화관광부장관은 법 제11조의규정에 의한 카지노업의 허가를 함에 있어 다음 각 호의 요건을 고려하여야 하며, 카지노영업소는 관광객의 숙박과 체류에 적합한 곳에 위치하여야 한다[개정 99.4.30]

1. 관광객을 위한 숙박시설 · 체육시설 · 오락시설 · 휴양시설 등의 투자계획과 그 계획의 수행에 필요한 재정 능력
2. 현금 및 칩의 흐름 등 영업 거래에 관한 내부통제 방안
3. 기타 카지노업의 건전한 육성을 위하여 문화관광부 장관이 정하는 기준

■ 제14조 (카지노업의 영업에 관한 제한 등)

① 문화관광부장관은 법 제11조제3항의 규정에 의하여 카지노업의 영업에 관하여 다음 각 호의 제한을 할 수 있다.[개정 99.4.30]

1. 카지노 영업소의 미성년자 출입 제한
2. 폭력행위 등 처벌에 관한 법률 제4조의 규정에 의한 단체 또는 집단을 구성하거나 그 단체 또는 집단에 자금을 제공한자의 출입 제한
3. 카지노 영업소의 영업시간의 제한
4. 과도한 사행심 방지를 위한 다음 각목의 사항에 대한 제한
   가. 카지노 이용자에 대한 대여 자금의 금액 제한
   나. 카지노 거는 금액의 제한
   다. 카지노 거는 금액 한도별 영업소의 구분 운영
5. 기타 카지노 영업소 이용에 따른 사업적 물의를 방지하거나 카지노 영업소의 질서유지를 위하여 필요하다도 인정되는 사항으로서 문화 관광부 장관이 정하는 사항

② 카지노 사업자는 호텔의 내부 및 외부의 주요 지점에 폐쇄회로텔레비전을 설치 운영하여야 한다.

③ 카지노 영업소의 이용자는 다음 각 호의 요구를 받을 대에는 그 요구에 따라야 한다.

1. 카지노 사업자가 제1항제1호 또는 제2호에 해당되는 지를 확인하기 위하여 신분확인에 필요한 서류의 제시를 요구한 때
2. 제1항제1호 또는 제2호에 해당되거나 이항 제1호의 요구에 불응하여 카지노 사업자가 퇴장을 요구한때

■ 제15조 (카지노업의 허가기간)

법 제11조제4항의 규정에 의한 카지노업의 허가기간은 3년으로 한다.

■ 제 16조 (카지노업의 이익금 처리)

① 법11조제5항에서 "이익금"이라 함은 당기 법인 세차감전순이익을 말한다.

② 카지노 사업자는 카지노업에서 발생하는 이익금을 다음 각 호의 구분에 따라

도의 조례에 의하여 설치하는 폐광지역개발기금(이하 "기금"이라 한다)납부 하여야 한다.[개정 99. 4. 30]

1. 영업 개시일로부터 5년까지: 이익금의 100분의 10
2. 영업 개실 6차년 이후: 이익금의100분의 20이내에서 도의조례로 정하는 금액

③ 제2항의 규정에 의한 기금은 진흥 지구의 개발과 관련한 다음 각 호의 사업에 사용하여야 한다.

1. 대체 산업 육성을 위한 지원 사업
2. 도로 등 기반 시설 사업
3. 교육 문화 및 예술의 진흥 사업
4. 환경 개선 보건 위생 및 후생 복지 사업
5. 관광 진흥사업
6. 기타 진흥 지구와 관련된 사업

④ 도지사는 매년 제26조의 규정에 의한 폐광 지역 개발 지원위원회의 심의를 거쳐 기금의 사용 계획을 수립하여야 한다.

⑤ 이익금의 징수방법 절차 기금의 운영 관리 등에 관하여 필요한 사항은 도의 조례로 정한다. 다만 기금 중 제3항제5호의 관광 진흥 사업에 사용하는 금액은 문화 관광부 장관이 도지사와 협의하여 지정하는 기관으로 하여금 운영 관리 하도록 하여야 한다[개정 99.4.30]

⑥ 카지노 사업자는 매년 3월말 까지 공인회계사의 감사보고서가 첨부된 전년도의 재무제표를 산업자원부장관 및 도지사에게 제출하여야 한다[개정 99. 4. 30]

■ 제17조 (지역 주민 등의 고용 지원)

① 개발 사업의 시행자 또는 입주기업체가 그 사업을 개시하기위하여 직원을 채용하고자 하는 경우에는 법 제13조의 규정에 의하여 미리 분야별 채용계획서와 특수기술자 및 기술자격 취득자에 대한 고용 계획서를 작성하여 그 사업소의 소재지를 관할하는 시장 · 군수에게 제출하여야한다.

② 시장 군수는 제1항의 규정에 의하여 고용 계획서를 접수한 때에는 이주자 지역 주민 또는 탄광 근로자가 우선 고용될 수 있도록 필요한 조치를 하여야 한다.

■ 제18조 (소액 주주의 범위)

법 제14조제3항에서 "소액 주주"라 함은 전체 주식의 100분의 1미만을 소유한 주주를 말한다.

■ 제19조 (재정 지원)

국가 또는 지방 자치 단체는 민자유치 사업 중 국가 또는 지방 자치 단체에 귀속되는 공공시설을 이용료를 적정 수준으로 유지하기 위하여 불가피하다고 인정되는 경우에는 법 15조의 규정에 의하여 예산의 범위 안에서 그 공공시설을 관리하는 민간 개발자에게 보조금을 교부하거나 필요한 자금 을 장기 대부할 수 있다.

■ 제20조 (지원 대상 농공단지의 지정)

① 산업자원부장관은 도지사의 신청을 받아 법 제16조제1항의 규정에 의한 지원 대상 농공단지를 지정할 수 있다.[개정 99.4.30]

② 도지사는 제1항의 규정에 의하여 지원 대상 농공단지의 지정을 신청할 때에는 다음 각 호의 사항이 기재된 지원 대상 농공단지 지정 신청서를 산업자원부 장관에게 제출하여야 한다.[개정 99.4.30]

1. 농공단지의 명칭
2. 농공단지의 소재지
3. 농공단지의 규모 및 입주기업현황
4. 농공단지의 지원에 관한 사항
5. 기타 산업자원부장관이 정하는 사항

③ 산업 자원부 장관이 법 제16조의 규정에 의하여 지원 대상 농공단지를 지정한 경우에는 다음 각 호의 사항을 고시하여야 한다.[개정 99.4.30]

1. 지원 대상 농공단지의 명칭
2. 지원 대상 농공단지의 소재지

■ **제21조 (대체 산업 육성 계획 등의 수립)**

① 법 제17조제1항의 규정에 의한 대체 산업육성을 위한 지원 및 지원대상농공단지의 지원에 관한 계획(이하 "대체 산업육성계획"이라 한다)에는 다음 각 호의 사항이 포함되어야 한다.

1. 지원 대상 및 우선순위
2. 자금의 보조 및 융자 계획
3. 자금의 지원 조건
4. 자금의 집행 또는 관리 기관
5. 기타 대체 산업 지원에 필요하다고 인정되는 사항

② 산업 자원부장관은 대체 산업 육성 계획을 수립하고자 하는 경우에는 미리 제26조의 규정에 의한 폐광 지역개발 지원위원회의 심의를 거쳐야 하며, 동 계획을 수립한 때에는 이를 고시하여야 한다. 수립된 계획을 변경하는 때에도 또한 같다.[개정 99.4.30]

■ **제22조 (대체 산업의 지원대상자의 추천)**

① 도지사는 진흥 지구의 개발 계획에 따른 사업의 지원 또는 지원 대상 농공 단지의 입주 기업에 대한 지원에 관하여 우선순위를 정하여 추천할 수 있다.

② 산업자원부장관은 제1항의 규정에 의하여 추천을 받은 때에는 다른 지원대상자보다 우선하여 지원할 수 있다.[개정 99.4.30]

■ 제23조 (입주 기업에 대한 우대 지원)

국가 또는 지방 자치 단체는 법 17조제2항의 규정에 의하여 지역주민이 100분의 50이상 출자한 기업 또는 지역 주민 탄광이직근로자를 100분의 50이상 고용한 기업에 대하여는 다른 입주기업에 우선하여 보조 또는 융자하거나 그 지원 금액을 달리하여 지원할 수 있다.

■ 제24조 (국고 보조금의 인상 지원)

① 법 제19조의 규정에 의하여 보조 율을 인상하여 지원할 수 있는 사업은 보조금의 예산 및 관리에 관한 법률 제9조 단서의 규정에 의한 보조금 지급 대상 사업으로 한다.

② 제1항에 규정된 사업에 대한 보조 율(이하 이항에서 "지원 보조 율"이라 한다.)은 보조금의예산 및 관리에 관한 법률 제9조 단서의 규정에 의한 기준 보조 율에 100분의 20을 가산한 율로 하되 기준 보조 율에 100분의 20을 가산한 율이 100분의 80을 초과하는 경우에는 100분의 80을 지원 보조 율로 할 수 있다. 다만, 동법 제9조 단서의 규정에 의한 기준 보조 율이 100분의 80 이상인 경우에는 그 기준 보조 율을 지원 보조 율로 할 수 있다.

■ 제25조 (지역 개발 채권의 발행 등)

① 법 20조제2항의 규정에 의한 지역개발 채권의 종류 · 발행 · 방법 · 발행 절차 기타 사무 취급에 관한 사항은 지방 재정 법 시행령 제7조 내지 제20조의 규정을 준용한다.

② 지역 개발 채권의 상환 이율 기타 필요한 사항은 도의 조례로 정한다.

■ 제26조 (폐광 지역 개발 지원위원회)

① 법 제3조의 규정에 의한 진흥지구의 지정 등에 관한 사항을 심의하기 위하여

산업자원부장관 소속하에 폐광지역개발 지원위원회(이하 "지원위원회"라 한다)를 둔다.[개정 99.4.30]

② 지원위원회는 위원장 1인과 18인 이내의 위원으로 구성한다.[개정 99.4.30]

③ 지원위원회의 위원장은 산업자원부차관이 되고, 위원은 다음 각 호의 자가 된다.[개정 99.4.30, 99.5.24]

1. 재정 경제부 차관보
2. 행정 자치부 차관보
3. 문화관광부 차관보
4. 농림부 기획 관리실장
5. 환경부 환경정책 실장
6. 노동부 고용 정책실장
7. 건설 교통부 차관보

7의 2 기획예산처 예산실장

8. 산림청 차장
9. 도의 부지사중 도지사가 지정하는 자
10. 산업 자원부 장관이 위촉한자

④ 지원위원회는 다음 각 호의 사항을 심의 한다.

1. 진홍 지구의 지정 및 변경에 관한 사항
2. 진홍 지구의 개발과 관련된 각종 지원에 관한 사항
3. 기금의 사용에 관한 사항
4. 카지노업의 허가지역 선정
5. 제11조의 규정에 의한 산림법 적용의 특례 대상사업의 결정
6. 진흥지구의 개발에 관한 사항으로서 위원장이 부의하는 사항

■ 제27조 (지원위원회의 운영)

① 지원위원회의 위원장은 지원위원회의 회무를 통할하고 회의의 의장이 된다.

② 지원 위원회의 회의는 재적위원 과반수의 출석으로 개의하고, 출석위원 과반수의 찬성으로 의결한다.

③ 이영에서 규정한 것 외에 지원위원회의 운영에 관하여 필요한 사항은 지원위원회의 의결을 거쳐 위원장이 정한다.

■ 제28조 (자료 요청)

산업자원부장관 또는 도지사 진흥지구의 지정, 개발 계획의 수립 등을 위하여 필요한 경우에는 관계 행정 기관의 장에게 필요한 자료의 제출을 요청할 수 있다. 이 경우 그 요청을 받은 관계 행정 기관의 장은 특별한 사유가 없는 한 이에 응하여야 한다.[개정 99.4.30]

부 칙

■ 시행일

이 영은 공포한 날부터 시행 한다

■ 경과조치

산림청장은 이영 시행일부터 산림법 제17조의 규정에 의한 보전임지의 지정 고시일 전일까지의 기간 동안 종전의 산림법의 규정에 의하여 보전임지로 지정된 산림에 대한 전용허가 및 전용 협의 등을 신청 받은 경우에는 이영 제11조제3항제4항의 규정에 의하여 이를 처리할 수 있다.

■ 다른 법령의 개정

에너지 및 자원사업 특별회계 법시행령 중 다음과 같이 개정한다. 제3조제8호를 다음과 같이한다.

① 석탄 산업 법에 의한 석탄사업 및 폐광지역 개발지원에 관한 특별법에 의한 대체 산업의 지원 사업 제5조제2호를 다음과 같이 한다.

② 제3조제1항제6호 내지 제8호의 사업에 대한 융자는 대한 광업진흥공사, 다만, 석탄 산업 법 제28조제1항 제2호 제4호 및 제7호의 규정에 의한 사업에 대한 융자는 대한 석탄 공사, 폐광지역개발지원에 관한 특별법 제17조의 규정에 의한 대체 산업의 지원 사업에 대한 융자는 석탄산업 합리화 사업단으로 한다.

부 칙 (87. 2. 19)

■ 제1조 (시행일)

이영은 공포한 날부터 시행한다.[단서생략]

■ 제2조 및 제3조 생략

부 칙 (99. 4. 30)

이영은 공포한 날부터 시행한다.

부 칙(99. 5. 24)

■ 제1조 (시행일)

이영은 공포한 날부터 시행한다.

■ 제2조

내지 제4조 생략

참고문헌

- 박희석, 임경환, 김동기, 고호석(2002) 〈호텔 · 카지노의 이해〉_기문사
- 원갑연, 한진수, 김우곤, 정두연(2001) 〈카지노산업론〉_기문사
- 오수철(1998) 〈카지노경영학〉_백산출판사
- 이충기, 권경상, 박창규, 김기업(1999) 〈카지노산업의 이해〉_일신사
- 오수철, 이상우, 정주영, 한경희(2001) 〈카지노 경영론〉_백산출판사
- 강만호, 이봉석, 박석호(2003) 〈카지노 실무론〉_백산출판사
- 문찬호(2000) 〈재미있는 카지노 길라잡이〉_명지사
- 고택운(1995) 〈카지노게임의 실무이론〉_독서당
- 타이오카이치로(2004) 〈라스베가스 이야기〉_한올출판사
- 원융희(2002) 〈국제매너〉_백산출판사
- 이정학, 장태선, 박명옥(2002) 〈국제매너〉_기문사
- Dr.JAE.S.KIM. Ph.D(1997) 〈도시경영절약/City of Las Vegas사례〉_한국지방자치 연구원
- 앤드루 F. 골드스미스(1997) 〈카지노교본〉_우신사
- 조용장(2004) 〈카지노 코리아〉_반디미디어
- 레저산업진흥연구소(1999) 〈호텔 용어 사전〉_백산출판사
- 양일용(2002) 〈카지노 실무 영어〉_백산출판사
- 배정욱(2005) 〈카지노 운영 실무일본어〉_대왕사
- 조병희(2001) 〈카지노게임〉_문화마당
- 조병희(2003) 〈카지노게임실무교본〉_한국 특수 관광 아카데미
- 고택운, 정두연(2004) 〈카지노게임실무이론〉_한올출판사
- 최재호(2000) 〈카지노게임 누구나 할 수 있다.〉_세종출판사
- 고택운, 고헌환(2003) 〈현대 카지노 산업 관리론〉_한올출판사
- 문찬호, 송진영(2003) 〈슬럿머신 경영론〉_한올출판사

- 정두연(2001) 〈Small 카지노 개장에 다른 경제적 · 사회적 영향에 대한 이론적 고찰〉_관동대학교 관광 개발 연구소
- 강원랜드 카지노 리조트 매뉴얼
- 파라다이스 인천 카지노 매뉴얼
- 파라다이스 워커힐 카지노 매뉴얼
- 파라다이스 부산 카지노 매뉴얼
- 문화 관광부 홈페이지 통계 자료
- 문화 일보 2002년 3월 28일
- 문화 일보 2003년 6월 7일
- 강원 일보 2005년 12월 17일
- 한국관광공사, 홈페이지
- 한국카지노업 관광협회 홈페이지
- 동남아 카지노 조사보고서(2005. 8) (주) 강원랜드
- 야마구지 피터팬(2001) 〈라스베가스의 모든 것〉_행림 출판사
- 한국도박중독센터 홍보물
- SBS 2005년 12월 16일. 8시 뉴스
- George Mandos, Jr (1998) The 〈EVERYTHING CASINO GAMBLING BOOK〉- Library of Congress Cataloging-in-publication data
- Avery Cardoza(1997) 〈HOW TO WIN AT GAMBLING〉-CARDOZA PUBLSHING
- The Diagram Group(1996) 〈THE BOOK OF GMAMBLING GAMES〉- Main Street
- Virginia L.Graham, C. lonescu Tulcea(1980) 〈A Book On CASINO GAMBLING〉- Litton Educational Publishing, Inc.

☞ 저자약력 ☜

■ **정두연**

- 관동대학교 관광경영학과 졸업
- 경희전문대학 호텔 지배인 과정 수료
- 경희대학교 경영대학원 관광경영학과 졸업
- 강원대학교 경영대학원 관광경영 박사과정 수료
- CASINO HOTEL OLYMPOS 근무
- 사학연금 오색그린야드 HOTEL 근무
- 2급 지배인 자격 취득
- 한국 관광개발학회 이사, 한국 컨벤션학회 이사
- 삼척대학교, 관동대학교, 강원대학교 관광학과 강사
- 현) 강원관광대학 관광계열 부교수 카지노경영 전공

– 주요저서 –

- 호텔경영학 원론, 기문사, 2000, 공저
- 카지노 산업론, 기문사, 2001. 공저
- 기본 항공업무, 도서출판 그린, 공저
- Small 카지노 개장에 따른 경제적, 사회적 영향에 대한 이론적 고찰
- 축제, 이벤트의 장소 마케팅에 관한 연구 외 다수

카지노 산업과 게임의 이해

2006년 2월 25일 초판1쇄 인쇄
2014년 3월 10일 초판5쇄 발행

저 자 정두연
펴낸이 임순재
펴낸곳 한올출판사
등록 제11-403호
121-849
주 소 서울특별시 마포구 성산동 133-3 한올빌딩 3층
전 화 (02)376-4298(대표)
팩 스 (02)302-8073
정 가 16,000원

홈페이지 www.hanol.co.kr
e-mail hanol@hanol.co.kr

저자와의 협의하에 인지생략